目次

特集　改正少年法の検証

改正少年法の検証と被害者問題	葛野尋之	5
20条2項送致の要件と手続	正木祐史	26
改正少年法における社会調査	岡田行雄	43
少年審判における「事実認定の適正化」 検察官関与をめぐる実務の動向とその問題点	中川孝博	60
逆送後の刑事手続と少年の適正手続	渕野貴生	80
少年に対する量刑判断と家庭裁判所への移送判断	本庄　武	100
弁護士付添人による援助を受ける権利の公的保障	武内謙治	120

個別研究

イギリスにおける刑務所の透明性の確保について	土井政和	141
イギリスにおける民営刑務所の現状	笹倉香奈	152
被拘禁者の国際人権保障の新たなメカニズム 拷問等禁止条約選択議定書の成立経緯とその内容・特徴	今井　直	165
精神鑑定と量刑 「著しい」程度に至らない責任能力の減弱	滝本シゲ子	180
「被害者意見陳述」制度の運用に関する一考察 犯罪被害者陳述の意義と今後のあり方について	吉村真性	194

研究ノート

布川再審事件について	柴田五郎	211
神経科学における発展は生命倫理と生命権に影響を及ぼしうるか？	ヨアヒム・R・ヴォルフ (Joachim R.Wolff) 金尚均＋石塚伸一［訳］	223
Deaths in Custody in Japan: How can we prevent practices and procedures conducive to abuse the power?	Itaru FUKUSHIMA	227
刑事弁護の原点研究 正木文庫の意義	村井敏邦	230
刑事施設内の人権救済制度に関する一考察 拷問等禁止条約選択議定書から見る行刑改革会議提言	桑山亜也	240
「法教育」の展開と課題についての若干の考察	江口勇治	251

特集 改正少年法の検証

改正少年法の検証と被害者問題
葛野尋之

20条2項送致の要件と手続
正木祐史

改正少年法における社会調査
岡田行雄

少年審判における「事実認定の適正化」
検察官関与をめぐる実務の動向とその問題点
中川孝博

逆送後の刑事手続と少年の適正手続
渕野貴生

少年に対する量刑判断と家庭裁判所への移送判断
本庄　武

弁護士付添人による援助を受ける権利の公的保障
武内謙治

特集　改正少年法の検証

改正少年法の検証と被害者問題

キーワード:少年法,少年法改正,厳罰化,被害者,被害者意見聴取

葛野尋之 立命館大学法学部教授

1　改正少年法とその運用状況

(1)　改正少年法の概要

1　2000年11月26日に制定された改正少年法（以下，改正法）は，2001年4月1日施行された。改正法は，①刑事処分適用の拡大・強化，②非行事実認定手続の「適正化」，③被害者への配慮，を柱とするものであった[1]。

改正法案をめぐっては，刑事処分適用の拡大・強化について，本当に少年非行は「凶悪化」・「深刻化」しているといえるのか，厳罰化改正に重大非行の一般抑止は期待できず，再犯状況をかえって悪化させるのではないか，重大非行に「自己責任」としての厳罰を科すことが真に「正義」に適うのか，厳格な「自己責任」の追及は少年から成長発達の機会を奪うのではないか，厳罰により少年一般の規範意識を強化し，「責任」を自覚させることが可能なのか，またそうすべきなのか，など強い批判が提起された[2]。

他方，弁護士付添人がいて非行事実が争われる事件において生じる裁判官と少年の対峙状況を解消し，事実認定に多角的視点を取り入れるためとして提案された非行事実認定手続の「適正化」についても，廃案となった1999年3月提出の政府法案と同様，非行事実ありの方向へと少年を徹底して追及しようとする必罰主義的手続であり，確実な無辜の解放を困難にするのではないか，「懇切」で「和やかな」審判手続を後退させることにより，少年の適正手続を形骸化させ，検察官を通じて結局，社会秩序維持・社会防衛的要請を少年審判に取り込むことにつながるのではないか，身体拘束期間の長期化は少年の教育上有害な効果を生じさせるのではないか，などの批判が提起された[3]。近時，草加事件などの民事損害賠償請求訴訟における判決が少年の犯行を否定したことからも明らかなように，非行事実認定手続において本来改革の焦点とされるべきは，捜査・取調べ手続の適正化であり，捜査，審判を通じての少年に対する法的援助の強化，非行事実を「争う」機会の実質的保障のはずであるとも指摘された[4]。

被害者配慮に基づく提案についても，被害者への配慮は必要かつ重要であるにせよ，法案の規定は不徹底であり，被害の現実的救済，被害者の真の癒しにつながるのか疑わしい，リストラティブ・ジャスティスの理念の下，被害者と加害者の関係修復に向けて直接対話の機会を構想すべきでないか，などの意見が出された。

2　改正法は，これらの批判や疑問を強引に押し切る形で制定された議員立法であった。「国民の期待」に迅速に対応するための「政治主導」の「改革」といわれた。今回の法改正の背景には，たしかに，厳罰化・必罰化へと方向づけられた少年法改正の「政治問題化」があり，そのなか，刑事立法としても，少年の福祉・教育に関する基本立法としても要請されるべき正確な事実認識と市民に開かれた科学的・理性的な議論，それらに基づく適正な立法過程を経たものといえるか疑問で

ある。

　また,厳罰化・必罰化改正を押し進めるうえで,被害者や社会一般の期待・要求への応答が指摘された。しかし,厳罰化・必罰化によって被害者配慮の象徴的意味を超えた被害の現実的救済と被害者の真の癒し,真の意味における少年の責任の自覚,さらには広範な「社会不安」に根ざした市民の「犯罪不安」の解消が可能であるのか,被害者や社会の期待・要求への応答によって厳罰化・必罰化が正当化されるのか,慎重な検討がなされるべきであった。

(2) 改正法の運用状況

　1　改正法は,2001年4月1日に施行されたが,現実の運用状況が強く注目された。それは,改正法が基調とした厳罰化・必罰化が実際の運用にも具体化するのか,それとも少年法の基本構造は維持されたことから,その伝統としてきた教育理念が運用のなかで改正法の影響を低減するよう作用するのか,という関心に基づくものであった[5]。また,改正法付則3条は,施行5年後,政府が国会に対して施行状況を報告し,必要な再改正を行うべき旨定めている。運用状況に注目すべき所以である。

　全体的な運用状況については,最高裁判所事務総局家庭局がこれまで4回,統計を発表している。施行から2002年3月31日まで,2002年9月30日まで,2003年3月31日まで,2004年3月31日までの4回である。これらから全体的傾向をある程度知ることができる[6]。

　詳しい分析は各論文において行われるが,厳罰化改正に関連しては,少年法22条2項が文字どおり「原則逆送」として運用され,改正法施行前と比べ,逆送決定の割合が激増したことが注目された。他方,検察官関与については,関与決定の数だけから分かることはほとんどなく,関与決定の根拠,検察官の活動,弁護士付添人の活動,審判結果への影響などの観点から,運用状況について質的分析を行う必要がある。また,統計に添えられた最高裁判所の説明によれば,被害者等による事件記録の閲覧・謄写,被害者等からの意見聴取,被害者等への審判結果等の通知については,審判開始決定がなされなかった事件,法定の申出資格のない者の申出,事件終局後の申出の場合などを除いて,申出があればすべて認められているようである（後述参照）。

　2　2002年5月22日には最高裁判所事務総局家庭局が,1998年政府提出法案を含む今回の改正作業に公式に関与してきた研究者,弁護士らを集め,「改正少年法運用状況報告会」を開催し,参加者の質問に回答する形で,運用状況について質的説明を加えている[7]。改正法に批判的観点からの説明はないが,改正法の運用状況を知るうえで,公式統計を補う貴重な資料となる。

　最高裁判所の統計や報告を補う資料となるのが,全司法労働組合本部少年法対策委員会の「改正少年法運用状況調査結果」である[8]。これは,各支部会員からの回答をもとにとりまとめられたもので,これまで4回発表されている。回答者のコメントがまとめられて報告されており,量的数値からは分からない改正法運用の質的状況を知ることができる点において有益である。

　また,日本弁護士連合会子どもの権利委員会夏合宿,同付添人全国経験交流集会などの場においても,会員弁護士からの回答をもとに,裁定合議事件,検察官関与事件,20条2項該当事件について運用状況をとりまとめ報告している。この報告には,横浜弁護士会山崎健一弁護士による運用の質的状況の分析が付されており,改正法の運用実態を知るうえできわめて有益である。

　3　これらのほか,改正法の運用状況に関する裁判官や調査官の報告は,質的状況を理解する貴

重な資料である[9]。これらの報告の基調は，少年法の目的とともに改正法の趣旨を十分に踏まえつつ，事案ごとに適正な調査・審判が行われているとのものであり，全司法労働組合の家庭裁判所調査官の回答のなかに，厳罰化・必罰化という改正法の趣旨にばかり傾き，少年法の目的に反しその教育機能やケースワークを後退させるような運用がなされがちである，との意見が多くみられるのと対照的である。

他方，弁護士からも，改正法下での担当事件に関する報告がなされている。総数は必ずしも多くはないが，少年法の教育機能，少年の適正手続という観点から改正法の運用に重大な問題があることを指摘するものが少なからずある[10]。

2 共同研究の目的
(1) 研究課題

1 改正法の解釈・運用については，改正法成立後間もなく，法務省刑事局付検事らによる解説が公表され[11]，裁判官らによる注釈書の改訂版も出された[12]。研究者の論攷においても法解釈が示された[13]。さらに，2001年1月30日少年事件担当裁判官協議会においては，改正法施行前にいちはやく，最高裁判所家庭局の見解が示された。これらが，国会審議における法案提出者の説明と同様，改正法の解釈・運用に影響を与えたであろうことに疑いはない。しかし，改正法20条2項該当事件についての逆送決定率の高さにみられるように，少年法の健全育成目的に反するかにみえる方向において，改正法が予想を超える程度にまで実際の運用のなかに具体化され，他方，限られたものでしかないにせよ，質的状況に関する報告からは，改正法の解釈・運用について実務に一定の混乱が生じていることがうかがわれる。

実務上の混乱は，大改正後間もない時期にあることに加え，そもそも改正をめぐって少年法の目的・構造・機能に深く関わる厳しい対立が存在したこと，立法過程においてこの対立の解消に向けて議論が尽くされなかったことなどからすれば，当然といえるかもしれない。しかし，厳罰化と必罰化を基調とする改正法が，それ自体，少年司法の社会防衛機能の強調にともない，教育機能の後退と適正手続の形骸化を進めてきた理論と実務の潮流のなかにあったことからすれば，予想を超える程度の改正法の具体化において，その解釈・運用をめぐる実務の混乱は，少年法の教育機能をさらに後退させ，少年の適正手続をいっそう抑制する方向に作用する可能性が高い。

2 改正法の解釈・運用に関する法的検討は，今後，その運用状況の量的・質的解明が進み，改正法に関する裁判例が蓄積されるにともない，さらに追求され続けられるべき課題である。しかし，実務が完全に定着していない現在においても，改正法の解釈・運用をめぐるアクチュアルな問題を明らかにし，法理論的検討を加える必要は高い。そのことが，少年法の教育機能を後退させ，少年の適正手続を形骸化させるような解釈・運用の定着を排除すること寄与するであろうし，改正法の意味ある見直しをも可能にするであろう。

第1の課題は，法解釈論的検討や立法論的提案により解決すべき問題の解明である。たしかに，すでに明らかとなっている問題も少なくない。しかし，質的状況に関する限られた報告からも，予想されなかった問題が生起していることが示されている。運用状況が未だ明らかなものではなく，判例の蓄積も少なく，しかも実務が完全に安定していないこの時期，運用状況に対して自ら積極的にアクセスすることにより，まず解決すべき問題自体を明らかにすることから始めなければならない。

第2に，このようにして解明した法的問題について，明確な理論的視座に立ちつつ法解釈学的検

討を行うことが課題となる。少年法の目的・構造・機能に深く関連する理論的対立が，改正法をめぐって展開してきたことからすれば，あるべき解釈・運用を提示するための法理論的検討においては，明確な理論的視座に立つことが不可欠である。さらに溯ってアクチュアルな法的問題を解明するうえでも，明確な理論的視座に立つことが必要であろう。これを欠くとき，法理論的検討の対象とすべき問題自体が発見できないであろうし，改正法をとりまく諸状況に従属したご都合主義的法解釈の危険が高まる。このような理論的視座は，少年法の基本理念についての確固たる理解のうえに得られるであろう。

　第3の課題は，解釈・運用を通じての問題解決の限界を明らかにしたうえで，立法論的提案を行うことである。上述のように，改正法が教育機能の後退と適正手続の形骸化という潮流のなかにあり，厳罰化と必罰化を基調とするものであるならば，改正法の解釈・運用上生じる問題を法解釈論的検討によって解決することには，やはり限界があるはずである。この限界を明らかにしたうえで，より完全な問題解決に向けての立法論的提案を行わなければならない。このときも，確固たる理念に基礎づけられた明確な理論的視座に立つべきことはもちろんである。施行5年後の見直しを予定した改正法であるだけに，立法論的提案は重要であろう。さらに，2000年11月24日参議院本会議の附帯決議も示唆しているように，施行5年後の見直しは，2000年の改正点に限られることなく，より広く，捜査・取調べ手続の改革，少年の権利保障の強化，家庭裁判所のケース・ワーク，教育機能の充実，処遇体制の整備などを含む，少年法のあるべき方向を具体化するための見直しでなければならない。

　3　以上のような課題にわたる本共同研究は，改正少年法の解釈・運用をめぐるアクチュアルな問題の解決に寄与するという点において実践的意義を有するであろうし，明確な理論的視座にたって少年法の目的・構造・機能に深く溯った法解釈論的・立法論的検討を行うことにより，少年法理論の発展にも寄与しうるであろう。さらには，少年の刑事手続や量刑という少年法と刑事訴訟法，刑法の交錯領域について，少年法の理論の蓄積を吸収する形で深い法理論的検討を加えることは，刑事訴訟法や量刑法の新たな理論的展開を促進するであろう。

　また，本研究は，法実務に積極的にアクセスすることにより解明した法的問題の解決に寄与すると同時に，そのような問題解決への寄与という観点から法理論自体を自省的に再吟味するプロセス，すなわち実践的な問題解決から法理論構築へのフィードバックのプロセスを法理論的検討のなかに組み込んでいる点において，法実務と法理論研究の新しい関係，両者の健全な相互発展的関係の構築を模索するものである。

(2) 共同研究の方法

　1　このような課題について，葛野尋之（立命館大学教授）がオーガナイザーとなり，岡田行雄（九州国際大学助教授），武内謙治（九州大学助教授），中川孝博（龍谷大学助教授），渕野貴生（静岡大学助教授），本庄武（一橋大学専任講師），正木祐史（静岡大学助教授）の参加により共同研究を組織した[14]。

　研究課題を追求するため，本共同研究は，第1に，公式統計，解説書・論文，注釈書，裁判例，実務家の運用状況報告など既発表の資料から，改正法をめぐる解釈・運用上の問題を明らかにしようとした。多くの問題が明らかになったが，解釈・運用上の問題の提示とその解決という観点から作られたものではなく，また，それぞれのよって立つ理論的視座も異なり，それが不明確なもの

も多いことから，アクチュアルな法的問題がこれによりすべて解明されたわけではなかった。

それゆえ第2に，2002年11月以降，改正法下の実務に携わった弁護士，調査官，裁判官などに対して，担当した具体的事件とその法的手続を中心に，改正前の実務との比較，改正法に対する意見なども含めてインタビュー調査を行った。事件の特定を避けるため，調査対象を個々明らかにすることはできないが，人数にして30人程度，その大多数が弁護士（弁護士以外の実務家が5人），大部分を一人の対象者へのインタビューとして約2時間ないし2時間30分ずつ実施した。許された範囲で，事件記録の閲覧による記録調査も行った[15]。調査において扱われた具体的事件のいくつかについては，裁判例が公刊されている。弁護士会の会議，研究会などにおける実務家の報告も，直接調査による所見を補足するために役立てた。なお，少年の刑事手続については，公開法廷で行われる公判手続の傍聴が有意義な調査方法となるであろうが，今回，傍聴の実施は数少ない事件において行うことができたにとどまる。

このような調査を通じて，改正法の解釈・運用をめぐるアクチュアルな問題が鮮明になっていった。具体的事件についての実務家へのインタビュー調査と記録調査という方法によるとき，たしかに存在するすべての問題をくまなく析出することは不可能であり，また，問題認識における偏りが生じる危険もあるであろう。しかし，このような方法は，未だ明らかにされていない法的問題の解明という本共同研究の課題のためには，問題の鮮明かつ深い理解を可能にするという点において適しているように思われる。事実，文献資料からは発見できなかった問題が多く明らかになったし，調査対象の実務家との対話を通じて，アクチュアルな問題の認識をいっそう深めることもできた。また，問題認識における偏りの危険は，公式統計その他文献資料を丁寧に吟味し，それらから得られる所見と対照させることによって解消するよう努めた。

2 各参加者がそれぞれ担当した課題について，文献調査，共同して行ったインタビュー調査と記録調査，報告会・研究会への参加などから解決すべき解釈・運用上の問題を解明し，一応の法解釈論的検討と立法論的提案を準備したうえで，共同研究参加者全員の討議にかけた。

このような討議を通じて，法解釈論的検討と立法論の提案を行ううえでの理論的視座とそれを基礎づける少年法理念について，相当程度まで理解を共有することができた（後述参照）。共同の討議を経て，各人がそれぞれの課題について再考したうえで持ち寄り，あらためて共同の討議に付すことを繰り返した。このような参加者各人および共同の法理論的検討と実務家へのインタビュー調査・記録調査を並行して行った。

3 共同研究初期においては，立法論的提案より，法解釈学的検討に比重をかけていた。法解釈論的検討が立法論的提案の前提として位置づけられるものと考えたからである。2003年1月26日には日本刑法学会関西部会（キャンパスプラザ京都）において，共同研究「改正少年法の運用実態とその法解釈論的問題」として中間的成果を報告する機会を与えられた。この報告においては，インタビュー調査，記録調査などから解明した解釈・運用上の問題の提示とともに，主として法解釈論的検討の中間的成果を明らかにしたが，斉藤豊治氏（東北大学教授），守屋克彦氏（東北学院大学教授），廣瀬健二氏（横浜地方裁判所判事）から指定討論者としてのコメントをいただいた。また，会場からも貴重なご意見，ご教示をいただいた。その後の共同研究の発展を促す貴重な機会となった。

その後，研究論文などの形での共同研究成果の発表に向けて研究体制をとり，インタビュー調

査・記録調査の継続と参加者各人および共同の法理論的検討を進めた。かくして今回，一応のまとめとして本共同研究の成果を発表することができた。とはいえ，本共同研究が設定した課題について完全に達成できたわけではない。今後もこの課題については，共同研究を発展的に継続していきたいと考えている。

3 理論的視座
(1) 成長発達権の保障

1 改正法の解釈・運用をめぐるアクチュアルな問題について法理論的検討を行うとき，上述のように，少年司法の確固たる理念に基礎づけられた明確な理論的視座に立たなければならない。本共同研究においては，この点について，以下のような理解を共有している[16]。このような理解は，各参加者のあいだで完全ではないにせよ，ほぼ一致しているといってよい。

厳罰化と必罰化を基調とする改正法は，少年司法の教育機能を後退させ，少年の適正手続を形骸化するというこの約20年の潮流のなかに位置していた。このような潮流を正統化し促進してきたのは，少年司法の独自の社会防衛機能を強調することによって，処遇決定において応報と一般抑止の要請を重視しつつ，社会防衛機能に教育機能を従属させつつ，教育機能を犯罪的危険性の除去として枠づける理論的立場であった。他方，手続面においては，必罰主義的実体的真実主義に傾斜しつつ，「懇切」で「和やか」な手続を後退させるにともない，少年の適正手続を形骸化してきた。このような理論的立場は，最近，刑事法における「自己決定・自己責任」の強調という趨勢のなか，犯罪・触法行為について法的非難としての「責任」が問われるべきとし，保護処分をこの「責任」に基づく法的「制裁」として性格づける理論的立場へとつながっている[17]。

2 このような理論的立場とそれに基づく厳罰化・必罰化の潮流に対して，子どもの成長発達権によって基礎づけられた少年司法理念を新たに構築し，その下で少年司法の教育機能を再生しつつ，適正手続を強化しなければならない。

新しい少年司法理念の基礎におかれるべき子どもの成長発達権は，子どもの人間としての尊厳の尊重にほかならず，子どものいまある自律的人格の尊重のうえに，その全面的人格発達を保障することを意味する（憲法13条）。子どものいまある自律的人格の尊重とその全面的人格発達の保障とは，子どもという一個の人格に基礎づけられながら，相互に支え合う一体のものとして，子どもの人権としての成長発達権を構成する。

このような新しい教育理念の下，少年司法において，少年は成長発達プロセスにある一個の自律的人格主体として，そのいまある自律的人格を尊重されつつ全面的人格発達を保障されるがゆえに，非行克服の主体として地位を与えられる。少年は「保護」の客体としての地位から解放され，非行克服プロセスにおける少年の主体性が確保されなければならない。少年の「服従」を内在的に要求してきた「保護」は否定される。

(2) 教育機能と適正手続

1 少年司法の教育機能は，少年の成長発達権を保障するために，少年の主体的非行克服を援助する機能として位置づけられる（憲法26条）。このような教育機能の再生・強化が，まさに少年の成長発達権の保障のために要請され，教育機能の後退をもたらす社会防衛機能の独自の強調，あるいは厳罰政策への傾斜は否定されるべきことになる。

少年司法の教育機能が少年の主体的非行克服の援助機能として構成される以上，一般に，子どもの成長発達権の保障においては，家庭，学校，職

場，地域社会などコミュニティの教育機能こそが第一次的重要性を有することからすれば，少年司法の強制的介入を抑制したうえで，コミュニティの社会的支援の連帯のなかで，その教育機能による少年の主体的非行克服の援助が促進されなければならない。少年司法とコミュニティの教育機能とのあいだに，少年司法のソーシャル・ケース・ワークを基軸として，有機的連携が形成されなければならない。少年司法のソーシャル・ケース・ワークは，コミュニティの教育機能を活性化させ，その連帯を形成することにも向けられる。かくして，少年司法の教育機能は，コミュニティの教育機能との有機的連携のなかでこそ果たされる。

2　少年の適正手続は，少年の成長発達権に基礎づけられた新しい教育理念の下，その内在的要請として保障される（憲法31条）。少年の自由権的人権の尊重という観点から，少年司法のあらゆる局面において，恣意・専断を排除するための手続保障が用意されなければならない。さらに，非行克服プロセスにおける少年の主体性を保障するために，少年司法のあらゆる局面において少年の手続参加が確保されなければならない。少年の手続参加が，少年の適正手続の本質として要請されるのである。

少年の適正手続について，その意義を端的に表現しているのが，少年司法において子どもの権利条約の保障を具体化した国連少年司法最低基準規則（北京ルールズ）14.1である。少年の非行事件が裁判所その他権限ある機関の「公正な審理」によって取り扱われるべきことを定める規則14.1につづいて，規則14.2は，「手続は，少年の最善の利益に資するものでなければならず，かつ，少年が手続に参加して自由に自己を表現できるような相互理解の雰囲気のなかで行われなければならない」と定めている。少年の最善の利益——これは少年司法において先の意味における教育機能の保障として現出する——という観点からも，少年の手続参加が確保され，その自由な自己表現が保障されるべきこと，それを可能にするような「相互理解の雰囲気」に満ちた受容的手続環境がとられるべきことが，少年の適正手続を意味する「公正な審理」の本質的要素として要求されているのである。この少年の手続参加の確保と自由な自己表現の保障は，子どもの権利条約が子どもの成長発達権（条約6条）において中核的意義を有するものとして保障する意見表明権（同12条1項），それに基づく「自己に影響を与えるいかなる司法手続においても……聴聞を受ける機会」の保障（同条2項）を少年司法において具体化したものである。

かくして，少年司法の教育機能と少年の適正手続は，ともに少年の成長発達権に基礎づけられた新しい教育理念の内在的要請として位置づけられる。少年司法がその教育機能を十分果たすためには，手続から恣意・専断を排除し，少年の手続参加を確保しなければならないから，少年の適正手続が教育機能にとって不可欠の前提となる。また，少年固有の情緒的・知的未成熟性にかんがみるとき，少年の適正手続が実質化するためには，個々の少年を深く見つめ，その特性や状況に十分配慮した懇切で丁寧な手続が践まれなければならず，その意味において教育機能と共通の基盤が必要になる。このように，新しい教育理念の下，少年司法において教育機能と適正手続は相互に支え合い強め合う関係にあり，本質的調和へと至る。少年司法において教育機能と適正手続は，少年の成長発達権を保障するためのまさに両輪として位置づけられるのである。

(3)　各論攷の位置

1　以上のような基本的視座に立つとき，改正法が基調をおいた厳罰化と必罰化は，少年司法の

教育機能，少年の適正手続の観点からどのような理論的意義を有するであろうか。改正法をめぐる重要問題についての本格的検討は，本共同研究の各論攷において行われるが，ここでは，共同研究の理論的成果の全体像を示すために，各論攷の位置を明らかにしておきたい。

葛野論文は，共同研究全体の課題と方法，基本的視座を明らかにしたうえで，少年における責任の自覚を通じての教育機能の促進可能性と少年の手続参加という二つの観点から，改正法における被害者配慮規定の意義を論じ，被害者の期待への応答を理由にした厳罰化，刑事手続における検察官，裁判官による「悔悟」と「謝罪」の強要について批判的検討を加えた。

正木論文は，今回改正の眼目ともいえる改正法20条2項，いわゆる原則逆送規定について，刑事処分相当性判断における社会防衛的要請の排除と教育機能の徹底という観点から，また少年の適正手続としての二重危険の禁止という観点から，実体，手続両面にわたる逆送決定の抑制を提起し，その方向における改正法20条2項の解釈，さらには立法論的提案を展開している。

岡田論文は，少年司法の教育機能の要である家庭裁判所調査官の社会調査について，社会調査は教育機能を担うケースワークとしての基本性格を有しており，そこにおいて少年と家庭裁判所調査官の信頼関係が確保されなければなないという基本的立場から，逆送決定の抑制という方向において20条2項該当事件の社会調査がどのように行われるべきか，さらには逆送後の刑事手続における量刑，少年法55条の家庭裁判所再移送の判断のなかで社会調査がどのように活用されるべきか論じている。

2　中川論文は，「非行事実認定の適正化」を掲げる検察官関与の論理と，その前提となるべき「適正な事実認定」の意味をあらためて吟味したうえで，少年の手続参加と自由な意見表明の保障という観点から，少年審判における検察官関与の意義を問い直し，検察官は裁判官と少年のコミュニケーションの改善という役割を担うべきこと，この役割は第一義的には少年の付添人によって担われるべきことなどを提起している。

渕野論文は，少年の刑事手続における適正手続の実質化という課題をめぐり，少年の防御権保障の徹底，さらには手続参加の確保という観点から，年齢切迫問題，裁判の公開，起訴後勾留などについて解釈論的検討を行い，検察官が反対当事者として少年を追及し，憲法上の原則として公開が要請されるなどのことから，刑事手続と少年の手続参加とのあいだに本質的矛盾があることを明らかにしたうえで，逆送決定が極力抑制されるべきことを提起している。

3　逆送決定の要件である刑事処分相当性の意義をどのように理解するかに関連して，刑事裁判における少年の量刑のあり方，少年法55条による家庭裁判所再移送の意義が問題となるが，本庄論文は，少年の成長発達権の保障に向けた教育機能の徹底という観点から，保護処分による濃密な働き掛けを行うより，刑事処分による苦痛をきっかけにした自発的な非行克服を促進する方が教育的援助方法として相応しいと認められる場合に限り，刑事処分の現実的・具体的適用がなされるべきこと，このように認められない場合には，家庭裁判所に再送致すべきことを論じている。

武内論文は，少年司法において教育機能を実質化するためにも，適正手続，手続参加を確保するためにも，弁護士付添人の援助の保障が本質的であるとの基本的立場から，改正法における付添人援助の保障の不備を指摘しつつ，弁護士会の自主的取組みの拡大を積極的に評価したうえで，弁護士付添人の手厚い公的保障を行うべきこと，弁護士付添人の機能において法的援助と社会的援助が

交錯し一体化していることを論じている。

　以上のように，各論攷はそれぞれ独立した研究論文であり，それぞれの課題について深い検討を行っているが，いずれも上述の基本的視座に立ちつつ，少年司法における教育機能の徹底・強化と，手続参加を本質とする適正手続の確保を目指している。この両者は，少年の成長発達権の保障において結節している。本共同研究の各論攷が，全体として少年司法のあるべき方向を指し示すものとなっている所以である。

　各論攷は，上述の基本的視座に立ちつつ，改正法においてどのような解釈・運用の可能性があるか検討しているが，その結果，現在の解釈・運用の根本的転換を提起するものとなっている。かくして，各論攷は，少年の成長発達権の保障と改正法との本質的矛盾を明らかにしたうえで，より完全な問題解決のために，法解釈論による問題解決を超えた立法論的提案を行っている[18]。

4　少年司法と被害者
(1) 改正法における被害者配慮

　1　2000年改正においてきわめて重要な意義を有していたのが，「被害者問題」である。それは，改正法において被害者配慮に関する規定が設けられただけでなく，「被害者の期待・要求」，ないし被害者への共感に根ざした「国民の期待・要求」への応答ということが，厳罰化・必罰化の根拠とされ，これを基調とする改正法の成立を強力に後押ししたからである。

　改正法は，2000年5月の犯罪被害者保護二法の規定に倣う形で，①被害者等に対する審判結果等の通知（31条の2），②被害者による審判記録の閲覧・謄写（5条の2），③被害者等の申出による意見の聴取（9条の2）について定めた。また，刑訴法に定められた措置，④証人尋問のさいの証人への付添（157条の2），⑤証人の遮蔽（157条の3），⑥ビデオリンク方式による証人尋問（157条の4）は，少年法14条2項により，少年審判手続にも準用されることになるであろう。被害者配慮規定を盛り込んだことが，改正法の大きな特徴であった。この点については未だ十分な運用状況の調査をなしえていないが，以下，簡単に検討しておきたい。

　改正法における被害者配慮の制度は，「少年の健全育成という少年法の目的に反しないという大枠の中で，それとは独立した利益としての被害者の保護を少年法の中に明示的に取り入れた」ものであり，健全育成目的に反しない限りにおいてこれらの規定の適用が認められるとするものであった。被害者の意見聴取について，審判期日における少年の面前での聴取以外の聴取方法が定められたのも，少年審判の教育的機能が害されないよう配慮してのことであった[19]。このような被害者配慮規定の運用について，最高裁判所の統計と説明によれば，事件記録の閲覧・謄写，意見等の聴取，審判結果等の通知のいずれについても，形式的な申立要件に欠けるものでない限り，被害者の申出があればすべて認められるという運用が定着しつつある。

　注目されるのは，被害者意見聴取において，裁判官の聴取が近時顕著に増加しているとはいえ，家庭裁判所調査官の聴取の割合が施行後3年間で42.1％と高く，裁判官が聴取した場合でも，審判期日での聴取は15.3％にとどまり，審判期日外での聴取が84.7％を占めていることである。

　被害者の意見聴取については，それが審判期日に行われるとき，後述するように限界があるにせよ，運用次第では，少年が被害者のなまの声を通じてその心情，状況などを知ることのできる機会となり，少年が現実的被害者に対する具体的被害についての責任の自覚を促進しうると同時に，被害者と少年との「対話」の機会ともなりえ，リス

被害者配慮規定の運用状況

	事件記録の閲覧・謄写			意見等の聴取			審判結果等の通知		
	申出件数	認	否	申出件数	認	否	申出件数	認	否
2001.4.1-2002.3.31	506	498	8	150	146	4	553	545	8
2002.4.1-2003.3.31	590	576	14	163	154	9	726	721	5
2003.4.1-2004.3.31	634	630	4	200	196	4	668	666	2

被害者等意見聴取の運用状況

	意見聴取合計	裁判官が聴取	審判期日で	審判期日外で	家裁調査官が聴取
2001.4.1-2002.3.31	146	79	5	74	67
2002.4.1-2003.3.31	154	82	14	68	72
2003.4.1-2004.3.31	196	126	25	101	70

※最高裁判所の発表した統計による。

トラティブ・ジャスティスの理念を現行制度の運用のなかに具体化させることになると指摘された[20]。審判期日における意見聴取の実施例において，実際にそのような効果のあったこと，その後の継続的な謝罪や損害賠償の履行に結びついていることが報告されてもいる[21]。

2 反面，事件発生から比較的間がない時期，裁判官の主宰する審判期日において，少年，被害者双方が心を開き，率直に「対話」することが可能なのか，かえって双方が傷つき，傷つけることになる危険はないか，との懸念も表明されていた[22]。「審判廷における被害者の一方的な意見の陳述は，少年に威圧感を与える恐れがあり，必ずしも望ましいとは思われない」というのである[23]。最高裁判所事務総局家庭局も上述の「運用状況報告会」において，少年の面前での被害者の意見聴取が少年の教育的効果をもつのではないかとの意見に対して，被害発生から間もない時期であり，少年，被害者双方にさまざまな心理的葛藤がある場合が多いうえ，少年審判廷は比較的こぢんまりとしたものであるから，加害少年と被害者とが審判廷で直接対面することになる審判期日での意見聴取の選択については慎重な配慮が必要であると指摘し，審判期日での裁判官の聴取に消極的態度を表明している。現在までの運用状況は，実務においてこのような考えが優勢であることを示している。もっとも，実務家のなかには，審判期日の意見聴取に消極的なのは，被害者の意見が処分決定に強い影響を与えることを避けようとの配慮によるものであろう，あるいは，審判期日における意見聴取が審判手続の効率的進行という「便宜」に反するという考慮も働いているであろう，との指摘があった。

実際，意見聴取方法の選択には困難がともなうようである。ある事件において，弁護士付添人からは当初，少年が被害者の痛み・苦しみを理解し，責任の自覚を深めるために意義があるとして，審判期日における少年の面前での意見聴取を要求したのに対して，担当家庭裁判所調査官が，少年，被害者との面接や調査を踏まえ，双方ともに精神的混乱がいまなお大きいから，少年の面前での意見陳述は被害者の精神的痛手をさらに深めかねず，また少年の側も被害者の意見を十分に受け止めることができないであろうとして，裁判官に対する意見陳述との被害者の要望も考慮したうえで，審判期日外での裁判官の意見聴取が提案され，それが実施された例がある。弁護士付添人としても，その後の審判過程における少年，被害者の状況にかんがみ，結果的にその方がよかったと考えるに至ったという。

やはり，少年審判も非行事実の認定と強制的自由剥奪をともなう保護処分に関する決定を行うものであり，また，本来的に裁判官に対する被害者の意見陳述であることからすれば，審判期日における被害者の意見聴取手続には，自由かつ率直な双方向コミュニケーションであるべき直接対話の機会としては本質的限界があるといわざるをえない。

3　他方，刑事訴訟法292条の2は被害者の意見陳述について定めている。これには，①裁判が被害者の心情・意見を踏まえたうえでなされることが明確となり，刑事司法に対する被害者と国民一般の信頼確保に寄与すること，②被害者の関与により，過度の応報感情を防止する効果が期待できること，③被告人が被害者の心情・意見を認識することにより，反省を深め，更生を促進しうること，という意義があるとされ，このような制度趣旨にかんがみ，被害者から申出があれば，特段の理由がない限り，裁判所はこれに応じるべきとされている。同条7項は，「審理の状況その他の事情を考慮して，相当でないと認めるときは，意見の陳述に代え意見を記載した書面を提出させ，または意見の陳述をさせないことができる」と定めているが，これはあくまで例外的な場合，たとえば，①意見陳述を希望する被害者が多数存在して，一部にしか認めることができない場合，②入院などにより被害者が出廷できない場合，③被害者が直接被告人と対面すると過度に感情的になり，審理に混乱をきたしかねない場合，などに限定されるべきとされている[24]。

かくして，実務上，被害者の申出があるとき，ほぼ例外なく公判期日における意見陳述が認められているようであり，この場合，少年審判において被害者の意見聴取の方法を決定する場合と異なり，被告人が少年であること，面前での被害者の意見陳述が被告人の心情にどのような影響を与えるか，被告人が直に接した被害者の意見・心情を真摯に受け止めることのできる状況にあるか，などは考慮されていないようである。その結果，公判期日において少年の被告人が，激烈な人格非難を含む被害者の意見陳述に直に接したことにより，自己肯定感を喪失し，その後の内省の促進がかえって困難になった例もある。このことは，少年の手続参加と自由な意見表明をも困難にするであろう。

少年の刑事手続も少年法1条の健全育成目的により支配され，したがって少年の成長発達権の保障に向けて，その手続参加を保障しつつ教育機能を担うプロセスであるべき以上，被害者の意見陳述については，本来，被害者とともに，少年の心情への影響をも考慮して，その具体的方法をむしろ慎重に決定すべきであろう。少年審判における意見聴取方法の現状に照らしたとき，ほぼ例外のない公判期日の意見陳述という現在の実務には重大な問題がある。刑事訴訟法292条の2の文言上，公判期日における意見陳述が適切でない場合には，同条7項により意見聴取それ自体を認めないか，書面提出によることとする以外にはなく，公判期日外の意見聴取が認められる可能性はない。現行の意見陳述制度を前提とするならば，公判期日外の意見聴取を可能にするよう法改正が必要であろう。

(2) 処遇決定と被害感情

1　刑事司法全体にわたる「被害者のルネッサンス」と呼ばれる潮流のなか，記録等の閲覧，意見陳述・聴取などの被害者配慮を超えて，「被害者の期待・要求」への応答であるとして厳罰化方向への立法が行われてきた[25]。同じ理由から，刑事手続における実際の求刑や量刑も厳格化しているといわれる[26]。現在，このような動向は世界的趨勢として現出してきているが，アンドリュー・

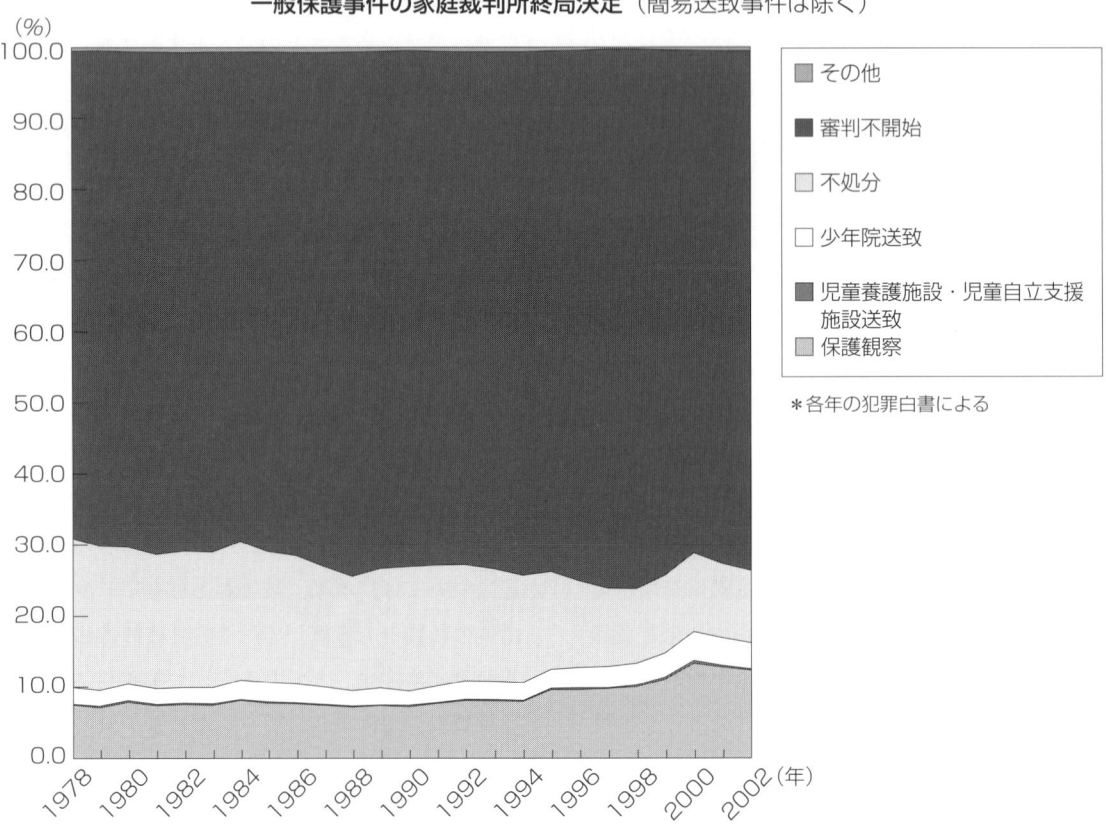
一般保護事件の家庭裁判所終局決定（簡易送致事件は除く）

アシュワースはこれを「厳罰化に奉仕するための被害者」の利用と表現し[27]，デビッド・ガーランドは，被害者の利益の現実的達成ではなく，「刑事上の強圧的統制手段を正統化する万能薬として，……『被害者』という仕組まれた政治的なイメージ」が活用されていると指摘している[28]。被害者への配慮という観念が，厳罰政策への傾斜を進めるための「レトリック装置」ないし「シンボリックな道具」として援用されてきたとされるのである[29]。

厳罰化・必罰化を基調とする2000年改正も，被害者の期待・要求への応答ということによって正統化され促進された。近時，逆送決定の拡大のみならず，家庭裁判所終局決定における審判不開始の減少と保護処分決定の増加傾向からもうかがわれるように，少年審判における処遇決定も厳格化する傾向にあるが，その背景には，家庭裁判所における「被害者の期待・要求」への応答があるといわれる[30]。

2 改正法が逆送決定の拡大だけでなく，家庭裁判所における処遇決定全体の厳格化をもたらすのはなぜなのか。このとき，処遇決定における被害感情の重視は，どのような意義を有するのか。

上述のように，厳罰化・必罰化を基調とする改正法は，少年司法において独自の社会防衛機能が強調されるにともない，教育機能が後退し，必罰主義的手続への傾斜が深まりつつ，適正手続の形骸化が進むという傾向のなかにあった。この傾向を支えたのは，教育機能を社会防衛機能に従属させることにより，保護処分の決定を基礎づける要保護性の要素として矯正可能性のほかに保護相当性を，また，逆送決定の要件である刑事処分相当

性の要素として保護不能のほかに保護不適を承認する理論的立場であった。本来，社会防衛機能への従属により教育機能を空洞化させることのないよう，保護不適は否定されるべきであり，保護相当性も認められるべきではないが，これらを承認する理論的立場は，犯罪・触法行為について法的非難としての「責任」が問われるべきとし，この意味の「責任」に基づく法的制裁として保護処分を性格づける見解と結合している。応報主義的要請や一般抑止の要請を組み込んだ保護相当性や保護不適という要素を認めることによって，要保護性や刑事処分相当性が，法的非難としての「責任」と重なり合うのである。このとき，保護処分は要保護性を基に決定されるにせよ，その実質は，「責任」に基礎づけられた法的制裁となる。

　このような立場によれば，保護相当性や保護不適の判断において，応報主義的要請や一般抑止の要請が組み込まれることから，社会防衛機能の強調という政策的要請が，実際の処遇決定のなかに具体化されることになる。改正法20条2項は保護不適の推定による「原則逆送」規定として理解されるが，このような形で20条2項該当の重大事件について社会防衛の要請を具体化した厳格な処遇決定が少年法上の「原則」として法定されているのであれば，改正法20条2項に該当しないものも含めて重大事件については，逆送決定のみならず，保護処分決定のための要保護性判断においても，保護処分相当性の要素を通じて社会防衛の要請をいっそう重視し，厳格な保護処分決定を行うべきというのが法の趣旨であると理解されることになる。かくして，2000年改正が逆送決定のみならず，重大事件一般についての保護処分決定の厳格化をも促進することになる。

　また，処遇決定の判断のなかに応報主義的要請を組み込むこのような立場においては，応報主義的要請を基礎づける事情として，現実の被害感情が考慮されることになる。少年司法において社会防衛機能が強調されるにともない，処遇決定にあたり保護相当性や保護不適の要素に内在する応報主義的要請や一般抑止の要請を基礎づける事情として，結果重大性，社会感情などとともに，被害感情が重視されることになる。被害感情の厳しさが，ただちに要保護性や刑事処分相当性の高さにつながるのである。改正法下での処遇決定の厳格化傾向は，このような形で被害感情の重視と結合する。また逆に，「被害者の期待・要求」への応答という文脈のなかで被害感情の重視が求められるとき，処遇決定における応報主義的要請のいっそうの強調を通じて，社会防衛機能に傾斜した厳格な処遇決定を促進することになる。このような形で被害感情の重視が厳格な処遇決定を促進することは，少年司法の社会防衛機能を独自に強調し，保護相当性や保護不適の要素を承認する理論的立場に内在する問題である。

　3　改正法9条の2の被害者の意見聴取は，家庭裁判所が被害感情を認識する機会となる。ここで問題になるのは，被害感情についての調査である。

　近時，家庭裁判所調査官の調査は，保護相当性や保護不適に関連する事情についても行うことが可能であり，とくに改正法20条2項該当事件など重大事件においては，それを積極的に行うべきとの見解が有力になっている[31]。この見解によれば，まさに保護相当性や保護不適を基礎づける事情として，結果の重大性，社会的影響，社会感情などとともに，被害感情に関する調査が認められることになる。「被害者調査」がこのように性格づけられることがある。あるいは，社会感情に関する調査の一環として，被害感情に関する「被害者調査」を位置づける見解もある[32]。

　しかし，かりに保護相当性や保護不適の要素が承認されるとの前提に立つ場合でも，裁判官によ

る法的調査から区別されるものとして家庭裁判所調査官が行うべき社会調査は，矯正可能性に関する要保護性調査，あるいは刑事処分相当性における保護不能に関する調査に限定されるべきである。結果の重大性，社会感情などの調査は，教育機能の担い手としてのソーシャル・ケース・ワーカーという家庭裁判所調査官の立場に矛盾し，人間行動科学の専門家としてのその地位を曖昧にするからである。したがって，家庭裁判所調査官により先のような意味の被害感情に関する調査が行われるべきではない。

4　とはいえ，これとは別の被害者調査もありうる。すなわち，従来からの要保護性に関する社会調査の一種としての被害者調査の意義が，最近，改めて強調されている。このような被害者調査は，保護相当性や保護不適を基礎づける事情としての被害感情の調査とは異なり，また，もちろん被害者の意見聴取とも異なり，「家庭裁判所が非行内容や少年の要保護性に関する理解を深めたり，あるいは少年や保護者に対し，犯罪被害者等が非行によって受けた財産的・肉体的な被害や精神的衝撃等の状況を十分に認識させて内省を深めさせたりするために実施されてきたもので，あくまでも少年の健全育成を図るために必要な範囲内で行われてきた[33]」とされる。

被害者調査を通じて明らかとなった被害者の心情，状況などが少年に伝達されることにより，少年がそれらを認識できるようになり，少年における現実的被害者に対する具体的被害の責任の自覚とそれを基礎にした非行克服を促進する効果が指摘されている。「被害程度や被害者感情を把握してその結果を少年に伝えることが健全育成のため効果がある」とされるのである[34]。たんに被害者の心情，状況などを明らかにするだけでなく，それを少年（や親）に認識させ，被害者が現実に被った具体的被害への誠実な対処を促し支援するものであるがゆえに，非行克服援助のためのソーシャル・ケース・ワークの方法となりうるのである。

とはいえ，同じ家庭裁判所調査官が被害者調査と被害者の意見聴取の双方を行う場合，両者の区別は実際には困難であろうことが指摘されており[35]，処遇決定における被害感情の反映を直接目的とするものではないにせよ，間接的にであっても処遇決定への影響は否定できないとも指摘されている[36]。また，被害者調査が被害者と少年のあいだの実質的「対話」の機会となりえ，両者の関係修復を促進する可能性が指摘されているが，実際上の困難もなお大きいとされる[37]。非行克服の援助に向けた教育機能を担うべき被害者調査をめぐっては，その具体的実施方法について，なお検討が必要とされる所以である。さらに，社会調査は一般に調査対象者の任意の協力を前提にするものとはいえ，少年の非行克服援助への協力を強く拒否する被害者もいることからすれば，とくに被害者調査については，被害者に対して社会調査ないしソーシャル・ケース・ワークとしてのその意義を十分説明し，その理解を確認したうえで，調査への協力を得るよう慎重な配慮が必要とされる。

(3) 三つの「被害」とその同時回復

1　「被害者の期待・要求」への応答を強調することは，現在，少年審判においても，少年の刑事手続においても，少年司法の実務に対して深刻な問題を投げかけている[38]。

少年非行については，最近の実証研究も明らかにしているように，少年が非行に至るまでの生育歴における虐待，放任，暴力，社会的疎外など，深刻かつ複雑な「被害」の蓄積が指摘されてきた。少年院在院者の被害経験に関する1998年実施の法務総合研究所調査などから，多くの割合の非行少

年が幼児期の被虐待経験，それも多くの場合に深刻な被害経験を有することが明らかにされ，このような被虐待経験とその後の非行行為との関連性が指摘されるようになった[39]。森田ゆりのいう「暴力の連鎖」である[40]。

しかし，「被害者のルネッサンス」のなか，少年が非行行為によって生じさせた犯罪被害に関心が集中するにともない，少年の「加害」が強調され，逆に少年の生育歴において蓄積された「被害」への関心は低下している。このことは，少年非行の社会的要因に対する関心の低下と表裏をなす。加害行為としての非行行為について，「自己責任」としての厳罰が要求されるのである。改正法はこのような文脈に位置していた。

2 他方，深刻な犯罪被害を発生させた犯罪行為をしたこと，あるいはその認識や受け止め方について，少年に対する厳しい人格非難が行われることがある。このことは，本共同研究における事件担当弁護士のインタビュー調査と記録調査から明らかにされた問題である。すなわち，逆送後の刑事手続において，検察官，裁判官が，あたかも少年の人間性を否定するかのような厳しい言葉で，「なぜこのような残虐な犯罪をしたのか。被害者に済まないと思わなかったのか」と犯罪行為に及んだことを責め立て，しかも「自己の犯罪行為について『反省』ができていない」とさらに非難するのである。公判廷で少年がたどたどしく自己の心情を語ったときも，「それで被害者が納得できると思うのか」とはねつけ，検察官の主張事実と異なる形で犯行状況を説明すると，「刑責から免れるために汲々としている」と断じる。人間としての尊厳，人格の尊重という観点からすれば，このような人格非難も一つの「被害」といってよい。

検察官，裁判官が，少年の言い分を無視または曲解しつつ，これほどの凶悪事件を起こしたうえに，現在もなお反省と謝罪の意思を有していないと強引に決めつけ，責め立てることは，少年には自己の人間性を否定されたと受け止められ，未だ言葉でうまく表現できなかったにせよ徐々に深まりつつあった内省を停止させ，深い悔悟と被害者への真摯な謝罪意思をかえって後退させる効果を有していた。

検察官や裁判官が少年の犯罪行為の残虐さを強調し，その無反省と謝罪意思の薄さを厳しく非難するさい，それは「犯罪被害者の苦しみ・怒りへの共感に発する」，あるいは「被害者の厳罰要求に応えるため」であるといわれてきた。刑事手続において，これらはもっぱら量刑を重くする事情として位置づけられてきたから，「被害者のルネッサンス」において被害者の期待・要求への応答が厳罰化と結合するとき，少年に対する人格非難はいっそう厳しいものとなるであろう。

3 「これだけの重大犯罪により被害者を苦しめたのだから，犯罪行為者は心から反省し謝罪すべきである。そうするのが当然である」との意識が，少年の場合に限らずに，これまでの懲罰的刑事司法を支配してきたように思われる。それゆえ，反省と謝罪の態度が示されないことは，厳しい非難に値することとされた。

しかし他方で，犯罪被害の現実的救済への関心が高まるなか，これとは異なる見解もみられるようになった。たとえば，矯正教育の実務家である浜井浩一は，「非行少年を処遇したことのある者であれば，彼らの多くが，その成育過程においてこころに何らかの傷を負い，周囲の大人から常に非難され続けており，そのため激しい叱責を受ければ，反省するどころか，反発してこころを閉ざす傾向が強いことは常識だと思われる。罪の重大さを認識させるためには，十分な時間をかけて，少年に罪の重さを受け入れるだけのこころの準備をさせ，それを支えていくことが不可欠である」

と論じている[41]。このような意見は，実務家からこれまでしばしば語られてきたところである。

　犯罪被害の救済という観点から，伝統的な懲罰的刑事司法に対しては，国家に対する法違反の責任や象徴的な「償い」だけが問題とされ，事件について真実を知りたい，とくに犯罪行為者の口から語ってほしい，犯罪行為者に直接疑問や思いをぶつけたい，深い悔悟とともに真摯な謝罪を受けたい，誠実な損害賠償の約束を得たいなどの被害者の現実的ニーズを実際には満たそうとしてこなかった，との批判がなされている[42]。犯罪被害の現実的救済をしてこなかった，との批判である。被害者への配慮として法定された情報提供や意見陳述・聴取も，このニーズに十分応えうるものではない。たしかに犯罪被害者における応報感情とそれに基づく厳罰要求は，それ自体自然なものであろう。しかし，懲罰的刑事司法において被害者の現実的ニーズが満たされず，被害の現実的救済がなされないなか，結局，被害者の癒しは得られなかったといわれる[43]。かくして，犯罪被害をこのような被害者の現実的ニーズとして理解し，現実的救済がなされるべきものとしてとらえたとき，三つの「被害」の関係性が明らかになる。

　4　悔悟と謝罪を「当然なすべきもの」として強要しても，実際には，犯罪行為者においてそれらが得られないことが多い。懲罰的刑事司法に対する批判は，このような事実認識に基づくものであった。たしかに，「当然なすべきもの」としての強要から導き出される反省や謝罪は，その実体において，犯罪行為者における国家権力を背景にした権威への屈服とそのような自己に対する無念の感情を映し出したものにすぎないであろう。

　非行少年の処遇において，少年自身が虐待，社会的疎外など深刻な被害経験を有する場合，その被害自体を真摯に受け止め，その回復を進めるなかでこそ，自己の加害行為の意味を深く理解し，被害者の痛み・苦しみに対する共感も育まれるという[44]。家庭裁判所裁判官の経験もある弁護士の多田元は，「少年は，非行の場面では加害者であっても，非行に至るまでの生育歴を見れば，親などの虐待やその他の大人による暴力の被害，学校などでのいじめや差別，選別など，さまざまに人としての尊厳や価値を否定されて心的外傷を受けた『被害者』の側面を持っているのであり」，非行行動と強い関連を有していると指摘したうえで，「少年は『被害者』としての歴史を背負っていることを理解され，自己の尊厳と価値を認められて自己肯定感，そして人への信頼感を取り戻すときにこそ，自己の非行の意味を深く理解し，被害者に対して罪を償うことの自覚も生まれるのである」と論じている[45]。

　このような認識に立つとき，悔悟と謝罪を強要し，それが十分でないとして人間性を否定するかのような厳しい人格非難を行うことは，少年における「被害」の否認と結びつき，両者相俟ってかえって深い悔悟や真摯な謝罪意思を妨げる，ということができる。

　かくして，少年の場合に限らず，犯罪被害の現実的救済は，犯罪行為者における「被害」の回復プロセスと同時に成し遂げられるべきものであり，そのプロセスにおいて，犯罪行為者の人間性を否定するかのような人格非難は避けられなければならない。犯罪行為者の主体性の尊重と手続参加が支援・促進され，適正手続を逸脱した人権侵害は排除されなければならない。本来，犯罪被害以外の二つの「被害」の認識とその予防・回復は，犯罪行為者の人間としての尊厳，その人格の尊重から要請されるはずのものであり，厳しい人格非難は適正手続の保障の本質としての被告人の手続参加を妨げることになるであろう。しかし，同時にそれは，犯罪行為者における深い悔悟と真摯な謝罪を媒介として，犯罪被害の現実的救済の条件

づくりのためにも必要とされるのである。三つの「被害」の同時回復である。

1 改正法（案）批判として，団藤重光＝村井敏邦＝斉藤豊治他『ちょっと待って，少年法「改正」』（日本評論社・1999年），団藤重光＝村井敏邦＝斉藤豊治他『「改正」少年法を批判する』（日本評論社・2000年），「特集・少年法改正の諸問題」犯罪と刑罰14号（2000年），「特集・少年司法改革の諸問題」刑法雑誌39巻3号（2000年）など参照。
2 葛野尋之『少年法の再構築』（日本評論社・2003年），とくに第7章を参照。
3 葛野・前掲注（2）第6章，同「非行事実認定をめぐる司法と福祉」刑法雑誌39巻1号（1999年）を参照。
4 葛野尋之「少年審判の構造と適正手続──審判手続の憲法論」守屋克彦＝斉藤豊治編『改正少年法の検討(1)──少年司法の現在と未来』（成文堂・2004年予定）を参照。
5 運用状況とは別に，改正法の一般抑止効果についても関心が注がれているのはもちろんである。単純な警察検挙人員の増減をもとにして，抑止効果を肯定するかのような見解もあるが，刑法犯全体，業過を除く刑法犯，殺人，強盗の検挙人員が2000年から2001年にかけて増加していることを指摘し，抑止効果に疑問を提起する見解もある（斉藤豊治「少年法の運用に関する所見」現代刑事法52号〔2003年〕）。本来，改正法の一般抑止効果は，統計上，犯罪の増減に影響を与えるそれ以外の要因をコントロールしたうえで，すなわち錯乱要因を除外したうえで測定しなければならない（葛野・前掲注（2）248-252，494頁）。
6 最高裁判所ホームページ http://courtdomino2.courts.go.jp/tokei_misc.nsf｡
7 最高裁判所事務総局家庭局「改正少年法運用状況報告会結果」家庭裁判月報54巻10号（2002年）。
8 全司法労働組合ホームページhttp://www.zenshiho.net/syonenhou.html。
9 「座談会・改正少年法下での実務の問題とその解決」判例タイムズ1089号（2002年），「座談会・改正少年法の運用と状況と今後の課題」現代刑事法52号（2003年）。
10 「特集・『改正』少年法で少年事件弁護はどう変わるか」季刊刑事弁護29号（2002年），季刊刑事弁護30号（2002年）以下に連載中の「付添人レポート」など参照。
11 改正法の解説として，甲斐行夫＝入江猛＝飯島泰＝加藤俊治『少年法の一部を改正する法律の解説』（法曹会・2001年）。他に，甲斐行夫＝入江猛＝飯島泰＝加藤俊治『Q&A・改正少年法』（有斐閣・2001年），「特集・改正少年法の成立」法律のひろば54巻4号（2001年），飯島泰「少年法等の一部を改正する法律の概要等」ジュリスト1195号（2001年），入江猛「少年法等の一部を改正する法律」現代刑事法24号（2001年）など参照。
12 田宮裕＝廣瀬健二編『注釈少年法（改訂版）』（有斐閣・2001年）。
13 「特集・少年法改正」ジュリスト1195号（2001年），「特集・改正少年法と今後の課題」現代刑事法24号（2001年）などの諸論攷。また，「特集・改正少年法の運用の現状」現代刑事法52号（2003年）の諸論攷は，公式統計，裁判例などに基づきつつ，改正法の運用状況を踏まえたものである。
14 本庄武氏の参加は2003年2月からである。2002-2003年度，龍谷大学矯正・保護研究センターより研究助成を受けた。
15 インタビュー調査および記録調査の一部については，少年審判における検察官の役割に関する共同研究（代表・斉藤豊治・東北大学教授，守屋克彦・東京経済大学教授，白取祐司・北海道大学教授，山崎俊恵・大阪経済法科大学助教授，武内謙治，葛野尋之）と合同で行った。
16 葛野・前掲注（2）序章を参照。
17 葛野尋之「少年法改正と子どもの自己決定」法律時報75巻9号（2003年）は，少年司法において，少年非行に作用する複雑かつ深刻な社会的要因や司法手続という社会的文脈を捨象したうえで「自己決定」を擬制し，また，「自己決定」を「自己責任」に直結させることが，結局，少年から成長発達の機会を奪い，その自律と自立の可能性を奪うことになり，子どもにおける自己決定の保障の

18 私はかつて，改正法20条2項について，「原則逆送」規定との通説的理解に対して，教育機能の空洞化を招くものとして疑問を提起し，刑事処分の適用は教育的援助手段としての必要性・有効性によって基礎づけられるべきことを前提にしつつ，20条2項該当事件における社会感情の厳しさに配慮して，教育的援助手段として保護処分が必要・有効であることの説明責任を家庭裁判所に課した規定として理解すべきと論じ，そのうえで，少年に対する刑事処分と教育機能，成長発達権の保障との本質的矛盾の契機にかんがみ，改正法20条2項は廃止されるべきと提案したが，それもこのような趣旨による（葛野尋之・前掲注（2）終章第1節を参照）。

19 川出敏裕「少年保護手続における被害者の法的地位」『光藤景皎先生古稀祝賀論文集（下）』（成文堂・2001年）896～897頁。改正少年法の被害者配慮規定について，他に，吉仲信人「改正少年法と被害者の権利の拡大」現代刑事法24号（2001年），児玉勇二「改正少年法と少年犯罪被害者の権利」少年犯罪被害者支援弁護士ネットワーク編『少年犯罪と被害者の人権』（明石書店・2001年）を参照。

20 前野育三「被害者参加の少年保護手続と修復的司法」『光藤景皎先生古稀祝賀記念論文集・下』（成文堂・2001年）を参照。

21 藤原正範＝井垣康弘「少年事件・裁判官と調査官はどう考えるか」日本裁判官ネットワーク編『裁判官だってしゃべりたい』（日本評論社・2001年）86～93頁，井垣康弘「修復的少年司法の取り組み――司法福祉のフロンティア」立命館大学人間科学研究所『対人援助のための「人間環境デザイン」に関する総合研究プロジェクト』（立命館大学・2002年）。

22 後藤弘子「少年事件被害者に対する家庭裁判所の責任」廣瀬健二＝多田辰也編『田宮裕博士追悼論集（下）』（信山社・2003年）739頁は，「回復的正義」の背景には「正義の回復は司法によるものだけに限らないという考え方が存在する」として，「司法の主催者である裁判所が，司法の代替・補完的機能を有する制度として創設された回復的正義を行うことには原理的な矛盾がある」と論じている。たしかに，コミュニティ内での関係修復の追求による伝統的司法の権限縮小はリストラティブ・ジャスティスの重要な要素であり，また，関係修復のためにはそのような方法がより相応しいものとして追求されるべきであって，コミュニティの参加によるエンパワメントにも結びつくであろう。しかし，日本の少年司法が直面する課題との関連において，実践的課題としてのリストラティブ・ジャスティス――現在のリストラティブ・ジャスティスは，本来，応報主義に立った懲罰的司法の抱える矛盾の解消に向けて，犯罪被害の現実的救済，それと加害者の社会的再統合の両立可能性という実践的課題を担っている――の本質的要素を，第1に，被害者と少年の直接対話の機会，第2に，それを通じての被害者における心情，疑問の直接の問いかけ，少年の真摯な悔悟に基礎づけられた少年からの直接の事件説明，真摯な謝罪，誠実な賠償約束などによる癒しと現実的被害救済の促進，少年における現実的被害者に対する具体的責任――現実的被害救済に向けての責任――の真摯な自覚と被害者に対するその伝達，これらを基礎にした両者の関係修復，という点に求めるのであれば，裁判官の主宰する審判手続における「対話」実践がリストラティブ・ジャスティスと「原理的な矛盾がある」とまではいえないように思われる。とはいえ，現在，千葉と京阪神において被害者・加害者の直接対話の機会を準備・設定するためのNGOの実践が始まっているが，上述のリストラティブ・ジャスティスの実践的課題を現実的に担ううえでも，より望ましい方向であろう。後藤弘子は，民事訴訟における被害者と少年の「出会い」と「対決」に言及しているが（後藤・前掲注（22）741頁），損害賠償請求に関する判断を課題とし，伝統的対審構造をとる民事訴訟がまさに「対決」を過剰に強調することになり，両者の関係修復の場としては相応しくないであろうこと，また，高額の損害賠償判決が出されても，少年やその親が実際にそれを履行することはほとんどの場合困難であり，たとえ賠償がなされても，

それが少年の真摯な悔悟に裏付けられ，誠実な謝罪をともなうものでない限り，被害者の癒しにはつながらないであろうことがすでに指摘されている（井垣・前掲注（21）77頁，岡田水季「神戸『少年A』を裁いた家裁判事が法廷で痛感した『少年法の欠陥』」週刊文春2002年6月27日号48頁）。リストラティブ・ジャスティスが対審構造の形式的手続ではなく，サークル型あるいは対面型の直接対話の手続を構想する所以である。以上について，前野育三「修復的司法──市民のイニシアティブによる司法を求めて」犯罪社会学研究27号（2002年）を参照。これに対して，最近，デックラン・ローチは，カンファレンス型，サークル型，処分決定パネル型，メディエーション型を含む6カ国，25プログラムについてフィールド・ワーク調査を行ったうえで，国家機関の関与による手続保障と手続統制が欠けるなか，参加者の権限が無規制に行使される危険が内在しており，参加者相互に攻撃と人格非難を行う場になってしまう危険に対処するために，「配分的アカウンタビリティ」という観点から，意思決定の統制，国家機関による説明責任，当事者間の合意の履行監視のための手続保障が必要であると論じ，カンファレンス手続において裁判官がより積極的で重要な役割を果たすような「セミ・フォーマル司法」によるリストラティブ・ジャスティスを提案している（Declan Roche, Accountability in Restorative Justice〔2003〕）。リストラティブ・ジャスティス・プログラムの現実化のなかで，リストラティブ・ジャスティスの理念と伝統的司法の長所の融合が提案されている点において興味深い。この問題は，カンファレンス参加者の平等な手続参加の保障として捉えられたとき，本共同研究の基本的視座とも重なる部分がある。

23 守山正「少年事件被害者への配慮」現代刑事法52号（2003年）45, 49〜50頁。

24 松尾浩也編著『逐条解説・犯罪被害者保護二法』（有斐閣・2001年）97頁以下〔甲斐行夫＝神村昌通＝飯島泰〕。

25 松原芳博「被害者保護と『厳罰化』」法律時報75巻2号（2003年）20〜21頁。

26 浜井浩一「過剰収容の本当の意味」矯正講座23号（2002年）93頁。

27 Ashworth, Victims' Rights, Defendants' Rights and Criminal Procedure, in Adam Crawford and Jo Goodey (eds), Integrating a Victim Perspective within Criminal Justice 186 (2000). アシュワースは，これと並行して，犯罪行為者の再犯防止を目的として被害者の手続参加が拡大される傾向があることを指摘し，これを「犯罪行為者のための被害者」の利用と呼んでいる。

28 David Garland, The Culture of Control: Crime and Social Order in Contemporary Society 143 (2001).

29 Zedner, Victims, in Mike Maguire, Rod Morgan and Robert Reiner (eds), The Oxford Handbook of Criminology 447 (3rd ed, 2003).

30 守山正・前掲注（23）47頁。また，神戸須磨事件を契機として，1997年の法務省矯正局長通達により，2年を超える長期の少年院収容処遇が認められて以降，家庭裁判所決定において，2年を超える，あるいは5年程度という特別長期の処遇勧告が付される例があるが，実務家のなかには，2000年改正後，とりわけ改正法20条2項該当事件について逆送決定がなされなかった場合，特別長期の処遇勧告を付したうえで少年院送致決定が行われる例が目立っているとの感想がある。

31 前掲注（9）「座談会・改正少年法下での実務の問題とその解決」8頁（下坂節男発言），古田孝夫「改正少年法による少年審判の実務について」ケース研究269号（2002年）56頁，など。「座談会・変わる現場で求められる少年事件弁護のあり方」季刊刑事弁護29号（2002年）33頁〔寺尾絢彦発言〕は，改正法20条2項該当事件において，現場の家庭裁判所調査官が従来からの要保護性調査とは別に，非行結果の重大性や社会的影響，社会感情についての調査をするよう指導されていることを指摘する。

32 山崎朋亮「改正少年法の実務上の諸問題──少年法20条2項事件処理上の留意点」調研紀要74号42〜43頁（2002年）。

33 川口宰護「少年事件における犯罪被害者への配慮

の充実」法律のひろば54巻4号（2002年）32頁。被害者調査について，「座談会・少年事件における被害者調査について」家庭裁判月報52巻12号（2000年），秋田家庭裁判所「被害者調査実施上の諸問題」家庭裁判月報54巻4号（2002年）を参照。

34 藤原正範「少年保護と修復」少年育成553号（2002年）18頁。したがって，少年の状況によっては，被害者調査によって明らかになった被害者の心情，状況などを，ストレイトに少年に伝達しない方がよい場合もあるであろう。全司法労働組合本部少年法対策委員会『「改正」少年法運用状況調査結果のまとめ』（調査資料283号）（2003年）7頁は，被害者調査の実際をめぐる家庭裁判所調査官の直面する困難を指摘したうえで，「被害内容が重大であればあるほど，被害者調査で得られた情報を，裁判官や調査官が，『審判の場で，被害者に成り代わって少年等にぶつけることが保護的措置になる』というような単純な話ではありません」としている。

35 守山・前掲注（23）48頁。被害者調査において被害者が心情などを語ることによって，被害者ケアの効果が生じる可能性のあることも指摘している。

36 川出・前掲注（19）892頁。

37 藤原・前掲注（34）論文18～21頁。

38 葛野尋之「刑事司法における被害とその回復」法社会学60号（2004年）を参照。

39 板垣嗣廣他「児童虐待に関する研究（第1報告）――少年院在院者に対する被害経験のアンケート調査」法務総合研究所研究部報告11号（2001年），松田美智子「児童虐待について」刑政112巻11号（2001年）。

40 森田ゆり『子どもと暴力』（岩波書店・1999年）。

41 浜井浩一「非行臨床・各機関の現状と課題――少年刑務所」こころの科学102号111頁（2002年）。

42 前野・前掲注（22）11～12頁。

43 カナダの刑事法・犯罪社会学研究者ケント・ローチは，ハーバート・パッカー（Herbert L. Packer, The Limits of the Criminal Sanction [1968]）による「犯罪統制モデル」と「適正手続モデル」の限界を指摘しつつ，被害者の権利ないし犯罪被害の現実的予防・救済という視点を組み込んだうえで提起した「懲罰的被害者権利モデル（Punitive Model of Victim's Rights）」と「非懲罰的被害者権利モデル（Non-Punitive Model of Victim's Rights）」の対抗モデルを提示している。前者が刑事制裁による被害者の権利救済をいうのに対して，後者は刑事制裁による犯罪被害の現実的予防・救済の困難と限界を踏まえ，犯罪予防とともに犯罪被害者と犯罪行為者の関係修復を基調とする犯罪対応プロセスを構想する（Kent Roach, Due Process and Victims' Rights [1999]）。ケント・ローチのいう「非懲罰的被害者権利モデル」ないし関係修復アプローチは，個々の犯罪被害者の応報感情や厳罰要求を根拠に刑事制裁をストレイトに厳格化することにより，これらに応えようとするものではないが，犯罪被害者の癒しへと向けて犯罪被害の現実的救済が促進されることにより，具体的な犯罪被害者の応報感情・厳罰要求の低減にもつながりうるし，社会全体の応報感情・厳罰感情を緩和することに寄与するであろう。このとき，関係修復アプローチによる直接対話は，被害者，犯罪行為者双方の任意の参加を前提とするものであり，それが実際に取り扱う事件はたとえ全体の一部であるにせよ，犯罪被害者や社会全体の応報感情・厳罰要求に対するこのような影響は存在するであろう（前野・前掲注（22）23頁）。

44 苛酷な差別と社会的疎外を経験してきた若年の被告人が，人間的交流と支援のなか，自尊感情ないし自己肯定感の回復へと向かい，そのプロセスにおいて事件と真剣に向き合うことが可能となり，被害者に対する真摯な悔悟の意識をもつに至ったことの記録として，北村年子『「ホームレス」襲撃事件――弱者いじめの連鎖を断つ』（太郎次郎社・1997年）を参照。

45 多田元「少年刑事事件弁護について――私の実務経験から」季刊刑事弁護29号（2002年）59頁。

英文要旨
Summary: The Purpose of our Study and the Protection of Victims in the Revised Juvenile Law

Key words: The Juvenile Law, The Revision of Juvenile Law, Get-Tough Movement, Victim, Victim Impact Statement

Hiroyuki KUZUNO, Organizer
Professor of Law, Ritsumeikan University

The Revised Juvenile Law provided stricter disposition for juveniles, introduced public prosecutors into the Family Court hearings and took several measures for victims. The law was enforced on 1 April 2001. Some confusion and difficulties have been reported regarding the administration of the Revised Law. These problems will hinder the juvenile justice system from offering educational assistance and from affording due process protection, both of which are required for the sound development of juveniles. Therefore, we have collaborated to clarify the practical and theoretical problems of the Revised Law and are examining them dogmatically, and are making legislative proposals to resolve these problems. We interviewed legal practitioners who dealt with juvenile cases under the Revised Law, and questioned them about their specific cases and the administration of the Revised Law. We also examined case records so as to comprehend the problems more effectively.

Our study was conducted with a theoretical viewpoint on the purpose and essential functions of juvenile law. This viewpoint is that the purpose of juvenile law should be to guarantee the right of juveniles to sound development, which is derived from their human dignity as juveniles. In order for this right to be guaranteed, juveniles should be offered effective educational assistance for reintegration into the community. Additionally, they should be afforded adequate due process protection, and the essence of due process for juveniles should be their effective participation in the justice process.

The Revised Law introduced several provisions concerning the protection of victims, such as the victim impact statement scheme that offers information to them and more. Under the Revised Law, most of the victims statements were heard outside the juvenile hearings by either Family Court judges or Family Court investigators. The probable reason for this is the belief that in many cases, there will be negative effects on juveniles, such as loss of their sense of self-esteem and so on, if their victims directly tell the juveniles their feelings and opinions during the court hearings. However, according to the criminal procedure of the current Law of Criminal Procedure, juveniles victims statements should be heard at public trials where juveniles are attending as defendants. Whether direct victim impact statements have serious negative effects on juveniles should be considered, as the purpose of criminal procedure should also be to pursue the sound development of juveniles, as stated under Article 1 of the Juvenile Law. The revision of the Law of Criminal Procedure is required so as to permit the judges hear the victims statements outside the public trials.

特集 改正少年法の検証

20条2項送致の要件と手続

キーワード：「原則」逆送,要保護性,刑事処分相当性,二重の危険,子どもの権利条約

正木祐史 静岡大学人文学部助教授

はじめに

2000年11月28日に成立した改正少年法では，処分等のあり方の見直しの一つとして，検察官送致（以下，適宜「逆送」とする）規定の改正がなされた。従前の少年法20条の但書を削除して刑事処分可能年齢を引き下げるとともに，20条2項を新設して，16歳以上の少年が故意の犯罪行為で被害者を死亡させた事件については検察官送致決定をしなければならないとしたのである[1]。この20条2項新設の趣旨としては，故意行為によって人を死亡させるような重大な罪を犯した場合には，少年であっても刑事処分の対象となるという原則を明示することが，少年の規範意識を育て健全な成長を図る上で重要であるとされた[2]。

改正少年法は2001年4月1日より施行されたが，20条2項の新設に係る部分は，非常に大きな改革であった。逆送制度のあり方は少年法制度の根幹に関わる問題であるが，今回のこの改革は，少年法運営の理論においても実務においても非常に大きな影響を与えている。本稿では，逆送判断に関わる少年法の理論問題として，少年手続，要保護性,刑事処分相当性について検討を加えた後，20条2項逆送の要件に係る解釈論についてと，逆送決定の手続的な問題について論じる[3]。

1　20条2項の運用実態[4]

(1) 最高裁判所の統計

20条2項による送致がどの程度行われているかについては，最高裁判所から運用の概況が随時公表されている[5]。その中から，施行後1，2，3年間の各時点における概況のうち20条2項逆送の運用状況について，それぞれの逆送，保護処分，総数の数と率を抜き出したものが表1である。そこから，2年目の概況をみるために表1の(B)から(A)を，3年目をみるために(C)から(B)を引いたものをそれぞれ(D)，(E)としてまとめたものが表2である（認定罪名による人員数）。

最高裁判所の運用概況の中で，改正少年法施行前の10年間の平均逆送率は，未遂を含む殺人が24.8％，傷害致死が9.1％，強盗致死が41.5％と解説されている。表1をみてわかるように，殺人については既遂のみの数値となるため比較はできないが，(A)の時期で傷害致死が68.2％，強盗致死が88.9％，(C)の時期でも傷害致死53.4％，強盗致死60.0％となっており，施行前10年と比較してかなりの高率で逆送されていることがわかる。最高裁判所事務総局家庭局による運用状況報告会においても，「適切に運用されているという印象。従来の数値と比較すると検送事件が随分増えているということになろうか」という意見が出されている[6]。また，刑法の一部改正によって新設された危険運転致死罪（208条の2）は2001年12月25日から施行されているが，そのほとんどが逆送されていることがわかる。危険運転致死（傷）罪は，交通事故事件のうち特にいわゆる悪質・重大なものを類型化したという面があるためにこのような

表1：20条2項の運用状況その1

	2001年4月1日から2002年3月31日まで(A)			2001年4月1日から2003年3月31日まで(B)			2001年4月1日から2004年3月31日まで(C)		
	逆送	保護処分	合計	逆送	保護処分	合計	逆送	保護処分	合計
殺人	6 (50.0%)	6 (50.0%)	12	10 (43.5%)	13 (56.5%)	23	23 (53.5%)	20 (46.5%)	43
傷害致死	30 (68.2%)	14 (31.8%)	44	51 (55.4%)	41 (44.6%)	92	78 (53.4%)	68 (46.6%)	146
強盗致死	8 (88.9%)	1 (11.1%)	9	14 (63.6%)	8 (36.4%)	22	15 (60.0%)	10 (40.0%)	25
保護責任者遺棄致死	—	—	—	—	—	—	0 (0.0%)	2 (100.0%)	2
小計	44 (67.7%)	21 (32.3%)	65	75 (54.7%)	62 (45.3%)	137	116 (53.7%)	100 (46.3%)	216
危険運転致死	—	—	—	14 (93.3%)	1 (6.7%)	15	21 (95.8%)	1 (4.5%)	22
合計	44 (67.7%)	21 (32.3%)	65	89 (58.6%)	63 (41.4%)	152	137 (57.6%)	101 (42.4%)	238

表2：20条2項の運用状況その2

	2002年4月1日から2003年3月31日まで(D)			2003年4月1日から2004年3月31日まで(E)		
	逆送	保護処分	合計	逆送	保護処分	合計
殺人	4 (36.4%)	7 (63.6%)	11	13 (65.0%)	7 (35.0%)	20
傷害致死	21 (43.75%)	27 (56.25%)	48	27 (50.0%)	27 (50.0%)	54
強盗致死	6 (46.2%)	7 (53.8%)	13	1 (33.3%)	2 (66.7%)	3
保護責任者遺棄致死	—	—	—	0 (0.0%)	2 (100.0%)	2
小計	31 (43.1%)	41 (56.9%)	72	41 (51.9%)	38 (48.1%)	79
危険運転致死	14 (93.3%)	1 (6.7%)	15	7 (100.0%)	0 (0.0%)	7
合計	45 (51.7%)	42 (48.3%)	87	48 (55.8%)	38 (44.2%)	86

結果になっているように思われる[7]が，事件の取扱いがどのような運用の下でなされているかについては，今後なお検討が必要であろう[8]。

次に，表2を合わせてみてみると，特に(A)と(D)（施行後最初の1年間と次の1年間）との比較からは，殺人，傷害致死，強盗致死のいずれについても，逆送率が下がっているのを見て取れる。この間の経過は，家裁の現場があるべき対応を模索しながら，一定の落ち着きをみせつつあるものと評価することも可能である[9]。もっとも，(E)の時期を取り出してみると，(D)と比べて殺人，傷害致死の逆送率は再び上昇している。今後の動向については，なお予断を許さない状況といえよう。

但書が適用されて保護処分となったものとしては，殺人については嬰児殺3件，家庭内事件が3件あるほか，傷害致死や強盗致死では共犯事件で従属的関与だったのが主であるとの家庭局課長の報告がある[10]。

(2) 全司法の調査

全司法労働組合本部少年法対策委員会では，少年法「改正」以降，定期的にその運用状況調査を行っている。これまでに6回の調査結果の概要が

ホームページで公表されているほか[11]，1～5回の分は調査資料283号として冊子にもまとめられている[12]。調査結果では，未回答支部があること，係属中の人員も回答されていることから，施行後2年間で20条2項送致該当人員は102人とされており，数的な正確さは欠くとしている[13]が，各支部からの意見を基に分析を加えており，運用を質的に把握するための好素材である。

20条2項逆送の問題点に関する指摘について概観する。第2回調査のまとめでは，「『どのようなケースがただし書きに該当するのか』が最も多くの担当者を悩ませている問題」であり，矯正可能性があって保護処分歴もないために保護処分を考えながらも処分の均衡や事案の重大性を考えて逆送意見を書く，要保護性が小さい場合はむしろ事件への関与が薄くても責任の重大性が優先するのかと迷う，などの悩みが紹介されている。そして，「もともと20条2項の法律の規定が，少年の健全育成という少年法の理念と相容れないものであることが，具体的事例を通して改めて浮き彫りになっていると言え」るとしている。また，調査命令が発せられずに逆送となった事件のほか，少年の住所地と行為地が異なる場合にどちらの家裁で審理するかという問題も提起している[14]。

第3回調査のまとめでは，いわゆる「厳罰化」の傾向が明確に表れているとして，改正前なら逆送されなかった事件が逆送されたり，少年院送致になった場合でも長期間の処遇を求める処遇勧告のつくことが多いとしている。また，裁判官の姿勢の変化として，20条2項但書の適用にかなり慎重で，20条2項に該当しない事件でも逆送を選択しやすくなっている傾向もあると指摘している[15]。

第4回調査のまとめでは，付添人が逆送決定を見越して審判で事実を争う態度が曖昧だったとの指摘，また，少年法55条による家裁への移送との関係が曖昧である旨の指摘がなされている[16]。

第5回調査のまとめでは，集団事件の法律的な評価次第で20条2項但書が採用されるか否かが決まること，但書採用には少年の生い立ちや生活環境，成熟度など，まさに要保護性というべき事項が大きな影響を与えているために要保護性の重要性が高まっていることが指摘されている。また，収容長期化の動きに重ねて懸念を示している[17]。

(3) 山崎健一弁護士による聴き取り調査

この調査は，山崎健一弁護士（横浜弁護士会）が継続的に行っているもので，2001年4月1日から10月31日までに審判があった少年事件のうち，裁定合議・検察官関与・20条2項送致のいずれかに該当する44件の付添人に事情聴取を行い，28件の回答があったものをまとめたもの[18]と，同じ手続で2001年10月1日から2002年9月30日までの118事件のうち回答のあった36件をまとめたものである。

前者の調査中，20条2項該当事案は21件あった。付添人（弁護人）の選任時期については，捜査段階が16件，家裁送致後が3件，家裁段階ではつかずに逆送されて起訴後に弁護人がついたケースが2件だった。また，21件の審判結果は，逆送が15件，保護処分が6件ということである。さらに，該当事案で検察官が関与した事案が8件あった。

後者の調査中，該当事案は23件であった。付添人選任時期は，捜査段階が17件，家裁送致後が4件，逆送後起訴されてからが危険運転致死の2件だった。23件の審判結果は，逆送が14件，保護処分が9件ということである。該当事案で検察官が関与した事案は4件であった（他に不明2件あり）。

(4) 決定例

20条2項該当事案の家裁決定例として入手しえたものとして，家庭裁判月報掲載のものが5件，

弁護士からの聴き取り調査を行う過程で決定文を参照しえたものが5件あった。前者では逆送されたものが2件[19]，但書が適用されて保護処分となったものが3件[20]あり，後者では逆送3件（③殺人・住居侵入・銃刀法違反，④殺人・窃盗・恐喝および⑤傷害致死），保護処分2件（⑨傷害致死・傷害および⑩傷害致死）であった。

逆送判断をしたものを見てみると，①は，具体的事情を挙げたうえで交通要保護性があり保護処分による改善矯正の可能性を認めながら，行為態様・結果・年齢・前科などの事情から「保護処分を行うことは不適当」としている。また，③は，20条2項該当事案であるところ，計画性・殺意・行為態様などに照らすと，同項但書の事情を考慮しても（文言を挙げるのみで具体的な事情は適示していない）「保護不適」であって逆送が適当としている。これら2件はいわゆる「保護不適」を理由として逆送したものと見ることができる。これに対して④は，多くの要保護性に関する事情を検討したうえで，「事案の重大性や保護の経過，生活環境等に照らすと，少年が行為時17歳であって，前記のような未熟な点があることを考慮しても，非行性は回復しがたいほどの深刻なものがあり，刑事処分以外の措置を認める余地はない」としており，いわゆる「保護不能」を理由とする逆送と見る余地があろう。他方②は，保護処分の必要・十分性に乏しく刑事処分が有効であることを理由としたようにも思われる。ただし，その各機序は必ずしも明らかでなく，刑事処分の相当性・保護処分の不相当性を積極的に理由付けてはいない。なお，⑤は条文を挙げるのみで処分理由についてまったく述べるところがない。

他方，保護処分を選択した事例を見てみると，いずれも具体的な少年の要保護性を認定したうえで，保護処分が有効であることを説いている。少年の問題点は矯正教育による指導・改善が適する

うえ矯正可能性があること（⑥），若年齢であり，不安定な家庭環境で年齢相応の情緒の発達を遂げられず，真の反省に至るまでに個別的治療的な処遇により相当期間の矯正教育を施すことが相当でそれが真の贖罪に通じることから，施設において専門的な矯正教育を施す（⑦），罪障感の深まりが不十分なことは逆送を選択するための一事由と考えられるとしつつも，少年の内面に深く立ち入った強力な働きかけを行わない限り内省は深まらない恐れがあること等を考慮すると，少年が罪障感を深め今後の更生を図る上で必ずしも刑事処分による処遇が適切であるとはいえず，その他の事情をも総合的に考慮すると，少年の健全育成を期するため，保護処分が相当（⑧），少年の資質面・行動面の問題点からは，刑事責任の追及ではその軽減要素にばかり目が向くなどして自らの責任の重さを捉えきれなくなる恐れがあるほか，格別の非行歴もなく規律ある生活を維持してきたからといって少年の非行性・要保護性が低いと見ることはできず，抱えている問題点が発現した当初時点が本件非行と見るべきことから，保護処分で系統的矯正教育を施す中で，責任の自覚・問題に切り込む指導を加えることが適切（⑨），16歳と年少で知能が境界域にあり，平素から追従的な関わりしかしておらず，知的障害に準じた処遇が必要とする鑑別記載がある（⑩），などである。なお，⑥⑦⑧⑩では相当長期の処遇勧告がつけられている。

2 「要保護性」および「刑事処分相当性」の理論状況

(1) 要保護性

少年事件における審判対象は非行事実と要保護性であることに現在異論はないであろう。その要保護性の理解は一義的なものではなかった。

早川義郎によれば，三つの議論が要保護性の概

念内容を次第に深化させていったという[21]。その第一では，要保護性とは，非行を行う可能性が客観的・主観的諸条件によって予見される状態または性情たる「危険性」と，保護処分による矯正可能性を施すことによって，保護処分によって危険性を除去しえる可能性たる「矯正可能性」で表されるものとされる[22]。第二は，要保護性は非行再演の虞れでなくてはならず，それは性格と環境とにおいて捉えるべきものであり，要するに「将来の触法行為の要因としての現在の個性並びに環境の相関的異常状態である」とするものである[23]。第三は，犯罪危険性たる「累非行性」，保護処分による保護の見込みたる「矯正可能性」，保護処分による保護がもっとも有効適切な手段だという判断たる「保護相当性」をその内容とするものである[24]。この第三の説が現在の通説とされている。

それらに対して代表的な注釈書では，「人格的性状としての非行性（非行反復の傾向）と環境的要因の保護欠如性を要保護性と捉え，処遇決定の概念として別途に保護処分相当性，刑事処分相当性，福祉処分相当性，不処分相当性を考える立場が理論的に正当で有用である」としている[25]。

（2）刑事処分相当性[26]

逆送に際して問題となる「刑事処分相当性」には，「保護不能」の場合とともに「保護不適」を含むという二元説的な理解が通説的で実務を動かしているといってよい[27]。要するに，保護処分によっては矯正改善の見込みがない「保護不能」の場合のみならず，事案の重大性や社会的影響，被害感情などの考慮から保護処分で対応するのが不適当な「保護不適」の場合を含むものとして刑事処分相当性（＝逆送判断）を肯定するというもので，社会防衛的な見地を強調するものである。20条（1項）が「罪質及び情状に照らして刑事処分を相当と認めるとき」と規定しているのも，事案の重大・悪質性を考慮するためのものとする。

これに対して「保護不能」のみによって刑事処分相当性を理解すべきであるという見解がある。これには，絶対的保護優先主義として分類される一元論的立場のほか，全件送致主義・家庭裁判所先議主義をとる現行法構造の下で少年に関わる手続の教育的機能を徹底させるという考え方から，逆送も保護処分と並ぶ保護の手段として考えるべきであって，少年の保護手段として刑事処分が最適な場合のみを「保護不能」として逆送を認め得るとするものがある。「罪質及び情状に照らして」の解釈については，社会感情への配慮を組み入れて理解しようとする[28]。

それらの議論とは一線を画し，手続的側面から刑事処分相当性を理解しようとするものがある。これは，少年の健全育成という目的は少年にかかる手続のすべてに妥当するはずだという理解から，少年の保護・福祉の要請ということを基準として，刑事手続に付されることの教育効果によって刑事処分相当性を判断すべきというものである[29]。

以上が刑事処分相当性をめぐる理論状況の概要であるが，実務上は，刑事処分相当性判断として，20条に言う「罪質および情状」をどのような要素によって判断するかが問題とされている。それに関しては，司法研究報告や家庭裁判月報，各大学の紀要などにいくつかの実証研究がある[30]が，決定のうえで考慮される要素としてまとめられているものは，少年の年齢・性格・人格の未熟さ（可塑性の程度）・生育歴・非行歴・保護処分歴・環境，事案の軽重・態様・犯行後の情況，逆送後の終局裁判の見通し，対応する処遇との有効性の比較，共犯者相互間の処分の均衡など，ということになっている[31]。

3 あるべき少年手続と要保護性・刑事処分相当性の理解

(1) 憲法に即した少年手続の理解

　憲法との関連で日本における少年手続の存在意義は，次のように求められよう。

　憲法13条は，「個人の尊厳」と「幸福追求」を規定する。前者は，「一人ひとりの人間が『人格』の担い手として最大限尊重されなければならないという趣旨」から，公的判断が個人の人格に適正に配慮し，その適正な公的判断を確保するための適正な手続を確立することを要求する。後者は前者と結びついて，「人格的自律の存在として自己を主張し，そのような存在であり続ける上で必要不可欠な権利・自由を包摂する包括的な主観的権利である」と解される[32]。

　ここには，子どもの成長発達権の保障がその内容として含まれている。発達心理学上にいわゆる青年期は，エリクソン（E.H. Erikson）により整理をみたアイデンティティの確立期である。それは，自分の姿を客観的に見つめて，これからの主体的な自分を構成していくという課題を背負った時期であり，自己に意味を見出し，他者に認められる自己をそこに統合することによってアイデンティティの確立に至る[33]。その時期において，子どもが個としてその尊厳に配慮され，人格的自律の存在として自己を主張していくことが保障されたとき，それはアイデンティティの確立に大きく寄与することとなり，その子どもの成長発達が促されることになる。したがって，青年期にある子どもに憲法13条の保障を認めることは，その成長発達権を保障していることにほかならないのである。

　他方，憲法26条1項については，「その権利としての本質は，……全面的発達のための学習と教育への権利であり，なかんずくその中心は，発達の可能態としての子どもが人間的に成長・発達するための学習と知的探求の権利，そしてそれを保障する教育への権利であ」り，「学習による発達こそが人間としての豊かな将来を準備し，逆に，それが保障されなければ，成人してからの諸権利も内実のないものとなることを考えれば，子どもの発達と学習の権利としての『教育を受ける権利』は，『生存権的基本権のコロラリーであるというよりはむしろ，基本的諸権利の基底となるものであり，人権の基底，ないしは，人権中の人権』というべき固有な本質をもつことが確認されなければならない」[34]。

　ここでは，教育を受ける権利が子どもの成長発達権を支えるものであることが示されている[35]。子どもの全人格に関わる成長発達権を保障するものであるからこそ，教育を受ける権利は子どもにとって「基本的諸権利の基底」というべき本質を備えている。成長発達権の保障は，子どもの生活世界全般において果たされなければその意義が縮減されてしまうのであって，子どもが関わる公的手続はすべて当然にそこに含まれると考えなければならない。

　これら二つの規定の趣旨からすれば，子どもについては，その関わるすべての手続が子どもの成長発達を促すべき教育の機会としてふさわしいものでなければならない。手続がそういう性格を備えていることによって，その手続への参加は個人の尊厳に配慮がなされた幸福追求への権利に資するものになり得るということである。そして，子どものもつ可塑性を考え，手続における子どもの被侵害性，とりわけ刑事手続および刑罰が子どもに与える悪影響を考えるとき，子どもについて成人の刑事手続から分離して特別な手続を用意したことは，子どもの人格に配慮した適正な手続を確保する（憲法31条）という点で立法および司法において最大限の尊重を図っていることにほかならない。

さらにこれら憲法規範からは，少年手続の運営原理が導き出される。まず，少年手続が憲法26条1項の適用範囲にあることからは，その手続は当然に少年の成長発達に資するような教育的な内容を備えるべきことが要請される。また，その手続には憲法13条の「個人の尊厳」原理が妥当することを考えれば，個々の少年の人格，少年がそれぞれもっている多様なニーズに目が向けられなければならない。一人ひとりの少年の個性に配慮することが必要なのである。そして，少年が人格的自律の存在として自己を主張できるために，少年が手続に実効的に参加して意見表明ができるように手続内容を構築することが求められる。

少年法1条の「少年の健全な育成」という文言は，刑罰の有害性を前提としたその回避の思想を内包しており，また，必要に応じた教育を予定するものである。その内容は，上述した憲法の要請および教育基本法や児童福祉法との整合性を考えるならば[36]，すぐれて教育的福祉的なものでなければならず，そしてその目的は，個人的要因の改善として「性格の矯正」を，環境的要因の改善として「環境の調整」を行うことによって，少年の成長発達を支援し，もって社会復帰を果たすことになければならない[37]。

そのようにして保護手続を用意したうえで，ふさわしい手続のあり方を整えるためにおかれた規定が少年法22条である。同条1項の「懇切を旨としてなごやかに」の文言は，まさに上述の考慮が結晶したものである[38]。

そして2項は，審判の非公開を規定している[39]。裁判所における事件解決に際して，公開・対審・判決の手続（憲法82条1項）を採用するか，それともその他の形態の手続にするかは，事件の性質に鑑みて，憲法保障を貫徹する方向で政策的に決定しなければならない[40]。少年審判の非公開は，少年の精神的未熟さからくるその被侵害性を考慮し，あるいは手続への実効的な参加を確保しようとするならば，少年を公開の手続にさらすことはかえってその成長発達を妨げることとなり，それは少年法1条の「健全な育成を期」すという目的に反し，ひいては憲法13条の個人の尊厳を侵すことにつながるという考慮がはたらいたものである。その意味で，憲法82条1項が規定する裁判の公開の要請は，少なくとも，憲法26条1項および13条（さらには国際準則の要請）に基づいて少年の成長発達を保障しなければならない少年審判手続にはそもそも妥当しない。

(2) 要保護性の理解

少年事件において処分を課すには，非行事実が認められることを前提として，その少年に要保護性が認められなければならないとされる。そこにいう要保護性とはどのようなものとして把握されなければならないか。結論としては，先に引用した「人格的性状としての非行性（非行反復の傾向）と環境的要因の保護欠如性を要保護性と捉え，処遇決定の概念として別途に保護処分相当性，刑事処分相当性，福祉処分相当性，不処分相当性を考える立場」という表現が最も妥当であろう。

要保護性の理論状況でみた各見解が，表現はそれぞれながら一致して必要としていたのは新たな非行の可能性ということである。保護処分の本質的な目的が健全な成長発達のための社会復帰におかれていることからすれば，それは妥当なものといえよう。新たな非行に至る可能性が非常に低ければ，特別な働きかけなしに社会生活が送れるようになる可能性はきわめて高いだろうからである。そのような場合であれば，不開始・不処分で終局させることになる。新たな非行の可能性がある場合，それは，少年本人に起因する場合もあれば，環境に起因する場合もある。そのため，要保護性を見るには，少年本人がどのような負因を抱

えており，少年を取り巻く環境にどのような負因があるかを測定しなければならない。

　ここで重要なのは，「どのような」ということである。ともすると，要保護性は単に有る無しとか，高い低いとのみ表現されてしまう傾向があるが，質的な観点を落としてはならない。その少年にはどのような解消すべき要保護性があるのか，ということが重要なのである[41]。

　その少年の持つ要保護性に応じて，処分が選択されなければならない。要保護性を解消して社会復帰をしていくためにはどのような処遇が必要で有効なのかという観点から決定されるのである。この要保護性の理解が，上述した少年手続の理解と，少年法1条が規定する「非行のある少年に対して性格の矯正及び環境の調整に関する保護処分を行う」という目的に，最も合致したものである[42]。

(3) 刑事処分相当性の理解

　少年手続と要保護性を上のように理解するならば，刑事処分相当性を「保護不能」や「保護不適」の概念で説明すべきではない。

　非行のある少年に対して，成長発達を支援して社会復帰を目指すという少年手続の理念からすれば，教育的福祉的な対応による手続および処分が必要かつ有効な場合であるにもかかわらず，他の見地から刑事処分相当性を肯定しようとする「保護不適」の概念を認めるわけにはいかない。このような社会防衛的な見地が前面に出てくると，憲法上の基礎をもつ少年の成長発達権を十分に保障することはできなくなる。逆に，少年手続の教育機能・福祉機能が十分に発揮され，少年の社会復帰が果たされることによって（そしてその限りで），社会防衛も果たされていくことを少年法の理念は予定しているとみなければならない。

　2（2）でみた各説の中では，保護不能の後者の説が最も妥当なものである（手続的な把握をする考え方はこの中に含まれる限りで妥当性をもつといえよう[43]）。ただし，要保護性のところでみたように，処分選択が当該処遇の必要性・有効性の判定によって行われるべきことからすれば，「保護不能」という用語も不適当ということになる。保護処分によっては矯正改善の見込みがないという理由のみをもって逆送を選択することはできず，その少年が社会復帰するためには刑事処分こそが必要かつ有効であることが示されなければならないからである。

　このように考えた場合，「罪質及び情状」についてはどのように考えるべきか。「罪質及び情状」を事案の重大性等で測るということは，非行事実の軽重により量定される，刑事手続における「責任」を観念することに通じるようにみえる。刑罰の量定にとってはそれは有用かもしれないが，先に見たように，処分の必要性と選択の基準となるのは「要保護性」である。事案が重大かどうかといったことはそれのみでは要保護性に直結しない。要保護性を測るために必要なのは，そのように重大な非行に至った理由は何かということであり，そこに存在する負因を解消するためにはどのような処遇が必要なのかが判定されなければならない。「罪質及び情状」は要保護性判定のための材料として挙げられていると見るべきである。

4　20条2項の解釈

(1) 20条2項の規定趣旨

　刑事処分相当性について保護不能と保護不適の二元論を採用する通説・実務の見解によれば，20条2項は，16歳以上の少年の故意行為による被害者死亡事件について，「保護不適」を推定した，いわゆる「原則」逆送規定と理解することになる。20条2項の文言解釈としては，本文の「前項の規定にかかわらず」という文言が，これは但書との

関係からいっても1項の「調査の結果」にかかるものではなく，刑事処分相当と判断した場合には検察官送致をすべきとしている部分にかかっているということに争いはない。この部分が20条2項をいわゆる「原則」逆送と呼ばせている所以である。多くの注釈書や論者がこれを「原則」逆送規定と解している[44]。

しかし，この考え方には問題がある。仮に「保護不適」の概念を前提としたとしても，20条2項本文の要件を満たすというだけで直ちに逆送が可能となるほどの「保護不適」が認定できるわけではあるまい。それは，改正前の運用において，改正後であれば20条2項に該当する事案の多くが保護処分となっていたことからも明らかである。調査の結果，保護不適が積極的に認定されなければならないはずである。

このような事態を避けることのできる解釈として，家裁の説明責任説がある。その中で，教育機能の徹底という観点から，教育的援助手段として保護処分が必要かつ有効であることの説明責任を家庭裁判所に課したものだとする葛野尋之説が最も有用である[45]。少年手続の理解としては本稿の考え方の基礎となっているものであり，本稿で示した要保護性および刑事処分相当性の考え方からすれば，個人的・環境的要因を調査したうえでの要保護性判断をもとに，どの処分が必要で有効なのかという基準で処分選択をすることと最も親和性のある解釈であるといえる[46]。20条2項はこのように解釈すべきであろう。

(2) 2項但書

20条2項の運用にとって決定的なのは，同項但書をどのように適用していくかということである。但書の「犯行の動機及び態様，犯行後の情況，少年の性格，年齢，行状及び環境その他の事情」とある部分だが，これが「刑事処分以外の措置を相当と認める」ために考慮すべきとされている判断要素ということになる。文言上これを見ると，先に見た従来の20条送致における「罪質及び情状」の要素，すなわち刑事処分相当性の判断要素と重なっていることがわかる。

この点で保護処分を選択した決定例をみてみると，いずれにも共通するものとして，それぞれ非行事実については，態様においては追従的であるとか被害者が非行の実行に寄与していた等の事情に言及しており，これは文言上の「犯行の動機及び態様」に相当する部分である。また，少年の抱える資質上ないし環境上の問題を詳細に検討しており，ここが「少年の性格」ないし「行状及び環境その他の事情」に相当するということになる。このうちどの要素が判断にとって決定的なものかということに関しては，さらなる今後の事例集積による分析を待つ必要があるが，ここにみた決定例の限りでは，但書の文言に該当する事情について仔細に検討を加えていることがわかる。要するに，検討内容としては，上に確認したとおり，従来の20条送致における刑事処分相当性の判断要素と同じものなのである。

そうすると，20条2項の本文を受けた但書において，「刑事処分以外の措置を相当と認めるとき」には逆送しないでいいとしている部分の判断構造が問題となる。

決定例を再度まとめてみると，まず行為に関する事情と少年が抱える問題を総合的に考慮している。そうしてから，保護処分による処遇の有効性ないし適切性を説明している。この点で，それぞれの決定において処遇勧告が付されているということも見逃せない事実であろう。当該少年にとって具体的に何が必要なのか，どのような要保護性があるのかということを家裁が正しく判断していることの現われと考えるからである[47]。

この関係でもう一つ大切なのは，前掲⑨事件の

決定において「格別の非行歴もなく規律ある生活を維持してきたからといって少年の非行性・要保護性が低いと見ることは出来ず，抱えている問題点が発現した当初時点が本件非行と見るべき」と言っているように，あるいはまた，いくつかの実証研究で示されているように，初発非行が20条2項に該当するような重大事案の場合，そのことがその少年の要保護性を徴表するものであって，その背景を探る必要性があるという知見が蓄積されてきているということである。

以上のような観点から，この部分を判断するに当たってむしろ重要なのは，処遇の見通しをつけることが出来ているかどうか，ということにあるといえよう。

また，この部分の判断では，公開の刑事手続や刑事処分が当該少年に与える影響ということにも目を配る必要があろう。これは，刑事処分相当性を当該処分の必要性・有効性によって把握する見解であればもちろん，従来の保護不能一元説や手続的理解を取る説においても考慮しなければならない事項である。特に本特集渕野論稿で示されているとおり，現在の少年の刑事公判が抱えている問題状況に即して考えれば，取り込むべき重要な視点であるといえる。そのうえで，逆送する場合には，刑事処分がその少年にとって最も必要かつ有効な処分であることが示されなければならないのである。

以上のことから，本稿の示す要保護性や刑事処分相当性の理解，20条2項の説明責任説に即して考えてみても，「刑事処分以外の措置を相当と認めるとき」の判断においては，保護処分が，問題となっている当該少年に対する処遇として必要かつ有効なものであることが具体的に示される必要があり，かつ，それで足りるのであって，例えばそれを超えてむしろ「刑事処分が不相当」である旨までをも積極的に理由付けるといったことまで

は要請されていないというべきである。そうするとこれはおそらく，従来55条による移送の判断を行う場合に取られていた判断構造と類似したものと思われるが，当該少年を保護手続の中で処遇することを追求しようとするこの二つの判断の同じ構造を持ってくるのはむしろ当然といえよう。先にあげた決定例⑥〜⑩は，判断要素や判断構造といった点で，今後とも参照に値する好例といってよいのではないかと思われる。

5　逆送の手続問題
(1) 権利保障

文言上，逆送は20条1項によるものであろうと2項であろうと，「調査の結果」のみによって行うことが可能であるような体裁となっている（審判を開いての逆送は23条1項による）。これは，家裁における手続を終局させようという決定的に重大な場面において，審判を開いて少年の弁明を聞き，その面前で決定理由を告知することをしないということである。さらに，この場面においてもすべての少年に付添人がついているわけではないという事態も指摘しておかなければならない。これは，告知・聴聞を受ける機会の保障や手続への少年の実効的な参加の保障という点で問題をはらんでいるほか，調査内容を精査したり2項但書該当事由について新たな事実や視点を提供する資源が一つ欠けるということをも意味している。

ここでは，アメリカ合衆国連邦最高裁判所のケント判決の法理を改めて確認する必要がある[48]。同判決では，「管轄権放棄が少年の真に重要な制定法上の権利を決定する『決定的に重要な』行動であることは議論するまでもない」という連邦控訴裁判所の判示を指摘したうえで，「要するに，申立人──当時16歳──は，少年裁判所の『専属的』管轄権に対してもっていた制定法上の権利からすれば，一定の手続と利益を与えられていたと

いうことである。この状況下では，管轄権を放棄して事件を地方裁判所に送致するという決定が，潜在的には，申立人にとって5年の拘禁刑と死刑との違いほどに重要なものであったということを特に考慮するならば，有効な管轄権放棄命令の条件として，申立人は，裁判所が検討するであろう社会記録やプロベーション記録等に弁護人がアクセスしたうえで審理を受ける権利と，少年裁判所の決定理由の陳述を受ける権利を有していた，と我々は結論付ける。この結論は，デュープロセスと弁護人の援助に関する憲法原理の文脈を読み込んだ制定法により要請されるものであると，我々は考える」[49]として，管轄権放棄手続において，少年の審理を受ける権利，弁護人の援助，弁護人の社会記録へのアクセス，理由の陳述を受ける権利の4つがあると判示したのである。付添人の援助を受けた少年が審判を受ける権利を保障していかなければならない[50]。

(2) 不服申立制度の不備と55条移送[51]

従来，中間決定であることなどを理由として，逆送決定には不服申立の機会は保障されてこなかった。大阪で調査抜き逆送として報道されたような違法のある事案であっても，但書該当事由の調査が不十分なままに逆送されてしまうような事案であっても，少年側は刑事公判でその点の不服を申し立てるほかなかったのである。

ここでは，別の文脈ながら，保護処分決定よりも逆送決定のほうが類型的に不利益な判断であることを確認した調布事件最高裁判決[52]が想起されるべきではなかろうか。保護処分決定の不利益性に着目して設けられた抗告制度が，保護処分決定よりも類型的に不利益と認められた逆送決定にいつまでも適用がないままであることが許されていいとは思われない。不利益判断に対する不服申立の道を開くべく，抗告理由の再構成や立法的措置が取られなければならない。

この点では，特に20条2項送致の場合には55条移送をより積極的に活用していくという運用を定着させていくことも目指されるべきであろう。すでに水戸地裁土浦支部等で移送決定がなされているが，従来の移送判断と比べて特段の特徴のあるものではないようである。必要的に55条に関する判断をするような運用をするなど，本来少年が処遇されるべき家裁に戻す手続を十分なものとしなければならない。

(3) 20条2項該当事案における検察官関与と二重の危険禁止

検察官が関与する場面では少年や付添人には大きな負担がかかることになる。この問題は，従来の逆送が検討される事案にも生じ得るものだが，20条2項の新設によってより先鋭な形で現れたものといえる。少年側は少年審判において事実を争うについてどのような戦略をとるか，つまり，刑事公判におけるマイナス面を考慮して少年審判で争うか，結果が逆送になることを前提に刑事公判のことを考えて少年審判で争うことをしないか，というジレンマに悩まされるのである[53]。

ここには，現在進んでいる手続がどこに向かっているものであるかが必ずしもよく分からない，という問題も関係している。少年法46条の改正により，改正少年法22条の2による検察官関与決定のあった事件については，従来の保護処分決定に加えて不処分決定でも一事不再理効が発生することになった。従来不処分決定に一事不再理効を付与することに否定的であった見解が指摘するような手続上の未整備という状態が改正によって改善され，検察官と付添人が関与して事実の確定へ向けてそれぞれ活動を展開すると理解されているわけである。ところが，このようにして保護処分決定や不処分決定を導きえるそのような手続は同時

に少年を逆送することの出来る手続でもある，ということになると，少年は自分がどうなるか予想もつかない状況という不安の直中に置かれ，戦略的には先に述べたようなジレンマを抱えることになるのである。

　これらの事態は，二重の危険禁止の趣旨にいう終局の利益，とりわけ「被告人を困惑と出費と苦難にさらすことの禁止」および「被告人に不安感と不安定が打ち続く状態で生活するよう強制することの禁止」の二つに実質的に反する事態であると評価されなければならない。さらに，「特定の裁判所で審理を終結させる利益」も侵害されているといわなければならない[54]。

　逆送決定は蓋然的心証で足りる，あるいは中間決定であるからとして逆送手続は二重の危険禁止には反しないとしてきた従来の見解を繰り返すだけでは，これらの問題には対応できない[55]。前者については，検察官関与事件であるということは，事件の真相を解明し非行事実を的確に認定するために「その非行事実を認定するための審判の手続に検察官が関与する必要がある」（改正少年法22条の2第1項）事件である，ということである。このことは，その事件処理のためには合理的な疑いを超える証明が必要だということを家庭裁判所が宣明したという側面を持っていることになる（進行する手続の実際を見れば，保護処分決定や不処分決定がなされる場合と何ら変わりはない）。したがって，検察官が関与したその手続は家庭裁判所で事実認定がなされて終局すべき事件ということになる[56]。

　また，後者については，先に見た調布事件最高裁判決が改めて想起されるべきである。従来逆送決定については，有力な反対説があるものの，実体的な不利益の生じない中間決定と捉えられてきた[57]。しかし調布事件最高裁判決は，逆送決定は手続上の中間決定にとどまりその段階における不利益性を見出すことはできないとした原審の判断を破棄した。逆送決定について，より不利益な刑事処分を導く決定的な時点として実体的に捉えているのである。中間決定説は，すでにこの最高裁判決によって採ることのできない見解といわなければならない。

　二重の危険禁止の問題を回避するひとつの方法は，少年審判においては実質的な証拠調べを行うことなく逆送をすることである。アメリカ合衆国は連邦最高裁判所のブリード判決[58]によってまさにこの方向に向かったのであった。先述した要保護性・刑事処分相当性の理解の下に，逆送の判断を先行して行うことになる。これにより最も簡明に二重の危険の問題を回避でき，刑罰への架橋も残すことができる。

　しかしながら，その方向は，もう一方の憲法上の要請である保護主義との厳しい相克を見るものとなる。先に見た少年手続の意義，要保護性や刑事処分相当性の理解を前提としたとき，また，本特集・渕野論稿などに見られる刑事手続や刑事処分の問題点などを見るとき，どのような形であれ逆送は極限的な場合にしかできないというべきである。

むすびにかえて

　20条2項を「原則」逆送制度として運用していくことはそれ自体で少年司法制度を危うくするものである。

　アメリカ合衆国で日本の逆送にあたるのは，管轄権放棄（waiver）という制度である。少年裁判所が本来専属的に持っている管轄権を放棄して成人の刑事裁判所に移すものであるが，全体として管轄権放棄は拡大の方向にあるとされる[59]。

　しかし，管轄権放棄制度の拡大は成功を収めているとは言いがたいようである。要件の不明確さを批判する声が少なくない[60]ほか，所期の意図に

反して，刑事裁判所に送致された少年が必ずしも少年裁判所での処分よりも重い処分を受けているとは限らないとの報告もある[61]。最も重大なのは，管轄権放棄の拡大によって，刑事裁判所から少年裁判所の移送事案が増大したことである[62]。刑事裁判所を経由することで，少年裁判所だけで終わるよりも長い時間が終局までにかかることになるのである。そして，少年の社会復帰を第一義的な目的としているはずの少年裁判所が管轄権放棄権限を持つこと自体が議論の対象とされているのである[63]。

逆送の制度的運用的な拡大は少年司法運営の根幹を揺るがすものとなりかねない。日本においても，本稿や他の論稿にあるように，大きなひずみが生じている。そしてこの20条2項は，国際社会からも批判を浴びている。

2004年1月30日，国連子どもの権利委員会は，第2回日本報告書審査の結果として総括所見を採択した[64]。その54dで，「家庭裁判所が16歳の少年を刑事裁判所に移送する現行のあり方については，そのような実務を廃止する方向で再検討すること」[65]が勧告されている。委員会は，今回の少年法改正が国際準則の原則や規定の精神に則っていないとする懸念を表明している。少年法改正の内容，とりわけ20条2項の新設に係る部分は，この総括所見をみても，廃止に向けた批判的再検討こそが要請されているといわなければならない。

さらにいえば，ここまで見てきた諸問題は，20条2項の新設によって新たに生じた問題ではなく，そもそも逆送制度に内在するものが顕在化したものである。そのような逆送制度を維持すべきかということ自体も検討する必要があるのではないだろうか。少年法制定後の早い時期すでに，「少年法第20条の存在意義を強調することは理想に逆行すること甚だしい。施設の改良拡充を可及的速やかに実施することによって，年齢制限引き上げの意義が高揚されるのであって，その点を没却して誤った法解釈により現状と妥協することは，少年保護制度発展のために害悪である」[66]との見解が示されていることを思い起こすべきである。現在求められているのは，無理な解釈を重ねて現在の逆送制度の維持することでもなければ，ましてや問題点を等閑視して逆送制度を拡大することでもない。成長発達権や教育機能の議論を根幹とした少年手続の意義に最も合致した制度構想とはどのようなものかを探るべきことであるように思われる。

1 改正の経緯・概要については，甲斐行夫ほか『少年法等の一部を改正する法律及び少年審判規則等の一部を改正する規則の解説』（法曹会・2002年）1～41頁等参照。
2 同前34頁。
3 調査に関わる問題は本特集・岡田論稿に譲る。
4 なお，岩井宜子「少年事件の処分等の在り方の現状と評価」現代刑事法5巻8号（2003年）34頁以下参照。
5 最高裁判所ホームページhttp://courtdomino2.courts.go.jp/home.nsf参照。最新統計での説明によれば，55条移送による再係属はカウントされていない。
6 最高裁判所事務総局家庭局「改正少年法運用状況報告会結果」家裁月報54巻10号（2002年）181，184頁。
7 佐藤博史＝岡健太郎＝小川新二＝川出敏裕＝椎橋隆幸「《座談会》改正少年法の運用の状況と今後の課題」現代刑事法5巻8号（2003年）5，11～12頁〔岡健太郎発言〕。
8 後述する全司法の調査結果の冊子では，「危険運転致死は，交通非行の側面が強いもので，検察官送致率も高率」としている。後掲注（12）3頁。なお，交通非行の取扱いについては，平場安治『少年法〔新版〕』（有斐閣・1987年）335頁以下，豊田建夫「道路交通事件において罰金を見込んでなされる検察官送致について」家裁月報38巻7号

9　斉藤豊治「少年法の運用に関する所見」現代刑事法5巻8号（2003年）60, 61頁。
10　佐藤ほか・前掲注（7）11～12頁〔岡健太郎発言〕。2年経過時点。最高裁の最新統計にも、その点の説明が加えられている。
11　全司法ホームページhttp://www.zenshiho.net/参照。
12　全司法労働組合本部少年法対策委員会『「改正」少年法運用状況調査結果のまとめ——2001年4月～2002年12月——』（2003年）。
13　全司法・同前3頁。うち逆送は57件である。
14　全司法・同前18頁。
15　全司法・同前28頁。
16　全司法・同前42頁。
17　全司法・同前55頁。
18　概要と分析につき、山崎健一「いわゆる『原則逆送』事件の実際—事例および全国的調査の分析から—」子どもの権利研究3号（2003年）45頁以下参照。
19　①金沢家決平14・5・20家月54巻10号76頁（危険運転致死）、②大阪家決平15・6・6家月55巻12号88頁（殺人・道路交通法違反）。
20　⑥さいたま家決平13・9・5家月54巻2号152頁（傷害致死）、⑦秋田家決平13・8・29家月54巻3号96頁（傷害致死事件）、⑧京都家決平13・10・31家月54巻4号110頁（殺人事件）。なお⑧につき、安西敦「［付添人レポート］殺人保護事件（中等少年院送致）『原則逆送』に抗い、少年法の理念に沿って保護処分が選択された事例」季刊刑事弁護35号（2003年）129頁以下参照。
21　早川義郎「少年審判における非行事実と要保護性の意義について」家裁月報19巻4号（1967年）1頁。
22　裾分一立「要保護性試論」家裁月報5巻4号（1953年）19, 29～35頁。
23　入江正信「少年保護事件における若干の法律問題」家裁月報5巻7号（1953年）1, 11～12頁。
24　平井哲雄「非行要保護性」家裁月報6巻2号（1954年）25頁。
25　田宮裕＝廣瀬健二編『注釈少年法〔改訂版〕』（有斐閣・2001年）39頁。
26　この部分につき詳細は、葛野尋之『少年司法の再構築』（日本評論社・2003年）573頁以下参照。同書580頁以下に展開される論旨を受けて、本稿の考えは成り立っている。
27　田宮＝廣瀬編・前掲注（25）183頁以下等参照。
28　澤登俊雄『少年法入門〔第2版補訂〕』（有斐閣・2003年）183～186頁。
29　村井敏邦『刑事訴訟法』（日本評論社・1996年）181頁。
30　渡邊一弘「少年審判における刑事処分相当判断に関する実証的研究」専修法研論集28号（2001年）49頁以下が過去の研究についても言及しているので参照されたい。
31　田宮＝廣瀬編・前掲注（25）185頁等参照。
32　佐藤幸治『憲法〔第三版〕』（青林書院・1995年）444～445頁。
33　富田正利編著『人を育てる心理学』（北樹出版・1997年）115～116頁〔長谷川智子〕。
34　有倉遼吉＝小林孝輔編『別冊法学セミナー　基本法コンメンタール〔第三版〕憲法』（日本評論社・1986年）114, 120頁〔山崎真秀〕。
35　教育基本法前文第2段参照。
36　その根底には、少年のニーズに合わせて必要な教育的福祉的対応をとらなければならないという、憲法14条の実質的平等の思想がある。
37　森田宗一「少年法制定覚え書⑤」ジュリスト939号（1989年）166頁参照。
38　このことは、国際準則上も確認できる。すなわち、少年司法運営に関する国連最低基準規則（北京ルールズ）5条前段および14条2項、子どもの権利条約40条1項と、軌を一にするものである。そしてその基盤は、子どもの生存・発達を可能な限り最大限に確保すべきことを規定する子どもの権利条約6条2項の趣旨を体現するものであり、そのために同条約12条のいう、子どもの意見表明権を保障した自己を主体的に表明できる過程を確保する必要があるということにある。その保障を実質的なものにしていくことが同条約3条の子どもの最善の利益保障原則に合致することとなる。子どもの権利条約市民・NGO報告書をつくる会編

38 『国連子どもの権利委員会への市民・NGO報告書――"豊かな国"日本社会における子ども期の喪失』(花伝社・1997年) 263～264頁参照。

39 少年手続の非公開については，葛野・前掲注(26) 411頁以下参照。

40 単に事件の性質に応じた立法政策ということではなく，憲法13条の個人尊重原理に基づく憲法政策ということである。佐藤・前掲書注(32) 317～320頁参照。

41 この点，先に見た全司法の調査のまとめでも指摘されているが，「少年は要保護性が低いので原則どおり逆送」とする鑑別結果や調査官意見があるなど，現場には若干の混乱が見られるようである。非行歴があって反省に至っていないような少年は働きかけの必要性という点で要保護性が高く保護処分の可能性を追求しようということになる一方で，非行歴もなく十分な反省に至っているような少年の場合には，特別な働きかけの必要がない，要保護性が低いので保護の必要性に乏しく刑事処分，といったねじれた捉え方が生み出されている。これは，要保護性を，単純に有無や高低でのみ語ることから生じるのであって，質的な観点を正しく入れることでそのような事態からは解放される。さらに，後述する刑事処分相当性についても正しく理解する必要がある。

42 1条が「保護処分」という文言を使っていることについては，「現行少年法においては，刑罰にかえる保護は，文字通りの保護の措置であって，『処分』の形式を必ずしも必要としない。その意味では旧少年法が『刑罰にかえて保護』という形式を貫いたとすれば，現行少年法は，それに加えて『刑罰にかえて不処分』ともいえる思想を導入することになったと表現することができよう。一見奇妙に見えるこのような表現は，一過性の非行を野放しにするという見解につながるものではなく，むしろ，少年非行の実態を事実に即して把握し，それぞれの非行がそれぞれの行為者に対して持つ意味を教育的に捉えたうえで，処分の形式を追求するよりも，その指導の内容を重視するという少年自身の健全な育成に比重をかける思想を産みだすことを意味することにつながるのである」とする余す所のない説明がある。守屋克彦『少年の非行と教育』(勁草書房・1977年) 171頁。

43 20条が「刑事処分」という文言を用いていることについては，前注において1条について述べたこととパラレルに考えれば，そこに手続を含むことの説明はつく。少年法50条・55条の存在により「手続」のみを利用する可能性は補強される。

44 甲斐行夫ほか・前掲注(1) 97頁以下，田宮＝廣瀬編・前掲注(25) 188頁以下，川出敏裕「逆送規定の改正」現代刑事法3巻4号(2001年) 54, 56頁以下等。

45 葛野尋之「少年法における検察官送致決定の意義――家庭裁判所の説明責任――」立命館法学283号(2002年) 203頁以下参照。

46 葛野・同前で論じられているように，ここでは逆送はどのような意味でも「原則」の位置を与えられないことに留意する必要がある。この点で，「原則」であることを明確にする「座談会・改正少年法下での実務の問題とその解決」判例タイムズ1089号(2002年) 9頁での川口宰護発言や，ガイドライン説を唱える斉藤・前掲注(9) 62頁)の考え方は妥当ではない。

47 これに関連して，全司法調査も指摘するように，処遇勧告の中にいわば「超」長期の収容を必要とする勧告が散見されることには警戒が必要であろう。逆送をしない反射としての制裁的なものになっていないかどうか，処遇勧告の中で裁判所が見出した一定の展望にとってその収容期間が必要かといった観点から検証することによって，その正当性を問うていかなければならない。

48 Kent v. United States, 383 U.S. 541 (1966).

49 Id., at 557.

50 もちろん，審判において十分な付添人活動を展開するためにも，捜査段階の初期に弁護人がつく必要は極めて高い。また，統計上は家裁段階で付添人がついているとされる場合でも，家裁送致直後と決定直前とでは大きな違いになる。

51 55条移送に関する議論については，本特集・本庄論稿参照。

52 最判平9・9・18刑集51巻8号571頁。

53 後述するブリード判決では，まさしくこの点を指

摘している。*Breed, infra* n.58, at 541-542. 全司法の調査結果でも，少年審判よりも刑事公判を争う場と想定しているのではないかと思われる付添人がいたことが報告されている。全司法・前掲注（12）43頁。逆に，検察官から関与申し出があったものの，20条2項逆送が当初から見込まれたために事実認定を刑事公判に譲る方針で関与決定をせずに審理のうえ逆送した事例も報告されている。同前27頁。

54 二重の危険禁止が保障する利益については，正木祐史「少年手続における二重危険禁止の理論序説」一橋論叢124巻1号（2000）121頁以下参照。逆送致の刑事裁判で55条移送となった後の少年審判においても，二重の危険禁止の問題は発生し得る。

55 継続的危険論を採用することもできない。検察官送致後の公判を含めて一個の危険と考えればよいとする捉え方はあるが，上訴の場合は裁判所への係属が連続しているので継続的危険をとる余地はあっても，少年の場合は，検察官が新たに起訴するのであり，両者の間には継続はないので根拠とはできない。以上につき，田宮裕『一事不再理の原則』（有斐閣・1978年）291頁注1および平場安治「審判不開始決定に一事不再理の効力があるか——昭和40年4月28日大法廷判決の検討——」ジュリスト327号（1965年）64頁，67頁参照。

56 蓋然的心証を得るために検察官を関与させるということは22条の2は予定していないというべきである。仮に検察官が関与しなければ蓋然的心証も得られていないという事態であるとすれば，それは従前は非行事実なしの不開始ないし不処分になっていた事案ということになる。それとは別に，家裁で検察官を関与させて送致事実とは別の事実認定をしたうえで逆送となった場合に，その認定を不服とする検察官が，家裁の認定事実とは異なる控訴事実で起訴するという，裁判によらない敗者復活戦の問題もある。

57 田宮＝廣瀬・前掲注（25）161頁等参照。

58 *Breed v. Jones,* 421 U.S. 519 (1975). 本判決の内容については，正木裕史「少年手続における二重の危険禁止保障（一）」静岡大学法政研究9巻2号（2004年8月刊行予定）参照。

59 合衆国司法省少年司法・非行予防局の資料として，以下を参照。P. Griffin, *et al., Trying Juveniles as Adults in Criminal Court: An Analysis of State Transfer Provisions* (1998); P. Torbet *et al., State Responses to Serious and Violent Juvenile Crime* (1996); P. Torbet & L. Szymanski, *State Legislative Responses to Violent Juvenile Crime: 1996-1997 Update* (1998).

60 See *e.g.,* R.O. Dawson, *An Empirical Study of Kent Style Juvenile Transfers to Criminal Court,* 23 ST. MARY'S L. J. 975 (1992); B. Wilbourn, *Notes, Waiver of Juvenile Court Jurisdiction: National Trends and the Inadequacy of the Texas Response,* 23 AM. J. CRIM. L. 633 (1996).

61 See *e.g.,* C. Kinder, *et al., A Comparison of the Dispositions of Juvenile Offenders Certified as Adults with Juvenile Offenders Not Certified,* 46 JUV. & FAM. CT. J. 37 (1995); M.R. Podkopacz & B.C. Feld, *The End of the Line: An Empirical Study of Judicial Waiver,* 86 J. CRIM. L. & CRIMINOLOGY 449 (1996).

62 日本の55条移送のような制度であるが，reverse waiverと呼ばれることが多い。

63 See *e.g.,* L. Braithwaite & A. Shore, *Treatment Rhetoric Versus Waiver Decisions,* 72 J. CRIM. L. & CRIMINOLOGY 1867 (1981); M.A. Bortner, *Traditional Rhetoric, Organizational Realities: Remand of Juveniles to Adult Court,* 32 CRIM. & DELINQ. 53 (1986); F.A. Monarski, *Rehabilitation vs. Punishment: A Comparative Analysis of the Juvenile Justice Systems in Massachusetts and New York,* 21 SUFFOLK L. R. 1091 (1987); S.I. Singer, *The Automatic Waiver of Juveniles and Substantive Justice,* 39 CRIM. & DELINQ. 253 (1993).

64 CRC/C/15/Add.231.

65 原文は以下のとおり。[R]eview the existing possibility for Family Courts to transfer a case against a child of 16 years or older to the adult criminal court with a view to abolishing this practice.

66 入江・前掲注（23）10〜11頁。

英文要旨
Summary: Transfer for Criminal Prosecution under the Revised Juvenile Law

Key words: "Presumptive" Transfer, Needs of Juvenile, Amenability of Criminal Disposition, Double Jeopardy, Convention on the Rights of the Child

Yushi MASAKI

Assistant Professor of Law, Shizuoka University

The provision of transfer for criminal prosecution was changed in the revised Juvenile Law. Section 20, article 2 now provides that Family Courts must transfer certain critical cases against a child of 16 years or older for criminal prosecution and adult indictment. The practice and some commentators regard this provision as the so-called presumptive waiver.

However, this interpretation is unjust because it is not in the spirit of the principles of juvenile justice. The Family Courts must consider the needs of each juvenile along with the criteria required for selection of dispositions, i.e., deciding which dispositions are necessary and effective. Therefore, the Family Courts can choose to transfer a case for criminal prosecution, only when a criminal disposition would be necessary and effective for the juvenile. Section 20, article 2 should also be interpreted this way.

Moreover, this provision has brought up several problems with regard to the due process of law, such as access to defense counsel, the right of appeal, and double jeopardy protection. Particularly, double jeopardy protection is critically violated in the transfer process. This may be avoided by adopting the waiver hearing system of the United States. However, it has been observed in that country that the waiver system and its escalation are not always successful.

Furthermore, the United Nations Committee on the Rights of the Child is concerned with many of the reforms of the Japanese Juvenile Law and has recommended a review of this revised transfer provision. Section 20, article 2 must be repealed, and the transfer system itself must be reconsidered.

特集 改正少年法の検証
改正少年法における社会調査

キーワード: 社会調査, 適正手続, 信頼関係,「原則」逆送事件, 少年調査記録

岡田行雄 九州国際大学法学部助教授

はじめに

1 本稿は，改正少年法（以下，改正法）20条2項が対象とする「原則」逆送事件を中心に，それに関する家裁調査官（以下，調査官）による社会調査がいかになされ，その結果がどのように活用されるべきかを論じようとするものである。

2 改正法の施行から3年近くが経過した現時点において，一見して改正の主柱ではない社会調査とその活用のあり方について改めて論じる理由は，以下の点にある。

調査官による少年の人格や生育環境等に関する調査と，それに基づく少年事件の背景分析，そして，少年の健全育成，言い換えれば，自律的非行克服に向けた処遇意見を含む少年調査票の提出という一連の活動からなる社会調査は，少年司法の持つケース・ワーク機能の中心的な役割を担うと評されてきた。

ところが，70年代終わりに表面化した少年事件の迅速かつ形式的処理の要請[1]は，80年代以降，少年司法に大きな影響を与えるだけでなく[2]，社会調査にも波及し，丹念な社会調査を困難にした。改正法が，そうした動向の延長線上にあるとすれば，「原則」逆送事件についての社会調査は，従来以上に形式化し，さらには不要とされかねない。しかし，改正法においても従来通りの目的が掲げられている以上，少年司法を特徴付ける社会調査が形式化・形骸化して良いのかが改めて問われねばならないのである。しかも，改正法20条2項は，「調査の結果…刑事処分以外の措置を相当と認める時は，この限りではない」という但書を置いている。とすれば，「原則」逆送事件に関する社会調査こそ，家裁の保護手続・処分の意義を低下させるか否かの鍵を握っているとも言える。ここにも，「原則」逆送事件に関する社会調査のあり方を論じる意義がある。

また，重大事件が刑事裁判にかけられることが多くなかったこともあり，従来あまり論じられることがなかった，逆送後の刑事裁判における社会調査結果の活用も検討の必要がある。なぜなら，起訴後に少年が家裁に再移送される制度は改正法にも引き継がれており，その活用のあり方が，家裁の少年手続の意義に大きな影響を持つことになるからである。

3 そこで，本稿においては，まず改正法における社会調査の意義，次いで，「原則」逆送事件に関する社会調査のあり方，最後に，刑事裁判における社会調査結果の活用のあり方について，順に検討することとする。

1 社会調査の意義

(1) 社会調査の法的根拠

1 改正前少年法から引き続き，非行少年の健全育成が目的とされている改正法においても，家庭裁判所に「審判に付すべき少年があると思料するときは，事件について調査しなければならない」（8条1項）と，少年事件についての調査義務が

課されており,「家庭裁判所調査官に命じて,少年,保護者又は参考人の取調その他の必要な調査を行わせることができる」(8条2項)と,具体的な調査を調査官に命じる権限を与えている。この調査の1つが調査官をその担い手とする社会調査であり,裁判官をその担い手とする法的調査とは区別されている[3]。このように,非行少年の自律的非行克服を通した成長発達権保障に向けて,法曹である裁判官と,心理学等の人間科学の専門家である調査官との間で,それぞれの専門性に応じた調査の分担が求められている。なお,少年法の文言上,社会調査を「行わせることができる」とされているが,裁判官の法的調査によって少年の非行事実が存在する蓋然性が確認されたことを前提に,実務上,移送・回付が行われることが明らかな場合や満20歳の誕生日に切迫している場合を除いては,全ての事件で社会調査が行われている[4]。従って,社会調査は少年司法において必要不可欠なものと言えよう。

2 次に,社会調査の対象と方法については,改正法にも「少年,保護者又は関係人の行状,経歴,素質,環境等」を対象に,「医学,心理学,教育学,社会学,その他の専門的智識特に少年鑑別所の鑑別の結果を活用して」行われるよう努めねばならない(9条)と規定されている。また少年審判規則にも,家庭及び保護者の関係,境遇,経歴,教育の程度及び状況,不良化の経過,性行,事件の関係,心身の状況等審判及び処遇上必要な事項の調査を行う(少年審判規則11条1項)と規定されている。

3 なお,社会の関心を集めた重大事件や,共犯者等の関係者が多数の事件,少年の性格や環境に複雑な問題が窺われる事件等では,実務上,複数の調査官による共同調査が行われることが多い[5]。また,観護措置が採られた場合には,少年鑑別所に収容された少年に対して,心理テスト等を用いた資質鑑別が行われ,その結果等は鑑別結果通知書にまとめられ家裁調査官に送られる。この調査の間に,少年の住居や補導委託先で家裁調査官が少年に働きかけを続けながらその行動を観察する,試験観察がおこなわれることもある。

4 最後に,調査官は社会調査の結果等を書面にまとめ家庭裁判所に報告し(少年審判規則13条1項),それを踏まえて,少年の処遇に関する意見を述べなければならない(同13条3項)。実務上,これらは少年調査票という書面にまとめられ[6],家裁裁判官に提出されているのである。資質鑑別や試験観察が行われた場合は,その結果も調査官の処遇意見にとって重要な意味を持つ。なお,共同調査が行われ,その結果や処遇意見等について調査官の間に相違点がある場合には,それぞれの意見が併記されることもある[7]。

(2) 社会調査の方法とその意義

1 以上から明らかなように,社会調査の範囲は,少年の生育環境や心身の状況にまで踏み込む点で深く,関係者のプライバシーをも含む点で幅広いものである。

2 このような諸点について,調査官は,少年とその家族や関係人に対する面接を中心として,少年の家庭,学校,職場等の訪問,学校等の少年に関係する諸機関に対して書面による回答を求める書面照会,少年の行動観察等を通して情報を収集しようとする。

ところで,少年法は社会調査において強制的な手段を用意していない[8]。あくまで,面接や書面照会等に任意に応じてもらうことを前提にしているのである。従って,調査官は,少年を初めとする関係者が,社会調査に協力する態勢を整えていかなければならない。そのため,改正前から,社会調査は「単なる特定事実の発見や収集,分析に止まるものではな」く,「少年の健全な社会適応

に向けられた司法的ケース・ワークの一過程である」と解されてきた。ここでのケース・ワークとは「対象者との間に専門的な人間関係を確立し、対象者が社会環境の中で当面している問題を理解し、これを解決できるように対象者の能力の発展を援助する過程」を指す。従って、「調査における調査官と対象者との人間関係は、対象者が当面している問題解決を目指した調査官と対象者の相互信頼に基づく協働関係」と位置づけられる[9]。つまり、社会調査は、調査官が少年を援助し、彼の問題を共有しつつ、その問題の主体的な解決法を少年と共に探るというものでなければならない。そして、その大前提として、少年と調査官との間に信頼関係が築かれねばならないのである。

3 このような社会調査のあり方は、少年を調査の客体とするものではない。その意味で、それは、少年司法を、憲法13条や子どもの権利条約12条に根拠を持つ、少年の自律的人格の尊重の上に立ってその全面的人格発達を保障するという少年の成長発達権保障のために、少年の主体的非行克服を援助する新しい教育理念に基づき再構築しようとする見解[10]と強い親和性を持つと言えよう。換言すれば、社会調査は、少年の自律的非行克服を通した成長発達権の保障に向けて行われねばならないことになるのである。

(3) 社会調査の現実

1 ところが、実際の社会調査においては、調査官が少年と信頼関係を築くことが困難な状況にある。

先述したように、70年代終わりから、家裁においても事件の形式的かつ迅速な処理が強調されるようになり、80年代に入ると、事件処理基準を定めた少年事件処理要領が各家裁で策定されるとともに、調査官への上司による指導監督の強化、調査官の養成期間の短縮化、研修カリキュラムにおける法律科目の増加、調査官の広域かつ頻繁な異動等が実現され、調査官の専門性が発揮されにくい状況作りが進められた[11]。さらには、少年非行が「凶悪化」したと騒がれる割には、調査官の数はほとんど増員されることなく、事務局や家事係へのシフトが進むにつれ、少年係の調査官実数は減少し、どの家裁でも少年係調査官は多忙を極めるようになった。また、近時、調査官研修所と書記官研修所との統合も現実のものとなった[12]。こうした状況下、ほとんどの社会調査は、調書等の事件記録を読み、学校や保護者に書面で問い合わせ、少年や保護者を呼び出して面接するだけでおわり、調査官が、少年の家庭、学校、職場、施設などを実際に訪れることがないと指摘されている[13]。また試験観察も年々減少傾向にある。

2 問題は、調査官と少年との信頼関係構築を困難にする社会調査の形式化・形骸化現象が、事件結果の見かけの大小に基づく処遇意見形成や、裁判官による処遇決定に結びつきやすい点にある[14]。なぜなら、とりわけ重大事件の場合は、社会調査によって、少年の問題点はある程度解明されることはあっても、少年が内包する長所やそれに基づく非行克服の可能性が発見されることは困難だからである[15]。こうした結果を重視する処分選択は、少年の自律的非行克服に資するとは必ずしも言えない。たとえ少年院送致といえども、自由を奪う点での不利益性を伴い、その収容期間が長期にわたれば、自律的非行克服にとってマイナスとなりうるからである。

(4) あるべき社会調査に向けた課題

1 そこで、少年の自律的非行克服を通した成長発達権保障という観点から必要とされる調査官と少年との信頼関係に基づく社会調査の実現が何よりも求められる。それに向けては、以下の3点が課題となる。

2　第1に，社会調査は，単に少年に関する問題点を挙げるだけではなく，少年の自律的非行克服の可能性を示し，それを促す具体的な処遇プランを提示するものとなること。成人刑事事件の場合と異なり，関係人のプライバシーや少年の内心に諸科学を用いて立ち入る以上，社会調査は非行少年の自律的非行克服を促進するものでなければならないからである。これは，憲法や少年法の理念が求めるところである。なお，子どもの権利条約は，少年の自由を奪う処分はできるかぎり避けるべきで，たとえ自由を奪う処分が必要な場合でも，できるだけ短期間とすることを求めている（37条b）。従って，提案される処遇は，自律的非行克服を可能にするより自由拘束性の低いものでなければならない[16]。第2に，少年司法，とりわけ社会調査の意義について，少年に面接を行うにあたり，丁寧に説明すること。少年との信頼関係構築には，何のための面接なのか，ここで調査したことがどのような意味を持つのかの丁寧な説明が必要不可欠だからである。既に，「調査官の調査の本質も損わず，かつ少年に対する基本的公正さをも失わないためには，調査官は調査の初めに，被調査者に対し，『調査の任意性』，『調査発動の契機』，『家庭裁判所および調査官の機能』，これからすすめられる『調査が将来の少年の処遇に結びついていること』を明確化」し，「少年・保護者に事前にかれらの知る権利」を充足する必要性も指摘されている[17]。第3に，社会調査の結果をまとめた社会記録について，その内容を少年に開示すること。確かに，少年審判規則によれば，家裁の許可に基づき少年は記録を閲覧でき（7条1項），少年審判開始決定後の付添人の閲覧には家裁の許可すら不要である（7条2項）にもかかわらず，実務上，社会記録の閲覧は必ずしも積極的に行われているとは言えない状況にある[18]。しかし，少年を社会調査の単なる客体としてではなく，自律的非行克服に向けた少年司法手続への参加主体ととらえる限り，少年に社会記録の内容を開示することこそ，その信頼関係を得るために必要不可欠と言えよう[19]。これにより，社会調査における調査官の分析・判断の妥当性も担保され，少年への処遇も効果を発揮すると思われる[20]。確かに，社会記録の少年への開示によって，学校等が情報提供を拒否したり，少年の情操が傷つけられる等の弊害も生じるかもしれない。しかし，こうした弊害を回避するための工夫がなされるのであれば[21]，社会記録の内容を少年に開示しない根拠はないと言えよう。

3　従来から，社会調査には，個々の少年に合わせたケース・ワークであるために非形式性が強く求められてきた[22]。しかし，社会調査の方法が調査官の自由裁量に全く委ねられるわけではない。少年と調査官との信頼関係確保のために必要不可欠な手続は，きちんと履践されねばならないのである。

(5) 社会調査に関する付添人の援助

1　ところで，社会調査をケース・ワークの一過程と位置づけ，そこで信頼関係に基づく個別的援助がなされるのであれば，付添人による援助は不要となるのであろうか。確かに，調査官は少年にとって援助的な役割を果たす場面もありうるが，少年の利益を完全に守りうる付添人の立場に立ち得ない[23]。加えて，調査官の異動が激しい現状においては，付添人に，調査官と協力して，少年や保護者，友人，教師あるいは雇主などと接触し，積極的に働きかけ，少年が立ち直るための社会資源を開拓するという役割も期待されるようになっている[24]。従って，適切な社会調査がなされるとしても，付添人の援助が不要となるわけではない。

2　むしろ，調査過程で付添人が調査官と積極的に意見交換し，調査官による少年や関係人との

面接等に付添人が同席することによって，調査官も気づかない視点がつけ加わり，より質の高い社会調査となるように思われる。現に，私達の事件調査においても，逆送後に刑事裁判所が再移送決定をした傷害致死ケースでは関係人との面接に立ち会う等，付添人による社会調査への積極的な協力があったことが確認されている[25]。調査官による面接に付添人の関与を禁じる規定はないのであるから，必要に応じて，少年の自律的非行克服に向けた付添人の積極的な関与が考慮されるべきであろう[26]。

2 「原則」逆送事件に関する社会調査

(1) 「原則」逆送事件に関する社会調査の現実と問題点

1 改正法に挿入された20条2項は，16歳以上の少年が故意に被害者を死亡させた事件を家裁が検察官に送致することとした。この規定により，改正前に比べ，傷害致死事件の逆送率が大幅に上昇する等，実務上，大きな影響が生じているが，以下のように，それは社会調査にも及んでいるのである。

2 まず，17歳の少年による強盗致死事件について，付添人からの求めがあったにもかかわらず，家裁が社会調査を調査官に行わせることなく検察官に送致した事例が挙げられる[27]。しかし，20条2項には，「調査の結果，犯行の動機及び態様，犯行後の情況，少年の性格，年齢，行状及び環境その他の事情を考慮し，刑事処分以外の措置を相当と認めるときは，この限りではない」との但書が置かれており，前提となる社会調査の欠如は許されないはずである[28]。

次に，少年の行為態様だけに注目して，但書に該当しないこと，あるいは，事件以前に非行歴がないので保護の必要がないこと等を理由にして，調査官が「原則」通り逆送相当との処遇意見をまとめる事例が挙げられる[29]。このような処遇意見が生じる背景には，重大な事件についてすら，少年との信頼関係に基づく丹念な社会調査が難しくなったことに加え，少女が分娩後嬰児を途方に暮れて死亡させた場合や，共犯による傷害致死事件で付和雷同的に随行した場合だけが但書に該当するとの解釈[30]に調査官が強く影響されていることがあるように思われる。しかし，改正法も，逆送後の刑事裁判においても9条の趣旨に基づく諸科学活用を求め（50条），さらに相当と認められる場合には，事件を家裁に再移送するよう求めている（55条）以上，「原則」逆送事件に関する社会調査においても，行為態様や前歴の有無にだけ重点が置かれてはならないはずである。

3 なお，20条2項を「原則」逆送規定ではなく，重大な事件について，刑事処分以外の処遇を決定した理由について，被害者を含む市民に対していっそう説得的に説明する責任を家裁に負わせた規定と解する見解も有力に主張されており[31]，この立場からは，社会調査の欠如や形式化が厳しく非難されることになろう。

(2) 「原則」逆送事件に関する社会調査のあり方

1 それでは，こうした事件については，どのような社会調査が必要なのであろうか。

改正法施行後，特に「原則」逆送事件に関する社会調査においては，被害者遺族と事件の社会的影響に関する調査が必要であると指摘されている[32]。しかし，こうした調査によって，事件が被害者遺族にもたらした様々な悪影響や，被害者遺族やそれを取り巻く社会が持つ少年に対する強い応報処罰感情等が明らかになったとしても，少年の自律的非行克服を促すケース・ワークと結びつかない限り，社会調査としては無意味である。

2 従来から，必ずしも積極的にではないが，行われてきた被害者調査は[33]，把握された被害の

内容や被害者の感情を少年に適切なかたちで伝え，少年が被害の大きさを感じ，被害者が置かれているつらい状況に目を開かせることで，自発的に被害者への償いを行い，非行から遠ざかる契機を作ろうとする目的を持っていた[34]。従って，被害者遺族に関する調査も，こうした目的の実現に向けて行われねばならない。

但し，こうした調査の過程で，被害者遺族への償いや少年自身の変化をせっかちに求め，これらが見られないと，保護手続・処分の枠内における少年の自律的非行克服の可能性を否定的に評価することには疑問が残る。というのも，重大事件に走る少年には，激しい被虐待体験が背景となり，自尊感情や他者への共感性が欠ける[35]だけでなく，そもそも自らの気持ちを十分に表現できない者も少なくないからである[36]。

現に，2000年に行われた法務総合研究所の調査によれば，2,000人余りの少年院在院者のうち，その半数が保護者から繰り返し身体的虐待・性的虐待・ネグレクトの被害を受け続けていた[37]。なお，少年院には比較的重大な非行に走った少年が収容されているのが現状である。そして，家庭裁判所調査官研修所においても，1997年から1999年までに起きた少年による殺人事件，傷害致死事件の中から20件について非行の原因を分析する研究が行われ，幾つかの事例において少年が幼いころから虐待や体罰等のつらい体験を受けていたことが示された[38]。

従って，こうした少年達にとって，被害者遺族が直面している問題を直視し，償いに取り組もうとするに至るには困難も多く，長い時間がかかることが予想される。しかし，だからと言って，短絡的に被害について反省の言葉を述べさせたとしても，他律的なものである限り，本質的な手当てにはなりえない。というのも，身体的虐待を受けてきて，暴力行為を度々起こす少年には，自分より弱い相手を力で屈服させるが，自分より強い権力の下に置かれると一転して服従する傾向があり，「反省」の言葉を容易に口にするが，それが真の反省ではないことも少なくないとも指摘されているからである[39]。

とすれば，乏しくなっていた他者の痛みへの感受性を豊かにすることこそ，被害の認識を深め，自発的な反省を導き，さらなる被害者の発生を防ぐことにつながる確実な道と思われる。従って，「原則」逆送事件において被害者遺族に関する調査が必要であるとしても[40]，それは，自尊感情の低さや無力感から被害者遺族の痛みに気づけないという被虐待経験のある少年の課題を発見し，長期的な視野に立った課題への取り組みを考えるためのものでなければならない。こうした取り組み抜きにしては，少年の自律的非行克服は極めて困難であろう。

また，この場合，信頼すべき人に裏切られた経験を持つ少年が，その被害体験を容易に他人に話そうとしないことも考慮されねばならない。被虐待体験を少年自身の口で語ってもらうためには，「どんなことを話してもいいんだ」と安心できる雰囲気が必要不可欠であると説かれている[41]。従って，被虐待体験から生じる内面の問題に適切に取り組み，少年の自律的非行克服につなげるためにも，調査官と少年との間に真の信頼関係が築かれねばならないのである。

3　次いで，「原則」逆送事件における社会的影響の調査の方法については，例えば，学校や家庭の訪問，被害者遺族に関する調査を参照する他，マスコミの動向を把握すること等も挙げられている[42]。しかし，この場合，重大事件であるがゆえに，少年への厳しい非難ばかりが明らかになることは避けられない。とすれば，「事件の重大性や社会的影響の大きさは，社会復帰を阻害する要因として調査の対象となる」[43]に過ぎないであろう。

その意味で，社会的影響の調査が少年の自律的非行克服に資するとしても，現状では間接的なものとならざるをえない。せいぜい，マスコミ等の反響を少年に知らせて，被害者遺族の調査と同様に，その自発的反省を促し，少年の背後にある問題を発見するためのものでしかないように思われる。従って，「原則」逆送事件に関する社会調査において，社会的影響の調査をあまりに重視することにも疑問があると言わざるをえない。

(3)「原則」逆送事件における
　　調査官の処遇意見について

　1　「原則」逆送事件に関する処遇意見のあり方については，次のような見解が注目される。すなわち，調査官が，但書に該当し保護処分相当との処遇意見をまとめることができるのは，刑事裁判と刑罰の感銘力による矯正効果，公共の福祉論からの一般予防効果，形式的贖罪による少年の社会復帰の容易化，社会感情や被害感情の充足といった，刑罰に期待されるものを上回る理由がある場合のみに限られ，その場合は刑事処分が不相当である理由を明記しなければならないと[44]。

　2　しかし，このような見解には大きな疑問がある。まず，非行少年の処罰が彼ら以外の一般の少年を非行から遠ざけるという意味での一般予防効果に関しては，その科学的検証がなされていない[45]。次いで，少年審判において保護処分が言い渡された少年については，調査官がその動向視察を行うことができる（少年審判規則38条）が，刑事処分を受けた少年については，その後の動向を把握する制度が欠けている。加えて，上記の見解で挙げられている「刑罰に期待されるもの」については，それがどの程度実現しうるのかについて調査官の側に具体的なデータが存するわけではない。そもそも重大事件での逆送が多くはなく[46]，少年とその周囲を含めた成り行きの調査が十分に行われているわけではないからである。こうした現状で，刑事処分不相当性についてまで，調査官に考慮させようとすれば，社会調査が諸科学に支えられているという大前提を崩し，却って，社会調査への信頼性を損なうことになろう。

　3　従って，調査官が「原則」逆送事件に関する処遇意見をまとめるにあたって，ここで取り上げた意味での刑事処分不相当性を検討する必要はなく，他の事件と同様に，当該少年が自律的に非行を克服するためにどのような保護手続・処分が必要・有効なのかの判断が決め手でなければならない。少なくとも，調査官は，動向視察，家裁に残る記録の精査，及び調査官研修所等での研修を通して，重大な事件であっても保護手続・処分の枠内で少年が自律的に非行を克服できた事例を把握可能だからである。

　その上で，調査官は，保護手続・処分によって少年が自律的に非行を克服する可能性が大きければ，保護相当との処遇意見に至るべきである。少年による非行の重大性だけを理由に直ちに刑事処分相当との意見に至れば，もはや，それは諸科学活用の結果とは言えず，社会調査への信頼性を失わせることにつながり妥当ではない。

　また，実務上これまでも散見された，重大事件について保護不能のみを理由とする逆送相当の処遇意見にも疑問の余地がある。なぜなら，この場合も，刑事手続・処分による少年の自律的非行克服の具体的可能性が示されているわけではないからである。

　こう考えると，調査官が重大事件について刑事処分相当との処遇意見を書くことができるようになるには，まず刑事手続・処分が個別の少年の成長・発達にどのような具体的影響を与えたのかについての調査・研究[47]，そして，調査官自身が刑事裁判・処分を受けた少年の動向を把握できる制度が必要である。その上で，刑事処分相当との意

見は，保護手続・処分を既に経験しており，それよりも刑事裁判・処分の方が自律的非行克服の具体的可能性が高い場合にのみ限定されるべきであろう。従って，具体的な自律的非行克服の可能性を提示せずに逆送相当とする処遇意見はそもそも許されてはならないと言えよう。

4　以上をまとめると，「原則」逆送事件については，一般の軽微な少年事件以上に丁寧な社会調査がなされ，保護手続・処分による少年の自律的非行克服の可能性が追及され，それを促進する具体的な処遇プランが提示されねばならない。

こう考える限り，「原則」逆送事件について少年院送致相当との意見がまとめられる場合であっても，少年院における具体的な処遇プランとそれに必要な期間が提示される必要があり，単に相当長期に亘る収容処遇が必要といった抽象的なものでは足りないと言うべきであろう。

仮に，「原則」逆送事件に関する社会調査の形式化・形骸化が進めば，調査官の調査能力が低下するだけでなく，社会調査の意義そのものが失われることになろう。その結果，軽微事件についての形式的処理とあいまって少年司法自体の存在自体が危機にさらされることを，調査官は意識すべきである。

3　少年刑事裁判における少年調査記録の活用

(1) 少年刑事裁判における社会調査記録の扱い

1　少年法50条は，少年に対する刑事事件の審理は，少年法9条の趣旨に従って行われねばならない旨規定している。少年法9条は，少年の資質や，生育環境等について経験諸科学を用いて調査すべきことを規定しているので，少年の刑事裁判においても，少年との信頼関係に基づき行われた社会調査結果の活用が求められていると言えよう。また，刑事訴訟規則277条も，少年事件の審理については，懇切を旨とし，且つ事案の真相を明らかにするため，家庭裁判所の取り調べた証拠は，つとめてこれを取り調べるようにしなければならないと規定している。

そこで，社会調査の結果をまとめた少年調査票等を含む少年調査記録[48]の刑事裁判における証拠調べが問題となるが，この点について，少年法50条や刑事訴訟規則277条が一見して訓示規定であることは明らかでありながらも，少年調査記録の証拠調べの必要性を説く裁判官の見解が注目される。即ち，「当事者主義を基調とするわが国の刑事訴訟手続にあって，裁判所に対し，審理の内容と証拠調べについて一定の義務を課すというのは異例中の異例であり」，少年法55条も「少年の要保護性及び保護可能性についても審査判断すべきことを求めているのであるから」，「裁判所は…，その必要がないことが明らかな場合を除き，少年調査記録の取調べに向けて積極的に努力し，職権を適切に行使して法の要請を満たさなければならない」[49]というものがそれである。つまり，少年調査記録には，犯罪事実立証を目的とした外的事実が中心の捜査記録からは得られない，少年の内的事実やこれに大きな影響を与えた環境についての情報が多く含まれており，その取り調べは，少年の更生にも資する刑事裁判手続の運営や，家裁への再移送相当性や量刑に関する判断にあたっても必要であり，有益であるという点に，その証拠調べの意義が置かれていると言えよう[50]。それでは，実務上，少年調査記録は刑事裁判においてどのように活用されているのであろうか。

2　そもそも，少年調査記録は，他の法律記録と異なり，逆送後も家庭裁判所において保管されている。

そのため，これを証拠調べするのであれば，職権あるいは当事者の証拠調べ要請に基づき，刑事裁判所が少年調査記録を家裁から取り寄せられね

ばならない。しかし、家裁段階での付添人が弁護人となった場合は別にしても、逆送後、新たに弁護人が選任された場合等、社会記録の内容を弁護人自身が把握していないことが少なくない。従って、ほとんどのケースで裁判所の職権判断で取り寄せられているのが実情と言えよう[51]。

3　ところで、この少年調査記録は、少年の再移送相当性や量刑判断に証拠として用いられる場合、伝聞証拠となるので、その証拠能力が問題となりうる。

しかし、この問題は、少年調査記録により証明される対象が、厳格な証明を要するものか否かで分けて論じられているものの、少年の再移送相当性や量刑判断が対象である場合は、自由な証明で足りるとして、証拠能力を厳格に問わないというのが通説的な理解であると言えよう[52]。また、いわゆる適正な証明は必要という立場においても、ほとんど全てのケースで当事者の同意によって証拠能力が与えられることが前提とされているように思われる[53]。また、当時者の同意が得られなかった場合であっても、刑事訴訟法321条4項を準用して鑑定人が作成した書面と同様に証拠能力が付与されるとする見解も有力に主張されており[54]、この立場からは、公判期日において調査官が真正に作成したと証言しさえすれば少年調査記録にも証拠能力が付与されることになろう。従って、実務上、少年調査記録の証拠能力は特に争われることもなく、証拠とされているものと思われる[55]。

4　こうして、証拠とされた少年調査記録が少年の再移送相当性や量刑判断に活用されることになる。

しかし、家裁への再移送が滅多に行われず、成人同様の量刑基準で自由刑が科せられ、刑務作業中心の処遇を受けがちな現状を前提とすれば、これが刑事裁判でどのように活用されるべきか改めて考える必要がある。

ところで、その活用のあり方については、刑事訴訟規則277条が、事案の真相を明らかにするために家裁の取り調べた証拠を取り調べると規定されており、この「事案の真相」とは、良いも悪いも包括した、少年の実像や環境を意味するものと見られることから、これを有利な情状に限定して用いるべきではないであろうと説かれている[56]。とすれば、丹念な社会調査によって、少年の問題性を緩和・解消する自律的非行克服の可能性が示されている少年調査記録が正しく理解される限りで、再移送相当との判断の根拠となりうるが、形式的な社会調査によって事件の重大性と少年の問題性ばかりが強調された少年調査記録であれば、少年を重く処罰する根拠となることは避けられないであろう。そのため、少年や弁護人にとっては、少年調査記録の記載内容について誤りがあると考えられる場合に、どのようにその誤りを正し、誤りがないと考えた場合も、記載内容に関する裁判官の正確な理解をどのように確保すべきかが問題となる。

さらには、社会調査が、少年の自律的非行克服に資するため、少年との信頼関係に基づいたケース・ワークの過程から成り立つものであり、少年調査記録がその成果である以上、逆送後の刑事裁判において、その活用が裁判官の裁量に全く委ねられてよいのかも問題となる。なぜなら、誤った裁量の行使により当該少年の自律的非行克服を害しかねない重罰が科される可能性も否定できないからである。

そこで、以下では、少年調査記録の証明力を争う方法として、調査官等の証人尋問の可否をまず検討し、次いで、少年調査記録の活用制限について検討することにしよう。

(2) 調査官等に対する証人尋問

1　精神鑑定等の鑑定書の証明力を争おうとす

れば，鑑定人や，鑑定人の判断の基礎となっている事実に関する原供述者を公判において証人として尋問する方法が一般的である。そこで，少年調査記録の内容を争い，適切に反論しようとするならば，その主たる作成者である担当調査官を公判で証人尋問することが考えられる。しかし，通説的な見解によれば，調査官を公判で証人として尋問することは消極に解されてきた。その論拠として，調査官は調査過程において知りえた少年の要保護性に関する事実について守秘義務があり，刑事訴訟法144条に基づき，公務上の秘密を理由に公開法廷での証言を拒絶できることが挙げられている[57]。また，調査官に対して事件の背景事実に関する情報を提供した関係人の公判での証人尋問が許されるかについても，関係人のプライバシーや少年の情操保護，及び社会調査への関係人の協力確保を理由として，消極に解されることになろう。

そのため，実際上，弁護人が調査官等の社会調査に関わった人間の証人尋問を裁判官に申請しても，認められることが難しい現状にある。従って，少年調査記録に問題があると考えた弁護人がそれを争う方法は，調査官以外の心理学等の専門家に，少年の心理面や少年をめぐる環境が心理に与えた影響等に関する鑑定を依頼するより他ないことになる[58]。確かに，このような鑑定は，時間に制約のある社会調査[59]に比べ，時間をかけて非行の本質や背景に迫ることができるという長所もあるが，他方，適切な鑑定人の確保，鑑定人と身体を拘束されている少年との面会や，心理テストの実施等の点で，制約も少なくない[60]。また，鑑定人が作成した書面の内容が，裁判官の目から見て，家裁に属する点で中立性が担保されていると考えられる調査官による少年調査記録以上に信用されるかについても困難がつきまとう。その意味で，少年調査記録が証拠とされている場合に，新たな鑑定のみによってその内容を弾劾することは不可能に近いと言えよう[61]。

2　従って，調査官等の証人尋問をいかなる場合にも全く許さないと解すれば，形式的な社会調査が行われたこと等が原因で誤りを含む可能性がある少年調査記録がそのまま少年の量刑や再移送相当性判断の基礎となり，それが少年の処遇を左右することにもなりかねない。そして，少年調査記録の内容を他の方法で適切に争うことができないのであれば，刑事裁判にかけられた少年にとっての適正手続保障，換言すると，少年の主体的な手続参加が欠如することにもなる。

そこで，少年にとっての適正手続保障のためには，以下の条件が整えられる場合に，担当調査官を証人尋問する道を塞ぐべきではないように思われる。

第1に，関係人のプライバシー保護のため一般傍聴人を退廷させる等の公開制限の措置を取ることである。裁判の公開は，憲法上の要請であるが，同じく憲法が保障する少年刑事裁判における適正手続の実現にとって必要不可欠な場合には，一定の制限もやむをえないからである[62]。

第2に，少年の情操保護のため，弁護人や検察官が尋問範囲を限定し，必要であれば裁判官が適切に尋問制限を行うことである。

確かに，刑事訴訟法144条は，公務員又は公務員であった者が知り得た事実について職務上の秘密に関するものとの申立があれば監督官庁の承諾なくして証人尋問できない旨定めているが，同条但書によれば，国の重大な利益を害さない限り，監督官庁はその承諾を拒むことができないのである。誤りを含みうる少年調査記録について，担当調査官の証人尋問を家裁が承諾しないのであれば，少年の適正手続保障が欠けるだけでなく，少年や弁護人の社会調査に対する信頼を失わせ，社会調査制度そのものの重大な危機を招くことも危惧される。とすれば，少年の自律的非行克服に向

けた社会調査制度の維持という国の重要な利益のために，刑事訴訟法144条を理由として，調査官の証人尋問を一切認めないという解釈こそ改められるべきではなかろうか。

次いで，関係人の証人尋問についても，上の条件が満たされるのであれば，適正手続保障のために，これを許さない理由はないように思われる。確かに，これにより社会調査への関係人の協力確保が困難になるという弊害が生じるかもしれないが，少年の問題行動等に関する供述が少年調査記録の中で重要な役割を果たした上で，何のチェックも経ずに処罰の理由に用いられ，誤った判断に裁判官を導く弊害の方がより大きいことを想起すべきである。

但し，調査官や関係人の証人尋問を認めれば，あるべき社会調査を行い，少年の保護手続・処分による自律的非行克服の可能性を提示した調査官等が検察官からの尋問に曝されるという批判も生じよう。しかし，少年にとっての適正手続が成人にとってのそれと同じではなく，少年の成長発達権保障を基礎とすると解する限り，証拠採用された少年調査記録の内容を少年や弁護人が争わない場合に，検察官が一方的に弾劾することは，却って少年の成長発達権保障を危うくするので，許されないと解することも可能なように思われる。

3　ところで，このように調査官の証人尋問を認めるとすれば，効果的に証人尋問を行うために，事前に少年調査記録の内容を把握することが重要になる。このため，刑事訴訟法40条は弁護人による訴訟関係書類や証拠物の閲覧・謄写権について定めている。しかし，少年調査記録については，その但書により証拠物の謄写に関して必要とされている裁判長の許可が，秘密性保持の観点からなされないために[63]，閲覧の際に弁護人が記録を筆写するという多大な労力を払わなければならない。しかし，筆写だけでは，内容を十分に把握するには大きな困難が伴う。確かに，記録から少年や関係人のプライバシーが漏れることは厳に避けられねばならないが，守秘義務を負う弁護士に対してまで，記録の謄写を認めない運用は，少年にとっての適正手続保障の観点から改められるべきであろう。

4　調査官や関係人に対する証人尋問の結果，処遇意見等の前提となる事実に重大な誤りがある等，少年との信頼関係構築をなおざりにした不適切な社会調査がなされたとの心証に裁判官が至った場合には，少年法の目的を少年の自律的非行克服を通した成長発達権の保障と解する限り，原則として家裁に再移送し，改めてあるべき社会調査が行われるべきであろう。刑事裁判所での鑑定によって社会調査の不備を補うことが難しい以上，こうした少年法の目的に鑑みれば，再移送が不相当とは言えず，つまり刑罰が少年の自律的非行克服にとって必要・有効と判断されてはならないからである。

(3) 量刑資料としての活用の制限

1　確かに，少年にとっての適正手続保障のため調査官等の証人尋問が認められたとしても，少年の性格や素質の判断そのものは評価的・総合的なものであることが多く，この点についての反対尋問が必ずしも有効な場合ばかりではない。そのため，例えば，少年調査記録に現れた少年の性格等に関する記述が，少年の未熟性ではなく危険性を表すものと裁判官によって理解され，厳しい処罰の正当化に用いられることも十分にありうる[64]。その場合，少年の自律的非行克服が極めて困難になるという弊害が生じよう。

しかし，少年の成長発達を保護処分以上に阻害することが確実な現状の自由刑を前提とした上で，少年調査記録が処罰の根拠に使われれば，この他にも，次のような弊害が生じることが危惧さ

れる。

　まず，当該少年が自身の成長のために頑張ってくれていると信頼したはずの調査官等に裏切られたと感じ，社会調査制度や，ひいては少年司法制度全体への不信に陥ることである。さらに，少年調査記録が単に厳しい処罰を正当化するために用いられることが知れ渡れば，特に「原則」逆送事件等の重大事件に関する社会調査において，家裁調査官と少年との信頼関係を構築することは極めて困難になり，ケース・ワーク過程としての社会調査が機能不全に陥ることである。従って，現状のように，少年調査記録の活用を刑事裁判官の裁量に全く委ねることは妥当ではなく，原則として少年調査記録は再移送相当性判断にのみ，その活用が制限されるべきである。このような制限は，逆送決定について，その中間処分性を理由に不服申し立てが認められていない不備[65]を埋め合わせる点でも意義がある。また，刑事裁判手続においても社会調査の基礎であるケース・ワーク的観点をできるかぎり妥当させることを求めている少年法50条の趣旨とも調和するものと言えよう。

　2　もっとも，少年調査記録を証拠調べしてもなお，再移送相当との判断には至らない場合に，実務上は引き続き量刑について判断することになるため[66]，実質的に少年調査記録の内容が量刑判断に影響を与えてしまうことは避けられまい。また，先述したように，少年調査記録に代わる鑑定にも種々の困難がある。従って，さしあたりは，量刑判断への少年調査記録の活用がありうることを認めざるをえない。しかし，それを認めるとしても，成人と同様の量刑基準が適用され，長期の自由刑が少年の自律的非行克服を困難にする現状を前提とする限り，刑を軽減する方向にのみ，その活用は限定されねばならない[67]。

　なお，量刑資料としての少年調査記録の活用限定を実質的に担保するには，事後的なチェックが不可欠である。この点に関連して，実務上，量刑理由において個別の証拠に基づく説明は省略されているが，こうした実務運用は改められねばならない。少年にとっての適正手続保障と，社会調査における少年と調査官の信頼関係保持のために，少年の量刑判断にあたって，裁判官は少年調査記録から認定した事実をきちんと説明しなければならないのである。

むすびに代えて

　1　以上，社会調査の意義，「原則」逆送事件に関する社会調査のあり方，そして，少年調査記録の刑事裁判における活用のあり方について検討し，次のような結論を得た。

　まず，社会調査は，単に少年を客体として，その生育環境や資質といったプライバシーに関わる点を暴くというものであってはならず，少年と調査官との信頼関係に基づくケース・ワークの一環として，少年の自律的非行克服に資するものでなければならない。

　従って，「原則」逆送事件に関する社会調査も，他の事件の場合と同様に丹念な調査，とりわけ，少年が受けた虐待被害の有無についての調査がなされなければならない。また，そこで必要とされる被害者遺族や社会的影響に関する調査も，少年の自律的非行克服に資するものでなければならない。その上で，処遇意見をまとめるにあたっては，虐待被害による少年への悪影響への手当ても考慮する等，他の事件の場合と同様に，自律的非行克服に向け保護手続・処分が必要・有効であるかどうかの判断が中心でなければならない。

　最後に，少年調査記録が刑事裁判において証拠とされる場合は，その内容を少年側が適切に争うことができるよう，一定の条件の下，調査官や関係人の証人尋問が認められるべきであり，その上で，原則として再移送相当性の判断資料として用

いられねばならない。また，再移送されないケースでは，事実上量刑資料として活用されうるとしても，それは少年の量刑を軽減する方向でのみ許されるのである。

　このような諸点に関する改善がなされた上で，初めて，改正法における社会調査も憲法や子どもの権利条約の観点から正当化されうると思われる。

　2　しかし，科学的調査とは言い難い形式的な社会調査がなされがちな現状の社会調査をめぐる諸状況こそ何よりも改善されねばならない。上でまとめた諸点も，少年と調査官との信頼関係に基づく丹念な社会調査を困難にしている諸状況の改善を進めるためのものなのである。従って，今後もあるべき社会調査がなされるための条件整備が放置されてはならない。しかし，その上で，なお少年法20条2項の存在が，調査官に形式的な社会調査を強いるのであれば，あるべき社会調査の確保という観点からも，改正少年法の見直しにおいて，その削除が検討されるべきである。

1　矢口洪一「家庭裁判所三十周年を迎えて」家裁月報31巻9号（1979年）5頁以下参照。
2　80年代以降，重大な少年事件で少年院送致決定の割合が増加した点については，拙稿「少年法における科学主義の現実」聖カタリナ女子大学研究紀要13号（2001年）144頁参照。
3　田宮裕＝広瀬健二編『注釈少年法〔改定版〕』（有斐閣・2001年）94頁以下参照。なお，平場安治は法的調査を広義の調査とし，社会調査を狭義の調査と表現している。平場安治『少年法』（有斐閣・1987年）163頁以下参照。
4　平場・前掲注（3）230頁参照。このような実務運用を下に，少年法は全件調査主義を取っているとも言われる。
5　田宮＝廣瀬・前掲注（3）100頁参照。
6　少年調査票は，事件の軽重難易に応じて，A票，B票，C票等と使い分けられている。「少年調査票の様式について」平成3年6月12日最高裁家庭局長通達参照。
7　共同調査に関する調査官の研究によれば，処遇意見に両論が併記されている場合はかなり少ないという結果が出ている。松原房夫他「共同調査の施行結果とその実施上の問題点について」家裁月報34巻11号（1982年）134頁参照。
8　田宮＝廣瀬・前掲注（3）104頁参照。
9　兼頭吉市「少年法改正がもたらす調査機能の低下」宮澤浩一編『少年法改正』（慶応通信・1972年）238頁。
10　葛野尋之『少年司法の再構築』（日本評論社・2003年）65頁以下等参照。
11　全司法労働組合編『家裁少年審判部』（大月書店・1984年）159頁以下参照。
12　2004年4月1日より，調査官研修所は新設の裁判所職員総合研修所に統合された。
13　梶田英雄「保護主義の現実と課題」刑法雑誌33巻2号（1993年）286頁以下参照。
14　非行の軽重に処分選択基準が置かれていることを指摘するものとして，郷古英男「社会調査の性格と実務」平野龍一他編『講座「少年保護」2』（大成出版社・1982年）174頁。
15　拙稿「『原則逆送』事件における社会調査のあり方―分科会における報告と質疑応答のまとめ―」司法福祉学研究第3号（2003年）67頁参照。
16　拙稿「少年事件調査制度と子どもの権利保障」子どもの権利研究創刊号（2002年）48頁以下参照。
17　原口幹雄「少年事件調査における適正手続の研究」調研紀要27号（1973年）9頁。なお，郷古・前掲注（14）165頁も参照。
18　70年代の実態調査においても，付添人による社会記録閲覧の経験がない調査官が7割弱を占めていた点については，原口前掲注（17）22頁参照。あいかわらず付添人選任率が低い状況では，少年がその内容を知らない場合が圧倒的であろう。
19　菊池和典「法の公正手続の導入と『調査』の問題点」『家庭裁判所の諸問題下巻』（1974年）179頁参照。なお，裁判官の古谷恭一郎も「保護者が故意に虚偽の家庭内暴力の供述をし，また学校が問題行動についての事実を誤認しているなどの可能

性も否定できない以上，少年に不信感，不公正間を生じさせることを避けるためにも…，少年自身に対し，処遇選択の上で重要な事実については何らかの形で確認する機会を与えるのが相当」と指摘している。古谷恭一郎「少年保護事件記録の閲覧をめぐる諸問題」判例タイムズ996号（1999年）350頁以下参照。

20 郷古・前掲注（3）166頁，菊池・前掲注（19）178頁以下参照。なお，佐野健吾は，少年審判への「国民参加」の観点から，少年や保護者の「知る権利」を保障するために，「少年調査記録」の開示が将来必須のものになると指摘している。佐野健吾「少年審判例研究の方法」加藤幸雄他編『司法福祉の焦点』（ミネルヴァ書房・1994年）131頁以下参照。

21 社会記録の開示に伴う弊害を避けるための工夫については，菊池・前掲注（19）182頁参照。

22 原口・前掲注（17）1頁参照。

23 菊池・前掲注（19）175頁以下，相馬健司「少年保護事件における付添人」平野龍一他編『講座「少年保護」2』（大成出版社・1982年）357頁以下参照。

24 田宮＝廣瀬・前掲注（3）115頁参照。なお，少年の自律的非行克服を援助する社会資源を発見する付添人活動について，例えば，福岡県弁護士会子どもの権利委員会編『非行少年と弁護士たちの挑戦』（NHK出版・2002年）89頁以下参照。資力の乏しい少年への付添人選任の必要不可欠性については，本特集・武内論文参照。

25 本件については，葛野尋之編著『「改正」少年法を検証する』（日本評論社・2004年）参照。

26 生田暉雄は，事件を担当する調査官が「診断型」と「処遇プランナー型」のどちらかを見抜き，あるべき処遇を説得することも付添人活動の重点であると指摘している。生田暉雄「原則逆送下における少年付添人活動」自由と正義54巻11号（2003年）100頁以下参照。

27 本件については，拙稿・前掲注（15）64頁以下参照。

28 田宮＝廣瀬・前掲注（3）189頁参照。

29 こうしたケースの1つとして，安西敦「『原則逆送』に抗い，少年法の理念に沿って保護処分が選択された事例」季刊刑事弁護35号（2003年）130頁以下参照。

30 甲斐行夫他著『Q＆A改正少年法』（有斐閣・2001年）37頁。

31 葛野・前掲注（10）589頁以下参照。

32 山崎朋亮「改正少年法の実務上の諸問題」調研紀要74号（2002年）41頁参照，近藤文子・安永健次「改正少年法施行後一年を経過して」ケース研究273号（2002年）23頁参照。

33 被害者調査が従来積極的に行われてこなかった背景として，被害者から示談や損害賠償の仲介等を期待され調査官が困惑する場合や，損害賠償等による被害者感情の宥和は保護者の資力に左右されるところが大きく，少年の反省等とは直接結びつかないといった考えがあると指摘されている。原口幹雄「少年事件と家庭裁判所調査官の役割」猪瀬眞一郎・森田明・佐伯仁志編『少年法のあらたな展開』（有斐閣・2001年）223頁参照。

34 藤原正範「少年保護と修復」少年育成553号（2002年）18頁等参照。

35 生島浩『非行臨床の焦点』（金剛出版・2003年）112頁参照。

36 家庭裁判所調査官研修所監修『重大事件の実証的研究』（司法協会・2001年）40頁参照。

37 板垣嗣廣他「児童虐待に関する研究」法務総合研究所研究部報告11号（2001年）94頁参照。なお，この調査では除外されている心理的虐待を含めればその割合はさらに増えたであろうことは疑いない。

38 家庭裁判所調査官研修所・前掲注（36）42頁参照。また，日本弁護士連合会も，非行少年と保護者，担当弁護士の約2,000人に調査を行い，親が「厳しくしつけた」と思い，同時に子どもが「虐待があった」と感じていた場合に，子どもの非行が多発するという結果を発表している。日本弁護士連合会編『検証少年犯罪』（日本評論社・2002年）130頁以下参照。

39 長谷川博一「幼児期の被虐待と少年犯罪」法学セミナー566号（2002年）68頁参照。

40 事件そのものを早く忘れ去りたいと願う被害者遺

族もあるので，被害者調査は，一律に行われるべきものではないだろう。原口・前掲注（33）224頁参照。なお，被害者遺族に関する調査において踏むべき手続については，山崎・前掲注（32）42頁参照。

41 長谷川・前掲注（39）72頁。
42 山崎・前掲注（32）43頁参照。
43 斉藤豊治「少年法運用に関する所見」現代刑事法5巻8号（2003年）66頁。
44 山崎・前掲注（32）44頁参照。ちなみに，全司法労働組合の調査によると，調査官も意見書の作成に悩み，「原則」ということに引きずられた面があったとのことである。全司法労働組合本部少年法対策委員会編「『改正』少年法運用状況調査結果のまとめ」（2003年）4頁参照。
45 少年に厳罰による威嚇効果という意味での消極的一般予防効果はあまり期待できないとの指摘については，石塚伸一「少年犯罪の深刻化と刑罰の抑止効果」『「改正」少年法を批判する』（日本評論社・2000年）85頁参照。
46 全国に1,500人程度の調査官のうち，少年係を約半数と見ても，殺人や傷害致死，強盗致死等の重大事件での逆送が従来は年に100人に満たなかったことに鑑みれば，1人の調査官がこうした事件を担当するには，平均して7年以上かかることになる。
47 岩井宜子は，保護処分と刑事処分を受けたそれぞれの少年について長期の成り行き調査によって，その更生の度合いが確認される必要があると指摘している。岩井宜子「少年事件の処分の在り方の現状と評価」現代刑事法5巻8号（2003年）37頁参照。
48 少年調査記録には，少年調査票の他，警察官が作成した身上調査表，本籍照会回答書，学校照会回答書，鑑別結果通知書等から成り，調査官の手によって編綴されているが，本稿では少年調査票を中心に考察する。
49 仲屋暢彦「若年被告人の刑事裁判における量刑手続」原田國男他編『刑事裁判の理論と実務』（成文堂・1998年）333頁参照。
50 横田信之「刑事裁判における少年調査記録の取扱いについて」家裁月報45巻11号（1993年）6頁以下参照。
51 仲屋暢彦は，裁判官としての経験上，当事者が少年事件記録の取り寄せを当事者が請求した事例は1つもないと指摘している。仲屋・前掲注（49）338頁。
52 平場・前掲注（3）440頁参照。
53 少年調査記録の証拠採用には当事者の同意が必要であるとの見解については，早川義郎「少年の刑事被告事件の取扱いについて」家裁月報25巻8号（1973年）19頁参照。三木憲明も，少年調査記録の証拠能力の吟味にあたって，「通常は同意される運用になっているように思う」と指摘している。三木憲明「早期に55条移送を求め社会記録を活用する」季刊刑事弁護30号（2002年）65頁。また，仲屋暢彦は，自由な証明で足りる場合であっても，少年調査記録の取扱いについては，裁判所，検察官，弁護人の三者間における共通の理解と信頼関係が不可欠であるので，当事者双方の同意がなければ取り調べるべきではないとする。仲屋前掲注（49）341頁以下参照。
54 少年調査記録の中心となる少年調査票については，刑訴法321条4項の準用される論拠としては，①調査官が人間関係諸科学の専門家であり，かつ中立的な立場にある，②書面の内容自体において，詳細，複雑，微妙な点があり，一般には口頭で報告するより書面の方が正確性を保てる，③被告人の性格，素質等は，評価的，総合的なものであることが多く，このような点に反対尋問は必ずしも有効なものとは言えない，④少年，保護者，参考人等から得た多様な情報を整理，要約した少年調査票も鑑定書と同様な性格を有しており，これ自体が321条4項の準用を否定する理由とならない，という点が挙げられている。横田・前掲注（50）23頁以下参照。
55 少年調査記録の証拠採用について不同意とされ，証拠能力が争われたケースは，私達の事件調査においても確認することができなかった。少年側から証拠能力がまず争われることがない理由としては，たとえ少年に不利な記述が見られる場合であっても，これを不同意にして，情状鑑定等の他の

証拠によって少年の家裁へ再移送決定を獲得するには大きな困難があるからと推測される。このように少年調査記録の証拠能力について検討すべき点は多々あるが,本格的な検討は他日を期したい。
56 横田・前掲注（50）15頁以下参照。
57 平場・前掲注（3）78頁等参照。
58 なお，これに関連して，改正少年法の「原則」逆送規定導入に伴い，加藤幸雄が逆送後の刑事裁判において犯罪心理鑑定の積極的活用を主張している点が注目に値する。加藤幸雄『非行臨床と司法福祉』（ミネルヴァ書房・2003年）211頁以下参照。
59 事実に争いのない重大事件であれば，実務上，最長4週間の観護措置期間内に社会調査は終了してしまうからである。
60 加藤・前掲注（58）185頁以下参照。
61 行為時16歳未満の少年が改正少年法によって初めて逆送された事件の刑事裁判において，当該少年の弁護人は，担当調査官が共同調査を命じられたにもかかわらず，単独面接しか行わなかった上，被告人の性格を矯正したり環境を改善するための働き掛けを行わず，被害の重大性に目を奪われた調査票を作成するにとどまり，非行に至った原因の調査を軽んじた点で，調査官の調査に重大な瑕疵が存在し，少年法の理念に反するのみならず，少年の手続的保障を奪った極めて不当なものであると主張した。しかし，担当調査官の証人尋問はなされずに，元調査官に鑑定を依頼し，その証人尋問が行われたものの，判決においては「調査票を検討しても，調査官の調査に格別の瑕疵を見いだすことはできない」として，その主張は排斥されている。福島地裁郡山支部平成15年11月20日判決（公刊物未登載）参照。
62 具体的な検討については,本特集・渕野論文参照。
63 仲屋暢彦は，「公判裁判所が，検察官及び弁護人に対して，前述した秘密性，有害性，家庭裁判所に対する信頼保持の必要性，非代替性について充分な理解を求めねばならず，その理解の上で謄写権を放棄してもらい，必要事項をメモする程度で納得してもらうのが最適であろう」と述べている。仲屋・前掲注（49）341頁参照。なお，実務上，少年審判段階においても少年調査票等の社会記録は謄写が認められていない。最高裁判所事務総局家庭局「少年保護事件の記録の開示について」家裁月報34巻5号（1982年）194頁参照。
64 例えば，4度の非行歴があり少年院で短期処遇を受けた経験がある少年による強盗致傷事件につき，再移送が認められたケースにおいても，これを担当した弁護人によれば，再移送が認められた要因として，弁護人が，少年調査記録にある一見不利に見える事情が少年の改善可能性を見出す端緒となる解釈を展開し，これを裁判官が好意的に受け入れてくれたことを指摘している。三木・前掲注（55）65頁以下参照。従って，これとは全く逆の可能性も否定できないのである
65 東京高決昭和45年8月4日家裁月報23巻5号（1971年）108頁。なお，大森政輔「少年の権利保障強化のための手続改善について」家裁月報29巻9号（1977年）39頁，平場・前掲注（3）348頁参照。
66 実務上は公訴事実を認定した上で再移送するのが通例であるため,再移送決定をしないのであれば,直ちに判決に至るということになる。廣瀬健二「保護処分相当性と刑事処分相当性」家裁月報41巻9号（1989年）66頁以下参照。
67 逆送後の刑事裁判において成人と同様の量刑基準を用いるべきではなく，少年独自の量刑基準を用いるべきとの指摘については，本特集・本庄論文を参照。なお，このように少年独自の量刑基準に基づいたとしても，誤って重く処罰し，少年の自律的非行克服にとって不要な刑罰を科すことを避けるために，刑を軽減する方向にその活用を制限することは必要であろう。

英文要旨
Summary: Social Investigation of the Juvenile Cases under the Revised Juvenile Law

Key words: Social Investigation, Due Process, Confidential Relationship, Serious Case, Social Investigation Record

Yukio OKADA

Assistant Professor, Kyushu International University

The purpose of this article is to point out the problems of the social investigation under the revised Juvenile Law, to pursue the ideal social investigation, and to examine the practical use of social investigation records in a criminal trial.

In reality, since social investigation can be easily managed, it can be applied to a criminal trial for established serious criminal cases. It is commonly found that important information regarding juveniles' sound development remains hidden. Moreover, there is also concern that the result of social investigation may be used for long-term imprisonment of a juvenile, which may prevent his or her sound development.

Therefore, careful social investigation must be carried out in established serious cases, considering the possibility of the social rehabilitation of the juvenile using procedures and measures in the Family Court. For that purpose, in social investigation, a due process of must be guaranteed in order to establish a confidencial relationships with juveniles, as well as to create treatment plan including suitable measures to resolve the problems arising from childhood abuse.

Moreover, when social investigation records are used as proof in the criminal trials, the cross-examination of the Investigator as witness should be accepted as due process. So as to ensure that social investigation may not be utilized to increase the punishment and moreover, return a juvenile to the Family Court, in principle, its practical use should be restricted to the confidential relationship between the Investigator and a juvenile.

特集　改正少年法の検証

少年審判における「事実認定の適正化」
検察官関与をめぐる実務の動向とその問題点

キーワード: 検察官関与,事実認定過程,コミュニケーション,相互行為,会話分析

中川孝博　龍谷大学法学部助教授

はじめに

　2000年になされた少年法改正により，一定の事件につき必要がある場合（少年法22条の2第1項），検察官に意見を聴いたうえ（同条2項）少年審判における非行事実認定手続に検察官を関与させることができるようになった。関与決定がなされた場合，少年に弁護士付添人がないときには弁護士付添人がつけられる（22条の3）。関与決定に基づき検察官は事件の記録等を閲覧・謄写し，審判の手続に立ち会い，少年や証人に発問し，意見を述べることができる（22条の2第3項）。そして検察官は，法令違反または重大な事実誤認を理由として抗告受理の申立ができる（32条の4）。検察官が関与した事件において，非行事実なしといった理由による不処分決定がなされ，それが確定した場合には，一事不再理効が発生する（46条2項，3項）。

　このようなシステムを導入してよいのか否かについて激しく議論がなされたことは周知のとおりである。検察官立会いに対し懸念を示す論者の根幹には，少年審判が刑事裁判化し，少年法システムの福祉的・教育的機能が損なわれるのではないかとの不安があった。実務の状況はこの不安を軽減するものになっているだろうか。上述の新規定には，「必要なとき」に検察官関与を認めることなど，解釈のしかたにより運用が大きく異なりうるものが含まれている。不安が軽減されるか否かは，実務の法運用状況によるところが大きいのである。そこで，改正法が施行されてから約3年が経過した現在，これらの規定がどのように解釈・運用されているか，どのような問題が生じているか，問題があるとすればどのような方向で解決が目指されねばならないかを検討しなければならない。これらが本稿の課題である。

　次のような順序で検討を進めたい。第1に，検察官関与システム導入の趣旨がどこにあったのか，そしてそのどこに問題があったのかを簡単にふりかえる。第2に，検察官関与をめぐる実務の動向を，統計資料や私たち自身の調査に基づいて素描し，評価する。この評価にあたっては，前述の立法趣旨，およびそれと対置される少年の成長発達権保障という理念が座標軸として用いられる。第3に，現在の実務における諸問題を解決するための視座を得るために，少年の成長発達権を保障するための「事実認定の適正化」論を，「少年の言葉を聴く」というキーワードの検討を通して具体化する。第4に，第3で得られた視座をもとに，あるべき検察官関与システムについて考察する。

1　立法趣旨

　まず立法趣旨の確認から始めよう。「事実認定の適正化」という観点から検察官を関与させるというのが検察官関与システム導入の趣旨であった。具体的には，①証拠の収集・吟味における多角的視点の確保，②裁判官と少年との対峙状況回

避，③少年審判における非行事実の認定手続に対する被害者や国民の信頼確保という3点が挙げられた[1]。

この立法趣旨の当否をめぐり激しい議論がなされたことは記憶に新しいところである。「証拠の収集・吟味における多角的視点の確保」については、もっぱら非行事実ありと認定する方向に向けられた収集・吟味を意図しているのではないかとの批判がなされた。「裁判官と少年との対峙状況回避」については、検察官関与により今度は検察官と少年の対峙状況が生じ、いずれにせよ「懇切を旨とし和やかな」審判でなくなってしまうのではないかと批判された。そして「少年審判における非行事実の認定手続に対する被害者や国民の信頼確保」については、国民の信頼確保という少年の利益と直接関係のない趣旨を入れることが妥当なのかといった問題点が指摘されていた。これらの批判は、成長発達権保障という少年法の理念が検察官関与により損なわれることを危惧するものであった[2]。

なお、これらの立法趣旨の背景には、山形明倫中事件や草加事件といった、事実認定が激しく争われた事件があったことに注意しなければならない。これらの事件により、非行を犯した少年に対し非行事実なしとの認定がなされる不安が生じ、そのような不安からこれら立法趣旨が提示されたのである。もっとも、両事件ともに、遺族が提起した損害賠償請求訴訟においても事実認定は揺れ動いており[3]、果たして問題の所在は少年審判における非行事実認定「手続（システム）」にあったといえるのか、あらためて考えねばならない時期にきているといえよう。

以上のような状況に鑑みると、改正前に示されていた様々な懸念は払拭されているかという観点を軸にして、検察官関与に関する諸規定の運用状況を評価する必要があると思われる。

表1 検察官関与決定があり，2001.4.1～2004.3.31に家庭裁判所において終局決定のあった人員

殺人	10
殺人未遂	3
傷害致死	22
監禁致死	1
強姦	18
強制わいせつ致傷	1
強盗殺人未遂	1
強盗致死	7
強盗致傷	6
強盗	1
現住建造物等放火	1
保護処分取消	1
計	72

＊最高裁判所事務総局家庭局の統計による。
罪名は送致罪名による。

表2 2001.5～2003.6に一定の家庭裁判所において検察官関与決定のあった件数

検察官関与決定がなされた事件	全部否認	12
	一部否認	14
	否認なし	8
検察官から関与申出があって関与決定がなかった事件		46

＊全司法本部少年法対策委員会の調査による。

2 実務の現状

(1) 各種統計

それでは、実務の現状をみてみよう。まず統計であるが、現在のところ、最高裁事務総局家庭局が出しているもの[4]と、全司法本部少年法対策委員会が出しているもの[5]の2種類がある（表1，2参照）。いずれも簡単なものなので、これらの統計から、現在の運用状況についてはっきりとした結論を出すことは困難である。最高裁事務総局家庭局の統計はこれまで3回更新されているが、途中で分類カテゴリーが変更されたらしく、年度ごとの変化を知ることができない[6]。他方、全司法

本部少年法対策委員会の統計は，1～6ヶ月のスパンで不定期にとられたアンケートを集計したもので，全家庭裁判所から回答を得たものではなく，かつ，時期ごとに回答数が異なるため，増減傾向を正確に把握することはできない。ただ，大雑把に次のような指摘はできるだろう。

第1に，前述のように検察官関与が導入された背景には非行事実の認定が激しく争われる事件があったということを前提とすると，それらの事件に匹敵するほど激しく事実認定が争われた事例がないにもかかわらず3年間で72件関与決定があったという事実，そして，否認していない事件においても検察官関与を認めているケースが一定数あるという事実は，検察官関与を認める方向でゆるやかに規定を運用する裁判官が一定程度存在していることを示している。

第2に，検察官から関与の申出があったにもかかわらず関与決定をしなかったケースも相当数あり，検察官関与を認めない方向で規定を運用しようとしている裁判官も一定程度存在していることを窺わせる。

実務において関与決定を出す基準は未だ定まっておらず，裁判官の個性によるところ大，といえそうである。

(2) 本研究会の調査

次に，私たちの行った質的調査等に基づき，実務の現状をみてみよう。もっとも，量的調査を伴っていないこともあり，「これが実務の現状一般である」といえるだけの調査はできなかった。また，検察官関与決定があった事件の調査が主であり，関与申出があったが関与を認めなかった事件の調査は十分に行っていない。そこで，これから紹介する事例については，このような関与決定事件が存在しているという意味で受け取っていただきたい。

ア　検察官関与を認めるか否かに関する付添人の悩み

現状においてまず指摘しなければならないのは，検察官関与規定ができたことにより，少年側は考えることが増えたという点である。本特集・正木論文でも触れられているように，例えばいわゆる「原則」逆送（少年法20条2項）事件の場合，付添人は少年審判で事実をどこまで争うかにつき戦略を立てねばならない。刑事公判において少年をさらしものにしたくないという思い，そして検察官関与で一事不再理がとれるかもしれないという期待から，検察官関与については争わず，少年審判で徹底的に活動するという選択肢をとることもできる。

他方，「原則」逆送事件の場合，文字通り「原則」逆送されてしまうかもしれないという不安がある。この不安をもとにすると，逆送後のことを考え，あまり手の内をさらしたくない，少年審判ではあまり活動しないという態度をとることになる。少年・付添人はこのようなジレンマに陥るわけである[7]。

同種の問題として，抗告受理申立のプレッシャーともいうべき問題を指摘できる。抗告受理申立がなされるのをおそれ，裁判官は，ある種妥協したように思われる事実認定をし，付添人も，真実と異なる事実認定をされても，保護処分をとれたということで，それ以上は争わないと判断する事件があった[8]。

このように，検察官関与に関する規定に由来して，一種の駆け引きまたは取引がなされるという状況が存在する。法律家がとるこれらの戦略は，「事実認定の適正化」という語感からほど遠いものだといわざるをえない。

イ　「必要性」をめぐる攻防

現在実務において最も激しく対立のある点は，少年法22条の2第1項が規定している，検察官関

与の「必要があるとき」の解釈である。

検察官関与が検討されていることを認知した弁護士付添人[9]は、検察官関与を認めるべきでないと判断した場合、裁判官に対し、非行事実を争っていないのだから関与の必要なしとか、確かに否認しているが単純に否認しているというだけで関与を認めるべきでないとかいった主張をする場合が多いようである。一部否認のケースの場合、非行事実そのものには争いはなく、犯行動機といった背景的事情を問題にしている場合も多い。このような場合、弁護士付添人の多くは、もっぱら要保護性に関わる事情であるから「非行事実を認定するため」（少年法22条の2第1項）に必要とはいえないと主張する。

検察官関与を認めなかった裁判官の判断も、以上のような理由に基づく場合が多いようである。これらの主張・判断は、「国民の信頼確保」、「多角的視点の確保」、「裁判官と少年の対峙状況回避」という立法趣旨を限定的に捉えようとするものといえよう。

これに対し、関与を認めるべきだとする検察官の主張、および裁判官が検察官関与決定をする場合の理由としては、少年が否認しているということや、自白事件だが将来否認に転じる可能性がないとはいえないというものが挙げられることが多いようである。さらに、「原則」逆送対象事件と同じである22条の2第1項1号該当事件などでは、事件が重大なので、国民の納得を得る必要性があるという理由が挙げられる。「国民の信頼確保」を重視し、「多角的視点の確保」「裁判官と少年の対峙状況回避」についてもゆるやかに捉えようとするものといえるだろう。

なお、検察官関与決定には理由を付されない場合も多く、検察官が関与している理由が少年側には不明なまま手続きが進められていくケースも多いことを指摘しておく。

ウ　関与決定があった場合の、検察官の活動

関与決定があった場合、審判廷において検察官はどのような活動をしているだろうか。

検察官が訴追官的な行動をとるのではないかという懸念が現実のものとなった事件は現在のところあまりみられないようである。

むしろ多いのは、特に「原則」逆送事件に顕著であるが、審判廷に立ち会い、最後に意見書を提出するだけというものである。この現象をもって、「検察官が審判の監視をしている」と評する実務家さえいる。また、証人尋問や少年に対する質問をする場合も、調書の読み聞け、署名、押印につき確認する程度にとどまり、さほど重要な質問をしないという場合が多いようである[10]。

これらの状況は、検察官が関与する具体的必要性が結果的にはなかった、といえる事件が多いことを示しているように思われる。

以上とは別に、当該事件の捜査に関与した検察官の立会いという問題が指摘できる。自白の任意性を争っている事件において、取調検事が立会い検事として登場し、少年に対し「私は適正に君を取り調べたよね」と発問する事件があった。尋問されるべき者と尋問する者が完全に逆転してしまっている。

エ　評価

以上のような実務の状況はどのように評価できるだろうか。現在までのところ、検察官関与により、審判の教育的機能が破壊されるという懸念が現実のものとなった事例はあまりないようである。もっとも、それは運用が適正になされていることを直ちに示すものとはいえないだろう。山形明倫中事件や草加事件のような、激しく非行事実が争われる事件がないからだという説明も可能である。

むしろ、そのような懸念は杞憂ではないと思わせる事情が多数存在すると評価しなければならな

いだろう。第1に，事実認定に関し，一種の駆け引きまたは取引がなされているということである。事実認定をめぐりこのような取引がなされることが，少年によい影響をもたらすとは思われない。

第2に，検察官関与決定がなされた事件においては，検察官関与を認める方向で積極的に規定が解釈されていることである。被害の大きな事件（「原則」逆送該当事件）イコール国民の信頼確保が必要な事件と判断したり，（一部でも）否認しているというだけで直ちに関与すべきと判断したり，否認していなくても，将来何かあったらたいへんだ（将来否認する抽象的可能性），「備えあれば憂いなし」との判断に基づいて検察官関与を認めるという状況は，非行事実ありとの認定を確保する方向であらかじめ検察官を用意しておくという意味で，一種の必罰主義的運用がなされていると評価できるように思われる。

さらに第3の理由として，詳しくは本特集・渕野論文で触れられるが，逆送後の刑事公判における検察官の活動に問題がある事例の存在を指摘しなければならない。刑事裁判においても少年の特性に配慮した運用がなされねばならないはずであるが，検察官の中には，情状に関し答えられない「理詰めの」問いを発し，少年が答えられないでいると「反省していない」と非難したり，少年の全人格を否定するような激烈な論告をする者がいるようである。このような論告を聞いて，少年の内省がとまるケースも指摘されている。このような検察官が，少年審判では突如少年の特性に配慮した活動をするとは考えにくい。

3　成長発達権保障のための「事実認定の適正化」

(1) 少年法の理念と「事実認定の適正化」

少年法の教育的機能維持，少年の成長発達権保障という観点からみるならば，実務の現状は必ずしも肯定的に評価できない。検察官関与をゆるやかに認める傾向が実務において固定されてはならないと考える。

それでは，問題はどのように解決されるべきだろうか。検察官関与システムは「事実認定の適正化」のために導入されたものであるから，やはり，「事実認定の適正化」を軸に据えて検討する必要があるだろう。もっとも，「事実認定の適正化」という言葉は多義的である。そこで，前提作業として，この言葉に含まれている多様な意味を分類・整理し，少年法の理念との距離をはかりながら，それぞれがどの程度の重みをもつべきなのかについて考察しておかねばならない。以下では，「事実認定の適正化」の意義を3種類に分けて検討する。

第1に，「国民の信頼確保」と関わるが，検察官関与により，少年審判の公正らしさが確保され，これが「事実認定の適正化」だ，という考え方が挙げられる。手続の公正さの外観をもたらすことが「事実認定の適正化」と考えるわけである[11]。

このような観点は誰のために重要なのだろうか。また，検察官関与システムの導入によってこの意味における「事実認定の適正化」は達成されるのだろうか。被害者やその他国民にとっては，誰が少年審判に参加するかという問題は二次的なものにすぎず，結局のところ結論の正しさに注目すると思われるので，あまり効果は期待できない。また，少年にとっては，前述のような，取引や駆け引きが行われているという意味において，実質的には公正さが失われる可能性が高いのではないだろうか。その意味で，「国民の信頼確保」という意味における「事実認定の適正化」論によって検察官関与システムが正当化されるとはいえない。この観点は重視されるべきものではないように思われる。

第2に，「多角的視点の確保」と「対峙状況の

回避」に関わるが、検察官関与により審理が充実したものになりえ、これが「事実認定の適正化」であるという考え方が挙げられる。検察官関与により審理が充実したものになることはありえない、と断言することはできない。しかし、先に指摘した改正前の議論のとおり、検察官関与によって充実するのは非行事実ありとの認定をする方向においてのみということになる可能性が高く、その意味でかえって審理が混乱する可能性を否定することはできない。例えば、草加事件の少年審判廷において、血液型の不一致を付添人が指摘したのを受けて、裁判官が検察官に照会し、検察官が「唾液と汗が混合してAB型の反応を示した」との書面を提出したことが想起されるべきである[12]。このようなケースにつき反省のなされないまま、検察官関与により審理が充実したものになると楽観的に期待することはできない。審理の充実という意味での「事実認定の適正化」論は、留保つきで扱わなければならないと考える。

少年審判における「事実認定の適正化」は、やはり少年法の理念である健全育成（少年法1条）、あるいは少年の成長発達権（子どもの権利条約6条）の保障、その中核たる意見表明権（子どもの権利条約12条1項、国連少年司法最低基準規則14.2、少年法22条）、手続参加権（子どもの権利条約12条2項）の保障という観点から考慮されるべき問題だと思われる。すなわち、少年の成長発達権を保障する（侵害しない）プロセスとして機能すべき少年司法のもとにおいては、「少年が安心して自らのことばで語れる人間関係を保障されること」[13]、すなわち意見表明権を保障することが最優先事項であり、「事実認定の適正化」もこのポリシーのもとで議論されなければならない[14]。

この点に関し、事実認定の結果を重視し、非行を犯した少年に非行事実なしとすることは、健全育成の観点からも望ましくないという考え方もありうる。しかし、仮にそれが少年の主張を封鎖することにより実現されるのだとすると、少年の主張を封鎖することにより真実が発見されるのだろうかという疑問や、少年の主体性を傷つけるようなプロセスにより健全育成がはかられるかという疑問が生じる。やはり、少年が傷つけられることなく、尊重される審判過程、すなわち、少年と他者とのコミュニケーションが適切になされる審判過程を実現して正確な事実認定をすることが、少年審判において実現すべき「事実認定の適正化」だと思われる。

**(2) 手続参加権保障からみた
「事実認定の適正化」論を具体化する必要性**

それでは、前述の意味における「事実認定の適正化」は具体的にどのようにして実現されるのか。実務に様々な問題が生じたとき、人は直截に制度を変えようとする。検察官関与システムの導入もそうである。しかし、少年と他者とのコミュニケーションの適正化が「事実認定の適正化」の中核だとすると、制度という外枠よりも、まず少年と法律家のコミュニケーションのあり方そのものが具体的に検討されなければならない。

検察官関与システム導入の是非をめぐって交わされた議論をふりかえってみても、この少年と法律家のコミュニケーションに関する具体的検討が十分になされたとは思えない。検察官関与に反対する論者は、「『為にする弁解』を少年がしたとしても、それをじっくり聴いてやる……ことがなぜできないのか」[15]といったように、少年の主張に裁判官が耳を傾けるべきことを強調する。これに対し、「対峙状況」の問題を強調する論者らは、「少年の言い分を聴くだけではなく、記録とともに少年の供述や主張を吟味する過程で、少年や少年の主張に沿う証人などに対して弾劾、批判などの活動を行わなければならない」[16]場面をクロー

ズアップし，裁判官のみによる真相究明活動の困難さを強調する傾向がみられた。ここでは，少年の言葉を聴いた後のことがもっぱら問題とされている。このように，「少年の言葉を聴く」ということをテーマにした議論はすれ違いに終わったまま，重要な法改正が行われたのである。

「対峙状況」を強調する論者らが「少年の言葉を聴く」こと自体に注意を向けないのは，そのこと自体に困難をおぼえていないからかもしれない。「私は少年の言葉にちゃんと耳を傾けている」と思っている裁判官に「少年の言葉を聴く」ことを強調しても，議論がすれ違うことは当然であろう。この問題につきかみあった議論がなされるためには，少年と法律家のコミュニケーションのあり方につき，一般論，抽象論，精神論を超えた，具体的に議論の素材となるもの，「少年の言葉を聴く」ということの意味を深く考えさせるものが提供されねばならない。

4 草加事件における少年と裁判官のコミュニケーション

(1) 草加事件を検討する意義

少年と法律家のコミュニケーションを具体的に検討するための素材を獲得する方策としては，実際のケースを検討して問題点を抽出してみることが最良と思われる。ここでは，草加事件の少年審判において裁判官と少年の間に交わされたコミュニケーションを検証したい[17]。

草加事件は，「事実上の再審」とも位置づけられた民事裁判において，「非行事実なし」との結論で決着がついた事件である。したがって，非行事実を認定した家庭裁判所の決定は「誤判」であったということになる。少年審判の段階で少年達は冤罪を主張したにもかかわらず，その声は家裁の裁判官に届かなかった。つまり，草加事件は，家裁の裁判官が少年の声に耳を傾けることに失敗した事例なのである。少年法改正の契機となった事件の1つにつき，少年と裁判官とのコミュニケーションが実際にどのようになされたのかを検証しておくことの意義は大きいと思われる。そこにあらわれた問題点は，少年と他者とのコミュニケーション一般を考えさせる素材となり，また，検察官関与というシステム変更により諸問題が解決するのかをあらためて考えさせる素材ともなろう。

検討対象は，草加事件の少年審判においてなされた少年と裁判官のコミュニケーション（少年質問の実際のやりとり）とする。検討資料としては，決定書と陳述調書を用いる。分析手法としては，そこに示されている対話そのもの（会話データ）を分析する会話分析の手法[18]を用いる。このような検討方法は，検証可能性という点からみて最善と思われる[19]。

(2) 決定書とその特徴

本件では，2人の裁判官が関与している。A，B，Cの3少年について審理した裁判官をX裁判官，D，Eの2少年について審理した裁判官をY裁判官と呼ぶ。表3～表6は，X裁判官，Y裁判官による決定書（以下，X決定，Y決定と呼ぶ）の抜粋である。表3，表5は，自白の任意性・信用性に関する判示部分であり，表4，表6は，少年院送致と判断した理由に関する判示部分である。

大雑把にみる限りにおいて，両決定には次の2つの共通する特徴を挙げることができよう。第1に，捜査段階の自白調書等の内容が具体的・詳細であり，不自然・不合理な点がみられないことのみを理由に，少年らの否認供述の信用性を否定していることである。ここから，裁判官と少年のコミュニケーションはほとんど調書の信用性判断に影響を与えていないことが示唆される。第2に，

表3　X決定書①

少年	自白の任意性・信用性に関する判示部分
A	少年は本件につき当裁判所に送致され，少年鑑別所に収容された直後から，終始，その事件当日には被害者に会ったこともない旨主張して，本件非行を全面的に否認する。 　しかし，少年の員面及び検面，少年作成の警察署長に対する各上申書は，いずれも少年及び共犯者らによる本件非行を具体的かつ詳細に述べているものであり，その内容に不自然不合理なところはなく，被害者の着衣，死体及び各現場の状況とも全く一致し，さらにこれらの各供述に符合する関係証拠，特に共犯者らの員面及び検面，少年及び共犯者らが非行を再現し，あるいは非行現場等を指示説明しているところを内容とする各実況見分調書及び見分報告書，証人Cの当審判廷における供述等に対比して，少年の否認供述はとうてい信用することができない。 　任意性も，……全く疑いはなく，警察官から暴行・誘導を受けたことをいう少年の当審判廷における供述は，その供述全体を検討すれば，とうていその任意性に疑いを抱かせるに足りない。
B	少年は本件につき当裁判所に送致され，少年鑑別書に収容された直後から，終始，その事件当日には被害者に会ったこともない旨主張して，本件非行を全面的に否認する。 　しかし，少年の員面及び検面，少年作成の警察署長に対する上申書は，いずれも少年及び共犯者らによる本件非行を具体的かつ詳細に述べているものであり，その内容に不自然不合理なところはなく，被害者の着衣，死体及び各現場の状況とも全く一致し，さらにこれらの各供述に符合する関係証拠，特に共犯者らの員面及び検面，少年及び共犯者らが非行を再現し，あるいは非行現場等を指示説明しているところを内容とする各実況見分調書及び見分報告書，証人C，同E及びDの当審判廷における各供述等に対比して，少年の否認供述はとうてい信用することができない。 　任意性も，……全く疑いはなく，警察官から暴行・誘導を受けたことをいう少年の当審判廷における供述は，その供述全体を検討すれば，とうていその任意性に疑いを抱かせるに足りない。
C	少年は本件につき，その事件当日には被害者に会ったこともない旨主張して，全面的に否認する。しかし，少年は本件につき当庁に送致されてきた際，観護措置担当裁判官に対し自供しており，少年鑑別所入所後も，同事件を全面的に認めるとともに反省悔悟の気持を現す内容の書面を作成して，担当の家庭裁判所調査官に提出し，第1回の審判においても同事件を全面的に認める供述をしていたほか，共犯者A及び同Bの各第1回の審判においては，いずれも自らの保護者立会のもとに，証人として全面自供の証言をしていたものであるところ，その後最終審判（第2回の審判）が近づくに至って，俄にこれを翻して全面否認をするようになったものであり，しかも，それまで嘘の自供をしていた理由として述べるところは全く首肯し難いものであるばかりでなく，他方，少年の員面及び検面は，いずれも少年及び共犯者らによる本件非行を具体的かつ詳細に述べているものであって，その内容に不自然不合理なところはなく，被害者の着衣，死体及び各現場の状況とも全く一致し，さらにこれらの各供述に符合する関係証拠，特に共犯者らの員面及び検面，少年及び共犯者らが非行を再現し，あるいは非行現場等を指示説明しているところを内容とする各実況見分調書及び見分報告書，証人C，同E及びDの当審判廷における各供述等に対比しても，少年の否認供述はとうてい信用することができない。 　任意性も，当庁に事件係属後のその自供の状況に照らしても全く疑いはなく，捜査段階において警察官から暴行・誘導を受けたことをいう少年の当審判廷（第二回審判）における供述は，その供述全体を検討すれば，とうていその任意性に疑いを抱かせるに足りない。

＊波線部分は，少年らの否認供述が信用できないとの評価に用いられた資料を示す
　ゴシック体部分はその評価を示す
　二重下線部分は，少年らの否認供述に対し直接的に評価している所を示す

表4　X決定書②

少年	処分の理由部分
A	捜査官の取調の際，早くから自供しながらも，事件の全貌については，黙秘したり，いい加減な供述をするなど不誠実な態度をとり，さらに本件強姦及び殺人につき当庁に送致されてきた際，観護措置担当裁判官に対し自供しながら，**少年鑑別所に入所後，ただに少年院送致処分を免れようとして，不自然な否認を固執し続け**，……
B	捜査官の取調の際，早くから自供しながらも，事件の全貌については，黙秘したり，いい加減な供述をするなど不誠実な態度をとり，さらに本件強姦及び殺人につき当庁に送致されてきた際，観護措置担当裁判官に対し自供しながら，**少年鑑別所に入所後，ただに少年院送致処分を免れようとして，不自然な否認を固執し続け**，……
C	捜査官の取調の際に，本件殺人については早くから自供しながらも，事件の全貌については，いい加減な供述をするなど不誠実な態度をとり，さらに本件強姦及び殺人につき当庁に送致されてきた際，上記のとおり裁判官に対し自供しながら，**最終審判が近づくや一転して，不自然な否認を固執し**，……

表5　Y決定書①

少年	自白の任意性・信用性に関する判示部分
D	少年は，審判廷において，本件強姦の事実を全面的に否認する。しかし，少年は本件強姦事件が当庁に送致されてきた当日，観護措置担当裁判官に対して自供しており，少年の共犯者であるBに対する殺人，強姦事件の第1回審判期日にも証人として全面自供の証言をしていたものであり，他方少年の員面調書，少年作成の警察署長に対する上申書，検面調書は，いずれも少年および共犯者らによる本件強姦の事実および前後の状況につき具体的かつ詳細に述べていてその内容に不自然，不合理なところはなく十分に信用することができる。少年の否認供述は，少年の共犯者らの各検面調書，CおよびEのBに対する殺人，強姦事件の第1回審判期日における各証言，少年や共犯者らが犯行現場の状況を指示説明している実況見分調書などに照し信用することができない。 　また，員面調書および少年作成の上申書の任意性は，司法警察員の当審判廷における証言に照し，少年の検面調書の任意性は検察官の当審判廷における証言に照して，いずれも任意性に疑いはない。A，B，Cらの検面調書の任意性は，Aらに対する第1回審判期日における取調検察官の各証言に照して，いずれも任意性に疑いがない。
E	少年は，審判廷において，本件強制わいせつについて事件当日には被害者に会ったことがないとして，事実を全面的に否認している。しかし，少年は本件強制わいせつ事件が当庁に送致されてきた当日，観護措置担当裁判官に対して自供しており，少年と行動をともにしていたBに対する殺人，強姦事件の第1回審判期日にも証人として全面自供の証言をしていたものであり，他方少年の員面調書，少年作成の警察署長に対する上申書，検面調書は，いずれも少年および共犯者らによる本件強制わいせつの事実および前後の状況につき具体的かつ詳細に述べていてその内容に不自然，不合理なところはなく十分に信用することができる。少年の否認供述は，少年の共犯者らの各検面調書，CおよびDのBに対する殺人，強姦事件の第1回審判期日における各証言，少年や共犯者らが犯行現場の状況を指示説明している実況見分調書などに照し，信用することができない。 　また，員面調書および少年作成の上申書の任意性は，司法警察員の当審判廷における証言に照し，少年の検面調書の任意性は検察官の当審判廷における証言に照し，いずれも任意性に疑いはない。A，B，Cらの検面調書の任意性は，Aらに対する第1回審判期日における取調検察官の各証言に照して，いずれも任意性に疑いがない。

＊波線部分は，少年らの否認供述が信用できないとの評価に用いられた資料を示す
　ゴシック体部分はその評価を示す

表6　Y決定書②

少年	処分の理由部分
D	（言及なし）
E	（言及なし）

各決定につき表現上の差異がなく，均一・画一的であることが挙げられる。ここから，裁判官と少年らの各コミュニケーションにつき，特に少年ごとに差異がなかった（少年らの個性に応じて柔軟に情報を引き出してはいない）のではないかとの推測が立ちうる。

次に各決定固有の特徴をみてみよう。X決定については，少年らの否認供述が不自然であり，「不自然な否認を固執し続けた」と評価していることが特徴的である。これは，裁判官と少年らのコミュニケーションが少年らの不利に働いたことを示す。少年らの物語は，本来のコンテクストを剥ぎ取られ，それと対置される裁判官の物語に組みなおされたともいえる。Y決定については，少年らの審判廷供述につき具体的に触れた個所が一切ないことが特徴的である。これは，裁判官と少年らのコミュニケーションが裁判官に何の影響も与えなかったのではないかとの疑問を生じさせる。

(3) Y裁判官と少年の対話

それでは，各裁判官と少年との対話の様子をみていくことにしよう。まずはY裁判官からである。表7は，第1回陳述調書に記載されている少年DとY裁判官のやりとり全てを記したものである。Y裁判官は，時系列に自白調書等の読み聞け・署名・指印をまず全て確認していき，その後，嘘を言ったとの少年の主張につき発問している。

このY裁判官とDの対話は，Y裁判官の決定書の書き方と同様，非常にあっさりしたものといえる。自白の任意性・信用性に関して直接的に発問しているのは［027］～［029］の3回しかない。少年の返答に対する反応もなく，ただ聞いてみただけ，といった感じである。Y裁判官の質問後，付添人が取調の経緯について少年に質問しているが，これに対してもY裁判官は反応をしていない（再質問していない）。

結局，Y裁判官は，形式的には少年に発問しているが，実質的に少年の声に耳を傾けよう（話を引き出そう）としていないことが明らかである。決定書に，少年の否認供述そのものに対する評価が全く示されていないのも当然といえる。評価するだけの否認供述を引き出していないからである。

(4) X裁判官と少年の対話

ア　X裁判官のバイアス

次にX裁判官とA少年との対話をみてみよう。表8は，第1回陳述調書に記載されている少年AとX裁判官の全てを記したものである。X裁判官も，時系列に自白調書等の読み聞け・署名・指印を確認していくという方法をとっているが，その合間に適宜，任意性・信用性に関する質問を織り交ぜている。［問→答］のユニットは66あり，29しかユニットがなかったY裁判官の倍以上である。少なくともY裁判官よりは少年との対話がなされたといえる。

まず，X裁判官の発問内容から，X裁判官自身が有している一定のバイアスを抽出してみよう。A少年は，自分の主張を通すためには，それらの

表7 Y裁判官とDの対話（第1回陳述調書より）

001	君は，警察，検察庁で調べを受けて調書をとられましたね。 　　　はい。		この調書の署名，指印は君がしたものですか。 　　　そうです。
002	［少年の司法警察に対する弁解録取書（昭和60年8月4日付）を示す］ これにある署名，指印は君がしたものですか。 　　　そうです。	016	図面が付いていますが，君が書いたものですか。 　　　そうです。
003	読み聞かされて署名，指印したのですか。 　　　そうです。	017	［少年の検察官に対する供述調書（同年8月5日付）を示す］ この調書の署名，指印は君がしたものですか。 　　　そうです。
004	［少年の司法警察員に対する供述調書（同年8月4日付）を示す］ これに君の署名，指印がありますが，読み聞かされて署名，指印したのですか。 　　　そうです。	018	［勾留質問を示す］ この調書の署名，指印は君がしたものですか。 　　　はい。
005	［少年の司法警察員に対する供述調書（同年8月7日付）を示す］ これにある署名，指印は君がしたものですか。 　　　そうです。	019	裁判官に事実を読み聞かされ，まちがいないと署名，指印したのですか。 　　　はい。
006	図面が2枚付いていますが，君が書いたのですか。 　　　そうです。	020	［少年の検察官に対する供述調書（同年8月20日付）を示す］ この調書の署名，指印は君がしたものですか。 　　　そうです。
007	［少年の司法警察員に対する供述調書（同年8月8日付）を示す］ この調書の署名，指印は君がしたものですか。 　　　そうです。	021	［少年の検察官に対する供述調書（同年8月21日付）を示す］ この調書の署名，指印は君がしたものですか。 　　　そうです。
008	図面が2枚付いていますが，君が書いたものですか。 　　　そうです。	022	今示した各調書について，いずれも読み聞かされてまちがいのないと書名，指印したのですか。 　　　はい。
009	［少年の司法警察員に対する供述調書（同年8月10日付）を示す］ この調書の署名，指印も君がしたものですか。 　　　そうです。	023	［観護措置質問調書を示す］ この調書の署名，指印は君がしたものですか。 　　　はい。
010	図面が付いていますが，君が書いたものですか。 　　　そうです。	024	事実を読み聞かされ，そのとおりまちがいないと署名，指印したのですか。 　　　はい。
011	［少年の司法警察員に対する供述調書（同年8月13日付）を示す］ この調書の署名，指印も君がしたものですか。 　　　そうです。	025	君は，B君の事件で証人として調べられましたね。 　　　はい。
012	［少年作成の同年8月15日付上申書を示す］ この上申書は君が書いて書名，指印したものですか。 　　　そうです。	026	そのときのことを覚えていますか。 　　　はい。
013	［少年の司法警察員に対する供述調書（同年8月16日付）を示す］ この調書の署名，指印も君がしたものですか。 　　　そうです。	027	君は，そのとき事件を認める供述をしていたわけですが，今日はやっていないと言っていますね。何故前と変ったのですか。 　　　今迄やったと言っていましたが，やらないと言っても信じてもらえないと思って話を合せたのです。でもB君がやってないと聞いたから本当のことを言ったのです。
014	［少年の司法警察員に対する供述調書（同年8月19日付）を示す］ この調書の署名，指印は君がしたものですか。 　　　そうです。	028	B君がやってないとどこで聞いたのですか。 　　　ここで証人として調べられたときです。
015	［少年の司法警察員に対する供述調書（同年8月22日付）を示す］	029	なぜ最初からやってないと言わなかったのですか。 　　　言ったけど刑事さんが信じてくれなかったのです。皆も認めていたので，俺1人だけが言っても信じてもらえないと思ったのです。

バイアスを取り除かなければならない。

第1に、「裁判官にまで嘘を言うのはおかしい」というバイアス（バイアス①）が指摘できる。「裁判官に何故嘘を云ったのですか」（[033]）、「裁判官に嘘を云ったのですか」（[060]）、「裁判官に何故嘘をついたのですか」（[063]）という発問がみられる。「何故嘘を云ったか」という発問は10回なされているが、その中で嘘をつく相手が明示されるのは「裁判官に」のみである。裁判官に嘘をつくということがとても奇異にうつっていることが窺われる。「君を救うことができるのは、裁判官しかいないということは分かっていたのですか」（[064]）という発問もある。

第2に、「殺人という重大事件につき、やっていない者が自白するというのはおかしい」というバイアス（バイアス②）が挙げられる。「殺人というのは大変な責任を負うことは分かっていたのですか」（[007]）、「殺人が大変なことは分かっていたのでしょう。」（[034]）という発問がみられる。

第3に、「やっていない者がこのように詳細に供述できるはずがない」というバイアス（バイアス③）が指摘できる。「詳しい様子が書いてありますが、これはどういう訳なのですか」（[010]）、「事件のことが詳しく書かれていますが、どうした訳なのですか」（[041]）、「何故こんなにも詳しく述べられるのですか」（[042]）との発問がみられる。

イ　少年とX裁判官の相互行為

少年はX裁判官にどのように対応しているだろうか。その特徴をみてみよう。

少年としては、自分の有する物語（取調べにおいて、無実を訴えても聞き入れてもらえず、仲間が自白したと騙されたので自分も嘘の自白をしてしまった。いったん警察で嘘の自白をした以上、検察のもとでも裁判官のもとでも撤回することができなかった）を受け入れさせなければならないし、そのためには、裁判官の有しているバイアスを解消させなければならない。この大事を、裁判官の質問に答えるという形式で成し遂げなければならないわけである。したがって、少年が自己の物語をどれだけ説得的に語れるかは、裁判官がどのような質問をしてくるかに依存する。それでは、X裁判官の質問は、少年が自己の物語を説得的に語るにふさわしいものになっているだろうか。

第1に、少年が本来語るべきことを直截に聞かない（返答すべき内容に直接対応しない質問形式）場合がみられる。このような場合、少年は素直に裁判官の質問形式に従ってしまうため、裁判官のバイアスに正面から反応することができない。「殺人というのは大変な責任を負うことはわかっていたのですか」（[007]）という質問は、形式的には、「わかっていたか、わかっていなかったか」を尋ねるものであるが、少年としては「わかっていたが自白せざるをえなかった」理由を示さなければならない。しかし少年は「はい」としか答えられない。そしてX裁判官は、「わかっていたが自白した理由」を尋ねないのである。

第2に、複雑で長い返答が要求される質問をする場合がある。少年はこれに答えることができない。「これはどういうことですか」（[004]）、「詳しい様子が書いてありますが、これはどういう訳なのですか」（[010]）、「事件のことが詳しく書かれてありますが、どうした訳なのですか」（[041]）といった質問に対し、少年は全て沈黙している。

裁判官の質問にのって自己の物語を十分に語れない少年は、1箇所、裁判所の問いに答えるという形式を破り、流れを変えようとしている。[030]のユニットがそうである。ここでX裁判官は「殺していませんと云いましたか」と尋ねている。これに対し少年は「殺していませんと云ったか否か」を答えて終わりとするのではなく、「警察，検事

表8　X裁判官とAの対話（第1回陳述調書より）

001	君は7月23日に逮捕されたのですね。 　　　　はい。		皆んな云っているのだぞと。
002	［昭和60年7月23日付少年の司法警察員に対する弁解録取書を示す。］ ここにある君の名前の署名，指印は君がしたのですか。 　　　　はい。	017	［昭和60年7月24日付少年の検察官に対する弁解録取書を示す。］ ここにある君の名前の署名，指印は君がしたのですか。 　　　　はい。
003	その時，書かれた内容を読み聞かされましたか。 　　　　はい。	018	その時，書かれた内容を読み聞かされましたか。 　　　　はい。
004	（裁判官は同書面の少年の供述部分を読み聞かせた） これはどういうことですか。 　　　　（答えず）	019	検察官は，君に他の者はやったと云っているぞと云いましたか。 　　　　云っていません。
005	何故，この書面に署名，指印をしたのですか。 　　　　自分はやっていないけど，警察に何度云っても信じてくれないから，切りがないから，でたらめを云ったのです。	020	（裁判官は同書面の少年の供述部分を読み聞かせた） これはどうなのですか。 　　　　嘘です。
006	でたらめで殺したと云ったのですか。 　　　　はい。	021	何故嘘をつくのですか。 　　　　警察でも云っていたし，検事の処で嘘がつけないから。
007	殺人というのは大変な責任を負うことは分っていたのですか。 　　　　はい。	022	何故本当のことを云わなかったのですか。 　　　　（答えず）
008	［昭和60年7月23日付少年の司法警察員に対する供述調書を示す。］ ここにある君の名前の署名，指印は君がしたのですか。 　　　　はい。	023	7月25日に，裁判所に勾留質問のため来ましたか。 　　　　はい。
009	その時，調書を読み聞かされましたか。 　　　　はい。	024	裁判官から色々聞かれましたか。 　　　　聞かれました。
010	（裁判官は同調書を読み聞かせた） 詳しい様子が書いてありますが，これはどういう訳なのですか。 　　　　（答えず）	025	［昭和60年7月25日付少年の勾留質問調書を示す。］ ここにある君の名前の署名，指印は君がしたのですか。 　　　　はい。
011	［昭和60年7月24日付少年の司法警察員に対する供述調書を示す。］ ここにある君の名前の署名，指印は君がしたのですか。 　　　　はい。	026	そのとき，書かれた内容は読み聞かされましたか。 　　　　はい。
012	その時，調書を読み聞かされましたか。 　　　　はい。	027	（裁判官は同調書の少年の供述部分を読み聞かせた） これはどうなのですか。 　　　　違います。
013	ここにも被害者を見つけてから，殺したということが書かれていますが，これは嘘ですか。 　　　　はい。	028	君が云ったから書かれたのではありませんか。 　　　　（答えず）
014	何故，嘘をつくのですか。 　　　　やってないと云っても絶対に信じてもらえなくて，切りがなくて。	029	裁判官に何んと云ったのですか。 　　　　（答えず）
015	最初に示した調書は君が逮捕された当日ですよ。 　　　　自分は云っていたのに………… 　　　　騙されたのです。	030	殺していませんと云いましたか。 　　　　殺していないとは云っていません。警察，検事さんに殺したと云ったからです。
016	騙されたというのはどういうことですか。	031	裁判官から被疑事実を読んで聞かされましたか。 　　　　（答えず）
		032	君は裁判官に間違いありませんと云ったのですか。 　　　　それは云いました。
		033	裁判官に何故嘘を云ったのですか。 　　　　（答えず）
		034	殺人が大変なことは分っていたのでしょう。 　　　　はい。
		035	何故事実と違うと云わなかったのですか。 　　　　（答えず）

036	何故嘘を云う必要があったのですか。 　　　　（答えず）	051	その時，調書を読み聞かされましたか。 　　　　はい。
037	［昭和60年8月10日付少年の検察官に対する供述調書を示す。］ ここにある君の名前の署名，指印は君がしたのですか。 　　　　はい。	052	［昭和60年8月9日付少年の司法警察員に対する供述調書を示す。］ ここにある君の名前の署名，指印は君がしたのですか。 　　　　はい。
038	その時，調書を読み聞かされましたか。 　　　　はい。	053	その時，調書を読み聞かされましたか。 　　　　はい。
039	［昭和60年8月12日付少年の検察官に対する供述調書を示す。］ ここにある君の名前の署名，指印は君がしたのですか。 　　　　はい。	054	［昭和60年8月12日付少年の司法警察員に対する供述調書を示す。］ ここにある君の名前の署名，指印は君がしたのですか。 　　　　はい。
040	その時，調書を読み聞かされましたか。 　　　　はい。	055	その時，調書を読み聞かされましたか。 　　　　はい。
041	この2通の調書は事件のことが詳しく書かれていますが，どうした訳なのですか。 　　　　（答えず）	056	本件で当裁判所に送られて来て，観護措置決定がなされるときに裁判官に会いましたか。 　　　　はい。
042	被害者に当日会ったこともないのは，何故こんなにも詳しく述べられるのですか。 　　　　（答えず）	057	その時，君が警察で述べたことは本当のことですかと聞かれましたか。 　　　　はい。
043	（裁判官は昭和60年8月12日付少年の検察官に対する供述調書5丁目表2行目から7丁目表の終りまでを読み聞かせた） これは嘘ですか。 　　　　はい。	058	君は何んと答えたのですか。 　　　　本当のことを云いましたと云いました。
044	何故，嘘を云ったのですか。 　　　　（答えず）	059	反省しているかと聞かれたときには何んと答えたのですか。 　　　　反省しましたと云いました。
045	本当は事実を述べたのではありませんか。 　　　　違います。	060	裁判官に嘘を云ったのですか。 　　　　はい。
046	［昭和60年8月3日付少年の司法警察員に対する供述調書を示す。］ ここにある君の名前の署名，指印は君がしたのですか。 　　　　はい。	061	何故ですか。 　　　　（答えず）
047	その時，調書を読み聞かされましたか。 　　　　はい。	062	反省していると云ったのも嘘ですか。 　　　　（答えず）
048	［昭和60年8月7日付少年の司法警察員に対する供述調書を示す。］ ここにある君の名前の署名，指印は君がしたのですか。 　　　　はい。	063	裁判官に何故嘘をついたのですか。 　　　　（答えず）
049	その時，調書を読み聞かされましたか。 　　　　はい。	064	君が本件について何もしていないということについて君を救うことができるのは，裁判官しかいないということは分っていたのですか。 　　　　はい。
050	［昭和60年8月8日付少年の司法警察員に対する供述調書を示す。］ ここにある君の名前の署名，指印は君がしたのですか。 　　　　はい。	065	それならば，嘘をつく必要性が何処にあるのですか。 　　　　（答えず）
		066	最後にもう一度聞きますが，君は被害者には会ったことも見たこともないのですか。 　　　　はい。

さんに殺したと云ったからです」と，真実を述べなかった理由も含めて返答している。これに対しX裁判官は，無視をするという形で応じている。殺していないと言わなかった理由を既に述べているにもかかわらず，X裁判官は，殺していないと言わなかった理由を問い続けるのである（［031］〜［036］）。

少年の返答を無視するというパターンは他にも見られる（［014］〜［016］に続く［017］，［020］〜［021］に続く［022］）。同じ質問を繰り返すというパターンもこれと同種のものといえるかもしれない。前述のように，「なぜ嘘をついたのか」という質問は10回登場する（［014］，［021］，［022］，［033］，［035］，［036］，［044］，［061］，［063］，［065］）。［014］と［021］では，少年は理由を答えている。あとの8回については，沈黙している。説明してもすぐ振り出しに戻って同じ質問を繰り返されるのでは，少年は沈黙する他になかろう。

このように，X裁判官と少年のコミュニケーションは，「返答すべき内容と乖離した質問形式」，「答えにくい漠然とした質問」，「少年の返答の無視」という3つの方法により，裁判官の強力なコントロールの下に置かれている。X裁判官には，少年の物語を聞こうとする姿勢はみられず，うまくしゃべることのできない少年から具体的な返答を引き出す努力は一切していない。X裁判官は，「本当は事実を述べたのではありませんか」（［045］）との質問に端的に示されているように，自己の物語（少年は非行事実を犯した）を崩そうとしていない。

X裁判官の一連の発問は，少年の物語を具体的に引き出すためにではなく，少年の物語の撤回を迫る目的でなされていると解釈するのが妥当だろう。このような場においては，少年が問いに答えれば答えるほど，一方で少年は無力感を強め，他方で裁判官は不信感を強めていったであろうことは想像に難くない。少年の言葉の意味は，X裁判官の物語に沿って，読み替えられていくことになるのである。決定書でX裁判官が「不自然な否認を固執し続けた」と記したのは，その当然の帰結である。

(5) 示唆されること

X裁判官もY裁判官も，少年に問いを発してはいる。しかし，彼らは少年の言葉を聴いてはいないのである。草加事件の少年たちは，裁判官とのコミュニケーションにより二重の被害を受けている。第1に，裁判官が少年の物語を聴かないことである。第2に，裁判官が自己の物語に固執し，その場を強力にコントロールしているため，少年は自身の主張が十分にできないことである。少年が自己の物語を語るためには，そうできるような場が設定されねばならない。その場を設定する第1の責任者は，もちろん手続の主宰者たる裁判官である。「少年の言葉を聴く」ためには，一件記録を検討して自ら構成した物語はひとまず脇に置き，少年の物語を聴く姿勢をもって，少年の物語を十分に引き出すような質問をし，少年の返答に十分に反応する必要がある。このような姿勢やコミュニケーション技術を習得していない裁判官の下においては，他に誰が関与しようとも，「事実認定の適正化」はありえないといわねばならない。

5 コミュニケーションの適正化と検察官関与システム

以上のように，少年審判における「事実認定の適正化」の最優先課題は，裁判官と少年のコミュニケーションの適正化であり，実際に交わされるコミュニケーション自体の具体的検討である。検察官関与の問題についても，この最優先課題との関連で検討されねばならない。このような前提を

ふまえたうえで，実務でもっとも争点となることの多い「必要なとき」の解釈を中心に，「事実認定の適正化」に付与されている3つの異なる意味に即して検討してみよう。

まず，裁判官や検察官が重視している，国民の信頼の確保という観点についてであるが，前述のように，これは結局「公正らしさ」の確保を意図するにすぎないものであり，必要性の考慮にあたって独立に考慮されるべきものではないと思われる。そもそも少年法22条の2第1項1号，2号が対象事件を限定しているのは，国民の信頼の確保という観点からそれらが重要な事件と考えられたからだと思われる。実務では，1号事件＝重大な事件＝国民の信頼確保のため検察官関与が必要な事件，と考える検察官や裁判官もいるが，重大な事件か否かは，このような要件が規定されたこと自体で既に考慮されているのであるから，屋上屋を重ねて「必要性」でそれを考慮するのは，二重の算入である。信頼確保という観点は，検察官関与に伴いかすかに期待される付随的効果にすぎず，付随的効果自体を目的として必要性を考慮するのは，規定の構造に反するというべきだろう。

「証拠の多角的収集・吟味」という観点や，「対峙状況の回避」という要素も，少年との真摯なコミュニケーションを断つポリシーの表明に他ならず，「少年の言葉を聴く」，すなわち少年の意見表明権，手続き参加権を保障するという大前提に反するものであるから，「必要性」で考慮されるべきものとはいえない。

結局，「必要なとき」とは，意見表明権の保障という文脈で解釈されねばならない。手続の主宰者は裁判官である以上，裁判官がまず少年と適切なコミュニケーションをとるよう努力しなければならない。少年と適切にコミュニケーションをとりながら記録を点検していくという形態があくまで基本であり，そのようなコミュニケーションが

うまくいかなくなった場合に初めて，他者の手が必要になってくるということができるのではないだろうか。

このようなアプローチによるならば，「必要なとき」とは，裁判官と少年のコミュニケーションが不全に陥る高度の蓋然性があり，このままでは少年の意見表明権，手続き参加権を保障しながら事実認定をしていくのが困難だという状況がある場合のことだ，と解釈できる。したがって，まだ裁判官と少年がコミュニケーションをとっていない審判開始決定の時点で検察官関与が必要になる事例は考えられない。もしそのような状況が生じたとすれば，むしろその裁判官に固有の問題があることを意味するのであるから，裁判官の回避（少年審判規則32条）という形で処理すべきだろう。

なお，少年と他者のコミュニケーションの改善につき，まず配慮すべき地位にあるのは付添人であることを念のため指摘しておかなければならない。付添人の活動にもかかわらずコミュニケーション不全の蓋然性が高くなった場合に検察官関与が考慮されるべきである。その意味で，検察官関与を国選弁護士付添人を付す要件としているようにみえる少年法22条の3には問題がある。この点については，本特集・武内論文で触れられる。

また，少年の手続参加権保障という観点からは，検察官関与につき少年・付添人が意見を表明することの保障，および関与決定につきその理由が示されることが必要である。少年法22条の2第2項は，「検察官の意見を聴かなければならない」と規定しているが，これを反対解釈し，「少年や付添人の意見を聴かなくてもよい」との結論を導き出すことは妥当でないと考える。

職権主義構造が維持されている以上，訴追官的役割を検察官が果たすことはできないはずであるし，公益の代表者という検察官の地位も，被害者

等，特定の私人の利益を追求するものではないという意味にすぎず，積極的な意味を有しているとはいえない。裁判官と少年のコミュニケーションが不全に陥る高度の蓋然性が生じたときに検察官関与が必要とされるのであれば，検察官には，審判の協力者として，裁判官と少年・付添人の関係を修復させる役割を果たすことが期待されることになる。当然，検察官はそのような姿勢と技術をもたねばならない。一般的にそのような技術をもつことが検察官に期待できないのであれば，検察官関与システムは廃止したほうがよいだろう[20]。

むすびにかえて

これまでの検討をまとめてみよう。実務において検察官関与がみとめられる事件では，立法趣旨に沿って，かつ，さらに緩やかに「必要なとき」が解釈されているものが多い。しかし，立法趣旨の背景にある「事実認定の適正化」論は，少年法の最重要目標である成長発達権，意見表明権，手続参加権と抵触する危険を内包しており，実務の運用状況をみても，そのような不安を払拭させるものになっていない。「事実認定の適正化」は，あくまでもこれらの権利の保障を目的としなければならず，検察官関与システムもこの目標の下に組み直されるべきである。意見表明権，手続参加権の保障という点での最重要課題は，手続主宰者たる裁判官と少年のコミュニケーションの適正化である。実務に携わる者は，実証研究などを通して先例（良い例も悪い例もあわせて）に学び，しかるべき研修を受けることにより，少年の言葉を聴く技術を修得し，実践しなければならない。検察官関与は，裁判官や付添人の実践活動が，その努力にもかかわらず功を奏しない場合にはじめて認められるべきであり，検察官は，裁判官と少年の関係を修復する存在として行動すべきである。

最後に，事実認定の適正化に関する議論は，やはり検証可能な事実に基づいてなされねばならないことをあらためて強調しておきたい。「事実認定の適正化」という標語のもとに，少年審判について語られることが多いわけであるが，それらの語りは，どれだけ開かれた，検証可能なものになっていただろうか。率直にいって，実務家は，経験に基づく印象・結論のみを語ることが多く，研究者は，理念に基づいた抽象論を語ることが多かったのではないだろうか。「少年の言葉を聴く」ことの意味というごく基本的なことについてすら具体的に議論が交わされることなく行われる「事実認定の適正化」とは何なのだろうか。少年審判の内部に立ち入って検討することには難しい面もある。しかし，第三者が入って直接記録等を検討する試みも始められている[21]。少年審判における事実認定過程についても，同様の試みをして，この領域における研究や議論を深化させるべきだと考える。本研究がそのささやかな第1歩となれば幸いである。

1 　立法経緯については，村越一浩「事実認定手続の適正化をめぐる法制審議会における議論について」猪瀬眞一郎＝森田明＝佐伯仁志編『少年法のあらたな展開』（有斐閣・2001年）265頁，甲斐行夫他『少年法等の一部を改正する法律及び少年審判規則等の一部を改正する規則の解説』（法曹会・2002年）123～126頁等参照。

2 　川崎英明「少年事件にふさわしい適正手続とは何か」団藤重光＝村井敏邦＝斉藤豊治他『ちょっと待って少年法「改正」』（日本評論社・1999年）126頁，服部朗「検察官関与をめぐる一〇の疑問」同書138頁等参照。

3 　山形明倫中事件において，山形地裁判決（山形地判平14年3月9日判時1806号94頁）は事件性の認定すらできないと述べたが，2004年5月28日，仙台高裁は，7人の元生徒全員に対し共同不法行為の成立を認める判決を出した。草加事件については，「非行事実なし」との結論で決着がついてい

る（東京高判平14年10月29日判時1817号59頁）。
4　http://www.courts.go.jp/
5　http://www.zenshiho.net/syonenhou.html
6　改正法施行後1年を経た段階で出された統計には強盗2件としてカウントされていたが、現在の統計では強盗1件とカウントされている。
7　同種の指摘をするものとして、座談会「少年に寄り添える付添人・弁護人としていま何が必要か」季刊刑事弁護29号（2002年）31, 36頁〔村山裕発言〕。
8　この点、「審査の可能性があるということになれば、その審査にたえ得るだけの審理・裁判をやろうという心構え、気配りが当然出てくる」との主張もある（座談会「少年法改正の経緯と展望」現代刑事法24号（2003年）4, 18頁〔廣瀬健二発言〕）。このような発想によるならば、少年も抗告できるのであるから「抗告受理申立のプレッシャー」は問題にならないと考えられるのかもしれない。しかし、生活面、金銭面等、様々な問題を抱え抗告権を行使するのが困難な少年と、そうではない検察官とを同等にみることはできない。また、刑事裁判においても検察官上訴と被告人上訴は法的には等しく置かれているにもかかわらず、裁判官の事実認定は「検察官上訴のプレッシャー」の影響を受けているという事実もある。この点につき、中川孝博『合理的疑いを超えた証明——刑事裁判における証明基準の機能』（現代人文社・2003年）26～107頁参照。
9　少年や弁護士付添人が、検察官関与の検討がなされていることを知る機会は、法的に保障されていない。また、意見を述べる権利も保障されていない。少年法22条の3により付された弁護士付添人は、当然といえば当然であるが、検察官関与を防ぐ活動が全くできない。
10　証人尋問や少年に対する質問の順序については、刑事裁判のように、検察官（付添人）→付添人（検察官）→裁判官という形がとられるケースは多くなく、従来どおり、裁判官が先に尋問・質問を行う場合が多いようである。
11　この点につき、座談会（前掲注7）38頁〔守屋克彦発言〕参照。
12　清水洋「草加事件少年審判の付添人活動」法学セミナー547号（2000年）30, 31頁参照。なお、「汗」は後に「垢」と訂正されている。
13　福田雅章『日本の社会文化構造と人権』（明石書店・2002年）507頁。
14　少年司法の「福祉的機能」から同様の帰結を導くものとして、服部朗「司法福祉からみた少年法『改正』」刑法雑誌39巻3号（2000年）425, 428頁参照。少年の意見表明を少年の適正手続の本質たる手続参加権と捉えるものとして、葛野尋之『少年司法の再構築』（日本評論社・2003年）72～74頁参照。
15　出口治男「非行事実審理のあり方について」荒木伸怡編著『非行事実の認定』（弘文堂・1997年）241, 273頁。
16　廣瀬健二「少年審判における非行事実認定手続」荒木・前掲書（前掲注16）211, 222頁。
17　少年審判の実際を検討しその成果を公表することには種々の問題があるが、草加事件については、「非行事実なし」との結論が定まったこと、民事裁判における諸判決が公表され、事件の内容や証拠の内容もわかるようになっていること、今回検討の対象とした記録には少年や被害者等のプライバシーに関わることが含まれていないことなどに鑑み、ここに検討成果を公表することにした。
18　会話分析という手法については、さしあたり、海保博之＝原田悦子編『プロトコル分析入門』（新曜社・1993年）、高原脩＝林宅男＝林礼子『プラグマティックスの展開』（勁草書房・2002年）123頁以下参照。
19　陳述調書は、要約された形で記録されているのが通常であり、実際のやりとりそのものを記録したものではないので、微妙なニュアンスに至る点までの分析はできない。
20　代わりに、このような役割を担うのに適した専門家の関与が検討されてもよい。なお、抗告受理申立制度は、前述のように事実認定の適正化を妨げる危険が高く、廃止されるべきである。検察官が関与した場合における一事不再理効の付与という制度も、同一形式の実体裁判であるにもかかわらず検察官が関与した場合にのみ付与されるという

のは理論的にも説明がつかない。これも，検察官関与の有無にかかわらず一事不再理効を付与する形に改められるべきであろう。
21 家庭裁判所調査官研修所監修『重大少年事件の実証的研究』（司法協会・2001年）。

英文要旨
Summary: On "Making the Fact-Finding Hearings of Juvenile Cases More Just"
Problems regarding the Participation of Public Prosecutors in Juvenile Cases

Key words: Participation of Public Prosecutor, Fact-finding Process, Communication, Interaction, Conversation Analysis

Takahiro NAKAGAWA
Associate Professor of Law, Ryukoku University

The Revised Juvenile Law permits the participation of public prosecutors in fact-finding hearings of juvenile cases. This new system was introduced under the ambiguous slogan "Making the Fact-Finding Hearings of Juvenile Cases More Just."

This Article reports the findings of our research into the current situation concerning the participation of public prosecutors in the hearings, and focuses on the meanings of the word "just." In order to guarantee the right of juveniles to sound development, the "Just Fact-Finding Hearing" system should not infringe on the right of juveniles to express their views freely. Many judges, however, seems to undermine this right by permitting public prosecutors to participate in the hearing.

The communication between the judges and juveniles in the Souka case demonstrates that the first step to be taken is to examine the method of obtaining the juveniles' "narratives." It is also important to realize that the role of the public prosecutor is not to suppress the opinions of the juveniles, but to assist the judge to communicate properly with them.

特集　改正少年法の検証
逆送後の刑事手続と少年の適正手続

キーワード: 刑罰緩和, 非公開原則, 勾留, 成長発達, 適正手続

渕野貴生　静岡大学人文学部助教授

1　逆送後の刑事裁判のあり方

　2000年11月28日に成立した改正少年法は，家庭裁判所から検察官への逆送可能年齢を引き下げ，14歳以上16歳未満のいわゆる年少少年に対しても逆送の道を開いたことで，刑事裁判において審理され，刑罰を科されうる少年の範囲を制度的に拡大した（少年法20条1項）。また，新たに，「故意の犯罪行為により被害者を死亡させた罪の事件であって，その罪を犯すとき16歳以上の少年に係るものについては」，刑事処分以外の措置を相当と認めるときを除いて，逆送決定をしなければならない旨の規定を設けた（少年法20条2項）。この規定を刑事処分可能範囲を拡大した規定と解してよいかどうかについては留保が必要であるが[1]，いわゆる原則逆送規定と理解する場合には，やはり刑罰を科される少年の範囲は制度的に拡大されたことになる。また，実際にも逆送される少年の数は急激に増加しつつある[2]。

　ところで，逆送後の少年に対する刑事手続について，少年法は，「この法律で定めるものの外，一般の例による」と定め（少年法40条），少年に対しても，原則として，成人と同様のやり方で手続を進めるとの考え方に立っている。しかし，少年審判において，少年の健全育成および少年の適正手続保障の観点から刑事裁判とは異なる様々な方式が要請されていることを考えると，逆送されたとたんに，少年の特性を考慮することなく，成人の被疑者・被告人の場合とまったく同じやり方で当該少年を刑事手続に乗せるとすれば，少年の適正手続を実質的に保障しないことになりかねない。むしろ，全ての少年を少年審判という刑事裁判と異なる方式の手続に乗せることとした少年法の趣旨に鑑みれば，どのような少年であっても，少年審判で求められているやり方で手続を行うことこそが少年の主体的な手続参加を機軸とする適正手続を保障するために必要不可欠であるという原則から出発すべきである（刑訴規277条）。したがって，本来，逆送を行うかどうかの判断は，単に刑事処分相当かどうかという点のみならず，成人と同じ刑事手続によることこそが当該少年にとっては適正手続を保障することになると言えるかどうか，少なくとも，少年手続と同等に適正手続を保障できるか否かという点をも考慮して行われなければならず，両方の観点が満たされる場合に限って逆送が許されると考えるべきである[3]。

　以上の基準に従うならば，逆送が認められる場合は，ごく例外的にしか存在しないはずである。しかしながら，改正前後を通じて，逆送制度はそのような使い方に限定されてきたとはいいがたいし，上述したように，改正によって，逆送可能年齢は拡張され，さらに，本来行われるべき厳格な吟味を経ずに，罪種に応じて半ば自動的に刑事裁判に回される少年が構造的に出てきうる状態になってしまった。問題は一層深刻さの度合いを増していると考えざるを得ない。しかし，そうであるとすれば，なおさら，少年の被疑者・被告人を漫

然と成人の被疑者・被告人と同一の刑事手続に乗せ，同じような刑事罰を科すことは許されず，逆送後の手続においても，少年の特性を考慮した成人の手続とは異なる刑事手続が用意されなければならないということになるはずである。

この点，既に少年法自体，少年に対する被告事件を原則として分離するように求め（少年法49条），あるいは，少年に対する刑事事件の審理も科学調査主義にのっとって行うべきと定めるなど（少年法50条），少年の刑事手続に関する若干の規定を置いており，成人とまったく同じ手続でよいとは考えていない。同様に，刑事処分に関しても，成人に比して刑罰を緩和する規定が置かれている（少年法51条以下）。一方，学説においても，一般に，少年法の健全育成という目的は少年事件手続の全過程において実現されるべきものであり，したがって，「家庭裁判所による検察官送致決定後の手続においても，成人の刑事手続とは異なる特別の刑事手続が存在しなければならない」[4]と考えられている。また，刑事処分に関しても，少年の保護手続と刑事手続との有機的関連性を強調して，刑事手続の段階にいたると「にわかに少年の責任が強調され，応報的な正義の観点が優越するというような理解」はとり得ないとの主張もなされている[5]。

しかし，少年法が定める特則のみで，果たして少年に主体的な手続参加と十全な成長発達の機会とが保障されるのかについては，なお疑問が残る。また，学説においても，少年法の健全育成の理念を具体的にどのようにして刑事手続に及ぼすのかという点について，必ずしも詰めた議論がなされていない論点も残されているように思われる。

そこで本稿では，逆送後の刑事手続における少年の適正手続保障の危殆化という，改正によって一気に顕在化した問題を取り上げ，少年の権利を保障し，健全育成という少年法の理念を刑事手続においても貫くための具体的な解釈論，立法論を提起することを通じて，問題解決の方向性を探ることとしたい。

2　年齢超過と刑罰等緩和規定の適用
(1) 刑罰等緩和規定の適用基準時をめぐる問題状況

少年法は，少年法1条に掲げる健全育成という目的を少年手続の全プロセスで実現するために，少年に刑罰を科し，それを執行する場面においても，特別の規定を置いている。すなわち少年法は，51条，52条で刑罰の緩和を定め，58条において仮出獄を許すまでの期間を成人の場合に比べて短縮し，59条では仮出獄の終了までの期間を短縮している。さらに，60条において資格制限に関する法令の適用を排除している。いずれの措置も，可塑性に富み，教育による改善更生をより多く期待できるという少年の特性に鑑み，刑を緩和し，処遇を弾力化するとともに，広く更生の機会を与えて社会復帰を容易にすることを目指して制度化されたものである[6]。

周知の通り，改正少年法によって，無期刑から有期刑への緩和が義務的なものから裁量的なものになり（少年法51条2項），少年法51条1項で死刑から無期刑に緩和された者については，仮出獄までの期間短縮規定を適用しないことになるなど（少年法58条2項），刑の緩和，処遇の弾力化の程度は後退した。この改正自体，少年法の健全育成目的，少年の成長発達権の保障の観点から重大な疑義があるが，この点については疑義があることの指摘にとどめる。本稿では，改正前から存在してはいたが，改正によって刑事裁判に掛けられる少年が増加することに伴い一層深刻な問題として浮かび上がってきた，これらの規定に関する別の問題を取り上げることとする。その問題とは，これらの規定が適用される基準時に関わる問題であ

る。

　先に掲げた一連の規定のうち，有期刑の緩和を定めた少年法52条や，仮出獄までの期間および仮出獄期間の短縮を定めた少年法58条，59条は，その適用の基準時を判決言渡し時としているように読め，現に一般にはそのように解釈されている[7]。その結果，刑事裁判継続中に少年が成人に達してしまうと，当該被告人に対しては，刑の軽減や仮出獄期間等の短縮規定が適用されなくなってしまう。それゆえ，成人に近い少年（以下，年齢切迫少年という）にとっては，少年の間に判決を受けるか，成人に達してから判決を受けるかが，重大な問題となるのである。一例を挙げよう。例えば，ある少年が傷害致死で逆送され刑事裁判に掛けられたとした場合，その少年は，少年の間に判決を受ければ少年法52条により，最も重くても短期5年，長期10年の不定期刑にとどまる。しかし，その少年が判決時に成人に達していると同条は適用されないため，最長15年（刑法12条，205条）の定期刑が科されることになるのである。

　このように，少年の間に判決を受けるか，成人に達してから判決を受けるかによって科され得る刑の重さや社会復帰までの期間が異なる制度の下では，少年被告人が少年の間に判決を受けたいと考えるのは自然の成り行きであろう。しかし，その結果，年齢切迫少年が，争うことで裁判が長期化し，少年の間に判決が言渡されずに相対的に不利益な刑罰を言渡されることを恐れて，心ならずも争うことを差し控えてしまう危険が生じてしまう。さらに，場合によっては，無罪を争うどころか，検察官の求刑通りの判決を求める防御活動（そのような活動を防御活動と言ってよいかどうかということ自体，問題であろうが）をせざるを得ないというケースさえ想定しうる[8]。なぜなら，検察官が求刑通りの判決が出なかったことに不満を持って控訴し，控訴審が継続している間に被告人が成人に達してしまうと，一審判決時には適用のあった刑罰等緩和規定の適用が外されてしまうからである。

　争うことによって，より具体的にいえば，例えば証人審問権を行使し，あるいは黙秘権を行使することによってかえって不利益な刑罰が科され得るというのは，少年の適正手続保障の観点から看過できない問題である。そして，この問題にはいわゆる不利益変更禁止の問題と共通の構造が見られるといえる。

(2) 年齢超過問題における不利益変更禁止原則適用の可能性

　少年手続における不利益変更禁止原則の適用については，周知の通り，調布駅南口事件において，抗告後の差戻し審が逆送決定を行うことの可否をめぐって論点とされ，最高裁は，差戻し審で保護処分よりも不利益な処分を許すと少年の抗告権行使を不当に制限することになるという点を根拠として，少年手続にも不利益変更禁止原則は適用され，差戻し後の逆送決定は違法無効であるとの判断を下した[9]。

　これに対して，学説においては，最高裁判決の前後を通じて，複数の論者から，不利益変更禁止原則は抗告権保障のコロラリーと考えられるべきであるとの考えが示されてきた[10]。すなわち，不利益変更禁止が保障されなければ少年は抗告権の行使を差し控えるから抗告権保障は形骸化し，その結果，少年審判への少年の主体的参加の保障は実質的に否定されてしまうから，不利益変更禁止保障は抗告権保障の本質的，内在的要請であるとされ，さらに，抗告権保障が少年司法における適正手続の本質的要請である以上，抗告権を実質的に保障するために不可欠の不利益変更禁止保障もそれ自体適正手続の要請であるとされるのである[11]。

一方，学説では，早くから，抗告後の差戻し審における年齢超過に基づく逆送（少年法19条2項）に関しても同様の抗告権保障の形骸化問題が生じうることが認識され，年齢超過による逆送を制限する解釈が試みられていたが[12]，調布事件ではこの問題もクローズアップされた。というのは，最高裁が対象とした少年ではないが，この事件では，20歳になることが間近に迫っていたある少年について，抗告後の差戻し審が，成人に達するまで審判を開かず放置し，成人に達したことをもって，少年法19条に基づき逆送決定をするという事態も発生していたからである。そして，抗告権を実質的に保障するために不可欠の不利益変更禁止保障もそれ自体適正手続の要請であると論じた論者は，年齢超過による逆送に関しても基本的にこの考え方を推し及ぼしている。すなわち，差戻し後の年齢超過逆送も少年法20条による逆送の場合と同様に，保護処分決定の過誤に対して抗告をした少年側の権利行使を無意味なものにし，事件を保護手続で終結させる少年側の利益ないし権利も侵害されてしまうことになるから，不利益変更禁止原則に抵触し許されないとするのである[13]。

以上のような判例及び学説の理論状況を踏まえて，刑罰等緩和規定の適用における年齢切迫問題を考えてみると，ここでも防御権を行使したがために手続に時間がかかり，結果的に不利益な刑罰等が科されてしまうことを恐れて防御権行使を躊躇することで，結局，防御権行使自体が形骸化するという構造になっており，抗告後の差戻し審による逆送問題と全く同じ構造の問題が発生するといえよう。そして，抗告後の差戻し審による逆送は許されないとする主張が，少年の適正手続の要請から不利益変更禁止原則を抗告権という一場面において適用したという捉え方をして，この原則によって実効的な保障が担保される権利の対象を必ずしも抗告権に限っているわけではなく，他の手続的権利の実効的保障のために同原則を適用することが適正手続の要請になりうることを排除していないと考えられること[14]，及び年齢超過（時の経過）によって不利益となることも同じ根拠から許されないという考え方が，差戻し後の逆送の場面で，必ずしも法律の文言に捉われずに解釈によって導かれていることからすれば，刑罰等緩和規定の適用における年齢切迫問題に関しても不利益変更禁止の趣旨を及ぼすことは不可能ではないように思われる。そうだとすると，少年の適正手続を実効的に保障するために，手続上のそれぞれの権利を躊躇することなく行使できる状態を保障することが，権利の本質的内容として求められ，その具体化は，それぞれの手続の場面に応じて，逆送の場面では差戻し後の逆送の禁止としてあらわれ，刑事裁判の場面では年齢超過後の相対的に不利益な科刑の禁止としてあらわれると解することが可能であるように思われるのである。加えて，上訴審中に成人を迎えて，その後上訴審が破棄自判をする場合，学説は一般に，少年法52条の適用は排除され同条に規定された不定期刑は科せなくなるとはしているが，しかし同時に，刑訴法402条の不利益変更禁止原則が適用されることに変わりはないから，第一審の不定期刑を実質的に重くする定期刑を科すことは許されないとも理解している[15]。そうだとすると，同じく防御権を行使した被告人が，たまたま第1審中に成人を迎えるか，上訴審中に成人を迎えるかによって，前者の被告人にだけより重い刑罰を科すことを正当化することはできないと結論付ける方こそ，理論的に一貫していると言うべきではなかろうか。

(3) 上訴による救済の不十分性

ところで，年齢超過による刑罰等緩和規定の不適用は，防御権行使の実効的保障を危うくするだけにとどまらないさらなる矛盾を抱えている。再

び例を挙げよう。今，殺人罪の嫌疑で逆送，刑事裁判所に起訴され，少年時に第一審で無期懲役判決を受けた被告人がいたとして，その被告人が量刑が重過ぎるとして控訴したところ，控訴審がその主張を受け入れて破棄自判し，処断刑として有期懲役を選択することが妥当だと判断したとする。この場合，控訴審判決時に成人に達していれば最長15年の定期刑が科されうることになる。しかし，この事例で，もし第一審が最初から誤りなく量刑をしていれば，当該被告人は少年時に有期懲役を受けることができたはずであるから，少年法52条により，最長でも短期5年，長期10年の不定期刑にとどまったはずである。同様に，同じ事例で，第一審判決の死刑判決が控訴審で無期懲役になった場合，控訴審で成人に達した後に無期懲役判決を受けるか，少年時に第一審で最初から無期懲役判決を受けるかによって，少年法58条の仮出獄が許されるまでの期間および少年法59条の仮出獄期間の短縮規定の適用の可否が左右されることになる。つまり，第一審裁判所が適切な量刑を選択したかどうかで，成人に達した被告人にだけ，不利益方向に拡大した科刑の範囲の適用，あるいは仮出獄期間等の緩和規定の不適用を強いることになるわけである。しかし，かかる結論に合理的な根拠を見出すことは不可能であるように思われる。

(4) 刑罰等緩和規定の新たな解釈の必要

このように検討してくると，少年の防御権を実効的に保障し，年齢超過による不平等，不合理な取扱いを避けるためには，一般に適用の基準時が言渡し時と解されている少年法52条，58条，59条の解釈の妥当性を改めて問い直す必要があるのではなかろうか。現在，学説の大勢は，刑訴法402条の不利益変更禁止規定を適用することで，少年法52条を成人後の被告人には適用せずにこの問題の解決を図ろうとしているが，本稿で指摘したように，年齢超過による科刑等の範囲の拡大は刑訴法402条を適用できる場面だけで生じる問題ではない。確かに，少年法51条，60条との文言の比較からすれば，少年法52条等の基準時を犯行時と読むのは文言上苦しいところがあるのは事実である。しかし，同じ「少年に対する」という文言が使われている少年法50条に基づいて行われるとされる社会記録の取寄せ・活用に関しては，少年が成人に達した時点で厳密に区別するという解釈は必ずしも採られていないことに鑑みれば[16]，この文言について「判断時」以外の解釈を許さないほど限定的な意味を持たせる理由はないように思われる。そうだとすれば，少年の防御権保障という憲法上の要求を満たすために，少年法58条等の基準時を修正して解釈することは当然に許されると同時に必要でもあると考えるべきではなかろうか[17]。

3 身体拘束の長期化

(1) 少年に対する身体拘束の問題性と現状

家庭裁判所から検察官に逆送され，刑事裁判にかけられるということになると，手続に費やされる期間は必然的に長期化する。手続が進められている間，それに連動して身体拘束期間が長期化することは，成人の被告人の場合であっても問題であるが，少年の場合には，一層深刻な問題を発生させる。

第一に，少年は成長発達の途上で心身ともに未成熟であるため，身体拘束により情操が害される危険がある。とりわけ，身体拘束期間が長期にわたる場合には，学業や就業の機会を失ってしまうことも懸念される。したがって，いたずらな身体の拘束は保護・福祉的観点からみて問題が大きい[18]。

第二に，身体拘束により少年の情操が害される

ことは，単に保護・福祉的観点，あるいは刑事政策的観点のみから問題となるわけではなく，少年の成長発達権保障との関係でも重大な問題となりうる。身体拘束が与える精神的ダメージ及び学業や就業の機会の剥奪は，少年が主体的に自らの問題に向き合い，その問題の解決，克服に取り組む意欲を失わせる危険を有しているからである。少年が自らの問題の主体的な解決に取り組むことができなければ，少年が全面的に成長発達する機会は失われてしまうといわなければならない。

第三に，身体拘束，とりわけ長期にわたって身体を拘束される負担を嫌って，少年が防御権行使を躊躇し，争うことを断念してしまうことも懸念される。つまり，少年の適正手続の保障の観点からも，身体拘束は問題とされうる。もちろんこの点は，成人の場合にも同様の問題があり，人質司法という言い方で批判されているところであるが，心身ともに発達の途上にある少年の場合，手続上の負担に耐えるのは成人にも増して困難であり，長期的な利益を展望して短期的な不利益を甘受するよりも，とにかく目先の苦痛から逃れたいという考えに走りがちであるから，少年の場合には，人質司法によって生じる問題が成人よりも一層深刻な形で顕在化するといえよう[19]。

しかも，少年に対しては，単に自由権的保障として防御権を保障することだけでなく，主体的に手続に関わり，自己の意見を自由に表明することが可能となるような手続が少年の適正手続の本質的要請として求められているとすれば，争おうとする場面に限らず，身柄拘束によって主体的な問題克服へ向けた意欲を失わせること自体が，少年の適正手続を侵害することになる。

少年法は，やむを得ない場合でなければ少年を勾留することはできないと規定し（少年法48条），また勾留に代わる観護措置の規定を置くなど（少年法43条），少年の身体拘束の例外化を徹底する

いくつかの特則を用意している。したがって，少年の身体拘束に問題があることは，既に少年法自体が認識するところであるといえよう。また，国際人権法上も少年の身体拘束は最後の手段として最も短い期間に限って用いるべきことが要請されている（子どもの権利条約37条（b），北京ルールズ13.1）。さらに，犯罪捜査規範204条，208条や警察庁通達[20]においても，少年の捜査にあたっては少年の特性に鑑み，少年の心情を傷つけないように努めなければならないとされ，特に身体拘束についてはなるべく避けるべきとされている。したがって，捜査機関としても，少年の身体拘束の問題性を認識しているといえよう。

しかし，現状では，実務上，これらの規定が必ずしも充分に活用されているとは言えず，少年もかなりの事例で成人同様の扱いを受け，手続進行に連動して，身体を拘束されてしまっているとの指摘が再三なされている[21]。したがって，何よりもまず，少年法や犯罪捜査規範等の規定を実務上，遵守することが強く求められるが，同時に，起訴後勾留の規制について解釈論を追求する必要性も高いものと思われる。

(2) 起訴後勾留に対する規制の解釈論①
〜「勾留の必要性」要件の厳格化

第一に，少年法が身体拘束の最小化を要請していることに照らして，身体拘束の要件を満たしているかどうかの判断は，特に厳格に行われなければならない。とりわけ，逆送後もさらに身体拘束を継続する必要性があるといえる場面が現実にどのくらいあるのかという点は，改めて吟味してみる必要がある。

確かに，勾留の必要性については，少年は仲間意識から，安易に罪証隠滅（身代わり，口裏あわせ）に出る例も見られること，家庭等が安定せずに心情が不安定な少年も少なからず見受けられる

ことから，少年だから成人よりも罪証隠滅や逃亡のおそれが低いとは一概には言い難いという指摘も出されている[22]。したがって，その必要性を一律に否定することはできないかもしれない。しかし，まず罪状隠滅のおそれの有無について見ると，証拠のうち物証については，少年事件では，本来，家庭裁判所送致の段階で捜査を遂げ，証拠は収集し終わっているはずであり（少年法41条，42条）[23]，仮に現在の実務に従って，家庭裁判所送致後の補充捜査がありうるとしても，そこからさらに手続が進んだ逆送後の段階において少年の身体を拘束したうえでの証拠の収集が正当化されることはほとんどありえないと考えられる[24]。また，人証についても，仮に罪証隠滅行為に出る可能性を否定できないとしても，犯罪の発生及び捜査の着手から相当の時間と手続が進んだ逆送後の段階で初めて行う口裏合わせなどに罪証隠滅の現実性・実効性が果たしてどれほどあると言えるのか，疑問なしとしない。一方，逃亡のおそれに関しても，少年の場合，その能力は低く，危険は少ないとの指摘がなされており[25]，この点から勾留の必要が認められる場合も決して多くはないように思われる。

このように，少年の場合，勾留の必要性につき少なくとも評価が分かれていることに鑑みれば，その要件は，「少年を保護・監護する保護者その他適当な成人がおらず，少年が逃亡しあるいは出頭しないことにより審理が中断する具体的危険性がある場合及び少年が証人予定者に危害を加える具体的な危険性のある場合」に限定するなど[26]，厳格に判断すべきである。また，勾留の相当性（狭義の必要性）（刑訴法87条1項）についても，身体拘束が少年に与える影響の大きさを適切に考慮し，勾留が少年の成長発達権や適正手続保障に回復不可能なダメージを与えないことが事案の具体的状況に即して積極的に示されない限り，勾留が「やむを得ない」場合にはあたらず，勾留の相

当性を満たさないと考えられるべきである[27]。この点に関して，家庭裁判所送致前の捜査段階での勾留と逆送後の勾留とを分けて，後者については刑事事件としての性格が前面に出ることを根拠に「やむを得ない」場合について家庭裁判所送致前の段階に比較して緩やかに解してよいとする見解も見られるが[28]，妥当とは思われない。すでに指摘されているように，少年に対する身体拘束を厳しく制限した第一の理由は，少年の心身の発達の未成熟性，被影響性の強さに鑑み，身体拘束が少年に対し，様々な悪影響を及ぼすという点にあるのだから，少年に与える影響力の大きさに変わりはないにもかかわらず，保護事件的性格と刑事事件的性格の区別を強調し，後者について，要件を緩和できると解することには疑問がある[29]。

(3) 起訴後勾留に対する規制の解釈論②
　　～勾留期間の上限設定

第二に，勾留の要件が満たされ，勾留がなされる場合にも，少年の身体拘束の最小化の要請は等しく妥当するから，一旦身体拘束が認められたら成人と同様の期間，同様の基準で勾留を続けられると解するべきではない。

この点，同じく少年の身体を拘束する観護措置について少年法が，原則2週間，例外的に4週間と規定していたことが想起されるべきであろう。また，改正少年法を前提とするとしても，改正の議論の中で，当初，最大12週間という提案がなされたのに対して，身体拘束の問題性が強く批判され[30]，結局，最大8週間に抑えられたことも想起されるべきである[31]。少年の場合には，審理の必要性を考慮してもなお，少年の身体拘束期間に上限を設け，しかもその上限を2ヶ月程度に抑えることが必須であるというのが，市民の声に基づく立法者の意思であると見るべきではなかろうか。そして，身体拘束が少年の心身や権利行使に与え

る問題の大きさは、少年審判であっても刑事裁判であっても変わりはないことを考えれば、刑事裁判における審理の必要性を理由とする場合であっても、許される身体拘束期間には限界があると考えるのが論理的ではなかろうか。論者のなかには、12週間の観護措置が認められなかったことを批判するなかで、重大事件については罪証隠滅や逃亡の防止を図ることを目的として、「次善の策として、検察官送致を弾力的に活用せざるを得ない事例も生じ得る」と述べ、あたかも身体拘束を継続するために刑事裁判にかけることを正当化するかのような主張をしている者が見られるが[32]、このような考えは、刑事裁判においても身体拘束の例外化原則を貫いている少年法の考え方と真っ向から矛盾するものといわなければならない。

このように考えたとき、起訴後勾留の更新を例外としている刑事訴訟法の規定は、少なくとも少年の場合には特別の意味をもつものとして解釈される余地があるように思われる。すなわち、少年被告人については、起訴後勾留の更新は、如何なる場合にも正当化できないと解することができるのではなかろうか。要するに、少年については、起訴後勾留の原則的期間が身体拘束の絶対的許容限界であり、それを越える勾留は、刑訴法91条1項の「拘禁が不当に長くなったとき」に類型的にあたるとして、裁判所は義務的に保釈しなければならないと解すべきであるように思われる。かかる結論は、一見暴論のように見えるかもしれないが、一般に、少年法の健全育成という目的は少年事件手続の全過程において実現すべきであると考えられており、かつ、とりわけ少年の適正手続保障にとって、身体拘束の最小限化は成人の場合にも増してシビアに求められる要求であることからすれば、決して奇異な解釈ではない。実際上も、その間に必要な証拠調べをして、罪証隠滅の機会を失わせることは可能なはずであるし、また、義務的保釈は逃亡のおそれの如何に関わらず認められるべきものであるから、逃亡のおそれを理由に制限することもできないはずである。

(4) 起訴後勾留に対する規制の解釈論③
～勾留の環境条件に対する保障

第三に、少年の身体拘束が避けられない場合にも、身体拘束に伴う弊害・ダメージをなるべく軽減するような方法が追求されるべきである。

この点について少年法48条2項は、少年をやむを得ず勾留をする場合でも少年鑑別所に拘禁することができると規定しているが、この規定は、逆送後の勾留への適用をとくに排除されているわけではないし、むしろ少年法48条3項は、成人後引き続き少年鑑別所に勾留することさえ予定している。また、少年法45条4号のみなし勾留について、近時、学説上多数であった移管説に立った判例が出されるに至り[33]、この判例を受けて、検察官が移管請求をし、かつ裁判所がこれに同意しない限り、逆送後のみなし勾留は少年鑑別所で行われるとする少年審判規則24条の3第3項が新設されたことにより[34]、逆送後の勾留場所を少年鑑別所とすることには一層の法的根拠が与えられたと言えよう。確かに、移管説に立つ論者のなかには、一般論としては、勾留場所が人権保障上重要な要素であり、少年鑑別所の方が拘置監よりも少年の勾留場所として優れているとしながら、実際の取扱いとしては、刑事手続の対象となった少年を保護手続にある少年と同じ場所におくことは好ましくない場合が多いので、移管に同意すべき場合が多いという結論をとっている者も散見される[35]。しかしながら、少年の情操保護や成長発達権保障の観点から考えても、また捜査機関からの物理的分離と取調べの抑制が少年の適正手続、とりわけ防禦権・黙秘権を実質的に保障するために実際上きわめて高い重要性を有するという点に鑑みて

も，本来，少年鑑別所への勾留を原則とするという結論を取ってこそ，移管説の趣旨が最もよく生かされるはずである。

したがって，少年鑑別所が満員であるとか，鑑別所の大規模な改修を行なわないと家裁送致前の少年との接触が避けられないなどの例外的事情があることが積極的に認定された場合に初めて，勾留場所を拘置監に定めることが許されると結論付けるのが，公訴提起後の勾留の場合も含めて最も自然な解釈であるように思われる[36]。なお，「捜査の必要性」は，逆送後においては理論的にも現実的にも後景に退くべきであるから，拘置監への勾留を認める例外的事情には当たらないと解するべきである。

拘禁の条件としては，外部社会とのコミュニケーションの維持も重要である。特に，親とのコミュニケーションラインが断絶するか否かは，少年の情操保護や将来の自由な人格の発展にとって決定的に重要な意味を持つ。かかる重要性に鑑みれば，接見禁止処分は極力避けられなければならない。勾留の要件審査同様，接見を禁止しないと罪証隠滅あるいは逃亡の危険があることが具体的に示される必要があろう。とりわけ，親をはじめとする家族との接触を維持することは子どもの権利条約の要請でもあるから（権利条約37条(c)），親との間の接見禁止については，親に対して共犯の嫌疑が掛けられているなどの特殊な事情がある場合を除いて，認められるべきではないように思われる[37]。

4　刑事裁判の公開と少年事件の非公開原則

(1) 裁判公開原則と少年法における非公開原則との矛盾

憲法は被告人に公開裁判を受ける権利を保障している（憲法37条1項）。そして，この権利に基づき被告人に公開の場での裁判を制度的に保障している憲法82条の裁判公開原則は，かつての密室裁判による専断的・恣意的な処罰を排し，公正な裁判を保障するという重要な意義を有するがゆえに，例外を極力排除した公開原則の徹底を要求している。この原則は少年である被告人にも当然あてはまるから，逆送され刑事裁判を受けることになった少年被告人は，厳格な公開原則に基づく刑事裁判を受けることになる。

ところが一方で，少年法は，少年を晒し者にし，その情操を害し，社会復帰を妨げるおそれのある手続公開は，発達途上にある少年の立ち直り，健全育成を目的とする少年手続のあり方としてふさわしくなく，少年手続においては，手続の秘密性が必要不可欠であると考え，それを担保するために，61条の本人特定情報の報道禁止と22条の審判非公開を少年手続の本質的要請として制度化してきた。そして，健全育成，成長発達の機会の保障という少年法の理念は逆送後の刑事裁判をも含んだ少年手続全体を支配していると考えられていることは既に見たとおりである。したがって，少年法の考え方を貫くならば，本来，少年は，刑事裁判においても非公開の保障を受けられなければならないということになるはずである。

保護主義のもとにおかれている少年が同時に被告人の立場にも置かれることによって生じる刑事裁判の公開原則と少年手続の非公開原則との衝突は，手続の公開が少年に対して深刻な問題をもたらすであろうことを考えると，刑事手続に移ったのだから公開原則が優先するという形で安易に解消できる問題ではないはずである。憲法が要求する公開原則を侵さないようにしつつ，公開によって生じ得る弊害を防止，除去する方向性が模索されなければならない[38]。

(2) 裁判公開原則の意義

第一に，現代において刑事裁判の公開が，成人，

少年の場合を問わず，かえって被告人の名誉・プライバシーや生活の平穏，その他の人権を害するおそれがあることを直視し，憲法82条の公開要求をある程度緩和して解釈することを試みるという考え方が，一つの方向性としてありえよう。この立場に立つ論者によれば，憲法82条が公開の例外を極力限定しようとすること自体は公正な裁判の担保という観点から肯定されるが，裁判公開原則を当事者の公正な裁判を受ける権利の観点から限定的に捉えれば，公開の要請と訴訟関係者の人権との調整の問題は，対立する人権相互の調整問題ではなく，当事者の人権を守るという問題になるから，プライバシー侵害等の危険が明白に認められる場合に非公開にすることは，当事者の人権保障の観点からの要請としての裁判公開原則に反するものではないとされるのである[39]。

憲法82条の公開原則について以上のように理解し，被告人の人権保障との間で折り合いをつけることができれば，少年被告人についても刑事裁判における非公開を理論的に矛盾なく導き出す道が開かれることになろう。

しかし，憲法82条に対するこのような理解の仕方に対しては，異論も多く出されている[40]。とりわけ，適正手続保障を重視する立場からは，憲法82条の裁判公開原則は公正な裁判の実現へと意味づけられているからこそ絶対的性格の強い権利として捉えるべきであり，したがって「裁判公開原則の可及的絶対的保障が追求」されるべきという結論が導き出されることになる[41]。そして，この適正手続保障の絶対的保障を求める立場は本稿も与するところでもある。すなわち，被疑者・被告人に対する適正手続の保障には例外を認めるべきではなく，したがって，少なくとも刑事的な制裁が科されようとしている手続に関しては，プライバシー等の権利と公正な裁判保障との調整は，憲法によって既に済まされていると考えるのである[42]。それゆえ，非公開を求める利益が訴訟当事者の利益だからということを理由に直ちに憲法82条の公開原則の要求を緩めることには躊躇を覚えざるを得ない。

それでは，憲法82条の理解について本稿のような考え方を取る場合，刑事裁判に送られた少年は公開の刑事裁判を甘受しなければならないということになるのだろうか。そうではないように思われる。

(3) 少年手続における非公開原則の意義

少年手続における非公開原則が少年法にとって本質的要請であるということの本意は，少年の場合，公開によって侵害される権利は，単にプライバシー権や社会復帰の利益にとどまらない，より根本的・根源的な権利であるというところにある。もちろん，少年も成人同様に，公開の刑事裁判で審理されることによって，プライバシー権や名誉権を侵害され，社会復帰の利益を侵害されうることに変わりはない。しかし，少年の場合，プライバシー権や社会復帰の利益の侵害は，単にそれらの権利・利益の侵害のレベルにはとどまらず，プライバシー権等が侵害されることを通じて，少年は，全面的な成長発達の機会をも閉ざされてしまうのである。そして，そのことは同時に，少年に全面的な成長発達の機会を保障することをもその内容としている少年の適正手続を侵害してしまうことを意味する。すなわち，既に多くの論者が指摘しているように，少年の適正手続は，自由権保障に純化した成人の適正手続とは異なる独自の意義を有し，自由権保障とともに，少年の成長発達権保障のためにその主体的な非行克服を援助する手続として，少年が手続に主体的に参加して，自己の意見を自由に表明できるように保障することをもその本質的内容としているが（子どもの権利条約12条1項，北京ルールズ14.2参照）[43]，公

開の刑事裁判では，少年の手続への主体的参加を保障できる契機に乏しいといわざるを得ないのである。なぜなら，少年が自由な意見表明に基づき主体的に手続に参加することが可能になるためには，「受容的な相互理解の雰囲気に満ちた手続環境」[44]が必要不可欠になるが，公開の裁判は，そのような雰囲気が確保される環境とはとても言えないからである。考えてみてほしい。公衆の多数の目に晒されているなかで，果たして少年が，自分に関わる決して進んで触れたくはない事実を直視し，その事実と向き合い，そこから自らが抱える問題点を発見，認識し，その問題をどうやったら克服できるかを真剣に考えようなどという意欲をもつだろうか。ともすれば憤りを覚えずにいられない行為の現象面のみに目が向きがちな公衆の敵対的な視線の中に身を置く少年が，行為を行うに至った少年側の事情，検察官のストーリーに対する反論，被害者の言い分に対して言いたいことなどを手続のなかできちんと表明し，主体的に手続にかかわろうという気になるだろうか。むしろ，挫折，失意，不信の感情渦巻くなかで「どうせ言っても無駄だ。どうせ分かってくれない」という気持ちになり，手続に背を向けてしまうのが自然の感情ではなかろうか。現に，聞き取り調査においても，弁護人から，少年が公開の刑事裁判の雰囲気にのまれてしまい，尋問者の誘導につられて言うことが変転したり，顔を上げられず下を向いた姿勢のまま固まり続けるばかりだったとの指摘がなされた事案もあった。

(4) 矛盾の解消へ向けた新たな解釈の必要

以上のように，手続の非公開性が少年の適正手続の本質的内容を構成するとするならば，成人の被告人同様に少年を公開の刑事裁判において審理することは，少年の適正手続保障を侵害することになる[45]。つまり，皮肉なことだが，被告人の適正手続を保障するために例外を極力限定した公開原則が，少年被告人の適正手続保障にとっては桎梏になってしまうのである。しかし，単純に非公開にすれば，今度は，憲法82条，37条1項との整合性が取れなくなることは明らかである。そこで，憲法上の裁判公開原則を満たす限りにおいて，公判廷の傍聴等のあり方について必要な特別の措置を取り，このジレンマを少しでも解消することが，少年の適正手続保障にとって極めて重要な課題となる[46]。

具体的には，例えば，刑事弁護の実践例として，被告人質問の際に傍聴席との間に遮蔽措置を求め，実際に許可された事例があることが聞き取り調査のなかで明らかになったが，この事例のように，公衆の視線に晒されると少年が萎縮し，自由な意見表明や主体的な手続参加が阻害されると考えられる場合には，訴訟指揮権に基づき，被告人質問など場面を特定して遮蔽措置を取ったり公開を一時停止したりすることが考えられよう。また，少年の高度のプライバシーに関わる証言をする証人については，期日外尋問（刑訴法281条）によることも可能であると思われる。

さらに，聞き取り調査のなかで，捜査段階で被告人を取り調べた警察官が公判を傍聴している事例があることが明らかになった。しかし，このような傍聴人の存在を目にした少年は，捜査段階での取調べと違うことを言わないように無言の圧力をかけられていると感じるおそれが強いと言わざるを得ない。取調べ警察官の傍聴は少年を萎縮させ，主体的な手続参加を阻害する高度の危険性を定型的に有していると考えるべきであり，したがって，法廷に存在すること自体が「法廷における裁判所の職務の執行を妨げる」（裁判所法71条）場合にあたるとして，カテゴリカルに退廷が命じられるべきである。なお，改正少年法の立法の際の国会の審議では，逆送を通じた刑事裁判の活用

を拡大する根拠の一つとして被害者への情報提供にも資するという点を挙げる者が見られたが[47]，少年の適正手続保障の観点からは，むしろ被害者の面前で少年が十分に主張できるか，萎縮してしまわないかという点が考慮されなければならない[48]。確かに，被害者の優先傍聴に対する配慮は必要であるが（付随措置法2条），そうすることが少年の適正手続の保障と矛盾する場合には，傍聴への配慮の方に譲歩が求められるということにならざるを得ない。

　以上に提案したそれぞれの措置は，確かに，刑事裁判の公開性を部分的にではあるが減じるものであることは否定できない。しかし，刑事裁判の公開の第一の意義が，裁判を市民が監視することで，裁判官の恣意的・専断的な判断や訴訟指揮を防止するところにあるとすれば，遮蔽措置等の一定の措置を取ったとしても，そのような機能は最低限，維持されると考えることができるのではなかろうか。現に，いわゆる犯罪被害者保護を目的とした刑訴法改正において，証人と傍聴人との間に遮蔽措置を取ることが可能になったが，その際の議論では，裁判公開が証人の供述態度，表情を傍聴人に認識させることまで要請しているとは解されないという理解のもと，かかる措置が裁判公開原則と抵触するものではないという解釈が導き出されていた[49]。したがって，傍聴席との間に遮蔽措置を施すなど，公開のレベルを一定程度切り下げる措置を行うことが，裁判公開原則に照らして絶対に許されないとまではいえない場合がありうるとの理解に立つことは，決して不可能ではないように思われる[50]。少なくとも，少年の適正手続を実効的に保障するという目的で傍聴の方法に一定程度の制限をかけるという限度であれば，憲法37条，憲法82条あるいは憲法21条に反するものではないと解することができるのではなかろうか。

5　少年事件の刑事裁判における検察官の役割

(1) 保護主義理念に基づく訴追活動の必要性と現状

　起訴された被告人が少年であっても，刑事裁判の構造は，基本的には成人被告人の場合と異ならない。したがって，検察官は，当事者主義構造のもと，一方当事者の地位に立ち，訴追官として，有罪判決の獲得を目指して立証活動を行うことになる。

　しかしながら，逆送後の刑事手続といえども，少年司法の一局面であり，健全育成，成長発達の機会の保障という少年法の保護主義理念は，逆送後の刑事手続を含めた少年手続全体に貫かれるべきであるから，少年被告人に対して，成人被告人の場合とまったく同じような訴追活動が許されると考えるべきではなく，そこにはおのずから，保護主義理念に基づく限界があると考えるべきである。斉藤豊治が正しく指摘しているように，「逆送後も検察官は少年法の理念である健全育成，成長発達への配慮義務が課され，それによって訴追活動は規制されると解するべきであろう。いたずらに攻撃的な態度は疑問であり，少年の健全育成，成長発達を促すという見地に立った活動が求められる」というべきであろう[51]。

　ところが，現実には，検察官は刑事裁判において必ずしもそのような配慮をするとは限らないようである。聞き取り調査からは，少年被告人の人格を全面的に否定するかのような論告を行ったり，威圧的な声で問い質したりする検察官の姿が浮かび上がってきた。その結果，少年審判を通じてせっかく進みつつあった少年の内省が止まってしまった場合があると指摘する弁護人もいた。そもそも被告人の全人格を否定するような論告をするなどということは，成人被告人の場合であって

も行われるべきではないと考えられるが，ましてや少年被告人に対してそのような訴追活動をすることは，少年の成長発達，健全育成を阻害する行動としてきわめて問題が大きい。検察官が少年である被告人の特性に配慮することなく，威圧的な訴追活動を行っているとしたら，即刻そのような態度は改めるべきであり，その必要性を明らかにするためにも，検察官には健全育成・成長発達への配慮義務があることを改めて確認しておくことは，きわめて重要な意義を有しているといえる。しかし，検察官に対するかかる義務付けが，配慮義務という，いわば検察官の倫理・良心のレベルのみで問われる問題にとどまるとすれば，その効果には一定の限界があることを認めざるを得ないように思われる。かつて，検察官の客観義務論が論じられた際に，小田中聰樹は，検察官の実体的真実発見者および刑事政策主体としての立場ないし役割は，「中立性，客観性，人権擁護性を基礎づけ得ない。それどころか，刑罰権の実現者とされている検察官に対し客観性，中立性，人権擁護性へ自己を義務づけることを要求することは，検察官に対し二律背反的な立場ないし任務を要求するものではないだろうか」との疑問を投げかけていた[52]。いわゆる訴訟的捜査構造論を批判する文脈でなされた指摘をここでの問題に直ちに当てはめることは必ずしも適切ではないが，しかしなお，検察官の本性，属性をリアルに捉えたこの指摘は，少年被告人の刑事裁判における検察官の訴追活動の規制のあり方を考える上で一定の示唆を与えているように思われる。すなわち，検察官の健全育成・成長発達に対する配慮義務は，法的義務として構成する必要があるように思われるのである。そして，そのような構成をとることは，現時点までの少年の権利をめぐる理論的到達点を踏まえれば，決して不自然な結論ではない。

(2) 検察官の成長発達配慮義務の権利論的構成の試み

すなわち，再三指摘しているように，少年法の理念である十全な成長発達権の保障に基礎付けられた手続への少年の主体的参加の保障は，少年の適正手続の本質的内容でもある。したがって，少年の成長発達へ配慮すべき義務は，同時に，検察官の適正手続擁護・遵守義務の内容にもなるというべきなのである。少年の成長発達への配慮義務が少年の適正手続保障の内容を構成するとすれば，その配慮義務に反して少年の手続への主体的な参加を阻害する検察官の活動は，単なる職業倫理違反や組織内部の規範違反にとどまるのではなく，むしろ端的に適正手続違反を問われるとの結論に至る方が論理的である。

このように考えるとき，検察官による少年の健全育成配慮義務は，少年の適正手続，少年の公正な裁判を求める権利として再構成されるべきであることが明らかになろう。そして，その場合には，少年被告人は，検察官に対して，配慮義務として求められていた行動や訴追活動のあり方を適正手続の保障の内容として要求することができることになるし，打撃的な論告などの先に挙げたような検察官の活動に対しては，適正手続違反を争う道が開かれることになる[53]。多様な検察官の行動を全て検討する余裕はないので，ここでは，聞き取り調査のなかで浮かび上がってきた主要な問題点である検察官の論告のあり方に絞って，検討しておくこととする。

(3) 検察官の論告に対する法的規制の可能性

そもそも被告人が成人である場合でも，検察官は事実認定および刑の量定に関連する範囲を超えて，自由に陳述することが許されているわけではない。というのも，刑訴法295条1項は，訴訟関係人のする尋問又は陳述及び，訴訟関係人の被告

人に対する供述を求める行為が事件に関係ない事項にわたるときや相当でないときには，これを制限することができると規定しているが，一般に，威圧的，嘲弄的，侮辱的，陥せい的尋問（刑訴規199条の13），他人の名誉を毀損するような尋問，質問，陳述（刑訴規199条の6但書）は本条にいう「相当でないとき」にあたると解されており，「陳述」には，冒頭陳述（刑訴法296条），論告（刑訴法293条）も含まれると理解されているからである[54]。

最高裁も，検察官が論告の際に被告人とは異なる第三者に対して行った言及が名誉毀損に当たるか否かが問われた民事訴訟においてではあるが，「もっぱら誹謗を目的としたり，事件と全く関係がなかったり，あるいは明らかに自己の主観や単なる見込みに基づくものにすぎないなど」，その目的，範囲を著しく逸脱する論告や甚だしく不当な方法による陳述をすることは許されないとの判断を示している[55]。

しかも，最高裁の判断は，名誉という，適正な事実認定や刑の量定をするために必要な検察官の自由な陳述との間で衡量され，場合によっては，劣後させられる権利が問題となった事案について，検察官や国家が実体法上の責任を問われた場合に対するものである。対象が少年の被告人であり，しかも，侵害されようとしている権利が適正手続の保障であり，さらに検察官個人や国家に実体法上の責任が負わされようとしている場面でもない場合について，許されない論告の範囲が，「著しい」逸脱に限られると解する必要はないであろう[56]。検察官の論告や被告人質問が被告人に与える影響力の大きさとそれに耐える力が弱いという少年の特性に鑑み，また，打撃的な質問や論告によって侵されようとしている権利が少年の根源的な権利である成長発達権及びそれを基礎とする少年の適正手続であることに思いをいたせば，より打撃的でない方法では論告等の目的を達成できなかったといえる場合でなければ，刑訴法295条にいう「相当でないとき」にあたると評価すべきではなかろうか。

したがって，裁判所としては，検察官の論告，尋問，質問等が「相当でないとき」にあたらないかどうかを厳格に判断し，時機を失せずに制限することが求められよう。裁判所が適切な措置を取ることなく，論告等が強行された場合には，最終的には適正手続違反を理由に公訴棄却が求められることもありうると考える[57]。

結びに代えて

以上，少年法改正による逆送ケースの増加にしたがって顕在化してきた少年の刑事裁判をめぐる様々な問題点をいくらかでも解消することを目指して，逆送後の刑事裁判のあり方について，主として改正少年法の規定を前提とした解釈論を基本としつつ，一部立法的提案も含めて論じてきた。健全育成・成長発達の機会，そして少年の適正手続を保障するために求められる逆送後の刑事裁判とは具体的にどのようなものなのかについて，ある程度明らかになったのではないかと考える。

もちろん，本稿で提案した内容が全て実現されたからといって，逆送された全ての少年について適正手続が保障されるということになるわけではない。多くの少年にとっては，本稿での提案は，刑事裁判が引き起こす十全な成長発達の機会及びそれと結びついた少年の適正手続保障の侵害状況を多少なりとも緩和するという意味合いしか持たないだろう。そういう意味で，本稿で試みた議論は，解釈論はもとより，立法論も含めて，彌縫策に過ぎないといわざるを得ない。刑事裁判において少年の健全育成を図り，成長発達の機会及び少年の適正手続を保障しようとすることには根本的な矛盾が存在するというのが，大方の少年につい

ての結論であり，これらの大多数の少年にとっては，結局のところ，問題の根本的な解決は，逆送しないことに尽きるのである。

　また，刑事裁判によることが当該少年の適正手続を保障すると言え，かつ，刑事処分を科すことが少年の非行克服へ向けた主体的な成長発達の機会を保障すると言えるごく例外的な場合であっても，本稿で検討したような措置は等しく保障されるべきである。なぜなら，少年の成長発達権およびそれに裏打ちされた少年の適正手続は，少年司法全体に貫徹されるべきものであり，少年を不利益変更の危険に晒し，防禦権行使を阻害するような制度，自らの意見を自由に述べることを妨げる制度あるいは，不必要に人格非難，攻撃的な検察官の訴追活動が，それぞれ，適正手続保障のために必要であるとはどのような場合であっても言えないはずからである。つまり，本稿の提案が，必ず満たさなければならない不可欠の条件として位置づけられた場合にはじめて，ごく稀ではあるが，刑事裁判で少年の適正手続を保障できる場合を想定することが可能になると言うべきではなかろうか。逆に言えば，本稿で提示したような条件が整備されずに，成人と全く同一の刑事手続しか用意されないとすれば，いかなる枠組みで逆送要件を設定したとしても，その違憲性が正面から問われざるを得なくなるものと思われる。

1　本条項について一定の犯罪類型で家裁送致された少年の原則逆送を定めた規定と理解することに疑問を投げかけるものとして，参照，斉藤豊治「少年法の運用に関する所見」現代刑事法5巻8号（2003年）61頁以下，葛野尋之「少年法における検察官送致決定の意義——家庭裁判所の説明責任——」立命館法学283号（2002年）1頁以下〔葛野尋之・後掲注（43）567頁以下所収〕，前野育三「少年に対する厳罰化要求と『改正』少年法」法と政治52巻1号（2001年）30頁以下。いわゆる重大事件を起こした少年こそ，成長発達の過程に深刻な問題を抱えている場合が少なくなく（参照，家庭裁判所調査官研修所監修『重大少年事件の実証的研究』〔司法協会・2001年〕），したがってその問題を解決し，少年の改善更生，社会復帰を働きかける方法としては制裁的措置よりも教育的保護的対応こそが有効な場合が一層多いと考えられることから，私も，この規定を原則逆送規定と解することには，少年の成長発達権保障に基づき少年の主体的な非行克服を援助するという少年法の理念に照らして，多大の疑問を持つ。

2　参照，最高裁判所事務局家庭局「改正少年法の運用の概況」最高裁ホームページ http://courtdomino2.courts.go.jp/tokei.misc.nsf 参照。

3　葛野尋之・前掲注（1）1頁以下，村井敏邦『刑事訴訟法』（日本評論社・1996年）180頁以下。

4　澤登俊雄『少年法入門〔第2版補訂〕』（有斐閣・2003年）220頁。同旨，田宮裕＝廣瀬健二編『注釈少年法〔改訂版〕』（有斐閣・2001年）363頁。

5　村井敏邦・前掲注（3）186頁。

6　田宮裕＝廣瀬健二編・前掲注（4）409頁，411頁以下。

7　最判昭34・7・3刑集13巻7号1110頁，最決昭29・6・30家裁月報6巻7号89頁。最判昭26・8・17刑集5巻9号1799頁，田宮裕＝廣瀬健二編・前掲注（4）412頁，平場安治『少年法〔新版〕』（有斐閣・1987年）444頁，団藤重光＝森田宗一『ポケット注釈全書　新版少年法〔第2版〕』（有斐閣・1984年）429頁など。

8　これらの想定は，単なる教室設例ではない。現に，聞き取り調査においても，実際には一部無罪を争う方針が貫かれた事案であったが，検察官が無罪判決に納得せずに控訴した場合に控訴審継続中に成人に達し，控訴審の破棄自判によって10年以上の自由刑が科されてしまう可能性を考えて，争うことをやめる選択に追い込まれることもあってもおかしくないような事案が存在した。

9　最判平9・9・18刑集51巻8号571頁。

10　斉藤豊治『少年法研究1　適正手続と誤判救済』（成文堂・1997年）189頁，高田昭正「保護処分決定に対する抗告と抗告審決定の効力」法律時報67

巻7号（1995年）35頁，村山裕「豊田判決（地裁）の意義は」法学セミナー490号（1995年）63頁。

11 葛野尋之「少年司法における不利益変更禁止原則—新しい『保護』理念と少年審判を受ける権利」静岡大学法政研究2巻2号（1997年）88頁以下。

12 伊藤政吉「少年保護事件の差戻と年齢超過の問題」家裁月報7巻6号（1955年）127頁以下。

13 高田昭正「少年保護事件における不利益変更禁止—調布駅前事件第一審判決」判例評論449号（1996年）230頁，荒木伸怡「調布駅南口事件の現状と展望」季刊刑事弁護5号（1996年）22頁以下，荒木伸怡「調布駅南口事件 最高裁判決をどう読むか」季刊刑事弁護13号（1998年）12頁以下，木下淳博「こんな裁判は許されない」法学セミナー490号（1995年）75頁，葛野尋之「〈調布事件〉少年審判と不利益変更禁止原則」法学セミナー504号（1996年）11頁，佐々木光明「少年から見た『調布駅南口事件』」法学セミナー490号（1995年）54頁，多田元「調布駅南口傷害事件の意味するもの」自由と正義46巻1号（1995年）99頁，村山裕・前掲注（10）64頁以下。

14 高田昭正『刑事訴訟の構造と救済』（成文堂・1994年）223頁以下。

15 学説は，この理解を前提として，実質的に不利にならない刑罰の基準を第一審の不定期刑の短期に求めるか，長期に求めるか，中間位に求めるかで争っている。判例も，不利益変更禁止原則の適用を前提として，中間位説に立っている。参照，最判昭32・9・20刑集11巻9号2353頁。学説の議論状況については，参照，田宮裕＝廣瀬健二編・前掲注（4）413頁以下，竹村典良・少年法判例百選112事件解説。

16 田宮裕＝廣瀬健二編・前掲注（4）408頁。仲家暢彦「若年被告人の刑事裁判における量刑手続—少年調査記録の取扱いを中心として—」中山善房判事退官記念『刑事裁判の理論と実務』（成文堂・1998年）335頁以下。ただし，そもそも刑事裁判所による社会記録の活用をなんらの制約なく認めてよいかという点については，家庭裁判所調査官の役割，社会調査の意義に照らして，本質的な疑問が提起されていることに注意すべきである。本稿も基本的に，この疑問を共有する。参照，本特集・岡田論文（岡田行雄「改正少年法における社会調査」）。本稿が，少年法50条に基づく刑事裁判所による社会記録の活用の点を指摘したのは，あくまでも，「少年に対する」という文言について時期的に柔軟性を持たせる解釈が行われている実例を示すためであり，社会記録の取寄せ自体の是非を論ずるために言及したわけではないことに注意されたい。

17 山口直也・少年法判例百選111事件解説は，少年期という成長発達の途上に犯した過ちを契機にしてその者に対して行われる保護・教育を目的としている点では，判決確定時に少年か成人かで区別する必要はないとして，少年時に第一審で不定期刑を言渡され上訴審継続中に成人に達した場合について，不定期刑を科すことができるとする。ただし，少年法52条の直接適用には無理があるとして，同条を「第一審で不定期刑判決を受けた少年に対して」と読み替えて類推適用すべきとされる。山口説は，少年法52条の文言の解釈を少年の利益のために柔軟に解釈することを認める点で本稿と軌を一にするが，手続上の防御権行使よりもむしろ不定期刑が可塑性に富む少年の健全育成目的の達成に資することを根拠とし，第一審で不定期刑が出されている場合に限って類推適用を認める点で，本稿の考え方とは異なっている。

18 田宮裕＝廣瀬健二編・前掲注（4）375頁，及川憲夫「少年に対する勾留の実務上の諸問題」家裁月報34巻9号（1982年）11頁，森冨義明「少年に対する勾留の要件と勾留場所の指定」家裁月報46巻3号（1994年）96頁。

19 日本弁護士連合会編『追いつめられる子どもたち—少年司法改革の実現を目指して』（現代人文社・1999年）16頁，137頁。身体拘束を利用した違法・不当な取調べによって少年の情操が害され，さらには虚偽自白を強いられたことを指摘する論稿は，枚挙に遑がない。例えば，参照，川上正彦「代用監獄における少年被疑者の取調べ」自由と正義46巻10号（1995年）168頁，下林秀人「冤罪はなぜ後を絶たないのか？」法学セミナー547号（2000年）33頁以下，新倉修＝佐々木光明

「改革は捜査のあり方の見直しから―山形マット死事件から学ぶ」団藤重光＝村井敏邦＝斉藤豊治編『ちょっと待って少年法「改正」』（日本評論社・1999年）181頁以下，羽倉佐知子「綾瀬母子殺害少年事件」自由と正義42巻5号（1991年）107頁。違法・不当な取調べ事例の総合的な紹介，検討として，日本弁護士連合会子どもの権利委員会編『少年警察活動と子どもの人権〔新版〕』（日本評論社・1998年）37頁以下。

20　警察庁乙生発第4号平成14年10月10日「少年警察活動推進上の留意事項について（依命通達）」

21　参照，服部朗＝佐々木光明『ハンドブック少年法』（明石書店・2000年）155頁，及川憲夫・前掲注（18）1頁以下，須網隆夫「少年冤罪事件と捜査・取調」法学セミナー増刊『少年非行』（日本評論社・1984年）241頁，日本弁護士連合会「資料・刑事司法改革の実現に向けてのアクション・プログラム〔第4回〕」自由と正義47巻8号（1996年）201頁以下。

22　廣瀬健二「少年審判における非行事実認定手続―審判の現場から見て」荒木伸怡編『非行事実の認定』（弘文堂・1997年）239頁。

23　荒木伸怡「少年法と刑事訴訟法の交錯―事実認定を中心に―」澤登俊雄先生古稀祝賀論文集『少年法の展望』（現代人文社・2000年）182頁，川崎英明「補充捜査」法律時報67巻7号（1995年）22頁以下，葛野尋之「研究者から見た補充捜査」法律時報63巻12号（1991年）39頁，村井敏邦・前掲注（3）163頁。

24　須納瀬学「弁護士から見た補充捜査―福岡早良強姦未遂事件の実態と問題点」法律時報63巻12号（1991年）44頁が指摘するように，この段階で証拠が収集できていないとすれば，それは，捜査機関の手抜き，ミスにほかならないといわざるを得ないだろう。

25　前野育三「少年司法における事実認定―非行事実と要保護性」荒木伸怡編『非行事実の認定』（弘文堂・1997年）162頁，財前昌和「少年事件における身柄拘束をめぐる諸問題」神戸学院法学24巻2号（1994年）150頁。斉藤豊治・前掲注（10）80頁。

26　日本弁護士連合会「少年司法改革に関する意見書」自由と正義49巻9号（1998年）161頁以下。

27　勾留の相当性の判断に際して，勾留が少年の心身に与える悪影響や学業の機会を奪う危険性を考慮すべきと指摘するものとして，参照，財前昌和・前掲注（25）150頁。

28　角谷三千夫「少年に対する勾留の制限―少年法にいわゆる『やむを得ない場合』の意義について」司法研修所報28号（1962年）184頁以下，岸本昌己「検察官送致決定と観護措置（少年法第17条第1項第2号）の関係」司法研修所報30号（1963年）171頁。ただし，角谷論文，岸本論文も，少年の身柄拘束はできるだけ避けるべきであるとし，逆送後の少年の勾留についても，成人の場合に比して高度の必要性を求めている。

29　野曾原秀尚＝小熊桂「少年法48条1項の『やむを得ない場合』の意義」判例タイムズ臨時増刊296号（1973年）312頁，植村立郎「勾留を必要とする『やむを得ない場合』」別冊判例タイムズ6号（1979年）231頁。ただし，植村論文は，本文のように解したうえで，必要性の判断基準については「成人に比べやや厳格に行なうことになろう」と述べるにとどまっている。

30　少年法「改正」問題研究会「私たちは今回の『改正』法案に反対します」団藤重光＝村井敏邦＝斉藤豊治『ちょっと待って少年法「改正」』（日本評論社・1999年）118頁，日本弁護士連合会・前掲注（26）131頁以下，若穂井透「少年法改正に関する法制審議会答申の問題点と今後の課題」自由と正義50巻3号（1999年）93頁，梶田英雄「適正手続の課題―裁判官から見た少年法改正―」犯罪と刑罰14号（2000年）109頁以下。

31　この点に関しては，当初の内閣提出法案どおり最大12週間の観護措置を認めるのが適当であって，8週間に切り下げたことに合理的な理由は見出せないと主張する論者も見られるところであるが，身体拘束が少年の権利保障，利益保障に与える様々な問題点を考えれば，本来改正すべきではなかったとはいえ，改正法が8週間に限定したことは，決して不合理ではないと思われる。最大12週間の観護措置を認めるべきであったと主張するも

のとして，例えば，川出敏裕「非行事実の認定手続の改善と被害者への配慮の充実」ジュリスト1195号（2001年）21頁，田宮裕＝廣瀬健二編・前掲注（4）151頁など。

32 田宮裕＝廣瀬健二編・前掲注（4）151頁。

33 最決平13・12・10判例時報1767号139頁，なお参照，京都地命昭43・12・28判例時報561号90頁。移管説に立つ学説としては，例えば，参照，岸本昌己・前掲注（28）172頁，松本時夫「判批・最決平13・12・10判例時報1767号139頁」ジュリスト1124号〔平成13年度重要判例解説〕（2002年）207頁，松山恒昭「身柄付検察官送致決定により観護措置が勾留とみなされる場合の勾留の基礎となる事実およびその場合の勾留場所」判例タイムズ296号（1973年），財前昌和・前掲注（25）165頁。

34 この点について詳細は，参照，柴田雅司「観護措置に関する実務上の諸問題（下）」家裁月報55巻7号（2003年）53頁以下。

35 小林充「少年法一七条一項二号の観護措置決定が同法四五条四号によって勾留とみなされた場合の勾留場所」新関雅夫＝佐々木史朗ほか『増補　令状基本問題　上』（一粒社・1996年）61頁以下，田宮裕＝廣瀬健二編・前掲注（4）386頁以下，中田昭孝「少年の勾留場所」判例タイムズ296号（1973年）319頁。

36 みなし勾留の勾留場所を原則として少年鑑別所にすべきとするものとして，水谷規男「少年法45条4号による『みなし勾留』と勾留の場所」法学セミナー571号（2002年）112頁。

37 同旨，及川憲夫・前掲注（18）29頁以下。

38 公開の刑事裁判が少年のプライバシーや情操，社会復帰等，様々な権利，利益を損なうことを懸念し，非公開を求める論者は少なくない。例えば，参照，田宮裕＝廣瀬健二編・前掲注（4）407頁，後藤弘子編『少年犯罪と少年法』（明石書店・1997年）59頁以下〔黒岩哲彦〕，多田元「少年事件の弁護はどのように行うか」竹澤哲夫＝渡部保夫＝村井敏邦編『刑事弁護の技術（下）』（第一法規出版・1994年）443頁，前野育三「少年司法の現状と改革への提言」『中山研一先生古稀祝賀論文集　第5巻　刑法の展開』（成文堂・1997年）195頁，〈座談会〉「少年法改正の経緯と展望」現代刑事法24号（2001年）11頁以下〔廣瀬健二発言，佐藤博史発言〕。

39 浦部法穂「訴訟記録の公開と憲法」福島至編著『コンメンタール刑事確定訴訟記録法』（現代人文社・1999年）202頁以下，浦部法穂『全訂憲法学教室』（日本評論社・2000年）310頁，佐藤幸治『憲法〔第3版〕』（青林書院・1995年）319頁以下，野中俊彦＝中村睦男＝高橋和之＝高見勝利『憲法Ⅱ　第3版』（有斐閣・2001年）248頁〔野中俊彦〕。

40 表現の自由・知る権利の観点からの批判として，参照，田島泰彦「少年事件と表現の自由」田島泰彦＝新倉修編『少年事件報道と法』（日本評論社・1999年）9頁以下。その他，松井茂記『少年事件の実名報道は許されないのか』（日本評論社・2000年）113頁以下など参照。

41 小田中聰樹「裁判と国民―裁判の公開を中心に」福島至編著『コンメンタール刑事確定訴訟記録法』（現代人文社・1999年）211頁以下。

42 渕野貴生「少年『犯罪』と審判公開」新倉修編著『少年「犯罪」被害者と情報開示』（現代人文社・2001年）73頁以下。

43 葛野尋之『少年司法の再構築』（日本評論社・2003年）72頁以下，福田雅章「子どもの人権と少年法改正」刑法雑誌39巻3号（2000年）102頁以下〔福田雅章『日本の社会文化構造と人権』（明石書店・2002年）496頁以下所収〕。なお参照，山口直也「少年事件と被害者の権利」田島泰彦＝新倉修編『少年事件報道と法』（日本評論社・1999年）66頁以下。山口論文は成長発達権を保障するために非公開原則が適正手続の内容として求められると述べている。

44 葛野尋之「刑事裁判の公開と少年審判の非公開―少年の適正手続としての審判非公開―」澤登俊雄先生古稀祝賀論文集『少年法の展望』（現代人文社・2000年）235頁〔葛野尋之・前掲注（43）411頁以下所収〕。

45 したがって，本稿の立場からは，表現の自由・知る権利の観点から公開を正当化することもできないことになる。この点について，詳細は，参照，

渕野貴生・前掲注（42）70頁以下。なお，参照，葛野尋之・前掲注（44）236頁以下。

46 いわゆるバルジャー事件ヨーロッパ人権裁判所判決が有する意義を明らかにしつつ，この点を指摘するものとして，葛野尋之「刑事裁判への実効的参加と少年の公開刑事裁判―バルジャー事件裁判に関するヨーロッパ人権裁判所判決の意義―」『光藤景皎先生古稀祝賀論文集下巻』（成文堂・2001年）878頁以下〔葛野尋之・前掲注（43）・428頁以下所収〕。

47 参照，第150回国会衆議院法務委員会平成12年10月24日〔杉浦正健発言〕。

48 少年審判に対する被害者の傍聴の是非に関してであるが，被害者の出席が少年の自由な意見表明を萎縮させるおそれがあることを指摘するものとして，少年犯罪被害者支援弁護士ネットワーク編『少年犯罪と被害者の人権』（明石書店・2001年）71頁〔児玉勇二〕。

49 〈座談会〉「犯罪被害者の保護―法制審議会答申をめぐって」ジュリスト1176号（2000年）22頁以下〔川出敏裕発言，大谷直人発言〕，酒巻匡「犯罪被害者保護等のための新法律」松尾浩也編著『逐条解説　犯罪被害者保護二法』（有斐閣・2001年）16頁，同書・75頁〔甲斐行夫＝神村昌通＝飯島泰〕

50 ただし，証人保護・被害者保護を目的として傍聴席との間に遮蔽措置を認めることには疑問がある。刑事裁判における証人は，表情も含めて一般市民の目に晒され，監視されたなかで証言してこそ，つまり誤解を恐れずに言えば，一定の精神的心理的負担を負いつつ証言してこそ，手続の公正さが満たされ，また真摯な証言も得られると考えるべきであり，とりわけ被告人に不利益な方向の証言をする証人について，表情や姿が見えなくても被告人の公開裁判を求める権利を侵害しないとはいえないように思われる。本稿で論じている，少年の適正手続保障と被告人の公開裁判を受ける権利との衝突が問題となっている場面とは，権利の絶対性の有無等，問題の性質が異なるから，少年の適正手続保障を目的として遮蔽措置等が取れるからといって，証人保護目的のための遮蔽措置までが自動的に正当化されるわけではないことに注意を要する。

51 斉藤豊治・前掲注（1）65頁。

52 小田中聰樹「捜査の抑制」別冊判例タイムズ『刑事訴訟法の理論と実務』（判例タイムズ社・1980年）〔小田中聰樹『刑事訴訟と人権の理論』（成文堂・1983年）105頁以下所収〕。

53 既に，葛野尋之は，「適正手続あるいは公正な裁判を受ける権利の本質的要請として，手続参加権が保障されていると理解すべき以上，裁判所は，実効的な手続参加が現に確保されているか確認しなければなら〔ず〕」，とりわけ，少年の刑事裁判については，「必要な場合には，……訴訟運営の仕方や開廷時間，手続関与者の服装・態度の配慮など，被告人の理解と参加を促進するための特別措置をとらなければならない」と論じ，検察官の訴追活動のあり方が適正手続の問題になりうることを示唆していた。参照，葛野尋之・前掲注（46）881頁以下。

54 小田中聰樹＝大出良知＝川崎英明編『刑事弁護コンメンタール刑事訴訟法』（現代人文社・1998年）259頁，262頁〔梅田豊〕，門口正人「判例解説・最判昭和60年5月17日」法曹時報38巻11号（1986年）237頁，平場安治＝高田卓爾＝中武靖夫＝鈴木茂嗣『注解　刑事訴訟法　中巻（全訂新版）』（青林書院，1982年）505頁以下〔高田卓爾〕，藤永幸治＝河上和雄＝中山善房編『大コンメンタール刑事訴訟法　第4巻』（青林書院・1994年）523頁，540頁以下〔高橋省吾〕。

55 最判昭60・5・17民集39巻4号919頁。

56 検察官の陳述・尋問について，「著しく」逸脱する場合よりも広い範囲で違法性を認める可能性を示唆するものとして，参照，鈴木茂嗣「検察官論告による第三者の名誉毀損と国賠法1条の適用」民商法雑誌96巻5号（1987年）675頁以下。

57 裁判官が打撃的な質問をすることも少年の適正手続違反にあたるのは当然である。検察官についてはともかく，公正中立な立場にあるべき裁判官について，本来このような指摘はするまでもないはずであるが，聞き取り調査からは，必ずしもそのような信頼を置くことのできない裁判官の存在が垣間見えたため，念のために付言しておく。

英文要旨
Summary: Public Criminal Trial and Due Process for Juveniles

Key words: Mitigation of Punishment, Closed-door Proceeding, Detention, Sound Development, Due Process Protection

Takao FUCHINO

Assistant Professor of Law, Shizuoka University

The revised Juvenile Law made it possible to put juveniles on public criminal trial in a number of cases. However, judging juveniles in a criminal trial will hinder them from receiving educational assistance and due process protection. In this paper, we have discussed some problems that arise due to judging juveniles in a criminal trial, examined them dogmatically, and made legislative proposals to solve them.

According to several provisions of Juvenile Law, juveniles who have been judged under a criminal trial would have received milder punishment compared with the adults. However, according to the current law, for a defendant to receive milder punishment, the defendant must necessarily be a minor when sentenced. Therefore, the defendants who come of age during a trial may receive heavier punishment. Such a situation is a serious problem which conflicts with the defendant's right to appeal. To resolve this problem, we should apply these provisions to defendants who come of age on trial as well as to the minors.

The Constitution guarantees right to public trial to a defendant, while the Juvenile Law requires closed-door proceeding for juveniles. When a juvenile is put on criminal trial, it is very difficult to meet both these demands. It is therefore necessary to lower degree of openness by measures such as covering the court from the gallery and/or closed-door trial during the interrogation of the defendant, unless such measures infringe on the defendant's right to public trial.

In a trial, when a public prosecutor questions a juvenile defendant, or delivers his concluding speech, he may accuse the juvenile, or through his speech damage the human dignity of a juvenile. It can be stated that such lawsuit activities of a public prosecutor infringe on the due process protection and the juvenile's right to sound development. This is because the more a public prosecutor attacks a juvenile's character, the less the juvenile intends to actively cooperate in the justice process.

Furthermore, in order to secure due process protection required for sound development of juveniles, the juvenile defendants should be released on bail as early as possible.

特集 改正少年法の検証

少年に対する量刑判断と家庭裁判所への移送判断

キーワード: 成長発達権, 量刑基準, 責任能力, 保護処分, 刑罰

本庄　武　一橋大学大学院法学研究科専任講師

はじめに

　少年に対する刑事処分については，少年法51条以下に特則がおかれ，成人よりも軽い処分が予定されていた。しかし，2000年に改正された少年法において，逆送可能年齢が16歳から14歳に引き下げられ，故意による死亡事件における「原則」逆送の規定が導入された結果，少年が刑事処分を受ける可能性が増加した（20条）。また，犯行時18歳未満の少年についての無期刑の緩和について，従来は必要的であったのが任意的と改められた（51条2項）。犯行時18歳未満の少年について死刑を必要的に無期刑に減軽する規定（51条1項）は存置されたが，その場合の仮釈放可能期間について従来は7年であったものが，一般の場合と同様10年と改められた（58条2項）。これらの改正は明らかに少年に対する厳罰主義の導入を意図しており，成人と同じく扱う場合を拡大したものである。改正法は，少年法の理念を後退させたと評価できるであろう。

　他方で改正法は，少年に対する死刑の回避（51条1項），有期刑を言い渡す際の不定期刑の原則（52条）などの少年に対する刑事処分の特則はなお存置した。改正によって，少年に対する刑事処分について，成人とは異なった考え方で臨むという発想が完全に否定されたのではなく，それは確実に少年法に息づいていると言ってよい。また少年法55条は，一旦逆送された少年を刑事裁判所から家庭裁判所へ移送（以下，再移送という）する

ことを予定しており，そこには少年に対する刑事罰はできるだけ回避されるべきとの発想が看取できる。

　翻って考えてみると，今回の改正は，少年に刑事罰を科す理由は何か，また刑事罰は少年にいかなる影響を及ぼすか，といった問題を改めて提起しているといえる。これは，改正の是非という問題を超えて，少年に対する刑事罰のあり方についての基礎的考察を要する問題である。本稿はこのような問題意識から，少年事件における量刑及び再移送のあり方について論じようとするものである。その際には，子どもの権利条約6条に示唆されているように，少年は固有の権利として成長発達権を有しており[1]，刑罰を受ける際も自らの力で犯罪を克服し，社会復帰をしていく権利を有していることを踏まえることは当然であろう。

1　少年法改正前後の量刑の動向

(1) 統計から見た動向

　まず統計資料により少年量刑の動向を確認しておく。統計からは，2001年4月1日の改正法施行後，第一審で有罪を言い渡された少年の数が顕著に増加していることが分かる。これは原則逆送規定が導入された結果ではないかと推測できる。特に2002年に関しては，無期懲役（これには死刑を減軽された場合と無期刑が維持された場合が含まれる）が4名，無期刑減軽による10年以上15年以下の定期刑が2名と，絶対数は少ないものの事案

少年（判決時20歳未満の者）の罪名別通常第一審有罪・移送人員

（1997年～2002年）

区　分	有罪総数	無期懲役・禁錮	有期懲役・禁錮					罰金	家裁へ移送
			不定期刑	定期刑	うち，10年以上15年以下	うち，執行猶予	うち，保護観察付		
1997年	161	—	38	120	—	120	25（20.8%）	3	3
1998年	161	1	46	114	—	113	26（23.0%）	—	5
1999年	158	—	42	113	2	109	26（23.9%）	3	6
2000年	151	3	55	91	—	88	20（22.7%）	2	2
2001年	197	—	67	126	—	124	18（14.5%）	4	5
2002年	236	4	83	147	2	142	31（21.8%）	2	9

司法統計年報より作成。

に応じて積極的に重い刑を用いる傾向が看取される。それ以外に自由刑に関しては，絶対数の増加に応じて不定期刑，定期刑とも増加している。不定期刑の増加からは，少年刑務所に送られる少年の数が増加していることがわかる。実刑の大部分を占める不定期刑を言い渡される割合は，2000年に増加して以来，有罪総数の35％前後で推移している。定期刑については，その大部分が執行猶予に付されており，相変わらず保護観察が付されない場合が多数を占めていることからすれば，必要な働きかけが行われないまま司法手続きから外れている可能性の高い少年の数が増加していることがわかる。

更に，「原則」逆送事件における量刑の動向について，最高裁判所事務総局家庭局が把握している数値によれば，61人中，無期懲役が1人，判決時成人になっているか執行猶予が付いた場合で懲役定期刑が言い渡されたのが15人（うち執行猶予がついたのは3人），懲役不定期刑が43人，家庭裁判所に再移送された者が2人であるという[2]。「原則」逆送となった場合は，実刑となる確率が高いことが分かる。「原則」逆送対象事件で逆送率がかなり上昇していることから見て，少年法改正後，従来であれば保護処分が選択されていたよ

うな少年についても刑務所に送られているといえるであろう。他方で，改正直後には「原則」逆送規定の創設により，必ずしも刑事処分にふさわしくない少年も逆送されることになるから，家庭裁判所への再移送が従来よりも活用される可能性がある（べきである）という指摘[3]もされていたが，移送人員数は若干増加しているのみで，相変わらず低調な利用にとどまっている。

少年法改正は，実刑となり刑務所に送られる少年及び保護観察の付されない執行猶予となり必要な働きかけが行われない少年の増加をもたらした。

(2) 裁判例の動向

次に，判例における少年量刑の扱いはどうか。まず注目されるのは，犯行当時19歳の少年に対する，いわゆる永山事件を巡る判例である。第1次控訴審判決[4]が，「少年に対して死刑を科さない少年法の精神は，年長少年に対して死刑を科すべきか否かの判断に際しても生かされなければならない」としたうえで，「被告人は本件犯行当時19歳であったとはいえ，精神的な成熟度においては実質的に18歳未満の少年と同視し得る状況にあったとさえ認められる」等と述べて無期懲役とした

のに対し，第１次上告審判決[5]は，「被告人を18歳未満の少年と同視することは特段の事情がない限り困難である」と述べ，原判決を破棄差し戻した。この最高裁判決は，一般的な死刑の適用基準を示したものとして著名であるが，その中で「犯人の年齢」という量刑事情は，特別な重みを持つものではなく他の事情と並ぶ考慮要因の一つに過ぎないものと位置づけられている。

次いで，少年に対する量刑のあり方について一般的な判示を行ったものとして注目されるのが，いわゆる女子高校生監禁殺人事件控訴審判決[6]である。この判決は少年の刑事処分に関する特別な配慮につき述べた上で「このことは，少年に対して，成人に比べて，常に，一律に軽い量刑をもって臨めば足りるということを意味する訳のものではない。犯罪の内容が重大，悪質で，法的安全，社会秩序維持の見地や，一般社会の健全な正義感情の面から，厳しい処罰が要請され，また，被害者の処罰感情が強く，それが，いたずらな恣意によるものではなく，十分首肯できる場合には，それに応じた科刑がなされることが，社会正義を実現させる所以」であるとし，「これを看過して，少年に対し，以上の諸観点から遊離した著しい寛刑をもって臨むのは，一般社会の刑事司法に対する信頼を揺るがせるばかりでなく，少年に対し，自己の罪責を軽視させ，いたずらに刑事処分に対する弛緩した意識を抱かせるなど，少年自身の更生のためにも適当とは思われない。また，刑罰といえども，一般予防的，応報的側面ばかりでなく，受刑者の教化改善，更生を図ることが重要な目的とされているのであって，当該少年の特性を配慮しつつ，事案にふさわしく社会感情にも適合した量刑がなされ，その執行を進める中で，少年に自己の罪責に対する反省と社会の一員としての自覚を促し，改善更生に努めさせることは，広く少年法の理念に沿う所以でもある。（原文改行）少年犯罪に対する刑事処分の量刑に当たっては，以上のような諸点を考慮したうえで，少年の未熟性，可塑性などその特性にも適切な考慮を加えつつ，事案の程度，内容等と均衡のとれた科刑がなされるよう特段の配慮がなされるべきである。」と述べ，主犯格である犯行時18歳の少年に対し有期懲役の上限である懲役20年（原判決17年）を言い渡すなどした。本判決は，社会正義，すなわち応報の観点から事案の重大性と均衡した量刑を行うことを重視しているのであり，少年量刑は成人量刑と基本的に同じ原理を適用して行うこととされている。確かに少年の改善更生についても重視するかのような判示がなされているが，それは上記観点を反映した量刑を行う事で達成されるとの位置づけにとどまる[7]。また少年の未熟性，可塑性への配慮もいわれているが，あくまでも事案との均衡を害しない程度での微調整を行う原理として位置づけられており，量刑事情としての重要性は高くない。また上記引用の判示は，「現に少年であり，あるいは，犯行当時少年であったもの」に対して，すなわち少年量刑の特則が適用されるか否かにかかわらず少年一般に妥当するものとして述べられている。

以上のような判例の態度はその後も踏襲されている。市川一家４人殺し事件控訴審判決[8]においては犯行当時19歳の少年に対し，「年齢を重ねるにつれ，また今後の矯正教育により改善の可能性があることは否定し得ない」としつつ「犯した罪の重大性にかんがみると，被告人を死刑に処するのは誠にやむを得ない」としている。また，大高緑地アベック殺人事件控訴審判決[9]は，原判決が犯行時19歳の少年に対して言い渡した死刑を破棄し無期懲役としているが，「矯正可能性の有無は，年長少年についても，罪刑の均衡を検討する際の，行為者側の主観的量刑因子のひとつに止まるものとみるべきである」と述べているのである。

更に少年法改正後の、いわゆる明大生強盗殺人事件第一審判決[10]は、犯行時17歳の少年の強盗殺人等の事件において、少年法51条2項の趣旨は、「有期刑の宣告を原則としつつも、例外的に犯罪内容の重大性、遺族の処罰感情、法的安定、社会秩序維持等の見地から無期刑もやむを得ないといった場合には無期刑を宣告しうるものと改めたことにある」として、無期刑を減軽しなかった。この判決において、改正法は少年であるという事情が持つ重みが、より一層低下したことが示されている。

判例によれば、少年量刑は、若年齢というファクターが被告人に有利な情状と位置づけられている[11]ものの、基本的に成人量刑と同じ基準に従って行われているといえる。更に、改正によって、少年であるという事情の持つ重みはより一層低下した。しかし、この考えを推し進めていけば、少年量刑の特則の存在を、社会正義の観点からする適切な量刑の実現を阻害する要因として位置づけることにもなりうる。特に現行法では有期刑を選択した場合、10年を超える刑は言い渡せないことになっているが、成人量刑類似の考慮をする限り、そのような長期の有期刑が妥当な事案が存在することは否定できなくなるであろう。現行刑法の幅広い法定刑を前提とすれば、特則を設けず裁判所の適切な裁量に委ねるということで足りたと評価することにもつながりかねない。この考え方では、少年量刑の特則の存在意義を適切に評価しえないと指摘できるのではなかろうか。

2　少年量刑についての基本的視座

少年の量刑については、大きくいって二つの考え方があるように思われる。一つは、判例のように、少年法特則の制約を別にすれば、原則として成人量刑と同じように罪刑均衡の見地を基本とし、少年であるということは単なる一つの量刑事情に過ぎないとして位置づける考え方で、いわば少年量刑の独自性を否定する見解である（以下、独自性否定説という）。刑罰理論的に見れば、行為および少年の責任に対する応報およびその派生的効果としての一般予防を主たる考慮要因としそれにより刑の大枠を決定し、その範囲内で情状たる特別予防的要素によって刑を微調整するものといってよい。そして改正少年法は、特則の適用範囲を縮小し、成人と同じ扱いをする範囲を拡張したことにより、この立場により接近したという評価が可能である。条文上の根拠としては、少年法40条が「少年の刑事事件については、この法律で定めるものの外、一般の例による。」と定めていることから、量刑原理についても一般の場合と異なることなく適用されると解されている、との指摘がある[12]。

既に見たように、独自性否定説を徹底するならば、少年量刑の特則は裁判官の量刑裁量を制約し事案に即した適切な量刑を阻害する要因として位置づけられることになろう。51条2項改正後、早速無期刑の減軽をしなかった判例が登場したことはその証左であるといえる。

この考え方の対極に位置するのは、女子高校生監禁殺人事件や大高緑地アベック殺害事件を巡って展開された学説の中に現れていた見解で[13]、少年については独自の量刑基準が存在するとするものであろう（以下、独自性肯定説という）。そこでは、少年法50条が「少年に対する刑事事件の審理は、第9条の趣旨に従って、これを行わなければならない。」と定め、刑事手続においてもなるべく科学的調査の結果を活用して審理を行わなければならないとしていることの趣旨が重視され、また少年法1条が少年の刑事事件についても特別な措置を講じることで少年の健全な育成を期していることが強調されている。

以上につき、条文上の根拠について見れば、少

年法50条だけでは科学的調査の結果をどのように活用するかにつき方向性は示されていないため、独自性否定説とは必ずしも抵触しないともいえる。しかし50条が依拠する少年法9条は1条の趣旨を受けたものであることは明らかであるし、1条自体明示的に少年の刑事事件についても適用があることを宣言しているのであるから、独自性肯定説の方に分があるといえるであろう。特に現代において少年の「健全育成」を「成長発達権」の保障と読み替える場合[14]には、少年は権利として成長発達を害さない取扱いをすることを請求できることになり、それに反する取扱いは権利侵害となりうるのであるから、より一層肯定説に赴かざるを得ないであろう。また、40条が「一般の例による」としていることについても、原則として刑法、刑事訴訟法等の一般刑事法の条文が適用されるという意味に解される。特に刑法典において量刑の一般原理について定めていない日本の刑法の下では、処断刑の枠内で適切に量刑を行えば足り、成人と同様の基準で量刑を行うことまでは要請されていないといいうる[15]。

これに対して同じく刑事裁判の場で言い渡される量刑につき、少年と成人で異なったやり方をするのは量刑の統一性を害し刑罰概念を弛緩させるものであって好ましくないという反論が考えられる。確かに、少年に対して科される場合であっても、害悪の賦科という刑罰の本質は変わるわけでなく、それにまつわる制約には服さなければならない。しかし刑罰の本質と目的は区別しなければならない。そこで、量刑の目的について見れば、一般論としては、目的は個別事件での量刑だけでなく、総体としての量刑によっても追求されなければならないともいえる。それによってはじめて、一般予防、応報的正義の実現や刑罰の感銘力の維持など刑罰に期待される効果がよりよく発揮されるからである。しかし刑罰の効果はあくまでその

名宛人に対するものを問題にすべきであり、少年量刑の名宛人はあくまで当該少年およびその他の少年に限定されるのである。少年に対し特別な量刑を行うことが成人を対象とする一般の量刑の効果を害することはないと考えられる[16]。そして、少年法が成人に対するのと異なる目的を刑罰に担わせているとの解釈が可能であれば、少年量刑独自の原理を考えることは何ら不当なことではないのである[17]。

以上により、少年に刑罰を科す際には独自の量刑基準を適用することが可能であり、それは少年の成長発達を促進するという目的を追求すべきであるということを確認し得た。しかし、第1に独自性肯定説の具体的な量刑基準についてはなお明確化が必要である。また第2に、独自性肯定説であってもなお、刑罰の本質にまつわる制約には服さなければならないと思われ、その点について検討しなければならない。

3 刑罰の上限を画する少年の責任
(1) 少年の精神的成熟性と責任能力

まず2点目について検討したい。刑罰の本質にまつわる制約とは、量刑の場面でも責任主義が適用されるということである。責任すなわち行為の非難可能性の程度が許容される処罰の上限を画し、その範囲内で合目的的考慮に従って量刑が行われることになる[18]。従って、たとえ少年の成長発達のためにより重い刑罰が必要とされる場合が存在したとしても、責任の限度を上回る刑罰を科すことはできない。

そこで、ここでいう少年の責任・非難可能性の実質が問題となる。一般に少年の責任は成人よりも低いとされ、「少年は責任無能力者とされる刑事未成年と完全責任能力者とされる成人の間の中間層として、いわば限定責任能力者と認められる[19]」と主張されている。確かに、少年法の量刑

の特則は刑法39条2項の心神耗弱の場合と類似の減軽効果をもたらすということができ[20]、妥当な方向を示していると思えるが、問題はそれを理論的に根拠づけることができるかにある。

　ある見解は少年の責任能力の実質を、是非弁別能力および行動制御能力と解している[21]。そのうえで、少年の責任は成人よりも一般的に減少しているとされ、その根拠として、①仲間に対する同調傾向が強いこと、②危険性を低く評価する傾向があること、③長期的視野に欠けていて目の前の結果を過度に評価する傾向があることなどの発達心理的要因が少年の意思決定に重要な影響を与えていることが挙げられている。そのため、「応報の観点からは、少年に成人よりも軽い制裁を科すことが要請される」ことになるとされるのである。これは成人の場合に適用されている責任能力基準が少年にも適用されることを意味するとも評価できる。

　しかし、現在の実務における責任能力判断においては、統合失調症（精神分裂病）による幻覚・妄想等の病的体験に支配され犯行に及んだ場合のように、犯罪が行為者の有する人格とは別の原因に由来すると評価される場合に限り心神喪失・心神耗弱とされ、単なる性格の異常は、責任能力に影響を及ぼさないとされる[22]。それを前提とする限り、少年の場合もほとんどの場合は完全に責任能力が存在するということになり、刑を減軽する理由は見出し得ないことになろう。少年期の発達の歪みとは少年の人格形成の歪みに外ならないからである。しかも、この見解からは、仮に少年が心神耗弱状態にあった場合、少年法の量刑特則を適用した上で更に刑法39条2項を重ねて適用することは否定されることになろうが、立法者は少年量刑において刑法68条の減軽方法を準用せず、独自の減軽方法を定めており、両者の趣旨を同じものとは考えていなかったと思われる。そこから、

少年の責任能力とは、一般の責任能力とは異なる独自の概念であり、かつ別レベルの問題として位置づけられるとの解釈を採用すべきである。ここで、上記①～③にいう少年特有の発達心理的要因を加味するならば、少年の責任能力とは、犯行時にどの程度精神的に成熟していたかを問うものということになる[23]。

　成人についても発達成育過程に問題があるため未だ未成熟である場合も多いと思われるのにもかかわらず、少年についてだけ精神的成熟性を問題にする理由は、成人には完全な刑事責任を問えるだけの成熟性が備わっていると「推定」されているからであろう。換言すれば、成人の場合、「理念型」としての人間像が措定され、通常は十分な自己決定能力が備わっており、自ら自己決定した以上はその決定に責任を負わなければならないと刑法は考えているのである。もちろん個別的判断によって責任能力の減退が認められれば、責任は減少するのであるが、それはあくまでも例外としての位置づけである。このような推定が許されるのは、成人の場合、一般的に自己決定の自由を保障することにより、実際に法が要求するレベルの能力に達しているかにかかわらず、原則としてその決定には干渉されないことが「個人の尊厳」を保障することにつながるからである[24]。それに対して少年の場合、実態として成人よりも、法の要求する自己決定能力＝自律性を欠く場合が多く、また成人と同程度の自己決定の自由を保障することより、場合によってはパターナリスティックに介入してまでも子どもの成長発達権を保障することの方が重要であると考えられているため、精神的成熟性について実質判断がされなければならないのである[25]。

(2) 少年法51条の趣旨

　以上の考察によれば、実質判断により少年の責

任能力は多くの場合低下していると判断されることになろうが，少年法はさらに一歩踏み込んで，18歳未満の少年の責任は成人よりも減少していると「擬制」し，少年に対して手厚い保護を加えていると考えられる。

ここで少年法51条の趣旨についてみると，死刑や無期刑が緩和されるのは，①可塑性に富み，教育可能性のより高い少年に対しては，成人以上に教育的処遇が必要・有効であること，②人格の未熟さから責任も成人よりも低いと考えられること，③年少者に対する社会の寛容が期待できること，④その情操保護の必要性も高いこといったことが指摘されている[26]。

以上のうち，③については，既に判例について見たように，死刑や無期刑が問題となるような重大事件の場合には，必ずしも妥当しない。また，少年法改正が世論の圧倒的な支持を受け，その結果無期刑の緩和が任意的なものに改められたことからもわかるように，少年に対する寛容な扱いは多く批判されるところでもある。更に，なぜ寛容になれるかといえば，他に実質的理由があるからであろう。他の根拠付けのうち，①と④は少年に対する刑罰の効果を問題にしており，刑罰を受ける時点で現に少年である場合を想定している。確かに，少年に対して死刑を科すことを許容するならば，「少年に社会復帰の機会を与えるという教育刑の思想[27]」に正面から抵触することになる。しかし，この規定は「罪を犯すとき」の年齢を基準としており，行為時から一定の年月が経過し，既に成人になった者に対しても，更には，犯行後に少年の犯罪性が固着化したり深化したりして可塑性が失われたと判断されるような場合であっても，適用されるものである。そうだとすれば，決定的な根拠は②であろう。少年法51条は，少年の責任すなわち犯罪についての非難可能性が減少していると反証を許さない形で見なしているのである。それは，少年が犯罪を犯すのはほとんどの場合成熟性を欠いていたためであり個別的判断をするまでもないとされ，また不可避的に生じる成熟性判断の誤りを回避しようとしたためであろう。

51条が18歳未満という年齢要素に注目して責任の減少を規定したと解するとすれば，その理は死刑や無期刑以外の刑に当たる場合にも妥当するはずである。少年法は1条を規定しておけば，刑法の幅広い法定刑を前提とした場合，明文により必要的減軽を定めずとも裁判官の適切な裁量により刑が減軽されるので，死刑・無期刑の場合以外は敢えてその旨を規定する必要はないとの立場を採ったものと思われる。「例えば自由刑における具体的な量刑が，一般の刑事事件の量刑より短期間になるという保障はなく，かえって長期間にもなりうるのである。それ故，少年法51条・52条を単純に寛刑ないし寛刑主義と理解することは，正確ではない[28]」という理解も見られるが，適切とは思えない。少年法は（単なる寛容さの精神，同情からではなく）まさに責任の観点から，全ての少年量刑につき寛刑主義を採用しているのである。

次に，犯行時18歳以上の少年についてであるが，この場合も少年法は適用されるのであり，そこでは実質的な能力判断を行うことが予定されているといえる。そこで精神的な成熟度が未だ十分でないことが明らかになれば，51条は準用されるべきことになる。注意しなければならないのは，この理は判決言渡し時に既に成人に達している者の場合にも，同じく妥当するということである。そのため，永山事件第一次控訴審判決の述べたことは，まさに正当であったことになる。第一次上告審判決のように，少年の年齢を他の量刑事情と同等の単なる一事情に過ぎないものとし，18歳未満と同視するには「特段の事情」が必要であると解するべきではない[29]。

(3) 少年法51条2項の評価

 改正法は51条2項において，無期刑の減軽を任意的なものに改めた。これについて，子どもが親や教師のいうことに，以前のようには素直に従わなくなったということを根拠に，少年は以前より自由になったとする見解[30]が正しければ，改正法を正当化する余地もある。しかし，少年を一方的に客体視することが反省され，権利主体として意見表明権（子どもの権利条約12条）が保障されるようになったことと，少年の精神的成熟性という意味での能力が向上したかということは別問題である。現実の子どもについては，「身体的に，あるいは知能の面ではかなり高度の発達を示しながら，精神的未熟さを否定しえないというのが今日の少年の実相[31]」という見方の方がリアリティを有していると思われる。更に，情報化の時代という時代背景の下で，知的な側面で早くから様々な情報に接するようになったからこそ，情緒的な面の発達が歪められている可能性もある。現在の少年は以前の少年より責任能力が低下したと評価する余地はあれ，かつてより上昇したと評価する余地は決して存在しないと思われる。改正の妥当性には強い疑問が生じる。

 なお，死刑の必要的回避を定める51条1項が改正されなかったのは，18歳未満の者の死刑を禁止する子どもの権利条約37条(a)の規定が存在したためであると指摘されている[32]。そうであれば，少なくともわが国の立法者は，子どもの権利条約が規範的に少年の責任能力は低下していたと見なしている，と受けとめていることになる。そうであれば，改正後の51条2項が無期刑の減軽を任意的なものに改めたにもかかわらず，法規範性を有する子どもの権利条約の制約により，18歳未満の少年に対する無期刑は必要的に減軽されなければならないことにならないだろうか。

4　宣告刑形成の基準
(1) 応報刑と少年法の理念との調和不可能性

 次に，判決言渡し時に少年（20才未満）である者の成長発達を促進するという目的を追求する際に，いかなる量刑基準が考えられるかを検討する。前述した少年量刑独自性肯定説の立場に立つ場合でも複数の考え方が可能である。

 第1に，独自性否定説から出発しつつ，なお少年法の理念と矛盾しない形で説明を試みる立場が考えられる。一般の量刑実務は，広い意味での犯罪事実が可罰性の度合に従って一定の量刑の幅を形成し，その範囲内で一般予防・特別予防という刑事政策的考慮に関する情状を考慮して具体的な宣告刑を定めるという相対的応報刑論を採用している[33]。少年の年齢が若いという事情は，特別予防的事情として被告人に有利に考慮されることになる。しかしこの微修正には限界があることは既に見たとおりである。それでもなお，その刑が同時に少年の成長発達にも資するということがありうるであろうか。

 まず確認すべきは，少年に対しては成人よりも一般予防が機能しにくいということである。一般予防には刑罰の威嚇により犯罪を抑止するという機能（消極的一般予防）と，規範意識を明確化させ遵法意識を高めるという機能（積極的一般予防）の二つが考えられる。いずれも少年に刑罰を科すことの効果であり，それによって他の少年が犯罪を抑止されるか否かを考えなければならない。このうち後者については，まさに少年法改正の根拠とされたものであるが，量刑による規範意識の向上は経験的に確認されておらず，かえって刑罰を利用することにより規範意識の発達が妨げられる可能性もあるのであり，量刑の際にこれを独立して考慮することは妥当ではない[34]。また前者については，少年は往々にして長期的な展望なく，短絡的に犯罪に走りやすいため，成人よりも合理的

な損得勘定により行動を決定する能力が低いと考えられる。それだけ刑罰の威嚇効果は働きづらいといえる。また重大事件を犯した少年は，社会的不適応を起こし，自分の中で独自の価値観を築き上げている場合が多く，更に集団犯罪のような場合，少年は社会的規範よりも仲間内のメンツや集団内の力学を優先されてしまう傾向が強い[35]。こういった少年犯罪の実情を考えるとき，刑罰による威嚇が働く余地はあまり考えられないのではなかろうか[36]。少年については，責任から独立させた形で，一般予防を重視することは妥当ではないように思われる。

それでは，少年に対し責任応報の見地から刑罰を科すことについてはどうか。まず「少年に対する刑罰である以上，刑罰の中で，できるだけの教育的効果を期待しなくてはならない。少年刑務所が普通刑務所と異なる特殊性はそこにある」としつつ「少年には保護主義こそがいつのばあいでも優先すべきであって，刑罰を科さざるを得ないばあいは，その要請を社会の法的感情に譲歩したまでのことである」とする見解[37]がある。この見解では刑罰の教育的効果とは主として行刑段階に期待されており，量刑段階では，責任応報に修正を加えることは予定されていない。これでは，少年の成長発達を妨げる量刑が許容されてしまうことになり，本稿の立場からは独自性肯定説とは評価できない。

次に「刑罰とても少年に対する場合は，改善刑，教育刑であり，少年の健全育成を考慮して執行されるということはあるが，事柄の性質上，矯正教育処分と教育刑とは基本的に違うと考えるべきである。後者では教育とは言い条，犯した罪に対する責任として科せられるという基本構造の中で行われる」とする立場[38]がある。注目すべきは「検察官送致が是認されるのは，基本的人権に対する公共の福祉の観点であって，犯罪の重大さ，それ

の社会にあたえた衝撃によって，不安を除き，社会の統合をたもつ上で，少年とっても，あやまちを犯した社会の子供と見ることを拒否し，社会の敵として，それに対する制裁を要求するような場合である。それはもとより応報を求めているのではない。『あのような少年は処罰しなければ眼を覚まさないであろう』という感情であって，『眼を覚まして』社会に戻ることを期待しているのであり，その場合は心よく受け入れるのである」とされていることである。前の見解同様，社会秩序の観点から少年に制裁を加えることを目的に刑罰を科すことを認めているが，同時にそれはあくまでも少年を更生させるという目的をも有しているということになる。処罰は応報として科されるわけではないとされているが，社会不安を除くために責任をとらせるという限り，責任応報が量刑の基準となることは否定されないであろう。あくまでもその目的が「少年の眼を覚まさせる」ことにある点に独自性が見出されるということになる。この点を捉えて，「まさにいわゆる『教育刑・改善刑』としての機能の一つではないだろうか。また，『保護のための刑罰』とはこのようなことを狙ったものではなかろうか[39]」とする評価もされている。

確かに，前述したように，精神的成熟性の観点を導入する場合，少年の責任は成人よりも減少していると評価できるため，その分刑罰も軽くなる。また，少年に対しては刑罰の苦痛が苛酷に作用しすぎるという観点[40]からは，抽象的に算定された責任の量を具体的な刑罰の量に変換する際に，少年の場合は成人の場合よりも縮減されたスケールを用いるということも正当化できる。この2つの点で少年に対する量刑は成人よりも寛刑化されたものとなる余地がある。

しかしこの見解では，刑罰は社会不安を除き社会の統合を保つという目的に奉仕しなければなら

ないという制約が存在している。このため刑罰は，社会が是認しうる程度に犯罪の重大性と対応していなければならず，寛刑化には自ずと限界があるというべきであろう。女子高校生監禁殺人事件控訴審判決は「事案にふさわしく社会感情にも適合した量刑がなされ，その執行を進める中で，少年に自己の罪責に対する反省と社会の一員としての自覚を促し，改善更生に努めさせる」と述べていた。社会の要請に対して妥協を図ろうとする限り，寛刑化を前提としても，重大事案に対しては懲役20年や無期懲役刑などの重い刑が予定されざるを得ないように思われる。少年は，10代，20代の人格形成にとって重要な時期を刑務所の中で過ごさなければならないことになる。それが教育刑であるとはとてもいえないであろう。社会秩序の要請と少年の成長発達との間には，やはり本質的な矛盾があることを認めざるを得ないのである。独自性否定説から出発する場合，このような限界から免れることはできない。

(2) 応報刑の放棄と成長発達のための刑罰

そこで，少年の量刑の第2の基準として，少年の量刑は成人の場合とは基本的に異なり，責任応報の追求を放棄し，独自の基準により量刑を行うという構想が注目される。それによれば，20条送致に関し少年法第1条の理念，すなわち「絶対的保護優先主義の理念に忠実に従うとすれば，刑事処分も保護処分と並ぶ保護のための手段であると考えるべきではないか。……一般的に，20条送致が保護の手段として最も適切であると判断される場合があるはずである。想定される場合として，(1) 少年院での処遇よりは少年刑務所での処遇が適当と判断される場合，(2) 犯罪事実の重大性を認識させるため刑事裁判の感銘効果が期待される場合，(3) 犯罪の社会的影響があまりにも大きいため，保護処分では，少年の社会復帰に重大な支障が予想される場合などがある[41]」とされている。他方で，「保護処分の本質は，少年の自由を制約し，その意味で少年に苦痛を与えるものであるから，この苦痛を与えること自体が犯罪的危険性の除去に有効に働らく必要がある。すなわち，保護処分の『特別抑止効果』が当然問題にされなければならない。そしてこの抑止効果を期待できる条件として「責任」が要求される。この責任を仮りに『実質的責任』と呼んでおこう。この責任の内容は，『道義的責任』の観念のもとで考えられるものとは異なり，いわゆる『展望的』なものとならざるをえないであろう[42]」という指摘もされている。そして，この実質的責任の構成要素として「保護処分適応能力[43]」といったものが考えられている。

この構想では，刑罰を広義の保護処分の一つだと考えるのであるから，少年量刑においても「実質的責任」が科刑の基準となり，そこでは刑事処分により改善更生しうる能力である「刑事処分適応能力」の存在が必要とされることになるだろう。犯罪の社会的影響の扱いなど細部については検討の余地があるが，基本的には妥当な方向を示しているように思われる。

なお，このように解するとしても，そこから導かれる刑の程度は，前述した少年法51条の実質的根拠から，少年の責任能力の減少の見地から設定される刑の上限を超えることは許されない。また，特別予防効果を基準として量刑する以上，それと矛盾する一般予防的考慮は完全に排除されることになる。結論的には，規範的（回顧的）責任を上限としつつ展望的責任の程度に従って量刑が行われるということになる。なおこれは，「少年に対する量刑においては，責任刑を上限としつつ，矯正可能性（特別予防）を考慮して宣告刑を決定[44]」するという見解（可罰的責任論）とほぼ同一に帰することになろう。独自性肯定説としてはこのよ

うな見解がふさわしいと思われる。

(3) 少年法52条の趣旨

このような構想は，少年法52条が示唆するところでもあると思われる。少年法52条は，少年に対して有期刑を科す場合を原則不定期刑とすると定めているが，その根拠としては少年は人格が発達途上で可塑性に富み教育による改善更生がより多く期待できることが挙げられている[45]。また刑期に弾力を持たせることは，刑罰の苛酷さを緩和する意味も持ちうるであろう。こういった要請を貫くならば，少年量刑においては，犯罪の責任をとらせよとの社会的要請は否定されるべきである。そして一般に，52条の適用は判決言渡し時の年齢を基準として行われると解釈されている[46]。これは少年に対しては展望的責任が問題とされるべきであるため，行為時年齢ではなく，処分時年齢を基準とするものと考えられるのである[47]。52条は，どのくらいの期間の刑を言い渡せば，少年の成長発達が実現するかは非常に不確実な判断であるため，少年に対しては不定期刑を原則とし，刑の執行段階で成長発達の度合を見極める余地を広げたものと理解できるであろう。

5 少年に刑罰を科す前提条件
(1) 刑罰濫用への歯止めの必要性

以上のような「保護のための刑罰」を認める立場に対しては，「保護を実質的に国家的介入そのものとして重視するときには，一方で刑事処分も保護処分と同じ平面で適宜選択されるべきものになることで刑罰の多用につながり，他方では，保護の場，例えば少年院から，処遇上問題のある少年を排除するために刑事処分が選ばれるといったことにつながるのではなかろうか[48]」という正当な指摘がされている。

独自性肯定説はこの指摘に答えて刑罰の濫用を防止することを考慮しなければならない。そのため，第1に，家庭裁判所における逆送判断の時に，保護処分を中心とする家庭裁判所における働きかけによっても刑事処分によっても少年の成長発達の援助が可能である場合には，前者が選択されるべきことを明確にしておかなければならない[49]。第2に，逆送にあたっては刑事処分による改善の見込みが現実的であることが積極的に認定されなければならない。第3に，刑事処分を選択することがふさわしい場合とは，いかなる場合であるかをある程度具体的に示しておく必要があるだろう。第3の点について，更に検討するために，現状において刑事罰が保護処分と比較していかなる特徴を持つか明らかにしておかなければならない。

(2) 保護処分と刑罰の相違

少年法は少年の可塑性・改善可能性に配慮して，少年に対する刑罰執行の特則を予定している。すなわち，労役場留置の言渡しの排除（54条），少年受刑者の成人からの分離（56条），少年受刑者の仮釈放期間の短縮化（58条），仮釈放後の残刑期間の短縮化（59条），資格制限に関する法令の適用の排除（60条）が規定されている。更に，改正により16歳未満の少年受刑者については少年院で処遇を行うことが可能となった（56条3項）。

しかし，刑罰と保護処分の間には違いがある。第1に，資格制限の適用は排除されるもののなお刑罰を受けることにはスティグマ効果が存在する。社会的に前科者としての烙印を押されるだけでなく，少年自らも刑罰を受けたことに自らに烙印を押すことにつながりうる。もっともこの点は，少年院収容歴や家裁送致歴があることでも一定のスティグマは生じうるとも考えられるし，他方で罰金刑や執行猶予の場合に生じうるスティグマはあまり大きなものではないともいえる。

しかし第2に，刑罰の中でも重大犯罪の場合に想定される刑務所での処遇と少年院での処遇を比較しなければならない。一方で，今日少年刑務所においても，「教科教育，作業および生活指導全般が更生と社会復帰を目的としてプログラムされていること，そのために分類処遇を導入し，処遇重点事項（各人の心身の発達段階を十分に考慮する。社会常識を習得させ規範を遵守する習慣を養う。教科および職業に関する資格の習得に努めさせる等）を定めていること」から，今日では，少年刑務所と少年院における矯正教育の原理と方法は等質化している」とする見解もある[50]。また「現在少年刑務所においても個別処遇計画が策定されているが，それを充実させることで，少年刑務所の少年院化を促進することが可能である[51]」との見方もある。

しかし，他方で少年院と刑務所の間にはなお違いがある。①刑務所はなお厳格な規律の下で，刑務作業中心の日課が行われる。この点で，少年刑務所において教育や処遇がなされるとしても，それはあくまでも作業時間外にしか行えないことになる。矯正教育を主眼とし少年のニーズにあわせて個別的処遇計画を策定しそれに従って処遇が行われている少年院とは大きな違いがある[52]。②刑務所は一般に少年院に比べ規模が大きく，被収容者一人あたりの職員数が少なく手厚いケアは難しい。更に刑務官が中心となる少年刑務所の職員に比べ，法務教官として少年に対する接し方を専門に訓練している少年院職員は，相対的に少年の特質を踏まえて処遇を行うことができる。③少年刑務所は現実には大多数の受刑者が26歳未満の青年受刑者であり，少年はその中で極少数を占めるに過ぎない。10代の多感な時期を考えれば，同年代の少年と共に切磋琢磨しながら処遇を受けるという選択肢がとりづらいことはマイナスである。④不定期刑については，規定上短期の3分の1を経過後に仮釈放が可能とされているが，実務上は長期を基準として運用されており，しかも多くは長期の7割以上の刑期を経過した後に仮釈放となる[53]。少年院収容についても収容期間は一般に標準化されているが，収容期間の柔軟性という意味ではなお自由刑よりも少年院収容の方が優っているといえる。⑤収容期間について，近年になって少年院収容期間の長期化が行われるようになった[54]ことで一概に長短を語ることはできないが，はっきりしていることは非常に重大な事件においては自由刑の方が長期にわたる可能性が高いということである。総じて，少年院では少年の個別的なニーズにあわせて恒常的に濃密な働きかけが行われ，自分がなぜ非行に走ったかを徹底的に考え，非行を克服するための機会が提供されるシステムが（相対的には）用意されているといえる。それに対して刑務所では，規律に順応しさえすれば，放任され，漫然と日々の日課をこなすということになりやすい。少年刑務所の実務を改革すれば，ある程度少年院に近づけることは可能であろうが，それには限界があるといわざるを得ない。

以上の点は，社会内処遇が選択される場合に，保護処分として保護観察が行われる場合と単に執行猶予となり全く働きかけが行われない事態を比較する場合にも同様に当てはまるであろう。少年が自律的に非行を克服し，成長発達を遂げるためには，多くの場合保護処分を受ける方が適しているといえるのである。

(3) 刑事処分適応能力の具体化の試み

それでは刑罰を受ける方が少年にとって有益であるのは，いかなる場合であろうか。刑罰の特徴は少年に対する働きかけの濃度が薄いことにあるとすれば，刑罰に適している少年とは，既にある程度成熟しているため，積極的な働きかけをする必要がなく，立ち直りのためのきっかけだけを与

えるだけで十分だと言えるような少年であろう。この判断は，単に知的レベルの問題として捉えられるべきではなく，情緒的な面での発達の程度が重要な要素となる。また，既に就職するなどして成人と変わらない生活実態を有していることは，一定の成熟性が存在することを推認させるような事情ではなく，成熟度を判断する上での一つの参考資料にとどまると解すべきであろう。

　より具体的に考えるならば，年少少年についてはほとんど場合，中間少年についても多くの場合は，十分な成熟度を有しているということはないであろうから，刑罰に適していないことになる。また年長少年についても，自由への欲求が弱く立ち直りの意欲に欠ける非社会型非行を犯した少年や非行性が進行し改善のためにより積極的な働きかけを必要とする反社会型非行を犯した少年，虐待の経験を有するなどして心に深刻な問題を抱える少年，集団同調性が強く非行への誘惑に抗しきれなかったような少年などは，刑罰には適していないことになるだろう。いわゆる重大な非行を犯した少年とは，ほとんどがこのような類型に分類される少年だと思われる。刑罰に適しているのはそれ以外，例えば一時の気の迷いで安易に犯罪に走ってしまったが，非行性自体は余り進行しておらず，かつ一定の成熟性を有しているような少年に限られるのではないだろうか[55]。このような少年であれば，刑罰の苦痛をきっかけに成長発達していくことも可能な場合があり，「刑事処分適応能力」を有している場合があり得るのではないかと思われる。

　以上のような少年を想定した場合，量刑の基準となるのは，前述したように規範的責任を上限とした上での展望的責任である。実際には，少年に罪の重さを自覚させ，成長発達を達成させるためには，犯した罪の重大性が一応の基準とされることになるだろう。しかし，それはあくまで成長発達への必要性の観点から導かれるのであり，社会的に是認される程度の罪刑均衡という発想は排除されなければならない。従って，量刑の際に「社会的影響の重大性」を考慮することも排除されなければならないことになる。

(4) 刑事処分を科す際の留意点

　以上の基準を採用する場合でも，なお留意しなければならないことがある。第1に，一般的に長期受刑は，他律的な生活への過剰適応を生じさせたり成長発達の意欲を失わせたりするなど，少年の成長発達を阻害する可能性が高く，少年にとって苛酷な苦痛を与えるものとなるため正当化され得ない。（少なくとも現状の仮釈放の運用を前提とする限り）無期刑や10年以上の有期刑は認められないことになる。そこで少年量刑においては，抽象的に判断された責任の程度が実際の刑罰量に変換される際に，成人の場合よりも縮減されなければならない。この縮減されたスケールを用いた上で罪の重さを基準として，少年の成長発達に必要な程度の刑が決定されるのである。そして以上のような「刑事処分適応能力」を考えると，その効果は実際に刑罰を受けることよりも，それを宣告されることに依存する部分が多いのではないかと思われる[56]。少年行刑においては，仮釈放の積極化等の施策を講じることにより，不必要な刑罰の苦痛が加えられることが防止されなければならない。

　第2に，少年が「刑事処分適応能力」を有しているとしても，その程度は当然にそれぞれの少年毎に異なってくる。刑事手続において，当該少年が刑罰の苦痛をどの程度感じるかが明らかにならなければならない。そのため刑事手続においては，科学的な知見を活用するなどして，その時点での少年の精神状態を判定することが必要となる。その判定を踏まえた上で少年量刑はあくまで個別化

されなければならないのである。もっとも人間科学の専門家である調査官の援助が受けられる家裁とは異なり，刑事裁判所は少年の刑事処分適応能力の程度について具体的に判断するための制度的な仕組みを有していない。もちろん社会記録の送付を受けることが望ましい（刑訴規則277条参照）とされており[57]，少年の問題性について知ることはある程度予定されているのであるが，それは家裁段階の問題性にとどまり，刑事裁判段階での当該少年の状態を踏まえて，刑事処分に付した場合にどのようなことが想定されるかについて知る術としては本来的限界がある。既に提言されているように，少年の刑事手続において，情状鑑定，とりわけ犯罪心理鑑定を活用することがもっと積極的に考えられなければならない[58]。

第3に，少年審判との対比で刑事裁判を経験することの効果について検討する。少年審判は職権主義による非形式的な手続の中で「懇切を旨としなごやかに」（少年法22条1項）審判が行われ，手続自体が福祉的教育的な性格をもつとされる。また観護措置期間に制限があることから審判は迅速に行われる事が多い。法改正により「自己の非行について内省を促す」ということが付け加えられ，検察官が関与する場合が認められたが，相対的にはなお保護手続としての実質を備えているといえる。それに対して，刑事裁判は相対的には厳格な証拠法則の下で，両当事者が主張をぶつけ合う対審構造として行われる。このような性格から，刑事裁判の場で追及を受けることが少年の成長発達につながる場合がないとはいえないであろう。実際に，量刑の理由においてそのことを指摘する裁判例も多い。他方で，刑事裁判において法律家同士がやり取りをする場面は，少年にとっては理解することが難しいことが多く，また公開の場で弾劾的な質問をぶつけられた場合に的確な受け答えができないおそれがある。少年が自らの主張言い分を明確な形で表明することは困難な場合も多いだろう。更に，刑事手続において未決勾留がなされた場合には少年は長期にわたり必要な援助を受けられない状態におかれることになる。このような刑事手続の性格は，少年の意見表明および実効的な参加を保障するという視点とは相反すると言わざるを得ない。少年の成長発達とは，意見表明をさせることを通じて主体的に達成されるのであるという立場[59]からは，原則として刑事裁判の効果に期待をすることは困難であろう。専ら刑事裁判の感銘力を与えることを期待して逆送を行うことは，このような危険を伴うだけでなく，刑事処分相当性を要件とする少年法20条の立場とも相容れないため認められるべきではない。それに対して本稿の立場では，刑罰の苦痛をきっかけに成長発達していくことのできる少年だけが刑事手続に送られることになる。そういった少年であれば，刑事裁判の弊害を被ることは比較的少なく，また刑事裁判の感銘効果が発揮される場合が多いと言えるのではないだろうか。

以上述べてきたことからも明らかなように，20条送致については，刑事処分が選択されるのはあくまでも，保護のための手段として刑事処分の方が適当である場合に限定されるべきであり，20条2項を「原則」逆送規定と解することはできない。

6 家庭裁判所への再移送

最後に，本稿の立場から，保護処分相当性が認められる場合に少年を家庭裁判所に移送しなければならないとする少年法55条の存在意義と運用のあり方について述べる[60]。

55条が設けられた趣旨は，逆送後においても保護処分優先主義を貫徹し，可塑性に富み，要保護性が変化する少年にとって最適な処分を行うことを担保することにある。しかしその意義は，逆送後の少年の事情の変化に対応することにとどまら

ない。本来的には，家庭裁判所が逆送の際に行う，刑事処分相当性判断が不確実であるために認められた規定であると言える。そこには，相当性判断の誤りによって刑事処分が科せられることを回避しようという思想が窺える。原則として少年に対して刑事処分は適してないのであるから，誤って刑事処分となるリスクより誤って保護処分となるリスクの方が選択されたものと考えられる。また家庭裁判所と刑事裁判所という視点の異なる二つの主体が，判断を行う機会を保障することにも積極的な意味がある。まず保護処分の効果に通じた家庭裁判所を第1の判断権者としつつ，次にその判断の妥当性を刑事処分の効果に通じた刑事裁判所の立場から吟味する機会が保障されたと考えることができるからである。このことから，移送判断に当たっては，量刑判断の際にも増して，科学的知見の活用が必要となる。

　保護処分相当性判断について，保護処分優先か刑事処分優先かといった抽象的な理念の問題ではなく，現に想定されている刑と処分の教育的処遇としての有効性とその処分を選択することによる社会的な影響の総合的な評価によるべきだとし，そうでなければ実務上機能しうる基準とはなり得ないという主張がある[61]。しかしそれは，既に重大事件の場合は刑事処分を優先させるべきであるという価値判断を前提としているといえる。調布事件最高裁決定[62]が，「刑事処分は，少年にとって，保護処分その他同法の枠内における処遇よりも一般的，類型的に不利益なもの」だとしたことの意義が，この場面でも活かされなければならない。移送判断にあたり「保護処分によって，その少年の健全育成，再犯防止が，刑罰よりも有効に果たされることが具体的に見込まれなければならない[63]」と考えるのではなく，刑事処分を科すことが少年の成長発達を阻害することが見込まれれば，速やかに移送がなされるべきであると思われ

る。逆に，少年に対して刑事処分を言い渡す場合は，刑事処分が少年の成長発達を促進することを具体的に認定していく必要があろう。

　55条の移送判断について20条の逆送判断と相関するものであるから，「重罪について刑事処分相当性に関する改正（20条2項）がなされた趣旨は，本条の保護処分相当性の解釈にも反映されるべきである[64]」という見解がある。しかし，20条2項に逆送を原則化するという趣旨を読み込むべきではないし，仮にそこに逆送を従来よりも積極化するという趣旨を認めるにしても，実務上は現在もいかなる場合が逆送され，いかなる場合が「刑事処分以外の措置が相当」（20条2項但書）な場合なのかについては，模索が続いている状況だと思われる。但書に該当する事案が逆送されることも十分に予想されるところであり，刑事裁判所としては20条2項により逆送されてきた事案については，家庭裁判所の判断を尊重することなく，むしろ積極的に少年について調査を実施すべきであり，保護処分が相当な場合は躊躇なく再移送すべきである[65]。

　仮に家裁の刑事処分相当判断が間違っていなかったとしても，なお移送判断に当たっては，刑事裁判を経験することが少年に及ぼす影響について考慮されなければならない。前述のように刑事裁判には感銘力と弊害の両側面がある。前者に関し，前述のように，専ら刑事裁判の感銘力に期待して逆送決定を行うことは正当化されないが，結果的にそのような効果が生じ，少年の要保護性が社会内の処遇で足りる程度となった場合や解消した場合，安易に執行猶予とするのではなく，原則として家裁に再移送し保護観察決定や不処分決定を行うべきである。刑事処分相当を刑事処分の方が望ましいとする以上，保護処分相当性とは不処分相当性を含むものと解釈される必要がある。また，刑事裁判を経験する中で閉ざされていた少年の心

が開かれた結果，隠されていた要保護性が明らかとなり，保護処分による濃密な働きかけの中で立ち直りを図る方が相当だと判断される場合にも，移送されなくてはならない。後者に関しては，刑事裁判が少年に悪影響を及ぼし，「刑事処分適応能力」が失われてしまった場合，速やかに移送が行われなければならない。裁判官には，公判中の少年の心情の変化に絶えず気を配ることが求められる。

移送判断の時期に関しては，証拠調べ，論告，弁論を経て判決言渡し時期が到来してから判断されるのが通常だと思われるが，保護処分相当性が明らかになれば，犯罪事実の認定後速やかに移送決定を下すべきであろう。特に速やかな判断が求められる場合としては，現に刑事裁判の弊害が生じておりそれを最小限に食い止める必要がある場合，少年が20歳を目前に控えており，通常の裁判経過を経ていては形式的に移送ができなくなる場合が挙げられる。

少年の意見表明権を保障することとの関係では，少年側から移送の申立てがなされた場合，たとえ刑罰を科すことが相当であるとしても，速やかに移送の可否についての判断しなければならない。また移送判断には理由を付すことが必要であろう。そうしなければ，少年の意見表明権を保障したことにはならず，また少年の納得が得られない結果，所期の処遇効果があがらないことにもなりかねないからである。

おわりに

以上，少年の成長発達に資するという観点から，少年量刑および再移送判断について検討してきた。それを通じて確認し得たことは，少年犯罪の現実を目の当たりにするとき，刑罰により処遇をすることが妥当な場合とは，極めて限られた事案だけであるということである。少年犯罪に対する厳罰的対応は，少年の成長発達を阻害するだけでなく，犯罪性を深化させ刑事政策的にも妥当でない結果をもたらすことにつながる。今後予定されている少年法再改正にあたっては，厳罰的対応を改める必要があるだろう。同時に，限られた事案について保護のために刑罰を活用することを続けるのであれば，少年刑務所における処遇や仮釈放運用の改善等，刑罰の弊害を少なくするための努力も求められることになる。

少年に対する刑事処分という場面においても，他の場面と同様に，より理想的な少年法システムを構築するためにやらなければならないことはなお多く残されている。

1　福田雅章「『子どもの権利条約』の基本原則と少年司法」同『日本の社会文化構造と人権』（明石書店・2002年）482頁参照。
2　これは，佐藤博史ほか「座談会・改正少年法の運用の状況と今後の課題」現代刑事法5巻8号（2003年）13頁における，岡健太郎の発言によるものである。
3　斉藤豊治「少年法改正の意味するもの」法律時報73巻2号（2001年）4頁，葛野尋之「『改正』少年法と少年事件弁護の課題」季刊刑事弁護29号（2002年）27頁参照。
4　東京高判昭54・7・10刑集37巻6号733頁。
5　最判昭58・7・8刑集37巻6号609頁。
6　東京高判平3・7・12判時1396号27頁以下。
7　城下裕二「少年に対する不定期刑の量刑基準について」『激動期の刑事法学・能勢弘之先生追悼論集』（信山社・2003年）534頁は，「この判例が，成人に対する量刑と同様に責任に相応した刑を科すことによる一般予防を強調しつつ，被告人が少年であるという『特殊性』を量刑基準に反映させることを抑制しようとする側面を有する点は否定できない」と評価する。
8　東京高判平8・7・2判時1595号53頁以下。
9　名古屋高判平8・12・16判時1595号38頁以下。
10　千葉地判平14・6・20裁判所HP下級審主要判決情

11 原田國男「量刑基準と量刑事情」同『量刑判断の実際』（現代法律出版・2003年）10頁は，「被告人の年齢が若いということは，可塑性に富み，刑罰による影響も大きいことから，特別予防の点で，被告人に有利な情状となる」と述べている。
12 斉藤豊治「少年に対する死刑判決への疑問」法律時報63巻3号（1990年）142頁。
13 多田元「問題の解決にならない死刑判決」法学セミナー431号（1990年），村井敏邦「少年と刑事裁判」同『刑事訴訟法』（日本評論社，1996年）188頁以下，福田雅章・黒岩哲彦「女子高校生コンクリート詰め殺人事件」福田・前掲注（1）466頁以下，宮澤浩一「少年の刑事事件における量刑」少年法判例百選（1998年）222頁以下，前田忠弘「少年に対する死刑適用の是非」同224頁以下，松岡正章「年長少年の刑事事件と量刑」判評513号（2001年）211頁以下など参照。
14 福田雅章「少年法の功利的な利用と少年の人権」同・前掲注（1）463頁以下参照。
15 ただし，将来，改正刑法草案48条のような規定が設けられたとしても，必然的に独自性否定説に至らなければならないわけではないと思われる。同条2項には「犯人の年齢」が量刑事情として挙げられており，少年法1条を踏まえてこの規定を解釈するならば，少年事件の場合の「年齢」は成人事件とは異なる特別な意味を持たせられることになるからである。
16 それが疑問視されることがあるとすれば，少年に刑罰を科す目的が少年犯罪に対する大人達の不安感ないし少年犯罪に甘い対応しかとられていないという大人達の不満を解消することにあるとする場合であろう（石塚伸一「少年犯罪の深刻化と刑罰の抑止効果」団藤重光ほか『「改正」少年法を批判する』〔日本評論社・2000年〕85頁参照）。しかし，刑罰の役割はあくまで犯罪予防に求められるべきである。犯罪予防に直ちに結びつかない不満や不安感の解消を直接の目的とするならば，量刑は私的な応報感情に奉仕するものとなり，歯止めのない重罰化が帰結してしまう可能性がある。
17 この点で，ドイツ少年刑法18条2項が「少年刑は必要な教育効果が可能であるよう量定されなければならない」として，少年について独自の量刑基準を設定していることが参考となる。
18 責任が刑罰の上限を画するとする量刑における責任主義（城下裕二『量刑基準の研究』〔成文堂，1995年〕110頁以下など参照）は，いかなる場合であっても服さねばならない制約である。
19 岩井宜子「保護処分と刑事処分の関係について」家月32巻12号（1980年）5頁。さらに，所一彦「しょく罪と少年」刑政110巻5号（1999年）33頁も参照。
20 ただし，死刑や無期刑の減軽の程度は明らかに心神耗弱の場合の方が大きく，有期刑減軽についても少年の場合は常に最大長期10年の刑期が予定されており，心神耗弱の方が処断刑は軽い場合が多いであろう（刑法68条参照）。
21 佐伯仁志「少年法の理念——保護処分と責任——」猪瀬慎一郎ほか編『少年法のあらたな展開』（有斐閣・2001年）39頁以下，51頁。佐伯論文は主として保護処分を念頭に置いたものであるが，保護処分と刑罰はともに少年の責任に基づく制裁として連続的なものであるとしている。
22 前田雅英編集代表『条解刑法』「第39条」136頁以下（弘文堂，2002年）など参照。
23 ドイツ少年刑法3条が，「少年は，その道徳的，精神的な発達にもとづき，行為時に行為の違法性を理解し，かつその弁識に従い行為するのに十分なほど成熟しているときは，刑法上有責である。」と規定していることが参考となろう。
24 福田雅章「個人の尊厳とパターナリズム」同・前掲注（1）61頁以下参照。
25 このように非難可能性の観点からの責任能力を問題とする伝統的立場とは異なり，責任能力制度一般を可罰的責任の観点から理解し，少年の場合も，保護処分の方がより有効である場合には責任無能力と考えるべきだとする立場もある（町野朔「責任能力制度の問題」書研所報41号〔1996年〕14頁）。この立場では，刑罰が保護処分より再犯防止に有効であるといえる場合にのみ逆送を行うことになり，後述する本稿の結論に近い結論が導かれる可能性がある。しかし，この立場を一貫させると，

責任能力が問題になる場合に限らず，一般的に処罰以外の処遇方法の方が有効な場合は責任がないことになるが，刑罰の特別予防効果が強く疑問視されている現在においては，ほとんどの犯罪で刑罰は科せないことになりかねないであろう。

26 田宮裕＝廣瀬健二編『注釈少年法〔改訂版〕』（有斐閣・2001年）409頁参照。

27 平場安治『少年法（新版）』（1987年）443頁。もっとも同444頁（1）は，「18歳未満とは，罪を犯すときを標準とするのだから，責任軽減の考慮も入っていると考えてよいであろう」とする。松岡・前掲注（13）215頁も，「本条は少年の可塑性，矯正可能性を重視した量刑基準を定めたもの」であるとする。

28 荒木伸怡「いわゆる女子高生監禁殺人事件控訴審判決における量刑判断」判評399号（1992年）192頁。52条2項が不定期刑に短期5年長期10年の上限を設けたことの理由の一つは，「あえて10年を超す刑を科す必要があるなら51条によりうることのためである」とされている。しかし最終的な宣告刑を正当化するために出発点である処断刑を変えるという便宜的な手法が妥当かについて疑問があり，そもそも法定刑として無期刑以上が規定されていなければ，その手法は採り得ない。

29 更に，北京ルールズ17条2項が「死刑は，少年が行ったどのような犯罪に対しても，これを科してはならない。」としている一方で，2条2項が「『少年』とは，各国の法制度の下で犯罪のゆえに成人とは異なる仕方で扱われることのある児童もしくは青少年である。」と定義していることから，20歳未満を少年法の適用年齢とするわが国の場合，年長少年に対しても死刑の適用は避けるべきであるとする見解がある（澤登俊雄『少年法概説〔第2版補訂〕』〔有斐閣・2003年〕224頁参照）。この見解に従うならば，年長少年も一律に責任能力が減少していると見なされているとする余地もあり得ることになろう。

30 所・前掲注（19）35頁以下。そこから，現代においては，少年にも贖罪が求められるようになった，とする。

31 松岡・前掲注（13）215頁。

32 甲斐行夫ほか『少年法等の一部を改正する法律及び少年審判規則等の一部を改正する法律の解説』（法曹会・2002年）222頁参照。

33 松本時夫「量刑の実務と今後の課題」現代刑事法21号（2001年）12頁以下，原田・前掲注（11）7頁などを参照。

34 詳細については，石塚・前掲注（16）82頁以下，葛野尋之「少年法における規範意識と責任」同・『少年司法の再構築』（日本評論社・2003年）511頁以下参照。なお，本庄武「刑罰の積極的一般予防効果についての心理学的検討」法と心理2巻1号（2002年）76頁以下も参照。

35 このような分析は，家庭裁判所調査官研修所監修『重大少年事件の実証的研究』（司法協会・2001年），日本弁護士連合会編『検証少年犯罪』（日本評論社・2002年）などで指摘されているところである。

36 更に，「少年の世代交代は極めて短期間で行われるので，情報はすぐに過去のものとなり次世代の当該年齢予備軍の少年たちに伝達されにくく，少年への一般予防効果は成人ほどには働かない」（平野泰樹「少年と刑罰」『少年法の展望・澤登俊雄先生古稀祝賀論文集』〔現代人文社・2000年〕322頁）とも言えるであろう。

37 井上正治「少年法における保護主義と刑罰主義」ジュリスト353号（1966年）34頁参照。「社会の法的感情を全く無視しては，犯罪に対する責任の償いはない」ということを根拠とする。

38 平場安治「ゴールト判決以後の少年審判問題」ケース研究219号（1989年）38頁参照。

39 上野友靖「少年法における刑事処分の意義（2）」國學院法研論叢23号（1996年）12頁。

40 この観点から，阿部純二「保護と刑罰――一つの外観」刑法雑誌18巻3＝4号（1972年）228頁は，「刑の内容を少年に適合した教育的なものに再構成するということが考えられてよい」としている。

41 澤登俊雄「少年審判における処分決定の基準」『福田平・大塚仁博士古稀祝賀・刑事法学の総合的検討（上）』（有斐閣・1994年）736頁。

42 澤登俊雄「保護処分と責任の要件」同『少年非行と法的統制』（成文堂・1987年）74頁。

43 澤登・前掲注（42）81頁。
44 城下・前掲注（7）536頁。
45 田宮＝廣瀬・前掲注（26）411頁参照。
46 田宮＝廣瀬・前掲注（26）412頁など参照。
47 但し，本特集・渕野論文が主張するような，防御権行使など別個の考慮要因から行為時基準を採用することまで否定する趣旨ではない。
48 吉岡一男「刑事法学の動き」法律時報72巻9号（2000年）78頁。
49 逆送基準の議論で通例用いられる「保護不能」という表現は，この趣旨を曖昧にし，保護処分で改善の見込みがない少年は保護の対象から外されるというニュアンスを持つものであり，再考が必要であろう。
50 平野・前掲注（36）327頁以下参照。
51 後藤弘子「刑事処分の範囲の拡大とその課題」ジュリスト1195号（2001年）13頁。改正を契機として，少年刑務所では，処遇の個別化及び多様化が図られた。その具体的内容については，伊藤広史「改正少年法等解説（第2回）——少年受刑者処遇の基本的理念」刑政112巻4号（2001年）65頁以下参照。
52 岡田行雄「真に求められる少年非行への対策」団藤ほか・前掲注（16）109頁以下参照。
53 例えば，2002年には不定期刑仮出獄者26名のうち，短期経過前に出獄したのは2名に過ぎず，刑の執行率が長期の6割台が7名，7割台が12名，8割以上が7名である（第43保護統計年報40頁以下）。
54 横山実「少年院における処遇の展開」『日本刑事法の理論と展望・佐藤司先生古稀祝賀（下巻）』（信山社・2002年）420頁以下参照。
55 但し，それは少年が完全に（理念型としての）成人と同様の完全な自律性を獲得したという場合ではない。18歳以上の少年については個別判断によりそのような少年も存在することが理論上は予定され，その場合は，少年独自の量刑を考える基盤が失われてしまうが，現実にそのような少年が，とりわけ非行少年の中に存在するのか疑問である。
56 平野・前掲注（36）331頁以下は，少年刑固有の効用として，「刑罰を言い渡され刑の執行を受けるという心理的作用こそが犯罪少年に深刻かつ重大な心理的衝撃を与え，それが責任の覚醒・責任の自覚につながりうる」ことを重視している。
57 裁判官の立場からの提言として，仲家暢彦「若年被告人の刑事裁判における量刑手続——少年調査記録の取扱いを中心として」『刑事裁判の理論と実務・中山善房判事退官記念』（成文堂，1998年）329頁以下，弁護の立場からの提言として，三木憲明「早期に55条移送を求め社会記録を活用する」季刊刑事弁護30号（2002年）64頁以下を参照。
58 多田元「少年事件の弁護はどのように行うか」竹澤哲夫ほか編集代表『刑事弁護の技術（下）』（第一法規・1994年）443頁。犯罪心理鑑定については，加藤幸雄「犯罪心理鑑定の意義と方法」同『非行臨床と司法福祉』（ミネルヴァ書房・2003年）179頁以下参照。立法論としては，特に少年の刑事事件に関して判決前調査制度の導入を真剣に検討される必要である。
59 福田雅章「子どもの人権と少年法改正」同・前掲注（1）504頁以下参照。
60 少年法55条の実務上の運用については，廣瀬健二「保護処分相当性と刑事処分相当性」家月41巻9号（1989年）1頁以下などを参照。
61 廣瀬・前掲注（60）10頁以下，田宮＝廣瀬編・前掲注（26）419頁参照。
62 最決平9・9・18刑集51巻8号571頁以下。
63 廣瀬・前掲注（60）58頁。
64 田宮＝廣瀬・前掲注（26）419頁
65 これに関して，京都地判平15・10・15が，傷害致死事件で成人の共犯者が実刑判決（確定）を受けた事案において，少年の判断力が不十分であることや更生には人間的な成長を促すことが不可欠であることを指摘して，18歳の少年を家庭裁判所へ移送した（朝日新聞2003年10月16日付）ことが注目される。

英文要旨
Summary: The Decisions of Sentencing and Transfer to Family Courts in the Juvenile Cases

Key words: A Right to Growth and Development, The Criteria for Sentencing, Doli Capax, Protective Measure, Punishment

Takeshi HONJO

Lecturer of Law, Hitotsubashi University

Punishment to a juvenile should be effective in juvenile's growth and development because juveniles have a right to growth and development. However, before Juvenile Law was revised, juveniles as well as adults were sentenced mainly on the grounds of retributivism. The revised Juvenile Law imposes harsher punishments on juveniles. As a result, the number of juvenile prisoners has increased over the years. Some juveniles have also been sentenced to imprisonment for a long time. The ill-effects of this law on juveniles are a cause of concern.

Generally speaking, since juveniles are immature, their criminal responsibilities are lighter than those of adults. Hence article 51 (1) of Juvenile Law imposes that the death penalty should necessarily be mitigated to life imprisonment if the guilty was under 18 years of age when the crime was committed. On the basis of this article, we presume that Juvenile Law would regard the criminal responsibilities of the juveniles under 18 as lighter than adults. Therefore, all punishments for juveniles under 18 including the death penalty should be mitigated. Moreover, punishments for juveniles aged 18-19 should be mitigated on the basis of individual inquiry.

Furthermore, the criteria for sentencing juveniles must not be retributivism but the need for growth and development of these juveniles. It has been observed in many cases that punishments counteract the process of growth and development of juveniles. Within a prison, juveniles are often neglected, helpless, and lose educational opportunities. In most cases, the juveniles are not appropriate for punishment. Only a minor section of juveniles who can actually utilize the punishment phase as momentum for self-reform, are appropriate for such punishments. The revised Juvenile Law made it possible to transfer many other juveniles to the criminal courts. However, they should be re-transferred to the family courts.

特集　改正少年法の検証

弁護士付添人による援助を受ける権利の公的保障

キーワード: 適正手続保障,弁護士付添人選任権,公的保障,法的援助,社会的援助

武内謙治　九州大学大学院法学研究院助教授

はじめに

1　2001年4月1日施行の「改正」少年法は，国選付添人制度を新設した。その範囲は，①検察官が審判関与する場合（少年法22条の3）と，②抗告受理の申立てがなされ，事件が受理された場合（少年法32条の5）のみに限られている。ここでは，検察官の審判関与とのバランス（①）と，原審による判断が抗告審により不利益方向に変更される可能性があることとの関連（②）から，国選付添人制度の対象範囲が狭く限定されたといえる[1]。

しかし，こうした理由から国選付添人制度の範囲を狭く限ることが合理的でないことは，2001年6月12日の司法制度改革審議会「意見書」によってもすでに明らかにされている。「意見書」は，「公的弁護制度」について「障害者や少年など特に助力を必要とする者に対し格別の配慮を払うべき」[2]と指摘し，「公的付添人制度」に関し，次のように述べている。「少年法の改正（平成12年法律第142号）により，検察官が少年審判の手続に関与する場合における少年に対する国選付添人の制度が導入されたが，それ以外の場合の公的付添人制度についても，少年事件の特殊性や公的弁護制度の対象に少年の被疑者をも含める場合のバランスなどを考慮すると，積極的な検討が必要だと考えられる」[3]。

2　このように司法制度改革審議会の「意見書」は，「公的付添人制度」が検察官の審判関与とは論理的・政策的に連関しないことを明らかにしている。しかし他方で，「意見書」は，「その検討に当たっては，少年審判手続の構造や家庭裁判所調査官との役割分担，付添人の役割なども考慮される必要がある」[4]と続けており，少年保護手続においてなぜ付添人が必要なのか，いかなる根拠で付添人選任に関する「公的」な保障が必要なのかを明らかにしているとはいえない。また，そのこともあってか，司法制度改革推進本部公的弁護制度検討会における議論では，依然として「公的付添人制度」を検察官の審判関与と一体のものとして捉えようとする見解が有力であったように見受けられる。しかし，司法制度改革審議会の「意見書」が切り離した「公的付添人制度」と検察官の審判関与とを再び接合することは，議論の後退であるというほかないであろう[5]。

なぜ，付添人は必要なのか，その必要性は「改正」少年法によって否定され，あるいは減じられているものなのか，さらにはなぜ付添人選任の「公的」な保障が必要なのか，今一度議論の整理が必要であるように思われる。

3　そこで本稿では，まず，（1）付添人の役割に関する従来の議論の整理を試みた上で，（2）少年保護手続においてなぜ付添人が必要なのかを明らかにする。（3）次いで，「改正」少年法と付添人の必要性との関係に焦点を当て，付添人の必要性が「改正」少年法により減じられているのか，そしてまた「改正」少年法下における付添人選任

が十分なものとなっているのかを確認する。(4)その上で，福岡において試みられている「全件付添人制度」から「公的付添人制度」への示唆を導き出した上で，付添人選任の「公的」保障の根拠とそのあり方を考えることにしたい[6]。

1 付添人の役割論の歴史的変遷

(1) 第一期における付添人の役割論
——1950年代までの議論——

1 少年保護手続において付添人の選任はなぜ必要なのだろうか。付添人の必要性をめぐる問題は，これまでその役割論と密接に関連づけられてきた。現在の議論の歴史的位相を探る意味でも，まず，戦後における付添人の役割論の展開を確認しておくことにしよう。

戦後における付添人の役割に関する議論の展開には，大きくは三つの段階があったといえる[7]。1948年の少年法制定直後から1950年代までを第一期，少年法「改正」論議期と重なる1960年代から1970年代までを第二期，その後現在に至るまでを第三期として，戦後における議論の整理を試みよう。

2 1948年の少年法制定直後から1950年代までの第一期においては，付添人には家庭裁判所の協力者としての地位と少年や保護者の利益の代弁者としての弁護人的な地位とがあり，前者が第一次的なもので後者は第二次的なものにすぎないと理解する立場[8]が有力であった。こうした理解は，終戦後新しい少年法制の把握の仕方が模索される中で，殊に刑事訴訟（法）との対比で導き出されたといってよい。そのため，付添人がもつふたつの役割は特に家庭裁判所の司法的性格と福祉的性格に対応すると説明され，家庭裁判所への協力者的地位が第一次的なものであるべき理由は，「保護事件の手続は，全体として対立当事者間の訴訟的構造を有しない」[9]ことや「少年は家庭裁判所に対して全く『受動的』地位に立つて」[10]おり，当事者の訴訟行為や代理人という観念を認める余地がないという比較的形式的な点に求められたといえる[11]。

3 もちろん，この時期にも，少年保護手続において「法の正統な手続」が必要であることを指摘する声が存在した[12]。しかし，そうした見解にしても，「法の正統な手続」を付添人の必要性と密接に関連づけるまでには至らなかったといえる。第一期において付添人の役割論として家庭裁判所の協力者的役割が強調されたことの背景としては，適正手続論において裁判所が主たる担い手として措定されていたという，刑事訴訟法学の領域にも共通する事情をも指摘することができるだろう[13]。

(2) 第二期における付添人の役割論
——少年法「改正」論議期の議論——

1 第二期になると，「職権主義―適正手続保障―検察官の審判関与」の関係を問う議論図式の中で，付添人の位置づけが問われた。少年法「改正」論議の中，一方で，「デュー・プロセス保障」は「パレンス・パトリエ」を否定するものであり，少年の改善更生に役立つ「手続の厳正化」の要請を含み，「当事者主義」と不可分のものであるから，検察官関与と国選付添人制度とは一体になるとの主張がなされた[14]。他方で，対審化を回避する意味をも担いながら，第一期の議論を踏襲する形で，家庭裁判所や付添人の後見的役割を強調する見解が有力に唱えられた[15]。付添人の弁護人的役割を自覚的に強調する見解がこれらの見解に対置する形で登場してくるのは，まさにこうした背景の前においてである。換言すれば，弁護人的役割論は，一方で家庭裁判所の後見的役割や「職権主義」と適正手続保障との関係を，他方で検察官の審判関与や「当事者主義」と適正手続保障との関係を明らかにする，という課題を背負って登場

したといえる。いうまでもなく，こうした議論の軸が形成された遠景には，ゴールト判決に代表されるようなアメリカ少年司法におけるデュー・プロセス革命の動きがあり[16]，近景には，検察官の審判関与と連関させる形で国選付添人制度を盛り込んだ少年法改正要綱やいわゆる植松部会長試案[17]の存在がある。

2　例えば，的場武治は，少年法改正要綱上の国選付添人制度の問題点を，それが検察官の審判関与や対審構造化と一体化していることとならんで，大正少年法上の付添人に関する規定（「官選附添人選任」）の延長線上に位置することにも見出している。すなわち，少年法改正要綱上の付添人に関する規定は，「実質的な適正手続を確保するという配慮の乏しさを示しているというよりも，国の側からのいわば，国親的発想に適合する旧い附添人を少年の側からの発想である適正手続の中核である弁護人附添人と同視ないし混同しているという基本的欠陥を示」[18]している，と批判したのである。そのため，的場武治においては，一方で，予断排除法則や証拠法則を欠いたまま検察官を関与させる対審化で裁判所が中立になりうるわけではないことを明らかにし，他方で，「国親的発想に適合する旧い附添人」から脱却し，付添人が果たすべき中心的な役割を裁判所の監視者的な役割に求めるとともに，付添人の必要の根拠を少年の防禦権保障に求めることで，二つの課題の克服が図られたといえる。

3　しかし，この時期，課題の克服を試みる際，少年保護手続におけるデュー・プロセスの意義を重視しながらも，むしろケース・ワークの担い手としての付添人の役割に着眼する見解があったことには，十分な注意を向けておく必要がある。田宮裕は，デュー・プロセス論の重点は，少年の防禦権という片面的な利益にあるため，検察官の関与はそこから直接導かれる積極的主張ではありえないことを指摘する[19]。その上で，田宮裕は，付添人としての弁護士の関与を積極的に考えていくべき理由を「弁護士がデュー・プロセスの守護者たるべき地位にあるからばかりではなく，少年本人に最も親近な者として，豊富な資料をもってケース・ワークに有益な寄与をしうるからにほかならない」[20]ことに求めたのである。ここでは，デュー・プロセス保障が検察官関与を直接には帰結しないことが確認される一方で，弁護士付添人の必要性をデュー・プロセス保障とともにケース・ワークの脈絡からも捉えるべきことが示唆されたのである。

4　このように，適正手続保障と検察官関与，職権主義の関係が問われる図式の中で，議論の射程をなおも主には少年審判手続にとどめながらも，デュー・プロセスとケース・ワークのそれぞれについて弁護士付添人を担い手として想定する見解が登場したことが，第二期の議論の特徴であるといえる。

(3) 第三期における付添人の役割論
　　　　──1990年代を中心として──

1　第三期，特に1990年代になると，従前とは異なる議論枠組みをもつふたつの動きが現れてくる。ひとつは，裁判所との関係ではなく少年との関係において付添人の役割を捉え直そうとするものである。もうひとつは，直截に付添人の必要性根拠に目を向け，「制裁機能」という少年保護手続と刑事手続との共通性にその根拠を見出し，それを軸に付添人の役割論の展開を図ろうとするものである。その背景には，一方で，子どもの権利条約や少年司法運営に関係する国連の諸準則の成立，弁護士による付添人活動の実践的な積み重ねがあり，他方で，1980年代以来いわゆる積極的実体的真実主義という意味での「司法的機能」の強化が進んだことがある。

2 多田元は，従来の二面性論が協力者的役割と弁護人的役割の間に生じる矛盾の解決法と一貫した付添人活動の指針を明らかにできていない点を批判した上で，少年の権利主体性を尊重する個別処遇の理念のもとで，少年にとっての付添人の役割のあり方という観点から問題の再整理を試みている。その中で，多田元は，「少年が固有の成長発達権に基づいて適正手続による最善の個別処遇を要求し，そのために審判において権利を行使するのを援助する『少年のパートナー』」[21]という点に付添人の役割を求めている。

3 こうした，ケースワークに基づく個別処遇理念と少年固有の成長発達権という観点から付添人の役割を再構成する試みがある一方で，少年保護手続と刑事手続との「機能的同質性」に着目する見解も現れている。佐伯仁志は，「適正手続保障」が幅のある概念であることを指摘し，スティグマと自由の制約を少年に科すという意味での制裁機能をもつ点で少年保護手続が刑事手続と共通の性格をもつがゆえに，少年保護手続には刑事手続に準じた適正手続保障が要求されると主張する[22]。そうであるがゆえに，少年保護手続にも刑事手続と同様に弁護人の援助を受ける権利が保障されるべきことを指摘し，付添人の役割論についても，「弁護人としての付添人」と「補助者としての付添人」を明確に区別することを前提に，双方の役割が衝突する場面では，常に弁護人としての役割が優先しなければならないと主張している[23]。

(4) 付添人論の歴史的位相

1 以上のような戦後における付添人の役割論の展開からは，次のことが確認できる。

第一に，付添人の必要性を検察官関与と一体のものとして捉える見解の実質である。検察官の審判関与との関係は，第二期以来，付添人論の試金石とされてきた。2000年の「改正」少年法では，検察官の審判関与の形式的な理由が「適正な事実認定」の必要性に求められ，国選付添人制度もそれとの均衡で考慮される形となっている。しかし，第二期の議論に典型的に認められるように，歴史的に見た場合，検察官の審判関与論は，処罰要求や治安維持要求とむしろ密接に関連している。「改正」少年法における検察官関与制度や「公的付添人制度」を検察官の審判関与と一体のものとして捉えようとする見解の実質も，この点にあるのではないかが疑われる。

2 第二に，少年保護手続が刑事手続と同質の「制裁機能」をもつことに付添人の必要性の根拠を見出す見解がもつ意味である。「デュー・プロセス保障」は「パレンス・パトリエ」を否定し，「当事者主義」と不可分であることを強調した第二期に現れた議論において，「制裁機能」は審判に関与すべきものとされる検察官により担われることが期待されてはいたものの，それはなおも主張の背後に隠されたものであった。それに対し，第三期に現れたこの見解は，少年法の理念の問題を介さずに，直截に，弁護人の援助を受ける権利を保障する前提として手続の「制裁機能」を措定する点に特徴をもっている。もちろん，形式論理としては，こうして「制裁機能」を表立って見せることが，そのまま検察官の審判関与と直結するわけではない。しかし，こうした「制裁機能」を認めることが，総体としての少年司法制度に何をもたらすのか，特に少年保護手続におけるケース・ワーク的な活動にもたらす影響が，問われなければならない。その意味でも，やはり少年法の理念の問題を避けて通ることはできない，というべきであろう。

3 第三に，国選付添人制度や「公的付添人制度」を検察官関与と一体のものとして捉える見解は，当然の帰結として，議論を審判段階のみに限定することになる。第一期から主張されていた，

付添人を家庭裁判所の協力者として捉える見解にしても，調査段階を加えて視野に入れるにすぎないと考えられる。しかし，調査・審判段階のみを想定して付添人の役割やその必要性を捉えることで十分なのかは，現在大きな問題となりうる。第三期に現れた，ケース・ワークに基づく個別処遇理念に基盤を求めているパートナーシップ論は，審判手続との関係のみから付添人の役割を把握するのでは十分ではなく，調査段階はもちろん，捜査から，矯正，保護の局面まで視野に入れる必要性があることを示唆している[24]。

4　そのこととも密接に関係するが，第四に，今日付添人の役割論やその必要性を論じる際に考慮されるべき法規範として，国内法規範のみで十分なのかが問題となる。特に，近時の付添人論においてパートナーシップ論が提起している問題は，付添人の役割やその必要性を誰との関係で捉えるのか，という点にとどまらず，考慮されるべき法規範が国際条約・国連準則まで及ぶべきことにまで至っているといえる[25]。

2　法的援助・社会的援助の一体性と付添人の必要性

(1) 少年司法における「司法的機能」と「福祉的機能」

1　以上の歴史的な確認を踏まえつつ，付添人の必要性を考えた場合，それはどのように捉えられるだろうか。「少年の健全な育成」という法の目的・理念と密接な関係をもち，戦後の少年司法をめぐる議論の中で常に問い返されてきた，少年保護手続の「司法的機能」と「福祉的機能」という基本問題に関連づける形で，付添人の必要性を論じることにしよう[26]。

2　従前の少年保護手続の「司法的機能」と「福祉的機能」をめぐる議論の焦点は，主には社会防衛の位置づけにあったといえる。その基本となるのは，「司法的機能」を手続的にのみ捉え，その内実を「適正手続保障」だけに絞るのか，それとも「社会防衛」をも含ませ，非行の重さと処分との積極的な均衡という実体的な要素をも「司法的機能」の要請と捉えるのか，という対立であった。

前者の理解は，少年の最善の利益を達成するための「福祉的機能（ケース・ワーク的機能）」が発揮された結果として「社会防衛」が達成されるとの理解と親和的である。ここにおいて社会防衛の要請は，「司法的機能」と「福祉的機能」の双方において内実をなさず，むしろ両機能が十分に発揮され少年の最善の利益が実現される結果として達成されると考えられる。そのため「司法的機能」と「福祉的機能」との間に優劣はなく，むしろ双方ともに「車の両輪」として重要な価値をもつものと捉えられることになる。

それに対し，後者の理解では，「司法的機能」に実体的な社会防衛の要請もが含まれることになるため，「司法的機能」の内実においてすでに適正手続保障の要請が絶対的なものとはならず，むしろ相対化されることになる。加えて，こうした理解では，社会防衛が強調されることで，「福祉的機能」が「司法的機能」に容易に従属させられ，「司法的機能」が強調されるほど，ケース・ワーク的な働きかけが軽んじられる危険性が大きくなるといえる。

ここまでの議論のみからでも，付添人の必要性を検察官の審判関与と一体のものとして捉える見解が，実は，適正手続の絶対的な保障を意味せず，むしろそれを相対化させるとともに，ケース・ワーク的な働きかけをも後退させる危険性を内包していることが，明らかになる。弁護人による援助を受ける権利の保障を少年保護手続の「制裁機能」と結びつける理解も，この点は同様の帰結をもたらすと考えられる。

3 この確認の上で，現在，従前の議論とはまた別の位相にあるふたつの問題に目を向ける必要がある。すなわち，第一に，「司法的機能」の内実を「適正手続保障」に純化して理解するにしても，それが家庭裁判所の後見的な配慮にとどまるものなのか，それとも少年の権利なのかがさらに問題となる。第二に，「福祉的機能（ケース・ワーク的機能）」は家庭裁判所，殊に調査官だけが担うべきものなのか，が問題である。

仮に，「適正手続保障」が家庭裁判所の後見的な配慮にとどまるものと理解し，なおかつ「福祉的機能（ケース・ワーク的機能）」を家庭裁判所だけが果たしうる，いわば「閉じられた」性格をもつものとして捉えるのであれば，少年保護手続における付添人の必要性は否定されることになるだろう。以下では，このふたつの問題に焦点を当てることにする。

(2)「司法的機能」と付添人の必要性

1 現在，少年保護手続が「全体として対立当事者間の訴訟的構造を有しない」ことや「少年は家庭裁判所に對して全く『受動的』地位に立つて」いることを理由として，少年保護手続における適正手続保障の必要性を否定することはできず，適正手続保障が家庭裁判所の後見的な配慮にとどまるものであると理解することもできない。

このことは，現在日本においても法規範として妥当している子どもの権利条約の文言からも明らかである。子どもの権利条約40条2項（b）(iii) は，「刑法を犯したと申し立てられ又は訴追されたすべての子ども」が（傍点引用者）少なくとも保障を受けるべき事柄のひとつとして「事案が権限のある，独立の，かつ，公平な当局又は司法機関により法律に基づく公正な審理において，……（中略）遅滞なく決定されること」を定めている。法律家による弁護を受ける権利に焦点を絞って

も，同じく子どもの権利条約40条2項（b）の (ii) は「刑法を犯したと申し立てられ又は訴追されたすべての子どもは」，「防禦の準備及び申立てにおいて弁護人その他適当な援助を行う者をもつこと」を保障されることを規定する。加えて，少年司法運営に関する国連最低基準規則（北京ルールズ）15.1は「手続を通して，少年は，法的助言者によって代理される権利，あるいは，無償の法律扶助が用意されている国では，それを求める権利を有する」（傍点引用者）と定めている。

2 「適正手続保障」が家庭裁判所の後見的配慮にとどまるものではなく少年の権利に基づくものであるとして，その実質的な根拠はどこに求められるべきであろうか。また，なぜ弁護士付添人が選任される必要があるのだろうか。結論を先取りすれば，弁護士付添人の必要性は，少年がもつ，①手続において主体的な地位を占め，手続に積極的に参加する権利と，②社会との関係を切られない権利，に基づくと考える。

3 いわゆる流山事件最高裁決定（刑集37巻8号1260頁）における団藤補足意見が明らかにしたように，少年は，憲法31条のみならず，「少年の健全な育成」という少年法の目的に基づき，形式的な違法性がない手続を受ける権利をもつ。しかし，少年保護手続における「適正手続」は，形式的な違法性がない手続が遂行されれば足りるものではない。

「少年が手続に参加して自らを自由に表現できる」手続の絶対的な確保は，国連準則からの要請である（北京ルールズ14.2）。そうした手続を絶対的に確保し，少年自身のニーズを適正に処分に反映させることは，少年自身の非行克服に不可欠であるばかりでなく，「適正手続」保障にとっても不可欠な要素である。自らに関係する手続で何が行われているか理解できず，積極的な参加ができない手続を「公正な手続」と呼ぶことはできな

いからである。このように考えると，少年の手続参加権は，憲法13条と31条の裏づけをももつと考えることができる。

　加えて，少年保護手続においては，常に少年の「最善の利益」が考慮されなければならないが，そこでは少年の非行が前提とされるため，ともすれば，少年自身のニーズが相対化されてしまう危険性がある。そのために，少年の側に立ち，少年自身の理解と納得，手続への参加を助ける者の存在が不可欠であると考えられる[27]。この役割は，例えば家庭裁判所調査官などの他の手続関与者では代替できないと考えられる。第一期に有力だった考えと対比させれば，少年は家庭裁判所に対して最善の利益の実現を求めるという「能動的」で「積極的」な地位に立っているからこそ，適正な手続を受ける権利を保障されると考えられるべきであり，付添人選任権の保障もこの脈絡で考えられる必要がある。

　4　社会との関係を切られない権利は，自己の身体的自由に関する権利と密接に関連する形で，憲法34条や子どもの権利条約37条（d），そして自由を奪われた少年の保護に関する国連準則の18条の裏づけをもつ。そのため，身体拘束の条件として，弁護士付添人が選任されなければならないと考えられる。

　しかし，身体拘束時に弁護士付添人選任権を実効的に保障する必要性は，実質的に考えて，身体的自由の利益そのものが重大な危険にさらされる局面での「防禦権」の保障という観点のみから生じるものではない。後述するように，身体的自由の剥奪は少年と社会とのつながりを断絶する危険性をもつため，それを未然に防ぐ必要性がある。弁護士付添人選任権の保障は，この脈絡においても考えられなければならない。

(3) 「福祉的機能」と付添人の必要性

　1　「福祉的機能（ケース・ワーク的機能）」との関係でも付添人の必要性を検討しておく必要がある。専門的に行われる積極的な働きかけに限定してこの機能の内実を理解すべきか，が付添人の必要性との関連において重要な問題となる。換言すれば，この機能は調査官を中心として家庭裁判所のみによって担われるべきものか，が問題である。

　2　家庭裁判所内部の役割分担に焦点を当て，「福祉的機能（ケース・ワーク的機能）」の主たる担い手として家庭裁判所調査官を措定することに異論はない。むしろ少年保護手続は，「司法的機能」だけでは機能しえず，調査官による十分な調査やケース・ワークが行われなければならないことは，重ねて確認される必要がある。また，家庭裁判所調査官により行われている，人間行動科学の専門的知識に基づく少年への積極的な働き掛けや環境調整は，今後もより一層拡充されなければならない。さらに，受容的雰囲気の醸成など，少年保護手続に家庭裁判所調査官が関与すること自体がもつ意味も，決して過小評価されてはならない。

　しかし，家庭裁判所創設時に「社会性」が指導理念の一つとして掲げられていたことからもすでに示唆されるように[28]，「福祉的機能」は家庭裁判所のみが担うべきものではなく，また現実的に担えるものでもない。換言すれば，調査官を中心とした家庭裁判所による人間行動科学に基づく少年への働き掛けは，「福祉的機能」が十全に発揮されるための必要条件ではあっても十分条件ではないというべきである。

　家庭裁判所調査官による積極的なケース・ワークを問題にするにしても，それが真に効果を発揮するための前提に目を向ける必要があるように思われる。その前提とは，少年が社会とのつながり

を一貫して保ち，少なくとも社会との関係を切られず，社会資源との関係が（再）規律される，ということである。

3　そもそも，少年法は少年を社会につなぎとめておくことに大きな価値を置いているといえる[29]。このことは，必ずしも身体拘束後の社会復帰の局面に尽きるものではなく，少年保護手続において一貫して問題となり，家庭裁判所調査官により行われる積極的な少年への働き掛けの局面においても当然の前提となるべきものである。

そして，まさにこの社会とのつながりを一貫して保つ必要性という点に，ケース・ワークの担い手として法律家が登場せざるをえない構造を見いだしうる。なぜなら，複雑化した現代社会の社会関係・人間関係の（再）規整のためには，法的関係の規律が重要な役割を果たさざるをえないからである。若年者の社会的なつながりや現代社会における人間関係の稀薄化が指摘される現況では，その役割の重要性はより一層高まる。

4　具体的な例を挙げてみよう。付添人活動において一般に行われており，また実際上大きな比重を占める活動には，次のようなものがある。すなわち，①少年と学校・職場との環境調整，②被害者との関係の調整，③保護者との関係の調整，④身体拘束を回避し，身体拘束時には学校・職場・家庭との連絡を図ること，である。こうした活動は，一見したところ，法的援助というよりも社会的援助としての色彩が強い活動であるといえる。しかし，弁護士付添人がこうした活動を実際に行っていることには，現代社会における法の社会的機能に鑑みて，必然性があるといえる。

若年者の社会関係や人間関係が稀薄化する傾向にあるとすれば，退学問題や退職問題は少年と社会とのつながりを保つという観点において極めて重大な局面ということになる。そうした局面において，問題を本質的に解決し，少年を社会につなぎとめておくためには，そのための基盤として法的関係を（再）規律することが不可欠である。また，被害者との関係を調整しようとする際には，被害弁償や示談が大きな意味をもつことになり，そのためには法的知識をもった者による適切な調整が必要になる。若年者の社会関係や人間関係がもともと脆弱なのであれば，現存している社会関係・人間関係を切らずにつなぎとめておく必要性，非行により乱れた関係を再規律する必要性はますます高まり，それと同時に法的問題を規整する必要性も高まるのである。ここに，社会的援助に法的援助が含まれざるをえない，という意味での法的援助と社会的援助の一体性という構造が現れることになる[30]。

(4) 法的援助と社会的援助の一体性

1　このように，少年司法の「福祉的機能（ケース・ワーク的機能）」を現代社会において十分に発揮させるためには，法的問題の規整が不可欠の前提となり，社会的援助と法的援助とは一体化せざるをえない。

しかし，他面において，社会的援助と法的援助の一体性は，法的援助の内実として社会的援助が不可欠であることをも含意する。少年審判の対象という実体的な問題を視野に入れる場合，少年の環境調整は要保護性という形で実体的な法的問題としても立ち現れてくるからである。現在，非行事実と要保護性が少年審判であると理解する見解が通説的な地位を占めているといってよく，そのことには十分な合理性があるといえる[31]。このことを前提とすれば，法的援助として行われる弁護士による付添人活動も社会的援助の側面をもたざるをえないのである[32]。

一方において，現代社会で，少年を社会につなぎとめておくための社会的援助には，法的援助が含まれざるをえない。他方において，非行事実の

みならず要保護性もが少年審判の対象であることを前提とすれば，少年に対する法的援助は社会的援助を含まざるをえない。法的援助と社会的援助とは互いに内実をなす形で一体化している。それぞれの援助活動が相互に支え合う関係にあるともいえるから，そこには援助の循環構造がある，ということもできる。

2　こうした社会的援助と法的援助の一体性と循環構造を視野に入れる場合，従前，対立があるとされてきた，家庭裁判所の協力者論，弁護人的役割論，パートナーシップ論が――前述したような歴史的背景の違いにもかかわらず――付添人の必要性に関して現実的にどこまで結論を分かつものなのかは，再度検討が必要であるように思われる。

非行事実と要保護性がともに少年審判の対象であることを前提とすれば，「防禦」の対象には要保護性も含まれることになる。法的問題を解決しながら保護環境を整えることは，少年自らがなしうることではなく，必然的に付添人が必要となる。逆にいえば，仮に少年の「防禦」を強調するにしても，実際の付添人活動において少年の環境調整などを軽視してよい，ということには決してならない。むしろ，それを強調するほどに，「防禦」にかかわる問題として，少年の環境調整は積極的に行われるべき活動となるだろう。

他方で，付添人が「裁判所の協力者」であり，家庭裁判所調査官が「福祉的機能（ケース・ワーク的機能）」を担うことを強調するとしても，付添人の必要性を否定することにはならない。先述したように，現代社会において少年と社会とのつながりを保持するためには，法的問題の規整が不可欠なのである。要保護性が審判対象とされているのが，まさに「少年の健全な育成」という法目的から出ていることを考えれば，その調整を行うために不可欠な付添人の関与は，付添人が「家庭裁判所の協力者」であることを強調するほどに，否定できなくなるはずのものなのである。そうした「協力」を否定するのであれば，果たして家庭裁判所は少年について十分な資料収集とケース・ワークを行っているのか，疑問が生じることにもなる。

3　「改正」少年法と付添人選任

(1)　「改正」少年法と付添人選任の必要性

1　ここまで付添人の必要性について論じてきた。それでは，こうした必要性は，「改正」少年法により減じられているのであろうか。

先に確認した法的援助と社会的援助の一体性と循環構造，そして「改正」少年法のつくりを前提にすれば，少年の「防禦権」保障を強調する立場からも，そしてまた家庭裁判所の協力者としての役割を強調する立場からも，早い手続段階からの付添人選任を求めざるをえない，と考えられる。この点は，被害者の意見聴取やいわゆる「原則逆送」制度に端的に現れる。

2　「改正」少年法は，9条の2において被害者の意見聴取に関する規定を新たに設けている。この意見聴取の結果については処分に反映させることができる，という見解[33]が実務的にも有力になりつつあるように思われる。意見聴取の結果をなぜ処分に反映させることができるのか，要保護性の内容として考慮されるとしても，それがどのような要保護性要素なのかは当然に問題になるが，この点はここでは措いておくことにしよう。いずれにしても，仮に被害者の意見聴取の結果が少年の処分に関する判断資料とされるのであれば，実際上，少年は何らかの形で被害者との関係の調整を強いられることになる。他方で，家庭裁判所も被害者と少年との関係に関するより多くの資料を手にする必要が出てくることになる。

3　検察官送致の対象範囲の拡大やいわゆる

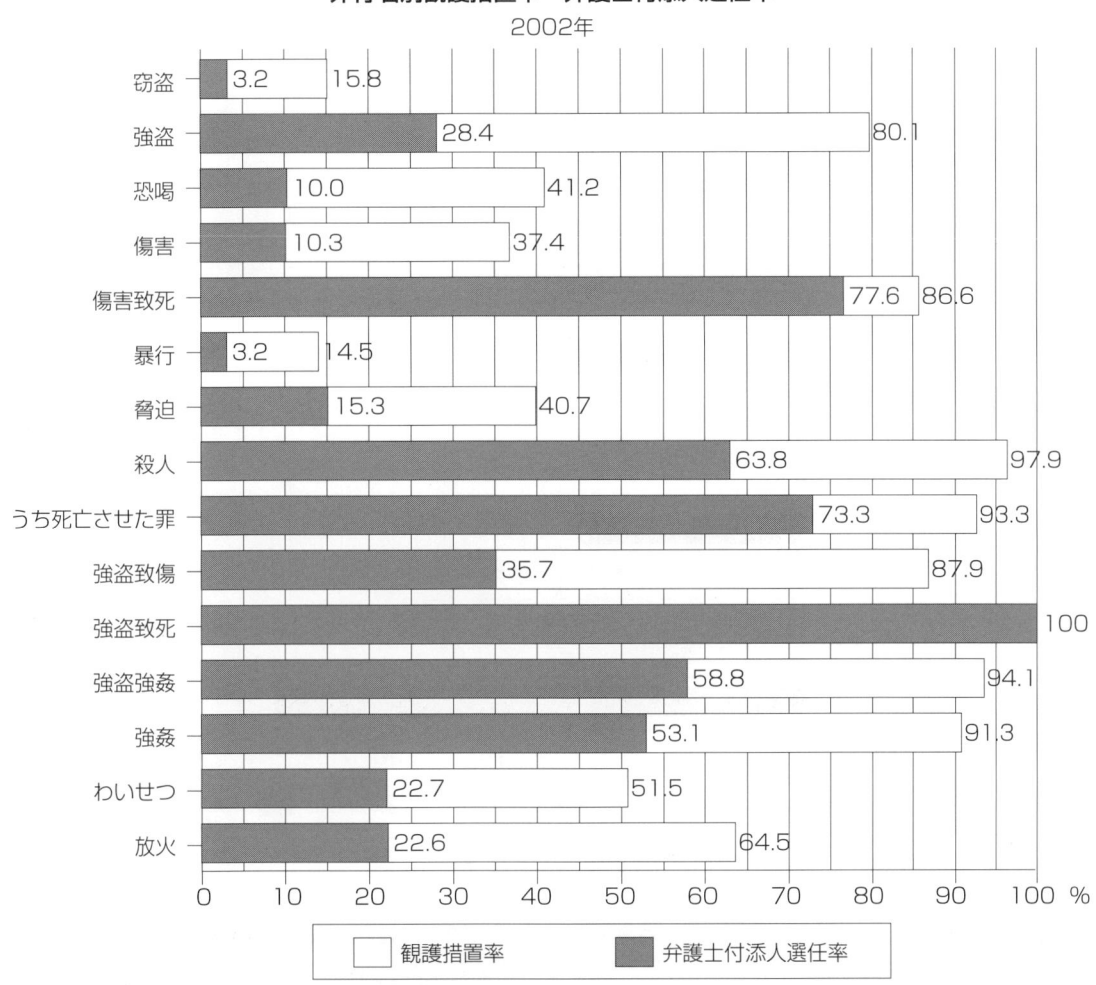

非行名別観護措置率・弁護士付添人選任率
2002年

非行名	弁護士付添人選任率	観護措置率
窃盗	3.2	15.8
強盗	28.4	80.1
恐喝	10.0	41.2
傷害	10.3	37.4
傷害致死	77.6	86.6
暴行	3.2	14.5
脅迫	15.3	40.7
殺人	63.8	97.9
うち死亡させた罪	73.3	93.3
強盗致傷	35.7	87.9
強盗致死	100	100
強盗強姦	58.8	94.1
強姦	53.1	91.3
わいせつ	22.7	51.5
放火	22.6	64.5

最高裁判所事務総局編『司法統計年報 4 少年編』より作成

「原則逆送」事案についてはどうだろうか。こうした立法措置は，従前よりもさらに慎重な要保護性判断を求めるものであるといえる。少年自身による非行克服のために刑事処分や刑事手続が望ましいものであるのか，という判断は，家庭裁判所調査官によるより一層慎重な調査とともに，従前よりも広く，なおかつ様々な角度から集められた資料に基づかなければならない。さらに，少年法20条2項但書は，「犯行後の情況」も判断資料とすることを予定している。「犯行後の情況」を正確に把握しようとすれば，行為と可能な限り近接した時点から少年のそばで一貫してその様子を見ている者がいなければならないはずである。

4 このように「改正」少年法の特色を見た場合，広い範囲における，早い手続段階からの付添人選任が不可欠になると考えられる。少年審判の対象には要保護性が含まれ，なおかつそれは非行事実と密接に結びついている。そのため，仮に問題を少年の「防禦権の保障」という側面のみから捉えるとしても，「防禦」のためには早期からの要保護性の把握と少年についての理解が必要になる。仮に付添人の役割が家庭裁判所の協力者にとどまると考えても，結論は同じである。「改正」少年法は，広い範囲に及び，様々な角度から集め

終局処分別弁護士付添人選任率
1999-2002年

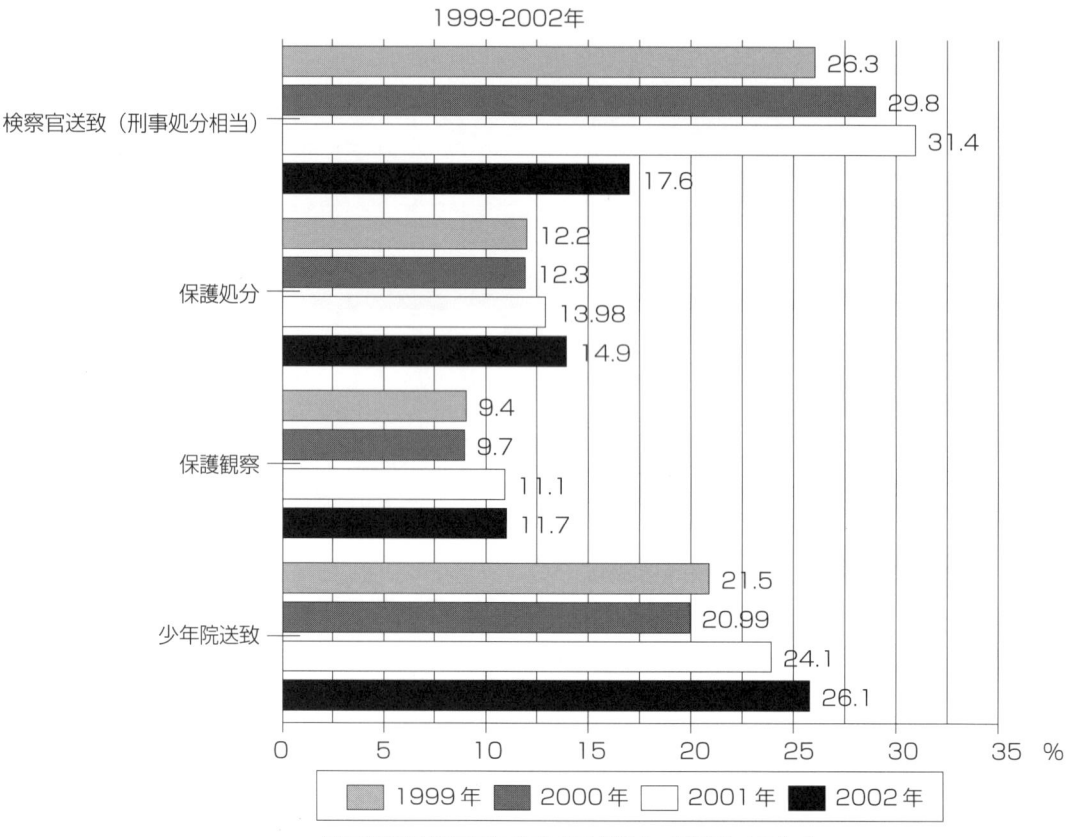

検察官送致（刑事処分相当）
- 1999年: 26.3
- 2000年: 29.8
- 2001年: 31.4
- 2002年: 17.6

保護処分
- 1999年: 12.2
- 2000年: 12.3
- 2001年: 13.98
- 2002年: 14.9

保護観察
- 1999年: 9.4
- 2000年: 9.7
- 2001年: 11.1
- 2002年: 11.7

少年院送致
- 1999年: 21.5
- 2000年: 20.99
- 2001年: 24.1
- 2002年: 26.1

最高裁判所事務総局編『司法統計年報4　少年編』より作成

られた判断資料を，より深く理解することを家庭裁判所に強いているからである。

(2)「改正」少年法下における付添人選任の実態

1　それでは，現実に，「改正」少年法の下で十分な付添人選任が行われているといえるであろうか。

1999年から2002年までの期間につき弁護士付添人選任率の変化を見てみると，確かに，全体的に微増傾向にはあるといえる。しかし，その絶対的な値は低いものにとどまっているといわざるをえない。例えば，官公庁による統計処理において「凶悪犯罪」の範疇に入れられ，実際上，処遇選択の際にも困難が予想される強盗や放火の弁護士付添人選任率は極めて低い値にとどまっている（2002年において強盗は28.4％，放火は22.6％）。

また，いわゆる「原則逆送」の対象になりうる傷害致死や殺人でも，弁護士付添人選任率は80％に届いていない（2002年において傷害致死77.6％，殺人63.8％，殺人のうち被害者を死亡させた罪73.3％）。2002年の数値についていえば，殺人における弁護士付添人選任率は，被害者死亡事案をも含めて，2001年よりも減少している。

2　終局決定別に見た付添人選任率についても，不十分なものといわざるをえない。保護処分全体，保護観察，少年院送致はいずれも微増傾向にあるが，絶対的な数値は，それぞれ16.4％，12.7％，28.7％にとどまっており，絶対的な値は極めて低い。さらに，刑事処分相当による検察官送致における弁護付添人選任率は，2002年におい

て17.7％にとどまる上，2001年に比して大幅に減少している。

3　こうした現状には，少年自身の納得性の確保という観点から，極めて大きな問題がある。この点は，身体的自由にかかわる少年院送致決定や刑事処分相当による検察官送致における付添人選任率の低さを見るだけでも明らかであるし，観護措置率の高さに対する付添人選任率の低さを目にしても明白である。それにとどまらず，こうした現状は，果たして家庭裁判所が広い範囲に渡る判断資料を深く理解した上で，適正な判断を行っているのか，また成長発達過程にある若年者に対してはより一層慎重な判断が求められる身体拘束処分を安易に行ってはいないか，を疑わせることにもなるように思われる。

4　付添人選任の公的保障のあり方
(1)　「全件付添人制度」の試み

1　ここまで，少年司法の法的・社会的構造を踏まえた法的援助と社会的援助の一体性に着眼すれば，現代社会において殊に法的知識をもつ専門家による援助の必要性が増していること，「改正」少年法によってもその必要性は減じられておらず，むしろ却って高められていること，しかしながら，「改正」少年法下の運用においては，付添人選任に関する極めて不十分な状況があり，逆に，矛盾が拡大していることが明らかになった。

それでは，付添人選任の保障の拡充を実現するためには，どのような条件が必要だろうか。司法制度改革審議会が「積極的な検討が必要」だと位置づけた「公的付添人制度」の具体的なあり方を考える上で，福岡において試みられている「全件付添人制度」が重要な示唆を与えると考えられる[34]。以下では，その概要を見た上で，「公的付添人制度」のあり方を展望してみることにしよう。

2　「全件付添人制度」とは，付添人の選任を希望する少年全員について，弁護士を付添人として選任できる制度のことをいう。福岡では，観護措置決定の際に家庭裁判所の裁判官が少年に対して当番弁護士の面会を希望するかどうかを尋ね，面会を希望する少年に対しては弁護士が面会に訪れ，拒絶の意思が明示されない限り，少年に対しては付添人が選任される，という運用が行われている[35]。

こうした制度運営が可能であることには，幾つかの要因があると考えられる。まず，付添人選任に関する告知を行う家庭裁判所の積極的な協力がある点が重要である。また，全国的に見て相対的に高い当番弁護士登録率や，若い弁護士層における当番付添人登録率の高さも特筆されるべきである。財政問題についても，弁護士会の会費を値上げすることにより対処されている。その他，弁護士ひとりあたりの観護措置件数が1.9件であるという点も，制度を運営する上で，好条件となっていると考えられる。

3　こうした「全件付添人制度」を他の地域において実施する際に障害となるのは，恐らくは担い手と財政の問題であろう。しかし，今後は弁護士人口の増加が予想されることから，人的問題に関しては，将来的に全件付添人制度を採用しない理由とはならないように思われる。福岡でも，比較的高い「当番付添人」登録率を支えているのは，若い弁護士層であるといえるからである。

最も大きな問題として残るのは，財政かもしれない。この点で，現在の法律扶助制度では限界がある。従前，対象を絞って「扶助的付添人」制度の運営を行わざるをえなかったことの背景として，扶助的付添人の選任を受けない少年に対して不公平感を与えることへの懸念があることも指摘されてきた[36]。こうしたことが予算的な事情に端を発しているのであれば，多大な問題があるといわざるをえない。少年が不公平感をもつことが教

育上も望ましくないことはいうまでもない。「保護」のための手続に国が少年を取り込んでいる以上，教育上も望ましくない不公正が，国の責任において解消されなければならないのは，当然の理である。不公平の解消は，すべての少年に付添人を選任する方向で解消されるべきである。そのためには，公費による支出が不可欠である。

(2) 公的保障の根拠とそのあり方

1　このように，現実に不十分である付添人選任を拡充し，少年の間に生じている不平等を解消するためには，付添人選任の公的保障が不可欠である。

先述した，①手続において主体的な地位を占め，手続に積極的に参加する権利と，②社会とのつながりを切られない権利を現実に保障する意味においても，公費による付添人選任の保障が必要である。これらは，いずれも憲法や国際条約・国連準則により裏づけられた権利であるといえるが，通例少年自身には資力がないため，公的な保障を伴わない場合，こうした権利は画餅に帰してしまうことになる。

2　より実質的に考えた場合でも，付添人選任の公的保障を行う国の義務は軽減されず，むしろ強まる。①形式的な違法性がない手続を受けるとともにその手続において主体的な地位を占め，手続に積極的に参加する権利の保障，つまり手続参加権の保障は，単に教育的な理由とならんで，少年に対する適正な手続の保障の脈絡からも要請される。国が，少年の最善の利益を図るために少年を手続に取り込んでいる以上，公正な手続のために万全を期すということは，いわば当然のことであるといえる[37]。

②社会とのつながりを切られない権利からは，先述したように，憲法34条と子どもの権利条約37条(d)，そして自由を奪われた少年の保護に関する国連準則の18条の要請から，身体拘束の条件として，弁護士付添人が選任されなければならないと考えられる。それを公的に保障しなければならない根拠は，「防禦権」の保障という脈絡のみにあるわけではない。国が「保護」のために少年を手続に取り込み，身体の拘束を行うことで生じうる弊害は，当然に国の責任において除去されなければならないと考えられる。この場合，身体拘束による「弊害の除去」には，身体的自由の制限そのものにより生じた弊害そのものの除去のみならず，身体拘束により社会現実として生じうる弊害の予防も含まれなければならない。

通例，観護措置が執られれば，退学や退職が問題となるのが社会的現実である。しかし，国が「保護」のために観護措置などを用い少年の身体拘束を行うことで少年の社会的なつながりが断たれるとすれば，それは極めて大きな矛盾であるといわざるをえない。若年者の社会的なつながりが稀薄なのであれば，身体拘束が問題となる際には，現在ある少年の社会的な関係を可能な限りつなぎとめておく必要性が高まるのであり，そのための方策を国が準備することは，いわば当然のことであるといえる[38]。諸外国に見られる，審判時の身柄拘束を避けるための福祉的な施設や，身体拘束時の社会的援助機関がわが国において欠けていることを考えれば，公的保障を行う国の義務はさらに増幅するといえる。

3　それでは，付添人選任の公的保障の範囲はどのように理解されるべきだろうか。「少年が手続に参加して自らを自由に表現できる」手続の確保，という観点からいえば，審判開始決定がなされた事件には，原則として，付添人選任の必要的があるといえるだろう。

最低でも，身体拘束がなされる場合には——例えば，観護措置がとられる場合でも——その条件として，弁護士付添人が選任されなければならな

いと考えられる。殊に身体拘束がなされる場合における付添人選任の公的保障については、これまでの実務運用からいっても、合理性をもつと考えられる。これまでの法律扶助制度の運営では、予測される処分の重さがひとつのメルクマールとされてきたといえるが、観護措置決定がなされれば、高い確率で、検察官送致決定や保護処分などの自由拘束の程度が高い処分の決定が予測できる、と考えられるからである。

むすびにかえて

1　本稿では、少年保護事件における弁護士付添人の必要性について検討を加えてきた。本稿で確認したことを最後に簡単にまとめておくことにしよう。

第一に、歴史的に見た場合、「公的付添人制度」を検察官の審判関与と一体のものとして捉える見解の本質は、処罰要求の実現にあるといえる。しかし、そうした理解は、総体としての少年司法制度においてケース・ワークを後退させることをも帰結し、本質的な矛盾を増幅させることになる。

第二に、付添人選任の必要性は、少年がもつ手続に主体的に参加する権利と社会とのつながりを切られない権利に基づくと考えられるべきである。これらのことを基盤とする付添人による援助の保障は、家庭裁判所の協力者的役割を強調することで否定されるものではなく、検察官の審判関与と結びつくものでもない。

少年の環境調整や少年への働きかけは、少年を社会につなぎとめておくことを前提とし、現代社会においてそれを達成するためには法的問題の解決が不可欠になる。その意味で、社会的援助は法的援助と一体化することになる。このことを考慮すれば、家庭裁判所調査官の存在や付添人の家庭裁判所への協力者的役割を強調したとしても、付添人選任の必要性を否定することにはならない。

また、要保護性もが実体的な審判対象とされていることから、付添人による法的援助は社会的援助との一体化せざるをえない。そのため、少年の防禦権保障を強調するとしても、弁護士付添人が社会的援助的な活動を行わなくてもよいことにはならない。

第三に、付添人による援助の必要性は、「改正」少年法によっても減じられておらず、むしろ高められているといえる。しかし、「改正」少年法下の付添人選任に関する現実の法運用は、極めて不十分なものにとどまっている。

第四に、付添人による援助を受ける権利を画餅に帰さず、少年の間に生じている不平等を解消するためには、付添人選任の公的な援助が不可欠である。国家が「健全な育成」を図るために少年を手続に取り込んでいる以上、少年自らが参加し、納得を得ることができる「公正な手続」を行うことは、いわば当然のことである。また、国家が「健全な育成」を図るために少年を手続に取り込むことで、少年と社会とのつながりを断つことがあれば、それは大きな矛盾である。審判開始決定がなされた事件には原則として付添人選任の保障を公的に行う必要性があり、最低でも、身体拘束がなされる場合には、不可欠の条件として、付添人選任の公的保障が行われなければならない。

2　こうした主張には、付添人選任の「公的」保障の財政的基盤が最後の現実的な問題として残るかもしれない。確かに、国家財政は無尽蔵のものではないため、その配分が大きな問題となりうる。しかし、国家財政を大きく圧迫する身体拘束処分を強化する政策がとられる一方で、財政を理由として「公的付添人」の範囲が狭く設定されることには、極めて大きな矛盾がある。早期の段階からの付添人選任が少ないために少年の環境調整を十分に行うことができず、身体拘束を伴う処分が多く科されているという仮説は、十分に成り立

ちうる[39]。財政を問題にするのであれば，むしろ，少年鑑別所をも含めた過剰収容問題の解決策や身体拘束処分の回避策に議論が至るはずなのであり[40]，その脈絡においても付添人による公的保障の範囲を拡充する必要性は高まるはずなのである[41]。

3 「改正」少年法の立法論議において問われた核心的な問題のひとつは，社会的統合のあり方であったといえる。手続に取り込まれた少年本人の納得と社会とのつながりを欠いた「社会的統合」はありえない。本来なされるべき実効的な権利保障を欠いているという矛盾は，「改正」少年法により，いびつな形で，増幅している。こうした状態は，社会的統合のあり方を考えても，もはや許容されえない，というべきである。

1 「改正」少年法の国選付添人制度は，1999年1月21日に法制審議会総会が採択した「少年審判における事実認定手続の一層の適正化を図るための少年の整備等に関する要綱骨子」からの規定を引き継いでいる。すでに，この「要綱骨子」における国選付添人制度に関しても，不十分であるとの批判がなされていた。川出敏裕「少年法改正」法学教室222号（1999年）29頁は，国選付添人制度に関する「要綱骨子」に関して，「答申の内容は不十分であるという感は否めない」と述べている。また，佐伯仁志「少年の権利保障と付添人」ジュリスト1152号（1999年）74頁は，「『事実認定手続の一層の適正化』という諮問の『適正化』という言葉は，『適正手続＝デュープロセス化』という意味ではな」いことを指摘し，「少年の権利保護の観点からする付添人制度の改革は，今回の諮問の本来の対象からは外れていたのではないかと思われる」と述べている。
2 司法制度改革審議会『司法制度改革審議会意見書――21世紀の日本を支える司法制度』（2001年）46頁。
3 司法制度審議会・前掲注（1）48頁。
4 司法制度審議会・前掲注（1）48頁。
5 比較法的に見ても，必要的付添人（弁護人）制度は，検察官の審判関与と一体のものとして捉えられているわけではない。ドイツ法に焦点を当て，この点に触れたものとして，武内謙治「ドイツにおける少年審判の構造と検察官，弁護人の役割」守屋克彦＝斉藤豊治編『少年司法の現在と未来――改正少年法の検討Ⅰ――』（成文堂・2004年刊行予定）を参照。なお，司法制度改革推進本部公的弁護制度検討会では，結局，公的付添人制度の具体的な設計まで議論が至らず，日本弁護士連合会，最高裁判所，法務省による「公的付添人制度に関する意見交換会」に議論が持ち越されている。
6 なお，本稿において，単に「付添人」という場合，弁護士付添人を念頭に置くものとする。
7 戦後における付添人の役割論の展開については，斉藤豊治「少年審判の対審化論と付添人の役割」法律時報70巻8号（1998年）12頁以下も参照。
8 柏木千秋『新少年法概説』（立花書房・1949年）65-66頁，最高裁判所事務総局家庭局『少年法概説』家庭裁判資料14号（1951年）27-28頁，市村光一『少年法概論』（かんらん社・1954年）53頁，團藤重光＝内藤文質＝森田宗一＝四ッ谷巖『少年法』（有斐閣・1956年）132頁。
9 團藤＝内藤＝森田＝四ッ谷・前掲注（8）132頁。
10 柏木・前掲注（8）65頁。
11 その結果，「附添人は家庭裁判所における調査審判のいずれの段階においても，まず右の第一次的性格に則して，調査審判がその本来の目的に則して適正に行われるように，協力しなければならない。徒らに少年の側の弁護にのみ努めたり，家庭裁判所と対立するような態度をとらないことが必要である」と主張されたのである。團藤＝内藤＝森田＝四ッ谷・前掲注（8）133頁。
12 例えば，沼邊愛一『少年審判手続の諸問題』司法研究報告書7輯1号（1954年）を参照。
13 この時期において，刑事訴訟法学の分野においても当事者主義論と適正手続論がいまだ本格的には展開していなかったことを考えれば，少年保護手続における適正手続論が付添人論と十分に関連づけられていなかったことは，時代の制約であった

ともいえる。戦後における当事者主義思想の展開については，横山晃一郎『憲法と刑事訴訟法の交錯』（成文堂・1977年）1頁以下を特に参照。

14 こうした主張は，特に検察関係者から強くなされたといってよい。木村栄作「少年法改正の動きの基礎にあるもの」罪と罰7巻3号（1970年）41頁以下，同「少年法改正要綱の基本問題」ジュリスト463号（1970年）58頁以下，同「少年法の理念──国親思想と適正手続との関係」警察研究43巻2号（1972年）3頁以下を参照。木村栄作「少年法改正の本旨」法律のひろば23巻9号（1970年）11頁以下も参照。また，亀山継夫「少年事件におけるデュープロセスと手続構造」ジュリスト480号（1971年）111頁以下，同「少年法改正の意義と残された課題」警察学論集25巻7号（1972年）17頁以下を参照。亀山継夫「少年法改正要綱について」判例時報600号（1970年）16頁以下も参照。

15 例えば，この時期に家庭裁判所への協力者の役割を強調した見解として，奥山興悦「少年法改正問題の展望」家庭裁判月報27巻12号（1975年）21頁以下を参照。この見解は，今日まで大きな影響を与えているといえる。

16 もちろん，刑事訴訟法学の領域において，この時期までに当事者主義論と適正手続論が進展を見せていた，ということも重要な遠景のひとつに数えることができる。

17 少年法改正要綱は，裁量による国選付添人のほか，死刑，無期若しくは短期一年以上の懲役，禁錮にあたる罪の事件を必要的付添事件として，弁護士たる付添人がなければ審判を行いえない，との規定を置いた（少年法改正要綱4（一）（二））。それに対し，植松部会長試案は，単に，「弁護士である国選付添人制度を設ける」と規定するにとどまっている。

18 的場武治「少年手続における附添人制度の検討」判例タイムズ287号（1973年）53頁。高井吉夫「附添人制度と適正手続について」判例タイムズ287号（1973年）54頁以下も参照。

19 田宮裕「少年審判とデュー・プロセス」家庭裁判月報24巻12号（1972年）9頁以下を参照。

20 田宮裕「刑事政策の担い手とその役割（一）」宮澤浩一＝西原春男＝中山研一＝藤木英雄編『刑事政策講座 第一巻』（成文堂・1971年）200頁。

21 多田元「少年審判における附添人の役割」加藤幸雄＝野田正人＝赤羽忠之『司法福祉の焦点』（ミネルヴァ書房・1994年）96-97頁を特に参照。同「附添人の役割と活動」自由と正義42巻9号（1991年）138頁以下，同「弁護士として何ができるか」名古屋弁護士会子どもの権利特別委員会編『少年事件・附添人日記』（民事法研究会・2001年）2頁以下，同「少年のパートナーとは」福岡県弁護士会子どもの権利委員会『少年事件付添人マニュアル』（日本評論社・2002年）2頁以下も参照。なお，城戸浩正「少年事件と弁護士の役割」宮川浩治＝那須弘平＝小川稔＝久保利英明『変革の中の弁護士 上』（有斐閣・1992年）303頁以下も参照。

22 佐伯仁志「少年保護手続における適正手続保障と弁護人の援助を受ける権利」法曹時報48巻12号（1996年）1頁以下を参照。

23 弁護人依頼権の保障を少年保護手続の「制裁機能」に結びつける理論が，アメリカ法から直截に導かれていることには，十分な注意が必要かもしれない。アメリカにおいて弁護人が選任された少年の方が，そうでない少年に比べて厳しい処分を受けている，との調査研究を紹介するものとして，次の文献を参照。vgl. Irmer-Tiedt, Christian: Jugendstrafverteidigung in den USA, Frankfurt am Main u.a. 2000.

24 従前，パートナーシップ論の理解と意義づけの重点は，それが裁判所との関係ではなく，少年との関係において付添人の役割を把握することを試みていることに置かれてきたといえる。しかし，特に多田元による議論が個別処遇理念にも軸足を置いている点は看過されるべきではないだろう。個別処遇理念にも軸を置くからこそ，調査・審判手続のみに焦点を当てた付添人論は不十分なのであり，主に調査・審判手続に関係する家庭裁判所との関係では付添人の役割は捉えきれなくなる，という点をも明らかにしたところに，パートナーシップ論の意義が認められるべきであろう。

25 国連子どもの権利委員会が2004年1月に採択した，日本の第2回締約国報告書に関する総括所見

は，「法律に触れた子どもに対し，法的な手続全体を通じて（throughout the legal proceedings）法的援助を提供すること」（傍点引用者）を勧告している。このことは，国際条約や国連準則を念頭に置いた場合に，調査・審判段階のみに視点を据えることでは不十分なことを極めて象徴的に表している。

26　日本における付添人の歴史的展開を振り返っても，「弁護の問題は，まるで万華鏡のように，少年司法のすべての基本問題を明らかにする」というH. Schüler-Springorumの指摘が，妥当する。vgl. Schüler-Springorum, Horst: Zusammenfassende Überlegungen, in: Bundesministerium der Justiz (Hrsg.): Verteidigung in Jugendstrafsachen, Bonn 1987, S. 197. もっとも，パートナーシップ論が問題提起しているように，今日，少年審判の段階のみを視野に入れた付添人論では不十分である。以下の記述からも示唆される通り，従来家庭裁判所の機能として語られることが多かった「司法的機能」と「福祉的機能」も，広く処遇段階まで含んだ少年保護手続の機能として捉え直した上で，その内実が論じられる必要があるだろう。

27　こうした少年の手続参加権を中核として付添人の役割を捉える試みとして，葛野尋之「少年『保護』の理念と付添人の意義」季刊刑事弁護6号（1996年）142頁以下，山崎俊恵「少年法における適正手続についての一考察」法学64巻6号（2000年）779頁以下を特に参照。

28　宇田川潤四郎『家裁の窓から』（法律文化社・1969年）216頁以下を特に参照。

29　少年法51条が行為時18歳未満の少年に対して死刑を禁じていることは，このことの端的な表明であると理解できる。「改正」少年法により新設された観護措置決定に対する異議の申立て制度（17条の2）も，社会とのつながりを切る危険性をもつ措置には慎重な判断を期すことを表したものといえる。また，子どもの権利条約37条(a)や北京ルールズ17.2に表明されているように，こうした価値は，子どもの権利や少年司法に関する国際条約・国連準則にも共有されているといえる。

30　もちろん，法律の専門家のみによってケース・ワークをなしうるわけではない。法的問題の規整もケースワークの必要条件ではあっても十分条件ではない。家庭裁判所調査官との協働はもちろん，「保護者的付添人」や民間ボランティアとの協働・連携，ネットワークの構築などは今後の大きな課題であるといえる。

31　それは，一方で，要保護性のみを実体的要件とすれば非行事実を審理せずに処分を言い渡すことが可能となってしまい，他方で，非行事実のみを実体的要件とすれば非行の重さと均衡を保った処分を言い渡さなければならなくなるからである。

32　少年審判の実体的要件との関係で付添人活動の課題を指摘したものとして，三原憲三「少年審判における附添人の役割と課題」自由と正義41巻8号（1990年）45頁を参照。

33　田宮裕＝廣瀬健二『注釈少年法［改訂版］』（有斐閣・2001年）109頁，甲斐行夫＝入江猛＝飯島泰＝加藤俊治『Q&A改正少年法』（有斐閣・2001年）110頁，甲斐行夫＝入江猛＝飯島泰＝加藤俊治，岡健太郎＝岡田伸太＝古田孝夫＝本田能久＝安永健次『少年法等の一部を改正する法律及び少年審判規則等の一部を改正する規則の解説』（法曹会・2002年）65頁を特に参照。

34　「全件付添人制度」の概要については，大谷辰雄「全件付添人制度の誕生」自由と正義52巻7号（2001年）94頁以下，石田光史「全国初，全件付添人制度のその後──福岡県弁護士会における現状と課題」季刊刑事弁護29号（2002年）52頁以下を特に参照。

35　2002年10月までの運用で，福岡県全域であれば，観護措置がとられた事件の約57％で付添人が選任されており，福岡本庁管内であれば約75％で付添人が選任されている。

36　守屋克彦『現代の非行と少年審判』（勁草書房・1998年）354頁を特に参照。

37　この点に関連して，戦後初期の段階で沼邊愛一が少年保護手続における「法の正統な手続」の必要性を「裁判所の少年の福祉に対する熱意と公正な態度とを少年や保護者に理解させ彼等に信頼感を与えるように手続を進める」という脈絡からも捉えていたことが想起されるべきである。こうした

沼邊の見解は，日本の少年保護手続における適正手続論の系譜を探る上でも重要である。沼邊・前掲注（12）228頁以下を参照。

38　身体拘束措置が最終手段として用いられなければならないことは，もちろんの前提である。また，少年保護手続においても無罪推定原則が妥当する（子どもの権利条約40条2項（b）(i)を参照）。これらのことを考えても，身体拘束措置自体を回避し，それが不可避な場合には弊害が生じないよう予防する国の義務は増幅する。

39　ドイツにおいて，早期からの弁護人選任が未決勾留の回避に資することを明らかにした研究として，vgl. Cornel, Heinz: Die Praxis der Verhängung von Untersuchungshaft und Möglichkeiten, sie durch das Angebot sozialpädagogischer ambulanter Hilfen zu vermeiden oder zu reduzieren, MschrKrim Jg. 70 Ht.2, 1987, SS. 65, 72f., Schöch, Heinz: Der Einfluß der Strafverteidigung auf den Verlauf der Untersuchungshaft, Baden-Baden 1997, S.65ff.

40　いうまでもなく，財政的観点のみならず，少年の処遇や施設職員の疲弊という観点からも，過剰収容は問題にされなければならない。「自由の剥奪が最後の手段としてのみ用いられることを確保するため，身柄拘束（審判前の身柄拘束を含む）に代わる手段の利用を拡充すること」を勧告している，日本の第2回締約国報告書に関する国連子どもの権利委員会の総括所見は，こうした脈絡においても重く受け止められなければならない。

41　1990年のドイツ少年裁判所法第一次改正法は，必要的弁護事件の範囲拡大とともに未決勾留などの身体拘束処分の縮小を図っている。身体拘束処分の縮小が財政負担の軽減にも寄与する一方で，必要的弁護事件の対象を拡大することで見込まれる財政負担の増加はわずかであることを政府草案は指摘している。vgl. Bundesregierung: Entwurf eines Ersten Gesetzes zur Änderung des Jugendgerichtsgesetzes (1. JGGÄndG) vom 27. 11. 1989, BT-Drs. 11/5829, S. 28f.

英文要旨
Summary: Public Support for the Appointment of Lawyers for Juveniles

Key words: Due Process of Law, Appointing Lawyers, Public Support, Regal Assistance, Social Assistance

Kenji TAKEUCHI

Assistant Professar of Law, Kyushu University

In Japan, "official counsel" in juvenile proceeding is under consideration. The central issue is the relation between due process of the law and the participation of prosecutor in the proceeding.

Here, what we have to consider is the semantic context. This has something to do with "the judicial function" and "the welfare function" in juvenile process.

We should recognize two points: (1) "the judicial function" does not include the punishment, (2) due process of law in juvenile proceeding is different from that in criminal proceeding. On the basis of this idea, "the appointing of the counsel" should be understood.

Family court cannot accomplish its aim as "the welfare function" by oneself. At the present day, the appointing of lawyers is indispensable for adjusting the environments around juveniles. Modern juvenile justice needs the equation of "regal assistance" with "social assistance."

Though the necessity of the appointing of lawyers is increasing under the rivised juvenile law, the assignment for the counsel is insufficient in actuality.

In appointing the counsel in juvenile proceeding, public expense should be spent. In order to go through due process, it is proper that the state shares the cost because juveniles take part in proceeding.

In case of being in financial difficulties, the surplus population of incarceration must be discussed in the first place. This context cited above leads the necessity of public support of the appointing lawyers.

個別研究

イギリスにおける刑務所の透明性の確保について
土井政和

イギリスにおける民営刑務所の現状
笹倉香奈

被拘禁者の国際人権保障の新たなメカニズム
拷問等禁止条約選択議定書の成立経緯とその内容・特徴
今井　直

精神鑑定と量刑
「著しい」程度に至らない責任能力の減弱
滝本シゲ子

「被害者意見陳述」制度の運用に関する一考察
犯罪被害者陳述の意義と今後のあり方について
吉村真性

個別研究

イギリスにおける刑務所の透明性の確保について

キーワード：政策評価,査察制度,情報公開,市民参加

土井政和 九州大学大学院法学研究院教授

はじめに

本稿は，刑務所の透明性の確保に関して，イギリスの諸制度の中から，刑務所運営における政策評価制度，刑務所査察官制度，訪問者委員会（独立監視委員会），刑務所オンブズマンを取り上げ，その概要を紹介し，日本の行刑改革の参考に供しようとするものである。

1 刑務所運営と政策評価

刑務所の透明性の確保は，今日注目を集めるようになったアカウンタビリティの考え方と不可分である[1]。

イギリスでは，1993年に行刑の組織改革が行われ，行刑局は，政府とは独立した行政的権限をもつ機関となった。すなわち，政策決定に関しては内務省が責任を負い，決定された政策を実施する責任は，行刑局が担うことになったのである。この改革により，刑務所の管理運営について刑務所長の権限が拡大された。人事に関しては，管理職以外の刑務官の採用は所長に一任された。また，予算に関しては，以前は中央で使途が厳密に決定された予算が各刑務所に配分されていたが，今回の改革によって，刑務所長が予算案を地域管理官に提示・交渉し，行刑局の主要メンバーからなる刑務所委員会に配分された年間予算の中から各刑務所長に配分されることになった。その結果，刑務所長はこれまで以上に，各刑務所の運営について企画立案能力を問われることになった。

この改革に伴い，行刑目的の宣言がなされている。「刑務行政は，裁判所によって送致された者の収容を維持することによって一般社会に奉仕する。その義務は，人間性をもって彼らの世話をし，収容中のみならず釈放後，遵法的で有意義な生活が送れるように援助することである」。

さらに，目標と原則が定められている。
「目標：
・裁判所によって送致された者を，安全で，品位ある，健康的な環境に収容することによって一般国民を保護すること。
・犯罪行動に立ち向かうように，教育面および労働面での能力を向上させ，収容中および釈放後の遵法的行動を促進する建設的な便宜を供与することによって犯罪を減少させること」。
「原則：
・行刑に関わりをもつことになった被収容者やその他すべての者に対して，心を開いて，公正に人間的に対応すること。
・犯罪行動に立ち向かうように，また，他人に敬意を払うように被収容者を励ますこと。
・お互いの寄与分担を重んじ，支援を行うこと。
・すべての者に対して機会の平等性を促進し，いかなる所でも差別に対しては戦うこと。
・刑事司法機関やその他の組織と建設的な活動をすること。
・利用できる資源から最善の価値を手に入れること」[2]。

これらの目標および原則に従って，刑務所委員会は，数値化された遂行目標を設定している。それは，逃走件数，職員・被収容者その他の者に対する暴行件数，収容期間中の薬物使用発覚者数，被収容者が目的的活動に費やした時間数，再犯防止に効果的とされる処遇プログラムを遂行した被収容者数，被収容者一人当たりの経費などである。刑務所長は，これらの遂行目標について，自己の刑務所の実状に合わせて具体的に設定された目標を示すことになる。これが，刑務所の予算案策定と予算要求に反映されるのである。

　さらに，重要なことは，各刑務所の管理・運営について，目標，原則，遂行目標に従って評価が行われることになったことである。これは，内部的な評価と言ってよい。しかし，その結果が公表されるところに重要な意義がある。そのことによって，行政機関としての国民へのアカウンタビリティが配慮されている。

2　刑務所の査察制度と透明性の確保

　刑事施設の査察制度に関する国際準則には次のようなものがある。国連被拘禁者処遇最低基準規則55条は，「刑事施設および行刑事務については，権限を有する官庁によって任命された，資格と経験を有する査察官が，定期的な査察を行わなければならない。査察官の主たる任務は，刑事施設が，現行法令を遵守し，かつ，刑罰執行および矯正業務の諸目的の達成を目指して管理運営されるようにすることでなければならない」と規定している。ヨーロッパ刑事施設規則（1987年）は，これを更に発展させて次のように規定している。「被拘禁者の個人的な権利の保護，特に拘禁措置の合法性は，国内法規の諸規定に準拠して，司法当局又は被拘禁者を訪問する権限を合法的に与えられ，かつ，中央行刑局に所属しない合法的に組織された機関によって確保されなくてはならない（第5）」[3]。翌年1988年に国連総会で採択された「被拘禁者保護原則」は，次のように規定している。「第29条（1）関係法令の厳格な遵守を監督するため，収容施設は，拘禁施設又は受刑のための収容施設の運営に直接責任を有する機関とは区別された権限を有する機関により任命され，その機関に責任を負う，資格と経験を有する者によって訪問されなければならない。（2）被拘禁者又は受刑者は，前項に従って収容施設を訪問する者と，自由に，かつ完全に秘密を保障された状態で対話する権利を有する。但し，施設の安全と規律を保持するための，合理的条件に従う」[4]。

　このように，国際的には，刑事施設の査察制度は必要不可欠なものとして認識され，かつ，制度化することが要求されている。その重要性について，アンドリュー・コイル氏は，『刑務所運営の人権アプローチ――刑務職員ハンドブック』の中で，次のように述べている[5]。まず，基本的な考え方として，すべての刑務所は，人がその意思に反して拘禁される場所であるから，虐待の可能性が常に存在している。それゆえ，刑務所が公平かつ公正に運営されるためには，社会の監視にさらされねばならない。しかし，市民社会の一般人が自分自身で刑務所の塀の中で起こっていることを見ることは容易ではない。刑務所に問題がないことを確認するために査察制度が整備されねばならない。この外部査察は，被収容者および家族にとっても，また，刑務職員にとっても重要である。査察制度は，刑務所における適正手続を保障し，その手続が刑務官により常に遵守されることを保障することによって，被収容者および家族の権利を擁護する。他方，査察制度は，被収容者への不当な処遇や刑務官の不適切な行動に関するあらゆる申立を扱う手段となる。申立がなされると，その事実が確認され，当該刑務官が特定される。こうした手続は，不当な申立から刑務官を保護する

方法にもなるのである。さらに，査察制度は不祥事についてだけではない。査察制度が，他でも適用することのできる優れた実務をモデルとして認定することも重要である。査察は，プロフェッショナルな仕事をしている刑務官に信用を付与するものでもある。

次に，コイル氏は，査察形態として，いくつかの方法をあげている。市民による参観や刑務所の中での処遇プログラムへの参加といった形態での監察（Civil society involvement as a form of scrutiny），地域社会の構成員に公式の役割を付与する形態での「独立した部外者による監視」（Independent lay monitoring），中央の行刑当局による行政内部の監察（Administrative inspections），議会等によって任命された機関による定期的あるいは臨時の「独立した査察」（Independent inspections），ヨーロッパ拷問等防止委員会や国内外のNGOによる査察を含む「地域その他の機構（Regional and other inspection mechanisms）による査察」。これらの形態の査察が併存し，相互に補完し合うことが望ましい。

イギリスでは，まさにこれらの査察形態が複合的に機能しているといえよう。

(1) 刑務所査察局 （Prison Inspectorate）

イギリスの刑務所査察官制度は，1823年のGoals Actに起源をもつ。イギリスで最初の刑務所査察官が任命されたのは，1835年であった。それは，中央政府の制定法上の機関であり，当時既決の刑務所に対して責任を持っていた地方政府に刑務所法令を遵守させることを目的としていた。しかし，査察官はそれ以上の成果を挙げ，刑務所政策を形成していった。彼らの報告書は大部にわたり，詳細で辛辣なものであった。それは，望ましい刑務所制度についての体系的な考え方を発展させた。しかし，1878年，全ての刑務所が中央政府の管轄下に置かれたことにより，査察官制度は廃止され，のちに，刑務所の管理運営の一部としての内部的制度によって取って代わられた。管区の上級職員が行刑局の刑務所委員会（Prison Board）のために査察の仕事を行った。その報告書は秘密で，外部の関心を呼ぶこともなかった。

1980年，新しい独立の刑務所査察局（Prisons Inspectorate）が，内務省内ではあるが行刑局の外に設立された。それは，1978年の下院予算委員会報告書と1979年の連合王国行刑に関する調査委員会（メイ委員会）の勧告によるものであった。予算委員会の報告書は，この査察制度を，刑務所と地域社会との結びつきを強化する一連の勧告と関連づけていた。メイ委員会も，行刑を含む行政の多くは，できる限り広く国民に開かれているべきであるとしていた。内務省査察局は行刑局の外側にはあるが，完全に独立しているわけではない。しかし，新しい部局は，刑務所から補充された職員を含まないこと，その報告書は公刊されること，事前通告のない訪問をすることができること，行刑局の仕事の一般的な側面について報告することができること，を条件に信頼性を維持できると考えられた。1980年4月，内務大臣は，査察制度についてのメイ委員会の勧告を受け入れた。

のち，内務省職員は，この新しい査察官制度の存在を，「刑務所を社会の目にふれさせる」という社会との関わり方を示すものと指摘した。この主張は，主席査察官の報告書を全て公刊する決定によって具体化された[6]。

この査察制度は，1982年刑事司法法第57条によって改正された監獄法（Prison Act, 1952）第5条を，根拠に，その任務を遂行している。その目的は，刑事施設に収容されている者の処遇及び収容状況を査察し，大臣，議会その他に情報を提供し，政策立案および運営を進展させるよう影響づけることによって，犯罪の減少に貢献することで

ある[7]。

　この刑務所査察局の任務は，以下のようになっている。

「イングランド・ウェールズにおける刑事施設に関して査察を行い，特に以下のことについて，国務大臣に報告をすること。

　　①施設の状況（conditions）
　　②既決被収容者およびその他の被収容者の処遇および彼らに提供される便宜
　　③大臣が指示したその他の問題」

　査察局は，2002年8月末現在47人（事務職員を含む）のスタッフをもっており，専門家である査察官と研究者を有している。幾人かの査察官は，刑務所での職務経験がある。その他の者は，保健，教育，建築，農芸などの分野での専門家である[8]。

　査察には，総合査察（full inspection）と簡易査察（short inspection）がある。前者には，査察を行うに当たって事前に施設に通知がなされる場合となされない場合がある。平均8人の査察官が，5日ないし6日かけて，100項目以上について調査を行う。早朝や夜間の訪問もあり，管理職，スタッフ，被収容者，職員組合，訪問者委員会メンバーとの面談も行う。後者は，通常，施設には事前通知を行わないで，査察期間も2日ほどである。この査察では，前回の総合査察以後いかなる改善が見られるかが焦点となる。多くのメディアは，総合査察よりも簡易査察でなされるコメントに関心を寄せている。

　この査察制度が発足した当初は，すべての刑事施設は5年に1度査察を受けることになっていた。しかし，現在，それを実現するに十分な資源を持っていないため，毎年約30箇所の刑務所について総合査察を行い，加えて，ほぼ半数の，通知なしの簡易査察を行っている。これにより，すべての刑務所は，2，3年ごとに査察を受けている。

　調査項目は，例えば，被収容者を処遇方法，被収容者の作業・教育を受ける機会を含む処遇体制の質，施設が行っている被収容者の釈放準備の方法，被収容者および職員の士気，健康維持の質，施設の運営方法及び対費用効果，建物の物理的条件などである。査察官は，被収容者処遇の一般的項目に関心をもつにとどまり，個々の被収容者の申告事項を調査する権限をもっていない。これは，刑務所オンブズマンの管轄である。

　主席査察官は，査察によって明らかになった収容状況を記述し，また，改善勧告を付した報告書を内務大臣に送付する。査察終了後5週間以内にこれを行うのが目標である。この報告書の写しは行刑局にも送付される。

　内務大臣は，主席査察官によって提出されたすべての報告書の公表に同意している。報告書が完成してから5週間以内に公表するのが目標である。また，主席査察官は，内務大臣から，特定の事項に関する調査および報告を含め，刑事施設に関わる何らかの事項について助言を求められることもある。さらに，矯正と保護の連携，女子被収容者の状況，刑務所における自殺など特定のテーマについての検討を行い刑務所問題に関する広汎な議論を喚起することに貢献する。

　このように，イギリスの刑務所査察官制度は行政的な内部監察機関ではあるが，その査察結果である報告書に国民が自由にアクセスできる状況になっている点が重要である。まず，内務大臣に対する各施設別報告書が政府刊行物として廉価で公刊され，また，インターネットを通じて容易に入手できる状態になっており，何人にも閲覧の機会が保障されている。報告書の内容は，刑務所の現状をかなり正確に伝えている。また，査察局の年次報告も内務大臣に提出されるとともに，一般に公表されている[9]。この査察官制度は，厳格には第三者機関とはいえないかもしれないが，内容のある報告書の公表により，刑務所の透明性と改革

に多大の寄与をしている。各刑務所の職員は，この査察官報告書に自分たちの施設がどのように評価されるのかに大きな関心を持っている。また，改善勧告を受けた事項については，2，3年後の簡易査察でその進展をチェックされるため，事実上，改善のための努力をせざるをえない。勧告に法的強制力はないが，事実上の強制力をもち，刑務所の透明性のみならず，改革にも貢献しているのである。わが国も第三者機関による査察制度を検討する意向のようであるが，内容のある情報の開示を行う制度を作れるかどうかが鍵になるといえよう。

(2) 訪問者委員会（独立監視委員会）

さらに，イギリスにはこのほかに訪問者委員会（Boards of Visitors）の制度がある。これは1898年に設立された。イングランド・ウェールズのすべての刑事施設は，それぞれ訪問者委員会をもっている。これについては刑務所規則（1999年）の74条から80条に規定がある。訪問者委員会委員は，無給のボランティア（実費弁償は受けられる）であり，被収容者が公正に取り扱われることを保障する監視者の役割を持つ。後述するように，現在，入国管理センターの委員会委員を含め，全国で約2,000人が任命されている。委員は，いつでも予告なしに施設を訪問し，被収容者や職員と面談し，施設の状況について監視する。また，被収容者の苦情や要望を聞き，関心のある事項について報告する。通常，月1回は施設を訪問するが，何かが起こった時には，昼夜を問わず，施設に召集されることもある。月1回の会議と会議の間に，当番制度により自分の都合のつく時間帯に訪問することもできる。訪問者委員会委員になるには，特別な資格は必要ないが，施設から半径20マイル以内に住んでおり，1ヶ月に4半日の時間を費やせることが必要である。施設内に親しい友人や家族がいる場合には関わりを持つことができない。内務大臣に任命されるまでに，信用保証（Security Clearance）を果たさなければならない。その期間は，2週間から6ヶ月である。新メンバーは，6ヶ月間，初期研修として，施設の配置，体制，部署に慣れ，当番訪問の方法などについて研修を受ける。

内務大臣は，訪問者委員会から，刑務所の状況，運営，受刑者の処遇について，年次報告を受ける。それに基づき，内務大臣は，申し立てのあった事項に関して行刑局長から回答を求める。被収容者は，その施設の所長あるいは訪問者委員会のメンバーに対して要望や苦情を申し立てることができる（刑務所規則11条）。

訪問者委員会の活動に対する評価には確かに批判もある。それは，被収容者の側からも内務省および行刑局からも出されている。まず，1990年の刑務所暴動以前は訪問者委員会が懲罰裁定権限をもっていたために被収容者からは刑務所側の立場に立つものと考えられていた。また，「委員会は，相応な執行権限を持っておらず，所長の注意を喚起するため被収容者からの苦情を記録し，被収容者に請願の助言をする以外には何も実行していない。例えば，所長の考え方を変えるよう説得をするとか，被収容者の請願に関して自分自身の見解を述べるとかすることもほとんどない。全体的に，彼らの努力が目に見える形で影響をもたらすことはほとんどなく，その結果，委員会は被収容者の目から見て信頼性を失っていった。」[10]。前者の，暴動の理由ともなった訪問者委員会の懲罰権限は廃止された。しかし，後者の問題は残された。他方，訪問者委員会は，内務省及び行刑局からも必ずしも重視されてこなかった。前述したように，委員会の意見や報告書は法的に何の効力も持っていなかったし，刑務所の管理運営や被収容者処遇をめぐっては十分な知識ももっていなかったた

め，当局からも独立した「監視者」として受けとめられていなかったのである。ロッド・モーガン氏も指摘しているように，彼らは刑務所管理者に共鳴してしまう傾向があり，過剰収容という問題を抱えている状況においては，刑務所の上級職員と一体化してしまうのである[11]。

1991年のウルフ・レポートは，刑務所における「公正さの基準の改善」を提案した。しかし，その10年後に行われたLord Woolfの講演「ウールフレポートから10年後の変化」（2001年）によると，訪問者委員会は，内務省および行刑局によってまだ過小評価されているという[12]。そのため，ウルフ卿は，施設ごとに個々ばらばらの訪問者委員会をまとめる全国的な協議会を設立し，その存在を強く印象づけることが必要だとの改善提案を行っている。

そのような問題点が認識されていたところ，2000年7月，訪問者委員会の運営を法的に再検討し，システムのパフォーマンスを強化するため，ロイド卿を議長とするワーキンググループが設置され，検討が行われた。その結果は，2001年3月「訪問者委員会の再検討」という報告書（ロイド・レポート）としてまとめられた[13]。その主旨は，別の機関である刑務所訪問者（prison visitors）との混同を避け，独立して監視する役割をより良く反映するために，名称を変えることであった。この勧告に従って，2003年4月8日，訪問者委員会は独立監視委員会と改称された。これにより，委員会の独立性と監視の重要性が明確にされた。

ロイド・レポートによると，独立監視委員会は，個人性（individual），篤志性（voluntary），独立性（independent）の点で刑務所査察局や刑務所オンブズマンとは異なっており，それらの機関や内務省には統合・解消できない性格をもっているという。委員によって提出される，市民の立場からの建設的な批判は，刑務所の水準を維持し改善する有益な支援を提供するものであるとの評価がその背景にはある。そして，委員をリードし，サポートし，指導するために新たに全国評議会（National Council）が設置され，その会長にはロイド卿が任命された。今後の活動が期待されるところである。

3　不服申立と第三者機関

被収容者に対する説明責任と刑務所の公正さを担保するための第三者機関として参考になるのが，イギリスの刑務所オンブズマンの制度である[14]。

(1) 経緯

1990年の暴動に関する調査報告書であるウルフ・レポートは，「暴動の中心的原因の一つは被収容者の不服が適切に処理されていない，公正さ（Justice）が欠けている」という被収容者側の不満にあったと結論づけ，次のように述べている。「刑務所内では，公正さ（Justice）が実際に遂行されているというだけでなく，遂行されていると外から見えることが必要である。もし，適切な手続がとられなかったり，明確な規則がなかったり，被収容者にその規則が知らされなかったり，あるいは，少なくとも，手続の最終手段として独立の機関に訴えることができなければ，公正さ（Justice）が遂行されているとは見えないであろう」[15]。こうして，不服申立の再審査を行い，懲罰手続における事実認定の最終審査を行う独立の機関を設置することを提案した。これは，政府によって受け入れられ，1994年5月，最初のオンブズマンとして，ピーター・ウッドヘッド卿（Sir Peter Woodhead）が内務大臣によって任命されたのち，同年10月から不服申し立てを受けつけることになった[16]。資金は内務省から提供されるが，オンブズマンの独立性を強調するために，内務省

や行刑局から離れたところに事務所を置いている。2001年9月1日の機構改革により，保護観察をも含め，刑務所および保護観察オンブズマンとなった。これは，1人のオンブズマンと5人の補助オンブズマンのほかに，8つの部に35人のスタッフと2人の秘書をもつ。調査部には，22人が配置されている。刑務所に関していえば，刑務所職員，刑務所の機関として活動している者，その他刑務所で働いている者，および，訪問者委員会（現在は独立監視委員会）のメンバーによって行われた決定に関する不服申立を調査する権限をもっている。しかし，刑務所医師の医療的判断，大臣（Ministers）によって行われた政策決定，刑務所外で働く者によって行われた行為や決定（有罪又は量刑に関すること，民事あるいは刑事事件，仮釈放委員会，警察，検察，入国管理局による決定や勧告）について調査することはできない。

(2) 手続

被収容者は，オンブズマンに不服申立を行う前に，行刑内部の不服申立制度を利用しておかねばならない。その手続によって救済が得られなかった場合，行刑管区の回答があってから原則として1ヶ月以内にオンブズマンに対して不服申立が行われなければならない。もし6週間以内に管区から回答がない場合には，不服申立てができる。不服申立てに関する当該事実を知った後不服申立てを行うまでに12ヶ月以上遅れた場合には原則として受理されない。申立ては，手紙あるいは申立て用紙で行わねばならない。オンブズマンに対しては秘密交通が認められており，郵送費は刑務所が負担する。不服申立てが受理されたかどうかは10日以内に通知され，不受理の場合はその理由が通知される。受理された場合には，調査が開始される。オンブズマンおよびそのスタッフは，不服申立て人に面談するために，事前に連絡をした後，

刑務所等を訪問する権限をもっている。

不服申立ての解決の方法として，次の三つがある。①直接解決（Local resolution）：刑務所が同意する解決を見出す方法，②中間報告あるいは信書（brief report or brief）：刑務所が同意しない場合に用いる迅速な方法，③最終報告（full report）：刑務所が同意しない場合に用いるが，詳細な報告のため時間がかかる。最終報告が出される前に，オンブズマンは，事実関係の確認のために原案を両当事者に提示する。不服申立ては，調査開始後12週間以内にこれら三つの方法のいずれかで処理されることになっている。不服申立ての審査結果については，その結論の如何に拘らず，必ず理由が通知される。不服申立てが支持された場合には，報告書によって内務大臣や行刑局に勧告が行なわれる。行刑局は4週間以内に勧告に対する回答をしなければならないが，それを拒絶することもできる。その場合，被収容者は，オンブズマンの勧告を拒絶する行刑局の決定に対する司法審査の見こみについて法的助言を求めることもある[17]。勧告は拘束力をもつものではないが，現実には，その大部分が受容されている。

さらに，重要なことは，オンブズマンの年次報告が内務大臣を経て議会に提出され，同時に，公表されていることである。この年報には，不服申立件数，不服申立の主要事項の概要，オンブズマンの決定事例，行刑局に対して為された勧告例および行刑局の回答例などが記述される。オンブズマンは，被収容者を特定できない形で個人に関する報告書を公刊する裁量を持っている[18]。

このように，オンブズマンは，被収容者に対するアカウンタビリティのみならず社会や専門家に対するアカウンタビリティも果たすことで，刑務所の透明性にも寄与しているのである。

(3) 最近の動向

イギリスおよびアイルランド・オンブズマン協会は，これまで刑務所オンブズマンは独立性が十分でないことを理由にそのメンバーとなることを拒否してきた。そこで，職務の法的独立性を強化するために必要な立法が行われることになっている。また，2004年4月1日から刑務所や保護ホステルの中で起こった被収容者の自殺に対する「第一次調査」権限をオンブズマンに与えることになった。施設内の自殺に対しては常に行刑局が調査を行ってきたが，その代わりに，オンブズマン事務所の中の特別チームが担当することになった。これは，重要な挑戦になると期待されている。現在，刑事施設において，一年間に100人以上の自殺者がでている。オンブズマンであるスティーブン・ショウは，次のように述べている。オンブズマンにより調査手続が強化されることによって，自殺の原因がより効果的に特定され，その教訓がより広く生かされていくことになろう。行刑局も自殺の予防及び調査のためのアプローチを向上させているが，しかし，より広い視野から，しかも独立機関による調査が行われることで，手続に対する国民の信頼を強化することにもなる，と。

この改革は，オンブズマンの本来の職務を緩めることにはならない。オンブズマンは2002年に3,132件の不服申立てを処理したが，これは，前年比15%増，過去3年間では62%増となっている。ショウは，不服申立ての33%を支持した[19]。

むすび

現在，名古屋刑務所事件を契機として，今後の日本の刑務所改革の方向性と展望を示す重要なターニングポイントを迎えている。本稿では，注目すべきイギリスにおける制度改革のいくつかを紹介した。イギリスでは，1990年の刑務所暴動を契機に，人間的で合理的な刑務所改革を推し進めてきた。そこから日本が学ぶべき重要な点の一つは，刑務所の透明性を確保し，公正な運営を実現することである。そのためには，まず，刑務所においても目的・目標に従った政策評価と自己改革のサイクルを実現し，それに関する情報を国民に公開し，説明責任を果たすことである。そして，刑務所制度の民主化のために外部査察制度を設け，市民参加を促進することである。

そのような方向での議論が日本でも始まっている。衆議院法務委員会は，「矯正施設運営に関する決議」（2003年7月18日）の第三項で，「受刑者に対する人権救済については，国際人権委員会の勧告を十分に尊重したうえで，受刑者の基本的権利の法制化，公正で開かれた所内規則の制定，懲罰制度のあり方，信書の検閲のあり方，不服申立てシステムの確立，独立した第三者機関の専門家からなる刑務所監察制度の実現などを検討し，刑務所の最終目的が受刑者の有効な社会復帰にあることを念頭に，所要の措置を執るよう務めるべきである」とした。法務省は，有識者からなる「行刑改革会議」を設置し，ここでは抜本的な行刑改革のための提言づくりが行われた[20]。日弁連は，「『市民参加による社会に開かれた刑務所』への改革を求める日弁連の提言」（2003年6月21日）をまとめた。そこでは，「市民参加と情報公開」を改革の理念として掲げ，イギリスの訪問者委員会（独立監視委員会）に相応する刑事施設視察委員会と，刑務所オンブズマンと査察官制度を参考にした「刑事施設審査会」の新設を提言している。研究者サイドでも，刑事立法研究会は，『21世紀の刑事施設——グローバル・スタンダードと市民参加』（日本評論社，2003年）を公刊し，コミュニティ・プリズン構想を基調に刑事施設のアカウンタビリティと市民参加による刑務所改革を提言している。

1909年に作られた日本の監獄法は，まもなく制

定100年を迎えようとしている。今日の世界における人権の尊重と刑事政策思潮の発展を考慮すれば，時代に取り残された現行法をいまだに維持していることは大変不名誉なことと言わねばならない。名古屋刑務所事件に象徴されるような刑事施設における人権侵害を防止するために，日本の行刑制度を抜本的に改革することが期待されている。そこでの改革理念は，政策評価に基く改革サイクルの確立，アカウンタビリティと市民参加である。世界は日本の行刑改革に注目していることを忘れてはならない。

（本稿は，行刑改革会議第3部会におけるヒアリングに際して提出した原稿に最小限の修正を加えたものであり，拙稿「刑務所のアカウンタビリティ――イギリスの制度を中心にして――」法学博士井上正治先生追悼論集『刑事実体法と裁判手続』〔九州大学出版会，2003年10月刊行〕所収）に大幅な加筆・修正を加えたものである。

なお，本テーマに関しては，イギリスにおけるNGOや民間ボランティアの役割，並びに，行刑改革会議提言に対する評価についても言及すべきであったが，すでに紙幅がつきているため別稿にゆずることにする。）

1　柳本正春「刑罰執行の閉鎖性と透明性――民主主義社会における行政の有り方」亜細亜法学31巻1号（1996年）136頁。本庄武「刑事施設のアカウンタビリティと第三者機関の役割」刑事立法研究会編『21世紀の刑事施設――グローバル・スタンダードと市民参加』（日本評論社，2003年）236頁以下は，刑事施設のアカウンタビリティを，「刑事施設は，人権の擁護と処遇の適正化という二つの点において，被収容者自身，外部専門家，市民の三者にアカウンタビリティを果たしていかなければならない」（240頁）とする。
2　HM Prison Service, Annual Report & Accounts April 1999 to March 2000, p.9. イギリスの行刑組織の改革については，アイフォー・H・スモウト（藤野京子訳）「イギリスの刑務所の現状について」犯罪と非行113号（1997年）55頁以下，竹中樹「海外の矯正事情（第二回）イギリス」刑政108巻2号（1997年）92頁以下参照。
3　ヨーロッパ刑事施設規則の邦訳は，宮崎繁樹・五十嵐二葉・福田雅章編著『国際人権基準による刑事手続ハンドブック』（青峰社，1991年）533頁以下，第二東京弁護士会監獄法対策調査委員会『ヨーロッパの被拘禁者処遇――ヨーロッパ刑事施設規則と関連決議』（1989年）参照。
4　これについても，宮崎・五十嵐・福田・前掲注(3) 556頁以下参照。
5　Coyle, A., A Human Rights Approach to Prison Management: Handbook for prison staff. 2002, p.111. アンドリュー・コイル博士は，ロンドンにあるブリクストン刑務所の元所長で，現在は，ロンドン大学キングズ・カレッジ国際刑事施設研究センター所長を務めている。
6　以上概略につき，Morgan, R., Her Majesty's Inspectorate of Prisons, in: M. Maguire, J. Vagg & R. Morgan (ed)., Accountability and prisons: Opening up a Closed World. 1985. p.106-108.
7　M. Leech & D. Cheney, The Prison Handbook 2001, p.539 主席査察官として，1995年12月に任命されて以来，刑務所改革に意欲的に取り組んできたRamsbotham卿に代わり，2001年8月1日，Ann Owersが任命され，現在に至っている。「海外トピックス　刑務所改革に意欲を燃やすラムズボタム主席行刑施設巡視官」刑政110巻12号（1999年）63頁参照。
8　http://www.homeoffice.gov.uk/justice/prisons/inspprisons/index.html.
9　「このような公刊制度によって，一般市民は全国刑務所の現状および問題点などを，個別にかなり詳細に知りうる立場にある。すなわちイギリス市民は，その気になれば誰でも，大臣，次官および矯正局長なみに刑務所の一般的情勢を即座に入手できるのである。情報の公開としてはかなりのものである」（柳本・前掲注(1) 126頁）

10 Maguire and Vagg, The watchdog role of Boards of Visitors, Home Office, 1984.

11 ロッド・モーガン「刑事司法における市民参加と被拘禁者のグローバル・スタンダード」刑事立法研究会編『21世紀の刑事施設』(日本評論社，2003年) 49頁。

12 2000年6月に，訪問者委員会委員を務めるJEEVANJEE氏を御自宅に訪問し，意見を伺ったときにも，同様の答えが返ってきた。「われわれの提出した報告書は果たして目を通されているのかどうか疑問である。ただ机の上に積んでおくだけではないのか。委員の中には，報告書も提出しない者もいるし，おざなりな報告書しか出さない者もいるからだろう。しかし，自分は，刑事施設における人種差別の問題にとりくんでいる」と。その背景には，委員に対する十分な研修や支援の欠如があるという。

13 Review of the Boards of Visitors: A Report of the Working Group chaired by The RT Hon Sir Peter Lloyd Mp. March 2001.

14 正確には，Prisons and Probation Ombudsmanという。http://www.ppo.gov.uk/参照。柳本前掲注 (1) 128頁以下。海渡雄一「イギリスにおける刑務所の調査・勧告・救済制度」東京三弁護士会合同代用監獄調査委員会『イギリス刑事司法・監獄調査報告書——刑事司法改革と監獄制度改革をめぐって』(1995年) 61頁参照。

15 Prisons Disturbances April 1990. Report of an Inquiry by the RT Hon Lord Justice Woolf and His Honour Judge Stephen Tumin. 1991. 2. Cm1456. HMSO: London, para14. 297

16 現在のオンブズマンは，Stephen Shawであり，彼はNGOのPrison Reform Trustの元事務局長である。

17 Leech, M. & Cheney, D., The Prisons Handbook 2001, p.457.

18 被収容者のオンブズマンへのアクセスに関する手続については，The Prisons Ombudsman, Prison Service Order No.2520, 28/10/1999.

19 Alan Travis, "A look inside", in: The Guardian, Wednesday July 9, 2003.

20 「行刑改革会議・提言～国民に理解され，支えられる刑務所へ～」平成15年12月22日行刑改革会議。

英文要旨
Summary: Secure the "openness" of prison systems in England

Key words: accountability, public scrutiny, civil society involvement

Masakazu DOI

Professor of Law, Kyusyu University

We are at turning point for the possibility to improve the prison system in Japan after the disasters in Nagoya Prison 2002. This paper introduced the several systems in order to reform the prisons in England on the lines proposed in the Woolf report 1991, especially the "Prisons and Probation Ombudsman" and the "Independent Monitoring Board" in company with the "Prison Inspectorate" and private sectors. After the prisons disturbances April 1990 in England they have promoted the prison reforms with humanity, justice and accountability. The most instructive and important ones for us are to secure the "openness" of prisons for the public and to carry the justice through the prisons. First of all we should build up the cycle to accreditation and self-improving, in other words "plan- do- see" in prison services. Secondly we should perform the accountability for the public on the prison system. Thirdly prisons must be open to public scrutiny and we should promote the civil society involvement.

個別研究

イギリスにおける民営刑務所の現状

キーワード: 刑務所,刑事施設,イギリス,民営化,PFI (private finance initiative)

笹倉香奈 一橋大学大学院法学研究科博士課程

はじめに

本稿は，イギリス[1]における民営刑務所の現状を検討し，日本において現在導入の議論が進められている刑務所PFI事業に関する示唆を得ることを目的とする。

行刑改革会議の提言[2]は，刑事施設における過剰収容状況を解消し，被収容者の特性に応じた処遇を行うためには，行刑施設の新設，増改築が必要不可欠であるとする。このような方針を進めるに当たり，現在，法務省においては，PFI[3]の手法を用い，設計・建築から運営に至る刑事施設の業務について，部分的な民間委託を行うことで刑事施設の整備・運営を推進するという方針が採用されている。すでに，2007年には，同手法に基づいて新設される「美称社会復帰促進センター」の使用開始が予定されているようである[4]。法務省の説明によれば，全てのサービスの最終的な責任は国が負う構造になっており，アメリカ合衆国やイギリスにおいて採用されている，いわゆる「民営」刑務所とは異なり，コアとなる保安業務は国が担い，その他を民間委託する混合運営型を参考にした上で，日本型の運営形式が構築されるようである。

法務省は，日本におけるPFI刑務所設置に際して，英米型の運営方式を採らないと明言している。しかし，10年以上にわたって刑事施設の民営化を進めてきており，その業務内容の検討が様々な形で積み上げられてきているイギリスの民営刑務設の状況を再び参照し，その問題点を探ることは，日本の今後の議論においても参考になるはずである。本稿では，以下，イギリスにおける民営刑事施設の制度の概要，現状と今後の展望を，これまで日本において紹介されてきていない議論をも参照しつつ明らかにし，検討を行う[5]。

1 刑事施設運営への民間企業の参入[6]

(1) 経緯[7]

イギリスにおける刑事施設民営化の流れは次の三期に分けられるであろう。第一期は，民営化に関する議論と立法化の時期（1987年から1992年），第二期は，民間による刑務所運営が行われ始めた時期（1992年から1995年），第三期は，PFI方式による，DCMF刑務所[8]の設立と民営刑務所の定着期（1995年から現在）である[9]。

そもそも，刑事施設の民営化はサッチャー政権の一連の民営化政策の一環として行われた[10]。サッチャー政権は，1980年代初頭以降，British Gas, British Telecom, British Airways等の様々な国有企業を民営化して，公的支出の削減を図った。1986年には，下院特別委員会の内務省高官が，二度にわたって合衆国の民営刑務所の状況を視察し，その後イギリスにおいて民営刑事施設創設の本格的な議論が進められた[11]。1989年，イギリス政府は刑事施設の民営化の意思を宣言し，1991年には刑事司法法（Criminal Justice Act）の改正が行われ，公営拘置所の運営を民営化することが

法律上可能となった[12]。初めての民営刑事施設である、Wolds拘置所は、1992年に開設した[13]。当初は「実験的」試みとして開設し、慎重に刑事施設の民営化を進めることが政府によって表明されていたにもかかわらず、その評価に関する大規模な研究が行われないうちに、続々と民営刑務所の設置が進められることとなった[14]。また、その後数回にわたる刑事司法法の改正により、DCMF刑務所の新設が1995年に可能となった。

当初の刑事施設民営化の目的は、以下のようなものであった[15]。第一に、全ての民営化事業と同様、行政の効率化が目指された。また、過剰拘禁による内務省の支出増加の解消、競争による刑事施設の質の向上、革新的な手法（最新技術による警備、再犯防止のための新しい処遇方法）の導入と、刑事施設での勤務経験のないスタッフによって、偏見や既成概念にとらわれない処遇が行われうるであろうこと、改善された処遇方法が再犯率低下につながること、民間参入により、刑事施設の透明性が増し、アカウンタビリティが増大すること等も、民営化により得られうる利益としてあげられた。さらに、伝統的に内務省と対立してきており、年中スト権を公使して、内務省による刑務所処遇改善の試みを職員の負担増加を理由に拒否してきた、POA（Prison Officers' Association, 刑務所職員組合）への圧力を高めることも目的とされていたとの見方も存在する。

刑事施設の民営化に向けたロビー活動は、主としてアダム・スミス研究所などの新右翼や、経済団体[16]により行われたが、リベラル派の学者（M. TaylorとK. Pease）も社会復帰的なプログラムの発展のために貢献しうるという理由で民営化を支持した。このような多方面からの支持を受けたことが、民営化の促進力となったといえそうである。

これに対しては、強硬な反対論者が存在した。例えば、刑罰制度の改革に取り組む団体である、Howard League for Penal Reformは刑罰を利益追求の為に使うべきではないと主張した。刑務所改革に取り組むNGOであるPrison Reform Trustは、民営化により刑務所のアカウンタビリティがますます低くなると主張した。また、POAは、民営化に伴うコスト削減の影響をもっとも受けるのは、職員の給与となるのではないかという危惧感と、刑罰執行は国家の責務であるべきとの立場から、現在に至るまで刑事施設民営化への反対論を展開している[17]。

（2）民営刑事施設の組織[18]

民営刑事施設に関する規定は、1991年刑事司法法84条以下に存在する。二度の修正を経たのち、現在では、刑事司法法の下で、全ての刑事施設の民営化が可能となっている[19]。民営刑務所においては、公営刑務所と同様、様々な監視手段[20]（査察官（inspector）による査察、独立監視委員会（Independent Monitoring Boards）による定期的な訪問、行刑局、オンブズマン、裁判所や議員へのアクセス権）が設けられているほか、行刑局の監視官（controller）が常駐している。監視官は、施設の運営状況や、民営刑務官に対して行われた被収容者からの職務上の不服申立について調査を行い、行刑局に対して報告を行う義務を有する。民営刑務所の所長（director）は、公営刑務所の所長（governor）と同様の機能を有し、義務を負うが、いっさいの懲罰権を持たないし、緊急の場合を除いて被収容者の隔離、特別房への拘禁、戒具の使用を認められない（刑事司法法85条）。これらの権限は、監視官によって行使される。また、緊急事態が発生した場合には、行刑局が適当な公務員を所長と監視官の代わりに任命し、刑務所運営に当たらせることができる（同法88条）。実際、2002年5月には、Ashfield少年刑務所にお

イギリスの民営およびSLA刑事施設の一覧表（2004年2月現在）[57]

・施設の運営のみを民間業者が行っている施設 "Management Only Prisons"

施設名	契約者	開業日	収容定員	収容人数[58]	被収容者
Wolds	Group 4	92/4/6	310	347	C級成人男性
Doncaster	Premier	94/6/20	771	1130	A/B級の成人及び少年

・施設の建設から運営まで全てを民間業者が行っている施設 "DCMF Prisons"

施設名	契約者	開業日	収容定員	収容人数	被収容者
Parc	Securicor	97/11/17	828	1023	B級（少年も若干名）
Altcourse	Group 4	97/12/1	614	1008	成人男性
Lowdham Grange	Premier	98/2/16	504	524	B級成人男性
Ashfield	Premier	99/11/1	407	248	少年
Forest Bank	UKDS	00/1/20	800	1035	成人及び少年
Rye Hill	Group 4	01/1/21	600	663	B級成人男性
Dovegate	Premier	99/9/24	800	858	B級成人男性（200名は治療共同体[59]）
Bronzefield	UKDS	建設中	450	──	女性
Peterborough	UKDS	建設中	840	──	男性（480名）と女性（360名）

・サービスレベル合意（SLA）施設

施設名	SLA開始日	収容定員	収容人数	被収容者
Blakenhurst	01/8/19	647	880	B級男性
Manchester	94/3/7	961	1254	B級男性
Buckley Hall	00/6/26	350	321	女性

いて，大量のスタッフが離職し，代わりを確保することができなかったため，施設の運営の安全に危険性が生じたという理由により，同規定に基づいてPremier Custodial Services社の所長（director）が解任され，一時的に公的部門の管理者が就任した[21]。

民間刑務職員（prison custody officer）は，公営刑務所の刑務官（prison officer）と同様の職務を行う。ただし，施設内における警察官（constable）としての権限はない（同法87条）ため，拳銃の使用等は認められないし，逃走防止義務はあるものの，追跡・逮捕の権限はない。職務上知り得た情報については守秘義務を負い，違反には罰則[22]が適用される（同法91条）。

（3）入札と契約の形態

民営刑務所の運営のあり方は，内務省と民間業者との間で取り決められた契約書に基づいて決定される[23]。契約書においては，30から40項目の業績指標が定められており，違反が一定量に達した場合は，ペナルティーとして，契約金が減額される。このほかにも，行刑局によって定められた基準に従った評価が行われる。一般に，民営刑務所においては，公営刑務所よりもはるかによい管理

基準が設定されているといわれる。例えば，Wolds拘置所では，全ての被収容者に対して，平日は12時間以上，休日は10時間以上，居房の外に出ることが認められている。また，24時間いつでも医師の招集ができること等の履行基準が定められている。

2 民営刑事施設の現状と展望
(1) 現状

2004年2月現在，イギリスには，137カ所の刑務所が存在し，そのうちの9カ所が民間業者により運営されている[24]。民営刑務所は，大きく2種類に分けられる（別表参照）。運営のみを民間業者が行う2ヵ所の施設（management-only prisons）と，設計から運営まで全て民間業者が行っている，7カ所のDCMF刑務所である[25]。民営刑務所の被収容者は，2004年2月で約6,800人であり，全体の9％程度が民営施設に収容されている[26]。このほか，2カ所のDCMF刑務所が建設中である。ただし，入札に際して，全ての刑務所が民間業者によって落札されたわけではなく，行刑局内部の入札チームにより落札されたこともある[27]。すなわち，マーケット・テスト（競争入札）[28]が行われる場合には，公的部門も入札に参加し，公的部門が落札した場合，「外注contract out」刑務所であるにもかかわらず，行刑局の直接の指揮下におかれる。公的部門は，これまで内部入札が可能である場合には，必ず入札を行ってきている[29]。行刑のプロである自分たちには，民間業者よりもよいパフォーマンスができる，という確信が行刑局内部には存在するようである。この方式により，初めて行刑局内部のチームによって落札されたのは，Manchester刑務所であった（1994年）。また，Blakenhurst刑務所とBuckley Hall刑務所は，それぞれ民間企業[30]により運営されていたが，マーケット・テストの結果，内部チームが落札し，施設の運営主体が行刑局に戻っている。これらの施設は，個別に行刑局とサービス・レベル合意（Service Level Agreement. 以下，「SLA」）を結んでいる。SLAは，民間部門における契約に当たるものであり，刑務所の定員数と，期待されるパフォーマンスに関する合意を含む。施設側には，固定的な予算が行刑局から与えられるという仕組みになっている[31]。

(2) 民営刑務所に対する評価

これまで述べてきたとおり，イギリスにおける刑事施設の民営化はここ10数年でかなり急速に進められてきており，その評価については現在に至るまで様々な方面から議論が積み重ねられてきている。以下では，これまでイギリスにおいて民営刑務所に対して与えられてきた評価を紹介する。

(a) 民営化に関する公的な調査結果

民営化の第一の目的とされたのは，刑務所の業務を効率化することであった。それでは，効率化は実際に達成されたのであろうか。2000年3月に公表された内務省の報告書[32]によれば，1998年度において，以下のような結果が明らかになっている。

第一に，公営刑務所と比べた場合，民営刑務所は，被収容者一人あたり13％のコスト削減を実現しているが，使用可能な居室又は実際に使用されている居室一室あたりのコスト削減は，ほとんど若しくは全く存在しない。第二に，公営刑務所と比較した場合のコスト・ギャップは，1994年度では使用可能な居室一室あたり18％，実際使用されている居室一室あたりでは22％であったが，その差は年度を追うごとに縮まり[33]，1998年度では使用可能な居房一室あたりは0％，使用されている居室一室あたりで1％にまでその差が縮まった。ただし，被収容者一人あたりのコスト・ギャップにはほとんど変動がない。そして第三に，

Doncaster刑務所をのぞき[34]，民営施設は被収容者一人あたり9％の運営コストの削減を実現しているものの，居房一室あたりでは，逆に2～3％コストが高い。

この報告書に鑑みれば，イギリスにおいては，必ずしも民営刑務所の方が安価で質の良いサービスを提供できているとはいえなさそうである[35]。

最近公表された下院の公会計委員会（Committee of Public Accounts）の報告書「PFI刑務所の運営実績」[36]と，その基礎となった会計検査院報告書[37]においても，民営刑務所の成果について好意的な見解が示されているものの，民営刑務所自体のコスト削減効果は強調されていないし，PFI刑務所の導入が必要であったとの意見も積極的には主張されていない。そこでは，PFI刑務所を導入したことによる効果として，とりわけ，刑務所を運営する主体が独占的でなくなったことにより競争が生まれ，イギリスの刑務所全体としてのコストの削減とパフォーマンスの向上とが実現したことが強調されている。また，民営刑務所の成果として，とりわけ以下の諸点が挙げられている。第一に，被収容者の処遇が改善されたことである。民営刑務所では，スタッフと被収容者との関係が良好であり，また目的的な活動が充実しているとされる。次に，職員の勤務体系が効率化・柔軟化されたことによって，外部との交通の時間や方法が延長されたことが挙げられる。面会時間が公営刑務所に比べてフレキシブルであり，家族との食事が可能な刑務所も存在する。監視カメラや自動ドアなど，先端技術の活用がなされたことも民営刑務所の成果であるとされる。

これに対して，PFI刑務所の欠点としては，主として職員の問題が挙げられている。例えば，民営刑務所においては，これまで刑務所に勤務したことのない職員の雇用を行うことが多いため，経験不足によって，保安上の問題が生じることが多い。また，刑務所の運営費用の80％は人件費であるといわれ，コスト削減のためにはこれを削減することが必須である。従って，民営刑務所では公営刑務所に比べて賃金水準が低く[38]，職員の離職率が極めて高く，また十分な人数の能力の高い職員を確保できない状況が多発していることも指摘されている。このことは当然刑務所のパフォーマンス低下に結びつく。さらに，いったん契約を締結してしまうと，契約期間（PFI刑務所においては25年間）内は，その変更が困難であり，行刑局の方針の変化に対応しにくいことも問題とされている。例えば，現在の行刑局においては，再犯の防止が主要な業績指標の一つとされている。しかし，ほとんどのPFI刑務所の契約においては，業績指標に再犯防止のためのプログラムが盛り込まれていない。契約締結時点では再犯の防止を重視するという行刑局の方針が明らかでなかったためである。

これらと同様の評価が，査察官[39]によって，個別の民営刑務所に対しても与えられてきている[40]。

(b) 民営刑務所に対する批判

民営刑務所に対しては，現在も根強い反対論が存在している。

以前から刑務所の民営化に反対し続けているNathanは，コストの効率化，過剰収容の緩和，イノベーティブな体制，再犯率の低下，という，当初民営化の目的とされていたいずれもが達成されていないと批判する[41]。コスト削減については，公的部門も民間業者より効率の良い運営ができることが，最近の競争入札における行刑局内部チームによる落札において証明されたし，PFI刑務所については，コストに関する検討が，「商業秘密」の名の下に阻まれているため，検証ができていない状況にある。イノベーションに関しても，民営刑務所により実現されたのは，せいぜい最新式の設備の建設くらいであり，それならば，公的部門

によっても可能である。また，過剰収容の状況は緩和されるどころか，一層悪化しており，民営刑務所においてさえも過剰収容状態が生じている。再犯率については，検証が困難であることを理由に，調査が行われてきていない。

民営刑務所の参入に伴う競争により，公営刑務所のパフォーマンスがあがったという見解について，Nathanは，そのような因果関係は，実証的に研究されてもいないし，証明されてきてもいない，と異論を唱える。

Gendersは，刑務所運営に関する契約交渉の場においては，第一義的にコスト削減が問題となるため，質的側面については，二次的にしか考慮されないという構造があることで，民営刑務所におけるイノベーションの機会が失われてしまうのではないか，との危惧感を示す[42]。

また，イギリス最大の公務員労組であるUnisonの書記長であったPrentice は，PFI刑務所のコスト削減が主として職員の給与カットと，雇用の保障のない安価なパート・タイム労働者への切り替えとによって達成されていることを指摘する。また，PFI事業そのものの特色として，かえってコストがかかる構造が存在するという。民間の資金調達には高いコストがかかり，結局はその利息が納税者の負担により支払われることになるし，契約締結までの交渉には莫大な費用と時間とを要する。緊急の事態が生じた場合は，公的部門の責任となるため，民間事業者側のリスクは実際上きわめて低い。彼は，本当のコストは，契約が満期を迎える25年後にならなければ算定できないとする[43]。

これら反対論者の意見を集大成し，民営化に関する大々的な研究をまとめた報告書「司法の民営化」[44]においては，以下の方向性を目指すべきことが提言されている。まず，政府はPFI事業の促進をやめるべきであり，公的部門への予算を増加させたり，職員の訓練プログラムを導入するなど，公的部門の能力向上のための措置を行うことに重点を置くべきである。また，PFI事業に関する検討を行うに当たっては，労働組合や刑罰改革の団体からも意見を聴取するべきであるし，現在のPFI事業への監視機能を強化させ，「商業秘密」を再定義して，情報を最大限開示するべきである。そうして，PFI事業における給与水準を上げ，賃金交渉を労働組合と行うことも必要である，と。

注目すべきは，これらの反対論において，民営化の効果に対する疑念が提示され，職員の待遇の悪化や，かえってコストが高まること等が指摘されるとともに，「商業秘密」を理由に，刑務所の民営化に関する詳細な情報を公開してこなかった政府の態度が鋭く批判されていることであろう。

3　新しい動きと展望

最近になって，すでに外注が行われている刑務所のマーケット・テストのみならず，既存の公営刑務所のパフォーマンス・テストperformance testingが実施されている[45]。すなわち，2001年，行刑局は，今後パフォーマンスの悪い公営刑務所の運営が改善されなければ，当該刑務所の運営を民間企業に外注するという方針を宣言した。パフォーマンス・テストのスキームは，施設の質とコストが悪い刑務所について6ヶ月間の猶予を与え，内部のチームによって十分な改善計画が矯正局長（Commissioner for Correctional Services）に対して提示されない場合，当該刑務所を閉鎖するか，内部入札なしの外注の対象とする，というものである[46]。当時，22のパフォーマンスの悪い施設のリストが挙げられ，そのうちReadingとLeicesterについてパフォーマンス・テストが行われた結果，これらの刑務所は民営化を免れたものの，2002年から行刑局との間でSLAを結ぶこととなった[47]。以上のように，民間企業の参入の

みならず，公営刑務所をも巻き込んだマーケット・テストとパフォーマンス・テストのスキームにより，公的部門の競争力が増しつつあることが民営化の最大の成果であるとされる。例えば，行刑局内部チームの，Blakenhurstの落札価格は，UKDS社よりも10％も低く，運営計画の質も最も高かったといわれる。この背景には，POAの積極的な介入が存在するようである。常々から刑務所の民営化に批判を行ってきたPOAは，人員削減に合意することで，独自に公的部門のコスト削減に貢献している[48]。

ただし，このようなテストのスキームに対しては，コスト削減が実現されたものの，落札価格が低すぎて，契約内容の履行をすることが厳しくなっているのではないか，との懸念がある。例えば，Manchester刑務所に関して，同刑務所の監査チームは，SLAの見積もりが厳しすぎること，余りにも契約履行のチェックを厳しく行いすぎれば，契約金の減額と，主要な遂行目標の不達成につながるのではないか，との指摘を行っている。また，主席査察官も，同刑務所の職員数が少なすぎることに懸念を示している[49]。

イギリス政府の刑事施設民営化の方針が変わることは当分なさそうである[50]。今後は，民営刑務所と公営刑務所の共存による競争の維持と，バランスが模索されていくであろう。一部からの批判が存在するにせよ，一般にはイギリスにおいて刑務所の民営化は好意的に受け止められている。内務省も，2004年1月に公表された白書[51]において，民間部門の導入そのものではなく，効率的な司法の運営こそが主眼である，との立場を明らかにしつつ，民間部門の刑務所運営への参加が以下の点で肯定的に評価されるという。まず，民営刑務所は被収容者や訪問者に高い評価を得ている。また，競争の発生により公営刑務所のパフォーマンスが劇的に高まり，コスト削減が実現された。そうして，今後も競争が維持され，部門の公・民に関わりなく，効率化と再犯率低下に結びつくサービスが提供されることが期待されるとする。会計検査院報告書においては，今後は公営刑務所と民営刑務所との間の協力と，イノベーティブで優れた業務に関するノウ・ハウの交換が行われるべきであると提案している。例えば，PFI刑務所においては，被収容者が尊重され，良い扱いを受けることが多いとされる。他面でPFI刑務所においては，職員の経験不足が存在し，それに起因する保安上の問題がある。これらの問題点を，お互いに交流し，ノウ・ハウを伝授しあうことで補完しあうことが必要であるというわけである。また，職員を公営と民営の刑務所で交換することにより，職員の視野を広げ，よりよい処遇を実現することも提言されている。

4 検討と示唆

以上，イギリスにおける民営刑務所の現状を概観した。以下のような検討と日本への示唆が可能である。

第一に，イギリスにおいては，現段階では，民営刑務所の参入により，競争が芽生えたことで，刑務所全体のレベルアップが実現したことが強調されている。しかし，民営刑務所の参入のみによって公営刑務所の運営の改善が実現したとは必ずしもいえないように思われる。すなわち，イギリスにおいては，1993年に行刑組織の改革が行われ，行刑局は，独立した行政的権限を有するエージェンシー（agency）となった。この改革に基づいて，個々の刑務所長の管理運営権限が拡大され，業務達成目標，財務の改善目標の作成，人事管理権等が刑務所長の手に委ねられることになった[52]。このような改革により，行政のスリム化と，効率化，サービスの向上が目指された。民営化導入がほぼ同時期に行われたため，例えば民営刑務所の

コストに関するPark報告書[53]でも示されている，民営刑務所と公営刑務所のコスト・ギャップが埋まりつつあるという事実が，民営化の採用のみに起因するのかは不明である。

さらに根本的なことは，公的部門のレベルアップが，主としてコスト削減面に重点を置いて主張されているとすれば，問題ではないかということである。公営刑務所における効率性優先が，刑務所全体，とりわけ処遇の質の向上につながるのかは，疑問である。

第二に，たとえ民営化に伴う競争の激化によって行刑全体の質の向上が実現されうるとしても，日本で今後導入しようとされているスキームにおいて，イギリスと同じような民と官との間の競争が生じるかは明らかではない。従って，同様の効果が日本の制度のもとで得られるかは不明である[54]。

また，イギリスにおいては，公営刑務所と民営刑務所との間でパフォーマンスにそれほど違いがないことが近年明らかになってきており，民営刑務所でなければ実現できないことが，当初よりも少ないとされている。刑務所庁内部の入札チームによる，刑務所運営の落札の経緯に鑑みても，このことは明らかである。もし行刑の質の向上，コスト削減や，最新技術の導入等が民営化の目的としてあげられるとすれば，少なくともイギリスの経験に鑑みれば，それが民営化によってしかもたらされないかは疑問である。

次に，処遇の効果が短期的には明らかにならないことは，民営刑務所の批判者が指摘するとおりである。再犯率やコスト等の減少に関わるデータに関しても，長期にわたって全体的な数値を分析しなければ正しい結果は出ない。日本において現在計画が進められているPFIの手法による刑務所も，その処遇効果・コスト削減効果がいかなるものであるかは，長期的かつ総合的に判断されるべきであり，早期の同様の刑務所建設には慎重であるべきである。

最後に，イギリスにおいては，民営刑務所の導入に際して，政治課題の優先が行われ，議論が十分に行われないまま，次々に民営刑務所の新設が行われ，既成事実化が進んだという経緯が存在する[55]。真のコスト削減と処遇の質の向上とを目指すためには，刑務所運営に関する最大限の情報が開示され，事実関係が公表された上での十分な議論が行われるべきである。その際に，どのような指標に基づいて新設刑務所の評価が行われるべきであるか，いかにして既存の刑務所と比較すべきであるかは，今後の検討課題であり，議論の蓄積が望まれる。

むすび

以上，日本に対する示唆がどのようなものであるかを概観した。しかし，大前提として，イギリスにおいては，日本と比較して，刑務所の透明性・アカウンタビリティの確保の為の制度枠組みが充実していることに注意する必要がある。今後日本においても，刑務所の透明化を促進し，運営に関する情報を積極的に公開することが求められる。市民参加の導入の実現も必要である[56]。その上で，イギリスにおける議論からも学ぶことができるように，今後の新設刑務所の建設と運営に際しては，「商業秘密」の範囲を極力狭め，契約内容，民間業者の業務遂行等につき，コスト面のみならずその質に関しても詳細な査定を行い，可能な限り市民に対して情報を発信していくことが望まれる。

1 以下，本稿ではイングランド及びウェールズのことを指す。
2 行刑改革会議提言「国民に理解され，支えられる刑務所へ」（2003年12月22日）。http://www.moj.

go.jp/KANBOU/GYOKEI/KAIGI/teigen.pdf.

3 Private Finance Initiative. 公共施設等の整備に民間資本を導入する方策である。日本では，2002年に「民間資金等の活用による公共施設等の整備等の促進に関する法律」が成立した。

4 法務省「PFI手法による新設刑務所の整備・運営事業基本構想」。

5 これまでの，イギリスの刑事施設民営化に関する日本における紹介としては，以下のものがある。守山正「イギリス初の民営刑事施設を訪ねて」罪と罰31巻1号（1993年）55頁；同「刑事司法における私事化，民営化と民間協力」罪と罰31巻3号（1994年）5頁；柳本正春「刑事施設民営化の問題点」刑政106巻9号（1995年）24頁；同「刑事施設の民営化―イギリスの場合―」犯罪と非行104号（1995年）112頁；横山実「拘禁施設の民営化の社会的条件と民営化の問題点」下村康正先生古稀祝賀『刑事法学の新動向』下巻（成文堂，1995年）381頁；西村春男・守山正「犯罪学への招待（第8回）刑罰は儲かるか～刑事司法民営化の是非」法学セミナー515号（1997年）88頁（同『犯罪学への招待』（日本評論社，2001年）所収）；藤本哲也「アメリカ合衆国，イギリス，及びオーストラリアにおける刑務所の民営化」比較法雑誌31巻2号(1997年) 51頁；吉野智「英国における刑務所PFI事業について」（前）刑政113巻7号62頁・（後）刑政113巻8号54頁（2002年）；同「英国における刑務所PFI事業について」犯罪と非行132号（2002年）168頁；同「英国における刑務所PFI事業について」捜査研究607号（2002年）4頁。

6 柳本・前掲注（5）「刑事施設の民営化」，吉野・前掲注（5）の諸論文にも，本節に関連する詳細な記述がある。

7 イギリスにおける民営刑務所の経緯は，Andrew Rutherford, "British Penal Policy and the Idea of Prison Privatization", in: Douglas C. McDonald, *Private Prisons and the Public Interest* (Rutgers Univ. Press, 1990) pp. 42-65に詳しい。

8 設計design，建設construct，運営managementから資金調達financeまで，全てが民間業者により行われる形態の民営刑務所である。政府が建設地を決定し，民間事業者にリースするという形式がとられる。

9 Tim Wilson, "Contractual Management of Custodial Services in the United Kingdom", in: Stephen T. Easton, *Privatising Correctional Services* (1998), p.63. See also, CBI, *Competition: a catalyst for change in the prison service* (July, 2003), obtainable at: http://www.cbi.org.uk , pp.10-13.

10 柳本・前掲注（5）「刑事施設民営化の問題点」29頁は，大陸法系の国々においては，司法や刑罰に関する分野を神聖視する傾向が強いため，刑事施設の運営を民間企業に契約で委託するという考え方には反対するが，英米法系では，社会契約論的思想が根強く，国家権力の一部分を契約によって民間に委託することにさして拘泥しないのではないか，と分析する。

11 なお，移民拘置センターでは，すでに1970年代から内務省と民間との間に契約が締結されており，運営が民間業者によって行われていた。

12 守山・前掲注（5）「イギリス初の民営刑事施設を訪ねて」61頁は，無罪推定原則が働く拘置業務から民営化に着手したことによって，国家刑罰権行使の問題を避けたのではないか，と分析する。

13 運営の権利をGroup 4社が落札した。

14 Stephen Nathan, "Prison Privatization in the United Kingdom", in: Coyle, Campbell & Neufeld, *Capitalist Punishment: Prison Privatization & Human Rights* (Clarity Press, 2003) p. 162, pp. 163-164. なお，Wolds拘置所の実態調査を実証的に行ったものとして，Keith Bottomley, Adrian James, Emma Clare and Alison Liebling, *Wolds Remand Prison -- An Evaluation* (April, 1996), obtainable at: http://www.homeoffice.gov.ukがある。同報告書では，以下の指摘が行われている。①民営化後2年の間に，同拘置所において重大な事故は起こっていない，②80%近くの被収容者が他の刑事施設よりも良い評価を行っている，③必ずしもWoldsの成果が民営化のみによるものであるとはいえない，④職員に対する被収容者の評価は高い，⑤職員の人数が低いため，

保安上の問題が生じている，⑥全体としてみて，公営刑務所と，民営刑務所のどちらに利点があるかに関する評価を行うことはできない。

15 See, Rutherford (note 7 above), pp. 56-62 ; Douglas C. McDonald, "Public Imprisonment by Private Means", *British Journal of Criminology* 34, Special Issue 1994, p. 29, pp. 36-39, and so on.
16 例として，日本における経団連のような地位を有する，英国産業連盟（The Confederation of British Industry）があげられる。同連盟の最近の民営刑務所支持論については，前掲注（9）のCBI報告書を参照。
17 なお，当初は民営化に反対していた労働党は，政権に就いて以降は民営化の推進を支持している。
18 以下の記述に当たっては，主としてLivingstone, Owen & Macdonald, *Prison Law 3rd ed.* (Oxford Univ. Press, 2003) を参照した。
19 1991年当時は未決被収容者数の急増への対処が喫緊の課題であったため，民営化に関する規定の対象は，法施行後に設置された拘置所に限られていた。
20 イギリスにおける刑務所のアカウンタビリティを確保するための監視手段については，土井政和「刑務所のアカウンタビリティ──イギリスの制度を中心にして──」『刑事実体法と裁判手続──法学博士井上正治先生追悼論集──』（九州大学出版会，2003年）303頁以下を参照。
21 Ashfield刑務所の施設の運営は2002年10月にPremier社に戻されている。
22 2年以下の懲役刑又は罰金刑である。
23 最終契約書は，商業上の秘密を理由に公開されていないようである。以下の例は，入札書類を参照したものである。Livingstone, Owen & Macdonald (note 18 above), pp.34-35.
24 守山・前掲注（5）「イギリス初の民営刑事施設を訪ねて」には，Wolds拘置所の見学結果がまとめられている。柳本・前掲注（5）「刑事施設の民営化」には，複数の民営刑務所の見学の結果についての記述があり，それぞれの刑務所の特色が簡潔にまとめられている。
25 この他，フランス型半民営化刑務所が注目を集めている。これは，民間事業者が契約に基づき，建設，施設の維持と拘禁業務以外の業務を担い，資金と職員とは公的部門により調達される，という方式である（ベルギー，ドイツ・ヘッセン州などで採用されている。日本の法務省もこの方式を念頭に議論を進めていると思われる）。イギリス政府も数年前から，この半民営化方式の採用を検討している。See, Nathan (note 14 above), p.169.
26 行刑局のホームページ http://www.hmprisonservice.gov.uk に発表された数値をもとに算定した。
27 入札に際して，行刑局の内部チームの入札が認められない場合もある。これまでのところ，施設を新設する場合は，内部チームの入札が認められていない。
28 マーケット・テスト market test は，刑務所に求められるコストと質とを実現するために，官が運営を行う場合と民が行う場合とを比較して，どちらのレベルが高いかを選択することを目的とする。
29 なお，Brixton刑務所は，パフォーマンスが悪いという理由によって，マーケット・テストの対象となったものの，民間企業の入札がなかったため，マーケット・テストが失敗した。Nathan (note 14 above), p.169.
30 Blakenhurst刑務所は，1993年から2001年までUK Detention Services社，Buckley Hall刑務所は，1994年から1999年までGroup 4社により運営されていた。
31 このほか，Leicester刑務所とReading刑務所においては，2002年にパフォーマンス・テストが行われた結果，競争入札の対象とはされなかったものの，行刑局とSLAを結ぶこととなった（パフォーマンス・テストについては後述）。
32 Isabelle Park, *Review of Comparative Costs and Performance of Privately and Publicly Operated Prisons 1998-99* (2000 March), obtainable at: http://www.homeoffice.gov.uk/rds/pdfs/hosb600.pdf. 本報告書においては，Blakenhurst（当時はUKDS社により運営），Buckley Hall（当時はGroup 4社により運営），DoncasterとWoldsの4

つの民営刑務所が，被収容者の構成，施設の建築仕様などを考慮して選定された公営刑務所と比較されている。運営のみが民間業者に委託されている刑務所が対象となっており，DCMF刑務所は調査の対象とされていない。使用可能な居房一室あたり，実際に使用されている居房一室あたり，被収容者一人あたりの三つのコストが検討された。

33 コスト・ギャップが狭まった理由を，行刑局は，「公的に運営されている刑務所が最小限のコストで収容力と収容人員数を高めたことと，行刑局が過剰収容を補うために，民営刑務所に対する支払いを増加させたため」であるとしている。"Prison Service Closing Cost Gap with Privately Man-aged Prisons", *Prison Service News* (July, 1999), obtainable at: http://www.hmprisonservice.gov.uk.

34 Doncaster刑務所においては，例外的に，被収容者一人あたり26％，使用可能な居房あたり10％のコスト削減が実現した。

35 吉野・前掲注（5）「英国における刑務所PFI事業について」（後）61頁も同様の指摘を行っている。

36 *The Operational Performance of PFI Prisons* (Dec.2003), obtainable at: http://www.parliament.the-stationery-office.co.uk/pa/cm200203/cmselect/cmpubacc/904/904.pdf.

37 National Audit Office, *The Operational Performance of PFI Prisons*, Report by the Comptroller and Auditor General (2003), obtainable at: http://www.nao.org.uk/publications/nao_reports/02-03/0203700.pdf.

38 2001年度の民営・公営刑務所における職員の平均給与は，それぞれ£14,500と£21,450であった。このほか，有給休暇の日数条件等について，公営刑務所の方が良好である。See, Center for Public Services, *Privatising Justice --The impact of the Private Finance Initiative in the Criminal Justice System* (March 2002), p.46 (Table 5.4), obtainable at: http://www.centre.public.org.uk/briefings/privatisingjustice.pdf. 同報告書は，公共サービスに関する研究を行っているNPO法人と，Stephen Nathanによる調査結果とをまとめたものである。

39 査察官の報告書は，全てウェブ上で入手可能である。Inspections Reports, obtainable at: http://www.homeoffice.gov.uk/justice/prisons/inspprisons.

40 比較的最近公表された二つの刑務所に関する査察報告書を紹介しておく。まず，Doncaster刑務所に対する査察報告書（2003年4月）では，総じて良い評価が行われており，一般的には，安全で，和やかな環境が整備されているとされる。自殺の予防とリスク対策も万全であるし，スタッフと被収容者との関係も良好である。しかし，職員の人員不足と，目的的活動の提供には問題があると指摘される。半数以上の被収容者は，就労活動・教育活動に従事しておらず，従事している者の多くも，一日2時間未満しか従事できていないからである。これは，就労活動・教育によって社会復帰・更生を進めようとする行刑局の方針とは相容れないとされている。

同じく，Dovegate刑務所の視察報告書（2003年3～4月）では，革新的な手法の導入（能力のある被収容者を学習指導の際にアシスタントとして働かせる等）が行われていること，スタッフと被収容者間との関係が良好であること，施設自体が清潔かつ快適であるとの評価が行われている他方で，職員の人員不足と，一部の職員の経験不足が問題であるとされる。また，医療と，虐待や薬物使用，外国人受刑者への対策も不十分であるとされている。目的的活動の充実が必要であるとの意見も付されている。

なお，行刑局が四半期に一度公表している刑務所評定表の2004年2月版によれば，9ヵ所の民営刑務所のうち，最高の格付け（レベル4）を与えられているのはAltcourse刑務所のみ（公営刑務所では13カ所）である。レベル3は6カ所（同96カ所），レベル2がDovegateとParcの2カ所（同20カ所）であった。See, Prison Service Performance Rating System (Feb. 04), obtainable at : http://www.hmprisonservice.gov.uk.

41 Nathan (note 14 above), pp.170-175. See also, id, "Aggressively seeking further opportunities",

The Howard League Magazine Vol.20 No.2 (May 2002) p.5. Nathanは，刑務所の民営化に関する国際的な動向に関する，Prison Privatisation Report International (PPRI) の編集者である（PPRI (http://www.psiru.org/justice/) は，グリニッジ大学国際公共事業研究班のチームの一つ）。

42　Elaine Genders, "Privatisation and Innovation - Rhetoric and Reality: The Development of a Therapeutic Community Prison", *The Howard Journal*, Vol42 No2. May 2003, p.137, pp.153-156.

43　David Prentice, "PFI - a gamble we don't have to take", *The Howard League Magazine* Vol.20 No.2 (May 2002), p.8.

44　*Privatising Justice*, (note 38 above).

45　NAO Report (note 37 above), p.31.

46　*Prison Service News* (Feb, 2001); *Prison Service News* (July/August 2002), obtainable at: http://www.hmprisonservice.gov.uk.

47　Liverpool, Dartmoor, Bullingdon, Eastwood Parkの4刑務所も，現在パフォーマンス・テストの対象となっている。*Prison Service News* (June 2003).

48　NAO Report (note 37 above), p.31.

49　Ibid.

50　Genders (note 42 above), p.137.

51　Home Office, *Reducing Crime − Changing Lives* (Jan 2004), obtainable at: http://www.homeoffice.gov.uk/docs2/changinglives.pdf. 同白書は，Patrick Carter, *Managing Offenders, Reducing Crime* (Dec, 2003), obtainable at: http://www.homeoffice.gov.uk/docs2/managingoffenders.pdfに依拠し，行刑の効率化に主眼をおいて書かれたものである。Carter報告書においては，さらに，全ての刑務所に対して民間業者の参入のチャンスを与えることが望ましいとされる。Carterは，すでに2002年に，民営刑務所に対して高い評価を下した報告書を公表している。Patrick Carter, *Review of PFI and Market Testing in the Prison Service* (2002).

52　土井・前掲注（20）論文309頁。

53　Report by Isabelle Park (note 32 above).

54　本稿では，日本も，イギリスのエージェンシー制度に該当する，独立行政法人制度を刑務所運営に導入すべきかに関して，検討する余裕がない。この問題については，別の機会に論じたい。

55　守山・前掲注（5）「イギリス初の民営刑事施設を訪ねて」61頁も同旨。

56　刑務所における透明性・アカウンタビリティの確保と市民参加のあり方については，土井・前掲注（20）論文，同「日本における刑務所改革の課題と展望」刑事立法研究会編『21世紀の刑事施設――グローバル・スタンダードと市民参加』（日本評論社，2001年）14頁，柳本正春「刑罰執行の閉鎖性と透明性――民主主義社会における行政のあり方」亜細亜法学31巻1号（1996年）132頁，本庄武「刑事施設のアカウンタビリティと第三者機関の役割」刑事立法研究会編『21世紀の刑事施設――グローバル・スタンダードと市民参加』（日本評論社，2001年）236頁等がある。なお，行刑改革会議の提言においても，「刑事施設委員会（仮称）」の創設，内部監査の強化，情報公開，地域との連携を行うことで，日本の刑務所の透明性を確保することが提案されている。ただし，同提言の内容が十分なものであるかに関しては，なお検討を要する。

（以下，表注）

57　行刑局のホームページhttp://www.hmprisonservice.gov.ukに掲載されている統計と会計検査院報告書（前掲注（37））を参照した。なお，SLA施設には，外注contract-outの対象となりながら，行刑局の内部チームが落札した施設のみを掲載した。

58　2004年2月の数値である。

59　Therapeutic Community.心理療法的アプローチをとりいれた処遇を行っている。

追記　脱稿後，2004年6月17日にBronzefield刑務所が開業した。

英文要旨

Summary: The Current Situation of Prison Privatization in England

Key words: prison, prisons, England, privatization, PFI (private finance initiative)

Kana SASAKURA
Hitotsubashi University, Doctoral Course

This paper examines the current situation of prison privatization in England. The overall performance of private prisons against public prisons has been mixed, but it seems that privatization of prisons is generally praised. Primarily, it is said that together with performance testing scheme, private prisons have provided competition and an incentive for improvement in public prisons. On the other hand, there are persistent criticisms against privatization.

The Ministry of Justice of Japan is now planning a construction of a prison with private sector involvement. However, the English experience suggests that: 1. it is not clear whether privatization alone lead to the overall improvement in public prisons in England, and cost-cutting should not in itself be regarded as an "improvement" in prisons, 2. it is questionable whether there exists a matter which could only be achieved by the private sector, 3. even if the competition lead to the overall improvement of prisons in England, it is not obvious that the same competition between public and private sectors will be promoted in the Japanese scheme, 4. the result and effect of privatization should be examined in the long term, 5. the information about the new private-involved prison should be disclosed and put to an open debate before further construction of prisons of a similar character, and 6. we should always bear in mind that there are schemes in the English prison system to enhance transparency and accountability.

個別研究

被拘禁者の国際人権保障の新たなメカニズム
拷問等禁止条約選択議定書の成立経緯とその内容・特徴

キーワード：拷問等の防止，定期的訪問制度，拷問等防止小委員会，国内的防止メカニズム

今井　直　宇都宮大学国際学部教授

はじめに

2002年12月18日，国連総会は拷問等禁止条約選択議定書（以下，選択議定書と略）を採択し[1]，署名のために開放した（未発効，2004年6月末現在，アルバニア，マルタ，イギリス，デンマークが批准，ほか22カ国が署名）。この議定書は，締約国の管轄下にあるすべての拘禁場所への国際的および国内的機関による義務的な定期的訪問制度（a system of regular visits）を導入するもので，被拘禁者に対する拷問や非人道的取扱いを防止することが目的であり，1984年作成された拷問等禁止条約（日本も1999年加入）の締約国のみが批准・加入できる。

拷問等禁止条約は，拷問や非人道的取扱いの禁止を実効化するためにつくられ，国内的には普遍主義にもとづく拷問犯罪の訴追・処罰，迅速かつ公平な調査・苦情申立て審査，尋問方法や被拘禁者の取扱い措置の再検討などを締約国に義務づけ，同時に国際的な実施措置として拷問禁止委員会の下で報告制度，個人通報制度，調査制度を設けるなど，画期的な内容をもつ[2]。しかし，条約が採用する国内的および国際的措置は，主として事後的な対応（reactive approach）であって，被拘禁者の人権保障をさらに強化するためには予防的な観点（proactive approach）からのメカニズムが必要であった。

こうした国際的メカニズムは，地域レベルではすでに1987年のヨーロッパ拷問等防止条約（ECPT）により存在しており（現在ヨーロッパ審議会加盟45カ国が締約国），その有効性は積極的に評価されている。ECPTの経験から，かかる訪問制度が防止的役割を果たせるのは，拘禁の状態・手続を検討し即時的な改善のための勧告をする，当局・職員との継続的な対話を確立する，被拘禁者に対する実際的および精神的な支援を提供する，制度の存在が当局・職員に対する抑止的効果となる，といった理由があげられる[3]。選択議定書は，国連レベルでもそうしたメカニズムを機能させるべく，「拘禁場所への定期的訪問にもとづく防止的性格をもつ非司法的手段」（前文）を定めたものである。かかる防止メカニズムの創設は，国連の人権条約でははじめての試みである。

また，選択議定書はECPTとも異なるもう一つの画期的意義をもつ。それは，国際的メカニズムと国内的メカニズムの二重構造（two-pillar system）を基本的性格としている点である。締約国は，国際的メカニズムたる国連の拷問等防止小委員会の定期訪問を認める義務に加えて，国内的防止メカニズムを設置（指定）する義務をも負うことになる。「国際的実施機関は国内的措置を補完，強化する」（前文）という前提に立ち，人権の実現は「諸政府の第一次的責任」（ウィーン人権宣言1条）とする国際人権保障の現段階を反映するアプローチであるといえる。同時に，将来的にECPTより広範囲の諸国をカバーすることが予想される本議定書においては，時間も費用も人手も

かかる査察業務を国連だけに負わせることの困難さを考えれば現実的な選択ともいえる。注目すべきは，国連の人権条約が特定の任務を委ねられた国内人権機関の設置を義務づけ，その基準や権限・活動方法を規定するのは稀有のことであり，人権条約の実施メカニズムの新たなモデルとなりうる点である。また，各国の国内人権機関のあり方にも少なからぬ影響を及ぼすであろう。

本稿では，選択議定書の成立までの背景・経緯とその内容・特徴を検討し，その意義を多角的に明らかにしたい。

1　成立の前史

（1）ゴーチエのアイデア

本議定書への長い道のりは，1976～77年に，余生を拷問との闘いに捧げたスイスの法律家・元銀行家のゴーチエ（J.Gautier）が，すべての拘禁場所への国際的査察制度を提唱し，その実現のためスイス拷問禁止委員会（現在，拷問防止協会 Association for the Prevention of Torture (APT) と改称）というNGOを設立，条約案を作成したことに始まる。

ゴーチエによれば，国際人権規約にせよヨーロッパ人権条約にせよ既存の国際制度は準司法的性格のものであり，国家が被告の立場に置かれ責任追及と非難の場と化すこと，極端に時間を費やすこと，調査・検証の手続が存在しないことといった欠点があり，これら制度と並行する形で，より迅速性があり，国家を被告の立場に置くことなく，政治化されない査察制度の創設を考えた。彼のアイデアのヒントとなったのは赤十字国際委員会の活動である。赤十字国際委員会は，1915年以来，国際的武力紛争において捕虜や文民の拘禁場所を訪問する権利を認められてきており（1949年のジュネーブ第3条約126条，第4条約76条・143条。ここでは，inspectionsではなく人道・人権分野に

おける特徴的な用法であるvisitsという語が使われている点も注目されよう），この権利の継続的使用が捕虜等の人道的な処遇に寄与してきたといわれる。他方，国際的武力紛争以外の状況における赤十字国際委員会による政治犯への訪問などは，条約上の根拠はなく関係国との交渉・同意にもとづくものであり，結果として，すべての拘禁場所への訪問が認められた稀なケースを除きそう効果をあげていない。

そこでゴーチエの結論は，条約にもとづき，事前の同意の必要なく締約国のすべての拘禁場所を定期的に訪問し，評価・勧告を行なう権利を有する国際委員会を創設することである。ゴーチエはかかる新たな国際制度を既存の制度と比較して，「ドラマティックな調査ではなく，日常的な訪問」「国家に対する非難ではなく，被拘禁者の保護を改善するための相互援助・協力の制度」「国家に対する違反認定ではなく，防止への強調」「時間消費的な手続ではなく，迅速な行動の可能性」「政府間の衝突ではなく，拷問と闘う協調的国家集団」と特徴づけている[4]。これらの特徴は，後のECPTや選択議定書を性格づける基本的要素であり，ゴーチエのアイデアと活動がそれら国際制度に結晶していったことがわかる。

このゴーチエの提案を，国連という公的場面に持ち込む役割を果たしたのは，国際人権NGO国際法律家委員会（International Commission of Jurists (ICJ)）の事務総長であったマクダーモット（N.McDermot）であった。当時ちょうど，国連人権委員会で拷問等禁止条約の起草が始まったところであったが，スイス政府もそして審議のたたき台となる条約案を提出していたスウェーデンさえも，ゴーチエの案は理想的過ぎ，これを議論することは条約起草を遅れさせかねないとみなしていた。そこで，1978年マクダーモットは選択議定書案という形で提出することをゴーチエに発案

し，ICJとスイス拷問禁止委員会が共同で案を再起草，公表し，アムネスティ・インターナショナルをはじめとする多くのNGOの支持を得た。そして1980年に，平和・人権の積極的推進国として国際的地位を築きつつあったコスタリカがこれを国連人権委員会に正式に提案する[5]。もっともその際コスタリカは，拷問等禁止条約の起草への影響に配慮し，選択議定書案の審議を拷問等禁止条約採択後に延期するよう要請せざるをえなかった[6]。

(2) ヨーロッパ拷問等防止条約（ECPT）

ところが，国連レベルでの予想される空白を埋め，ゴーチェのアイデアをまず現実のものとしたのはヨーロッパであった。1981年，ヨーロッパ審議会の協議総会（現在の名称は議員総会）がこの提案に支持を表明し，国連人権委員会に代表を送っている加盟国政府に対し，選択議定書案の詳細な審議の確保のために努力するよう要請した（勧告909）。ついで1983年，その法律問題委員会の委員長であるフランスのN.Berrierが，「かかる提案が世界的レベルで実施されるのを待つことなく，ヨーロッパの諸国が先例となり，審議会の枠内でその制度を設ける」という考えの下，ICJとスイス拷問禁止委員会が共同で新たに作成した条約案を含む報告書を法律問題委員会に提出し，それを受けて協議総会は，閣僚委員会に対して条約案の採択を勧告したのである（勧告971）。閣僚委員会は，翌年人権運営委員会（Steering Committee for Human Rights）に条約案の検討を要請し，人権運営委員会は起草作業をその下部機関である専門家委員会に委ねた。専門家委員会は1986年合意された条約案とその注釈書を人権運営委員会に提出，これを受けて1987年に閣僚委員会がヨーロッパ拷問等防止条約（ECPT）を採択することになる（1989年発効）。

このように，NGOの実践的なアイデアと行動に端を発した「国際的訪問メカニズム（International Visiting Mechanism）」の提案は，まず「人権分野のパイオニア」（協議総会勧告971）を自負するヨーロッパにおいて実現したのである[7]。こうした査察制度は，国際法全般を見ても，ECPT以前は，主に原子力の平和的利用の分野や国際的武力紛争における赤十字国際委員会の活動などに限定されており，その意味でもECPTは「平時の人権保障に監視的および防止的査察の方法を用いるという点で重大な革新」であるという評価がなされよう[8]。

ECPTは，実体的権利規定を有さず，国際的訪問制度に関わる手続的規定のみを定める条約である。ECPTは，あらゆる種類の被拘禁者（「公的機関によって自由を奪われている者」）を虐待から保護する目的のために，ヨーロッパ拷問等防止委員会（CPT）に対して，締約国の管轄下にあるすべての拘禁場所（刑務所，警察，外国人収容施設，軍事施設，精神医療施設，未成年者収容施設など）への定期的訪問，アド・ホック（ad hoc）訪問，フォローアップ訪問の権利を認め（1条，7条），締約国にそれを受け入れる義務を課している（2条）。CPTは訪問することを締約国に通告しなければならないが，訪問場所を特定する必要は必ずしもない。とくに，アド・ホックの訪問の権利は，個人やNGOを含むあらゆる情報源からの情報にもとづき，CPTが状況にかんがみ必要かつ迅速な行動をとることを可能とする（訪問と事前通告の間の期間に関する定めはなく，通告後直ちに訪問することもある）。つまり原則的に，CPTはいつでも（anytime）どこにでも（anywhere）訪問することができ，締約国は必要な便宜と情報を与えなければならず，CPTは移動の自由，施設内の視察の自由，情報へのアクセス，立会いなしの被拘禁者等へのインタビューの自由といった重要な権限を保障されている（8条）。

締約国は一定の例外的状況においてのみCPTの訪問に異議を申立てることができるが（実際にはそうした例はない），拒否に等しい延期は許されない（9条）。CPTの手続は相互協力の原則の下で（3条）非公開で進行するとされるが（11条），当該締約国の非協力の場合CPTは公式声明を出すことができる（10条2項。今までトルコ，ロシア（チェチェン）がその対象となった）。CPTは訪問にもとづき事実認定と改善勧告を当該締約国に提示し，必要な場合被拘禁者の取扱いの改善のために当該国と協議することができる（10条1項）。訪問時に人権侵害を発見した場合には直ちに意見を伝え，3ヶ月以内に当該締約国の回答を要求することもある（8条5項）。なお，当該締約国に関するCPTの報告書（訪問後通常6ヶ月程で作成される）とそれに対する当該国の回答はその国の要請にもとづくという形で公表されることが（11条2項），実際上半ば慣行化している点も注目される。

このように，ECPTのメカニズムは，ヨーロッパ人権条約の司法的保障手続とは対照的に，事後的救済よりは事前の防止を，責任追及よりは相互協力を，複雑で時間のかかる手続よりは迅速性を追求するものであり，条約前文にあるように「防止的性格をもつ非司法的手段」たる性格をまさに有するものといえる。これらの特徴がゴーチエのアイデアに由来するものであることはいうまでもない[9]。

「非司法的手段」（選択議定書前文も同様にそれを強調している）という性格はまた，CPTが，法規範とくに拷問等の禁止を定めるヨーロッパ人権条約3条に関する解釈・適用を任務とする機関ではないことを意味する。この任務は，ヨーロッパ人権条約機関（現在はヨーロッパ人権裁判所に一本化）の権限であり，3条およびそのケース・ローは，CPTが被拘禁者への虐待の発生するおそれのある状況を判断し，防止のための行動をとる際の参照基準（a point of reference）あるいは指針（a source of guidance）を提供するものとされる[10]。さらに，CPTは拷問等禁止条約をはじめとする関連国際文書（1988年の国連・被拘禁者保護原則，1987年のヨーロッパ監獄規則，1982年の医療倫理原則，1979年の法執行官行動綱領など）を参照することもある[11]。このように，この制度の非司法的性格は，諸手続間の競合を回避するとともに，CPTが3条の枠に厳格にとらわれることなく，はば広く柔軟に被拘禁者の状況に対応することを可能とさせている（同様に選択議定書2条2項も，拷問等防止小委員会の活動が被拘禁者の取扱いに関する国連の諸基準を指針とすると規定しており，そこで援用される諸基準が拷問等禁止条約のそれにとどまらないことを示している）。

もっとも，CPTは被拘禁者の拘禁条件や取扱いを検討する際の一般的評価基準を確立することによって，活動の恣意性を回避するとともに，締約国の改善努力を援助するための指針を提供している（警察・監獄における拘禁，監獄における医療，入管施設，精神医療施設における非自発的入院，未成年者の拘禁，女性の拘禁などに関する諸基準が，CPTの各年次の一般報告書において提示されている）。かかる諸基準を用いて，CPTは各拘禁施設における物理的条件，社会的条件，医療，手続的セーフガード，職員の態度やその訓練などの事項につき細かく評価を行ない，当該締約国に対して個別的な施設のレベルであるいは制度全体として改善を勧告するのである。これら勧告を含むCPTの報告書に対する当該締約国の回答を受けて，当該国が勧告の受け入れに難色を示すようなけっして稀ではない場合，CPTと当該国は対話の段階に入り，文書による意見交換，そしてCPTによるフォローアップ訪問へと手続は進行してゆくことになる[12]。

以上からわかるように，ECPTのメカニズムにおいては，拷問等の虐待を調査し責任追及するというよりも，そうした虐待の発生を防止するために，拘禁施設における被拘禁者の取扱い状況を全般的に評価し，改善を促すことに強調を置いていることが理解されよう。委員会の強い権限と対話・協力のプロセスを組み合わせたまさに実験的な国際人権メカニズムであるといえよう。

2 成立の過程
(1) 国連人権委員会への再提案

ヨーロッパの動向や拷問等禁止条約の効力発生を見守っていた国連人権委員会は，1989年の会期で選択議定書案の問題を1991年の議題に含めることを決定し（決定1989/104），これを受けて1991年初頭コスタリカが選択議定書案の改訂版[13]を国連人権委員会に提出したことにより，ようやく新たな動きが出てくることになる。この改訂案は，前年末ICJとスイス拷問禁止委員会を含むNGOによってジュネーブで開催された，21カ国からの専門家の会合で作成されたものであった。

改訂案は，1980年のコスタリカ案の基本的考え方を踏襲しつつも，それ以降に設けられたすべての関連する国際的メカニズムを考慮してつくられたものである。1980年案では，独立した国際委員会が訪問メカニズムを担うとされていたが，改訂案では拷問等禁止条約の下で設置された拷問禁止委員会の補助機関として拷問等防止小委員会を設け，これにその任務を委ねることになった。その理由は，拷問等禁止条約の制度的一貫性を守るため，拷問禁止委員会と密接な関係性をもたない新たな機関の設置を回避する必要性があると説明されている。他方，拷問禁止委員会にその任務を委ねない理由は，過重な負担を避けることに加えて，任務の性格の明らかな相違がある。つまり，「選択議定書の目的は国家を非難することではなく，自由を奪われた者の状況を改善するために国家を協力させることであり，一方拷問禁止委員会が同時に，たとえば条約21条や22条により他国や個人からの通報を扱いながら，信頼関係を構築することを目的とするかかる防止的任務を遂行することができるとはほとんど考えにくい。防止的活動と準司法的任務を同時に同じ機関に委ねることは，双方の任務を弱体化する混乱と矛盾を生じさせる。」との説明がなされている[14]。

また改訂案では，メカニズムの目的，締約国の義務，委員会の権限，活動原則・方法など組織・構成をのぞく制度の実質的部分は，ほぼECPTの規定に倣っており，ECPTがモデルとなっていることは明らかである。つまり，ゴーチェのアイデアに端を発した国際的訪問メカニズムは，ヨーロッパの実験をふまえて，より具体的かつ現実的な提案として，地域的レベルから普遍的レベルでの制度化が図られる段階に至ったといえる。

なお，改訂案では，1980年案やECPT同様定期的訪問に加えて，CPTの経験上も重要な活動形態となっているアド・ホックの訪問や，訪問時に人権侵害を発見した場合の緊急勧告権限を拷問等防止小委員会に認めており，これが明示的には規定されなかった選択議定書とは対照的である。

1991年の会期で結論に至らなかった人権委員会は，1992年，コスタリカ案を「審議の基礎として用いて」選択議定書案を作成するために，自由参加の（open-ended）会期間作業部会を設置することをコンセンサスで決定し（決議1992/43），起草作業を開始することになる。この作業部会は，年1回2週間の会期をもち，コンセンサスによる決定を原則とし，非メンバー国やNGOもオブザーバーとして参加できる。議長は任務終了までのほとんどの期間にわたりコスタリカのE. Odio Benito（現国際刑事裁判所副裁判所長）が務めた。

(2) 人権委員会・作業部会の審議

まず1992～95年にかけて作業部会の第1読会の審議が行なわれたが，そこでは実質的問題に関してほとんど合意は生み出されなかった。とりわけ，締約国の事前の許可を必要とせずに制限なくすべての拘禁施設を訪問できるというこの国際的メカニズムの生命線ともいえる権限に対して抵抗が強かった。それは，実効性のある強いメカニズムを追求するか，多数の国がさほど抵抗感なく批准しうるような妥協的なメカニズムにとどめるかという諸国の立場の相違が背景にあった。後者の立場の諸国にとっては，コスタリカ案やECPTはまさに前者の立場を体現する主権制約的なものと映ったであろう。

強力なメカニズムよりも多くの国の参加の確保を重視する立場に対して，アムネスティ・インターナショナルは，「弱い議定書は，存在しないことよりも弊害がある。それは保護を与えないだけでなく，NGOや赤十字国際委員会によって遂行されるような拘禁場所への他の訪問を拒否する口実として，そして国内的レベルで訪問制度を設けないことの口実として援用されるかもしれない。」と指摘し，強いメカニズムの必要性を説いた[15]。かかる立場からアムネスティは，第2読会が始まるに当って，第1読会で合意を見なかった次の点につき議定書で規定されることが，強いメカニズムの構築のためには必要であると勧告していた。つまり，①個々の訪問に対していっそうの許可を求める必要なく，議定書批准国を訪問する権限を小委員会がもつこと，②小委員会が監獄行政，医学，法律とくに人権の各分野の資質ある個人から構成されること，③小委員会にもっとも実効的な訪問を計画し実施する権限を与えること，④小委員会が定期的訪問およびアド・ホック訪問の双方を行なう権利をもつこと，⑤小委員会に対して，すべての拘禁場所とすべての被拘禁者への無制限のアクセス，秘密裏に被拘禁者にインタビューする権利，および有益な情報を与えうるその他の者にインタビューする権利を確保すること，⑥専門家の参加・援助によって小委員会の実効的な任務遂行を確保すること，⑦締約国の協力拒否の場合，小委員会報告書の公表または公式声明を認めること，⑧国連の通常予算を財源とし，小委員会に十分な資源を付与すること，⑨制度の発動の遅延を避けるため可能最小限の批准国数による効力発生を規定すること，⑩もっぱら手続を定める議定書の性格ゆえ留保を禁止すること，を重要なポイントとしたのである[16]（結果的に，かかるアムネスティの主張は，アド・ホック訪問や効力発生要件の問題を除けば，成立した議定書に大体反映されることになる。）。

なお，この時期のアムネスティの報告によれば，「強い選択議定書の反対陣営は大体同じである。1996年の作業部会では，メキシコ，キューバ，日本がリードをとり，中国，シリア，ナイジェリアがこれを支持している。」との分析がある[17]。

NGOの積極的な働きかけにもかかわらず，1996年以降行なわれた作業部会の第2読会でも状況は変わらず，技術的事項のみ合意がなされた程度であり，1999年には何ら進展がないところまで行き詰まった。これは，人権委員会の作業部会の採用するコンセンサス方式が，NGOの影響力を高める上では有利に働く反面，少数の国による反対で強力な規定の採択が阻まれるという弊害をもたらした面も否定できない。実際，1999年10月の作業部会では，キューバ，中国，アルジェリア，エジプト，サウジアラビア，スーダン，シリアは，共同声明において従前の主張を繰り返し，コンセンサスの成立を阻んだ。たとえば，「訪問への国家の事前の同意を通じて，国家の主権と議定書の実効性の間のバランスをとることは可能である」，「すべての拘禁場所」「自由を奪われた者」という

用語は「あまりにも広すぎ不明確で，国家の安全や国内問題に関する多くの問題を生じさせる」，訪問に対する異議の判断権は国家にある，といった主張や，「議定書の規定は国内法にしたがって適用される」という規定の提案などは[18]，強力なメカニズムを推進する立場とは相容れないもので，妥協の成立する余地はなかった。

ところが2001年，それまで選択議定書に必ずしも好意的でなかったメキシコ（2000年7月の大統領選挙の結果野党が勝利を収め，71年間に及ぶ旧与党の一党支配体制に終止符が打たれた）が中南米諸国の支持を得て，義務的な国内的メカニズムと任意的な国際的メカニズムを組み合わせた全く新たな案を提出し，それに対してEUを代表してスウェーデンが，コスタリカ案にもとづく義務的な国際的メカニズムに任意的な国内的メカニズムを加えた案を提出したことにより，事態が打開された[19]。こうした動きに対してコスタリカも，「作業部会が9年間にわたりコンセンサスに達することができなかったという事実にかんがみ，新たな提案を検討すべき時が来た」と両案に歓迎の意を表している[20]。メキシコによれば，「提案は，国家が人権保障に関して第1次的責任を有し，国際的メカニズムの活動は個別国家によってとられる行動に対する補完的なものであるという原則にもとづくものであり，……締約国は拷問の防止のために国内的メカニズムを設置し，国際的メカニズムはとりわけ国内的メカニズムの活動を援助，監督するために設けられる」と説明している[21]。この提案に対しては，国際的メカニズムが国内的メカニズムの補助になりコスタリカ案の精神に反するとの意見も出たが，議長は「訪問を行なうのがもっぱら国内機関であるか国際機関であるかは人権委員会の決議では特定されていない」ことを強調した[22]。

メキシコ案は，作業部会の審議に国内的メカニズムの議論をはじめて持ち込んだものであり，結果的には選択議定書にいう「国内的防止メカニズム」のモデルとなったといいうる。実際，国内的メカニズムの独立性・構成，権限，活動原則・方法，当局の義務，拷問等防止小委員会との関係についてのメキシコ案の規定は，議定書に相当程度踏襲されている（ただし，国内人権機関の地位に関するパリ原則に関する言及はメキシコ案にはない）。しかしメキシコ案が，小委員会による訪問メカニズムの受け入れについて締約国の受諾宣言を条件としたことにより，国際的メカニズムの主たる機能を国内的メカニズムの援助，監督にとどめた点に，これまで強力な国際的メカニズムを求めてきた側にとっては違和感があったであろうことは否めない。他方，スウェーデン案は，あくまでコスタリカ案の延長線上にある国際的メカニズム中心の提案であり，「国内的メカニズムを設置しようとする締約国」に一定の基準を課そうとするが，メキシコ案と比べて国内的メカニズムに関する規定は断片的であり，拷問等防止小委員会との関係も具体性が乏しいものであった。

翌年2002年1月の作業部会の会期で，議長のE. Odio Benitoは，各地域グループや関係国との非公式協議の後，コスタリカ案，メキシコ案，スウェーデン案を統合する形で，国際的メカニズムも国内的メカニズムも義務的とする新たな議長案を示し審議を求めた[23]。この案は，国際的メカニズムを重視する立場と国内的メカニズムを重視する立場双方に配慮したものであるが，注目すべきは，締約国は批准の際，国際的メカニズムか国内的メカニズムかどちらかに関する義務履行を最大限5年まで猶予する旨宣言することができるとの規定を新たに盛り込んだことである。両メカニズムに同等の重要性を与えた一方で，双方とも義務化することにより諸国が抱く負担感を和らげる狙いがあったと思われる[24]。

この議長案に関して，EUや中東欧諸国を代表して発言したスペインは支持を表明する一方で，「EUのすべての加盟国が当事国である地域的メカニズムの存在にかんがみ，国内的メカニズムの義務的性格に関して憂慮を表明する」とともに，「国際的メカニズムに関する部分に何らかの弱体化があれば，EUは問題を再検討せざるをえない」と述べた[25]。また，メキシコは，提案を「非常にバランスのとれた」ものとして支持を表明したが，猶予宣言に関しては反対し，導入されるにしても猶予期間は3年に限定するよう主張した[26]。NGOを代表して発言したICJも，提案はNGOが求めるすべての要素を含むものでないとしつつも，「拷問等禁止条約上の義務を実施する際，締約国を援助することになる不可欠な要素を含んでおり，拷問を防止する既存の努力に新たな価値を加える」ものと評価した[27]。国連の拷問に関する特別報告者も，提案を非常にバランスのとれたものとみなし，「提案された新たな国際的メカニズムは，既存の憲章上条約上の監視メカニズムを補完する。提案は防止に焦点を当てており，救済よりいっそう重要である。すべてのレベルでの協力の必要性を強調している。国内的メカニズムと国際的メカニズムとの間の相互作用の重要性に強調を置いている。」と意義づけている[28]。このように，議長案は，国際的にしろ国内的にしろ訪問メカニズムを推進する立場からはおおむね受け入れられたといえよう。

　しかし，この段階で議長案にもっとも抵抗することになるのがアメリカである。議長案提示の直前アメリカは，双方のメカニズムとも任意的な性格にし，締約国にほとんど実質的な義務を課さないいわば骨抜き案（NGOによれば[29]「選択議定書の中心目的としての訪問を規定していない，作業部会の任務を無視した」案）を提出していた[30]。議長案に反対する理由としては，「小委員会と国内的メカニズム双方につき提案されている無制限の権限は，アカウンタビリティの原則および権限の付与に関する合理的なチェック・アンド・バランスの必要性と抵触している。提案は多くの国によって支持されておらず，広く受け入れられているとはいいがたい。提案は拷問禁止委員会を侵害する。」という説明がなされた[31]。アメリカの真意はともあれ，とくにメカニズムの義務性や権限に対する危惧は，エジプト，サウジアラビア，シリア，クウェート，イスラエル，中国，日本，ロシア，キューバ，リビアなども同様の立場であった[32]。もっとも，アメリカ案が実質的に議長案に影響を及ぼすことはなく，結局議長案とそれに反対する国との溝は埋まらず，作業部会でコンセンサスは成立しないままであった。

(3) 選択議定書の採択

　かくて，2002年の人権委員会第58会期では，通例とは異なり作業部会案ではなくこの議長案がそのまま人権委員会の採決にかけられ，賛成29，反対10，棄権14で採択されることになる（4月22日の人権委員会決議2002/33）。人権条約の場合コンセンサス採択を追求するのが原則であるが（これを理由に採決しないとするキューバの動議は賛成21，反対28，棄権4で否決された），ここではコンセンサスのための妥協より，より実効的な規定内容を確保することの方が多数の意思であったといえる。選択議定書がメカニズムを導入する手続的性格の文書であること，そして10年にも及ぶ交渉と審議を経ていることを考えれば，やむを得ない選択と思われる。

　ついで，経済社会理事会（賛成35，反対8，棄権10），総会第3委員会（賛成104，反対8，棄権37）を経て，総会が賛成127，反対4（アメリカ，ナイジェリア，マーシャル諸島，パラオ），棄権42，投票不参加18で選択議定書を採択するにいた

る（12月18日の総会決議57/199）。日本は，人権委員会から11月の総会第3委員会まで，中国，キューバ，シリアらとともに反対の投票をしてきたが，最終段階では棄権に回った。なお，この間最後まで反対を貫いたアメリカはその基本的立場をたびたび表明しているが，経済社会理事会における投票の際の説明では，「その全般的アプローチおよびいくつかの特定の条項は，とくに捜索・押収（search and seizure）の問題に関して合衆国憲法（筆者注：修正第4条）に反する。さらに，我々の連邦制度にかんがみて，議定書により設けられるレジームは過度に侵入的である。」と述べている。加えて，人権委員会が新たな人権文書をコンセンサスで採択するという慣行から逸脱したこと，多くの国が反対・棄権したことにより普遍的文書としての信頼性が損なわれたこと，選択議定書の実施に関わる予算（年間数百万ドルを要するとされる）の国連財政に対する影響に関して事務局による分析報告がなされていないこと，を反対理由にあげている[33]。

3　選択議定書の内容・特徴

(1)　一般原則

　本議定書の目的は，被拘禁者への拷問等を防止するため，独立した国際的および国内的メカニズムによるすべての「拘禁場所」への定期的訪問制度を設けることであり（1条），そうした訪問を認める締約国の義務を定める（4条1項）。国際的メカニズムとして国連・拷問禁止委員会の下部機関となる拷問等防止小委員会が設置される（2条1項）。また締約国には，「国内的防止メカニズム」を「設置し，指定しまたは維持する」義務が課せられる（3条）。ここで，「拘禁場所（places of detention）」とは，締約国の管轄下・管理下にある場所であって，公的機関の命令，扇動，同意，黙認により，人々が自由を奪われている（と考えられる）すべての場所をいう（4条1項）。訪問の対象となる拘禁場所は，警察，刑事施設，少年矯正施設，出入国管理施設，精神医療施設，軍事施設など広範囲にわたり，また私的施設も含まれるが，その場合は公的機関の何らかの関与が必要である（最近，アメリカ，イギリス，中南米諸国などで見受けられる民営化された刑務所・拘置所や留置場も当然訪問対象となる）。この点では拷問等禁止条約の保護対象と基本的に同様と考えられる[34]。

　拷問等防止小委員会や国内的防止メカニズムは準司法的機関として想定されてはいないので，締約国が拷問等禁止条約に違反しているか否かを評価，認定することが求められているわけではない（国際的レベルではかかる任務は拷問禁止委員会などに委ねられている）。その役割は，拘禁場所への定期訪問を通じて，被拘禁者の取扱いや拘禁状態に関する問題を検討し，改善や変化を促すために勧告し，当局と対話に入ることにより，締約国に協力・援助することである。

　その際指針として用いられる基準は，拷問等禁止条約のそれにとどまらず，被拘禁者の取扱いに関連する国連の諸基準が広く含まれる（2条2項，19条（b））。たとえば，条約としては，拷問等禁止条約のほか，自由権規約，子どもの権利条約，条約外文書としては，被拘禁者処遇最低基準規則（1955年），法執行官行動綱領（1979年），拷問等から被拘禁者を保護するための医療倫理原則（1982年），被拘禁者保護原則（1988年），自由を奪われた少年の保護規則（1990年），拷問等の実効的調査に関する原則（2000年）などが予想されよう。これら一連の条約外文書はそれ自体としては国家を法的には拘束しない文書ではあるが，その詳細な規定ゆえに評価・勧告の際に援用するには大いに有用性があるといえよう。こうした適用法規の柔軟性は，選択議定書の定めるメカニズム

の大きな特徴であるとともに，それが「防止的性格をもつ非司法的手段」であることのコロラリーともいえよう。CPTがヨーロッパ人権条約3条の枠に厳格にとらわれることなく，目的や状況をふまえて多様な諸基準を効果的に用いていることが参考になろう[35]。

(2) 国際的メカニズム（拷問等防止小委員会）

国際査察のため設置される拷問等防止小委員会は，締約国の選挙により選出される個人資格の専門家から成る機関である（当初10名，締約国が50ヵ国に達した後は25名に増員）。小委員会は，その国の許可を求める必要なく，締約国のあらゆる拘禁場所を訪問し，勧告を行なう権限を有する（11条（a））。締約国は，自国の領域内に小委員会を受け入れ，拘禁場所へのアクセスを認める義務があり，また小委員会が要請するすべての関連情報を提供する義務がある（12条（a），（b））。しかし，定期的訪問とフォローアップ訪問だけが想定されており（13条），アド・ホックの訪問の権限が規定されておらず，CPTとは異なりanytime visitの原則が貫徹されていないことは問題である。また，訪問時に人権侵害を発見した場合の緊急勧告権限も明示的には規定されなかった。これらの権限は，CPTのみならず1991年のコスタリカ案でも認められていたことを考えれば，強い国際的メカニズムを追求する立場からは後退であることは否めない。

訪問に関連して，小委員会には，あらゆる拘禁場所やその施設・設備への無制限のアクセス，あらゆる情報への無制限のアクセス，被拘禁者等との秘密裡のインタビューの機会，訪問場所とインタビュー対象者を選択する自由が認められる（14条1項）。ただし，「緊急かつ差し迫った理由」による，特定の拘禁場所への訪問に対する締約国の異議申立てが認められている（14条2項）。これが締約国の拒否権に当たるのか必ずしも明らかでない。少なくともECPT9条2項や1991年のコスタリカ案にあるように，小委員会と当該締約国との協議規定が必要であったように思われる。訪問後小委員会は秘密裏に勧告・所見を通知し，締約国にはその勧告を検討し，小委員会と対話する義務がある（11条（a），12条（d），16条1項）。一連の手続は原則非公開であるが，締約国の協力拒否や勧告不遵守の場合，小委員会の要請をうけて拷問禁止委員会は，当該締約国に意見表明の機会を与えた後公表措置（公式声明または小委員会報告書公表）をとることができる（16条4項）。なお，小委員会は公開の年次活動報告書を拷問禁止委員会に提出する（16条3項）。

また，小委員会は国内的防止メカニズムに関する任務も委ねられており，締約国は国内的メカニズムの設置とその能力・任務の強化について小委員会による一定の助言，援助，勧告を受ける（11条（b）(i)(iv)）。さらに，国内的メカニズム自体とも直接的な接触を維持し，助言・援助を行ない（11条（b）(ii)(iii)），一方国内的メカニズムには小委員会と接触する権利がある（20条（f））。これに関連して締約国には小委員会と国内的メカニズムとの接触を促進する義務がある（12条（c））。つまり，小委員会は，国内的メカニズムの機能と任務遂行を援助すると同時に，それを監督する役割をもち，国内的メカニズムの国際基準化を具体的に実現しようとしている[36]。また，小委員会が国内的メカニズムからの情報を活用することもできよう。このように，この2つのメカニズムの設置と機能を別個に規定するだけでなく，その連携・協働関係をも定め，二重構造（two-pillar system）を統合化した点に，国際人権法の実施メカニズムとしての本議定書のまさに革新性がある。

なお，かかる国際的メカニズムにつき「日本代

表は，締約国の領域内の拘禁施設を査察する無制限の権限をもった国際機関の適切性について疑問を投じた」とされる[37]。

(3) 国内的防止メカニズム

締約国には，批准後1年以内に独立した国内的防止メカニズムを設置，指定，維持する義務がある（17条）。もっとも，本議定書は特定形態の国内的メカニズムを想定しておらず，柔軟な選択肢がありうる。たとえば，人権委員会，オンブズマン，議会の特別委員会，市民参加型機関，NGOなどがそれになりうるし，テーマ別（刑事拘禁，少年保護処分，出入国管理，精神医療など）あるいは地域別（州や地方自治体など中央の機関以外によって設置されたものも含む）に設置・指定することも可能である（その場合中央レベルの調整機関の存在が不可欠であろう）。そして締約国には，かかる国内的メカニズムの機能上の独立性および人員の独立性を保障する義務がある（18条1項）。

注目すべきは，国内的メカニズムの独立性を保障するために，国内人権機関の地位に関するパリ原則[38]の考慮義務を課していることである（18条4項。この規定は2002年の議長案ではじめて挿入された。）。つまり，パリ原則は条約上の基準となったのであり，国内的メカニズムはパリ原則をふまえて設置されなければならない。そこから，国内的メカニズムの独立性の保障のためには，法律を設置根拠とし既存の行政機関の統制外に置かれること，メンバーの任命手続が公式性かつ透明性をもち，かつ関連市民社会集団との実質的な協議を伴うこと，メンバーの専門性・多元性を確保すること，手続規則制定権やスタッフ選任権を有すること，財政上の自律性を確保すること（設置法律で財源が明確化されること），といった具体的要求が導かれよう[39]。

本議定書が定める国内的防止メカニズムの「最低限」の任務・権限は，被拘禁者の取扱いや拘禁状態を定期的に検討し，「国連の関連規範を考慮して」その改善と拷問等の防止のために関係当局に勧告すること，および，既存の立法や立法案に関して提案・意見を提出することである（19条）。締約国の権限ある当局は，国内的メカニズムの勧告を検討し，その実施のために対話に入る義務がある（第22条）。協議によってもその勧告が実施されない場合の規定はないが，その際は，国内的メカニズムが問題を拷問等防止小委員会に提起し（20条（f）），小委員会が締約国に勧告を行なう（11条（b）（iv））ことが考えられよう[40]。また，定期的訪問以外にアド・ホック訪問なども認められるかという点については，本議定書は何も定めておらず，この問題は各国に委ねられていると解される[41]。

なお，訪問に関連して国内的メカニズムの有する具体的権限に関しては拷問等防止小委員会とそう変わらないが（20条），あらゆる拘禁場所やその施設・設備へのアクセス，あらゆる情報へのアクセスについて「無制限の」の文言がないのが小委員会の権限との相違である。この理由については起草過程からは必ずしも明らかではないが，国内的メカニズムの活動は小委員会のように非公開原則にもとづく（2条3項）ものとは必ずしも限らないこと，小委員会に対してのように例外的理由による締約国当局の異議申立てが規定されていないこと，などの指摘もある[42]。さらに，アメリカの主張するような令状主義など憲法上の要請による制約に対して配慮がなされたことも考えられる。いずれにせよ，締約国当局が国内的メカニズムに対して拘禁施設や情報への十分なアクセスを与えない場合，議定書を遵守していないとの疑いが生じる可能性がある。この場合も，国内的メカニズムからの接触を経て，小委員会が締約国に勧

告を行なうことがありえよう。

なお，国内的防止メカニズムに関する日本の立場は，「国内的訪問メカニズムの義務的な設置に反対し，代表団が3条および17条に定めるアイデアを受け入れることは困難であると繰り返した。……国内的訪問メカニズムは国内的防止措置の選択肢の1つにすぎない。国際的訪問メカニズムと基本的に同様の任務をもつ義務的な国内的訪問メカニズムの設置の合理的な根拠はない。日本の見解では，他の多くの代表団が表明した重複についての懸念を共有する。」というものであった[43]。

(4) 選択議定書の適用・実施

締約国は，どちらかのメカニズムに関する義務の履行を延期する旨宣言することができ，この延期は3年まで可能であり，さらに2年の延長が拷問禁止委員会によって認められることがある（24条）。この条項は，議長提案によるものであり，本議定書に入りやすくするためのいわば妥協策である。しかし，両方のメカニズムとも実施を延期することはできない。また，拷問等防止小委員会の経費は，締約国負担でなく国連予算から出される（25条1項）。この点に関しては，国連分担金負担大国であるアメリカ，日本が強く抵抗したが，受け入れられなかった。結果的に締約国数の確保に資すると思われる。さらに，小委員会の勧告の実施や国内的メカニズムの教育プログラムを財政援助するため，特別基金を設置することも定められている。これには諸国政府，国際機関，NGO，その他の私的公的団体からの任意拠出が広く期待されている（26条）。予想される国連財源の不足を補い締約国を援助し，メカニズムの強化が目されているといえる。なお，本議定書は20カ国の批准・加入により効力発生する（28条1項）。1991年のコスタリカ案では10カ国となっており，まず少数のパイオニア集団により制度を迅速に発足さ

せ，その実効性の国際的認知とともに締約国数を増やすという戦略であったが，かなわなかった。しかし，アメリカが反対していた留保の禁止は，そのまま盛り込まれた（30条）。もっぱら制度についてのみ定める条約に留保を認めることは，その公平性，実効性を妨げることになったであろうから，妥当な結果といえる。

おわりに

選択議定書の採択は，拷問や非人道的取扱いなど被拘禁者に対する人権侵害を実効的に防止するためには独立した機関による訪問メカニズムが不可欠であるという，国際社会の共通の認識と知恵の結晶であるといえる。また，本議定書は，被拘禁者の人権保障という一定のテーマの下ではあるが，国際的メカニズムと国内的メカニズムとの協働関係を法的に構築することにより，国際的次元と国内的次元との垂直的関係において国際人権法の実施体制を一貫性のあるより重層的なものにしようとする試みでもある。以上の点において，本議定書の成立は国際人権法上画期的な意義を有する。

もっとも，かかる意義が実践過程でも確実に見出されるかどうかの検証には，相応の時間を要することはいうまでもない。しかし，その前に現時点でまず問題となるのは，個々の規定の解釈や適用の問題もさることながら，本議定書が早期に発効できるか，そして限られた地域に偏ることなく締約国を確保できるかという点であろう。今のところ，批准している国は国際的訪問メカニズムに一定の経験を有するECPT締約国のみであり，署名国もECPT締約国や中南米諸国が中心であり，アジア諸国は1カ国もない。本議定書のメカニズムを受け入れようとする姿勢が国際社会全体にまだ広がっていないと思われる現状がある。もちろんECPT締約国にとっても，国内的メカニズムの

設置とその任務の義務化やそれに対する拷問等防止小委員会の援助,監督は,全く新たな国際法上の経験であり,それだけでも本議定書批准の価値は大きいといえるが,国際的訪問メカニズムに関しては,議定書31条にもとづく小委員会とCPTとの相互補完的協力関係を前提として,CPTがやはり中心的な位置づけをもち続けることが予想される[44]。したがって,本議定書の適用地域がECPT締約国以外の国にも実際に拡大していかなければ,地域的レベルから普遍的レベルへの真の制度化とはいえず,本議定書の意義はそれだけでも減損されると言わざるをえない。各国の議定書批准への政治的意思を促すために,国連やNGO等による働きかけのいっそうの強化が期待されるゆえんである。

1 U. N. Doc. A/RES/57/199, Annex.
2 拷問等禁止条約に関しては,アムネスティ・インターナショナル日本支部編,今井直監修『拷問等禁止条約―NGOが創った国際基準』(現代人文社,2000年)参照。
3 Joint NGO Commentary on the Proposed Optional Protocol to the Convention Against Torture, at http://www.apt.ch (2002).
4 Gautier, J., "The Case for an Effective and Realistic Procedure," in International Commission of Jurists (ed.), *Torture: How to Make the International Convention Effective* (2nd ed., 1980), pp. 32-35.
5 U. N. Doc. E/CN. 4/1409.
6 Gautier, J., *supra* note 4, pp. 44-46.
7 かかる経緯については,Evans, M. and Morgan, R., *Preventing Torture: A Study of the European Convention for the Prevention of Torture and Inhuman or Degrading Treatment or Punishment* (1998), pp. 112-117.
8 Cassese, A., "A New Approach to Human Rights: The European Convention for the Prevention of Torture," *American Journal of International Law*, Vol. 83, No. 1 (1989), pp. 151-152. 著名な国際法学者であるカセーゼは,当時人権運営委員会および専門家委員会のイタリア代表委員として,そしてCPTの初代委員長として,起草過程と実施過程両面において多大な貢献をしたといわれる。
9 ECPTの内容・特徴とCPTの実際の活動に関してはEvans, M. and Morgan, R. の前掲書のほか,同じ著者による *Combating Torture in Europe: the Work and Standards of the European Committee for the Prevention of Torture (CPT)* (2001) が詳しい。
10 Explanatory Report to the ECPT, paras. 22, 27.
11 Kellberg, L., "The European Convention for the Prevention of Torture and Inhuman or Degrading Treatment or Punishment," in Alfredsson, G. et al. (eds.), *International Human Rights Monitoring Mechanisms* (2001), pp. 593-595.
12 *Ibid.*, pp. 596-598.
13 U. N. Doc. E/CN. 4/1991/66.
14 *Ibid.*, paras. 6-8.
15 AI, IOR51/01/96, p. 7.
16 *Ibid.*, pp. 24-25.
17 AI, IOR51/02/97, p. 3.
18 U. N. Doc. E/CN. 4/2000/58, paras. 63-66.
19 U. N. Doc. E/CN. 4/2001/67, Annexes.
20 *Ibid.*, para. 17.
21 *Ibid.*, para. 19.
22 *Ibid.*, para. 20.
23 U. N. Doc. E/CN. 4/2002/78, Annexes I.
24 *Ibid.*, para. 51.
25 *Ibid.*, para. 84.
26 *Ibid.*, para. 100.
27 *Ibid.*, para. 102.
28 *Ibid.*, para. 55.
29 *Ibid.*, para. 102.
30 *Ibid.*, Annexes II. E.
31 *Ibid.*, para. 64.
32 *Ibid.*, paras. 66-83.
33 *at* http://www.state.gov/p/io/rls/rm/2002/12200.htm. 合衆国憲法上保障される住居不可

侵・令状主義を理由とする同様の主張は，1993年の化学兵器禁止条約9条8項にいう申立て査察に関してもなされた。その結果，同条約検証附属書第10部第41項に「被査察締約国は，…アクセスを認めるに当たり，…捜索及び押収に関して当該被査察締約国が有する憲法上の義務を考慮して，最大限度のアクセスを認める義務を負う」との規定がおかれることになった。浅田正彦「化学兵器禁止条約と申立て査察（チャレンジ査察）―意義と限界」『国際問題』529号（2004年）43-45頁。他方，かかる規定もなく，留保もできない本議定書においては，拷問等防止小委員会の訪問に対して憲法上の義務を援用して免れることはできないというべきであろう。

34 今井直「拷問等禁止条約とは何か」『自由と正義』52巻（2001年）32-41頁。

35 以上の点に関して，Kessing, P. V., "New Optional Protocol to the UN Torture Convention," *Nordic Journal of International Law*, Vol. 72, No. 4 (2003), pp. 581-582, 585-586, 588-590. 実際，ヨーロッパ人権裁判所とCPTとでは，拷問と非人道的取扱い・品位を傷つける取扱いを異なるアプローチで解釈しているといわれる。Evans, M. and Morgan, R., *supra* note 9, p. 66.

36 Kessing, P. V., *supra* note 35, pp. 590-592.

37 U. N. Doc. E/CN. 4/2002/78, para. 21.

38 1992年の人権委員会決議1992/54，1993年の総会決議48/134。世界人権会議前後から国連は，国内的メカニズムとくに国内人権機関の役割に注目し，国内人権機関の具体的枠組みを呈示し，その設置とその国際基準化を諸国に求めている。そうした動きの中で，最も推進力を得た国際文書がパリ原則である。パリ原則では，国内人権機関の権限と責任，その構成と独立性・多元性の保障、活動方法などについて規定する。パリ原則にいう国内人権機関は，法律や慣行と国際人権法との調和の確保，人権条約の批准とその実施の確保，条約機関などに対する報告提出における関与，国際的な人権関係諸機関との協力，といった国際人権法関連の任務をも遂行する。そしてかかる任務にとって，独立性と多元性は不可欠の前提であるとする。この文書の背景にある考え方は，国家が国際人権法の実施に関して第1次的責任を果たすにしても，それは国際的メカニズムと協働しうる国際基準化されたものでなければならないというものであり，そうした実施方法のモデルがパリ原則にいう国内人権機関なのである。その点で，国際的メカニズムとともに国内的メカニズムの導入を重要な柱とする本議定書の成立は，国内人権機関に関わるここ10年の国連の動きなくしてはありえなかったものであるといってよい。なお，各国の国内人権機関の活動に関しては，NMP研究会・山崎公士編『国内人権機関の国際比較』（現代人文社，2001年）参照。

39 APT, Implementation of the Optional Protocol to the UN Convention against Torture: National Visiting Mechanism (2003); Kessing, P. V., *supra* note 35, pp. 578-579.

40 *Ibid.*, p. 590.

41 *Ibid.*, p. 586.

42 *Ibid.*, pp. 587-588.

43 U. N. Doc. E/CN. 4/2002/78, paras. 79, 80.

44 APT, Added Value of the Optional Protocol for States Parties to the European Convention for the Prevention of Torture (2003).

英文要旨
Summary: New Mechanisms for International Protection of Human Rights of Detainees

Key words: Preventing Torture , System of Regular Visits, UN Subcommittee on Prevention, National Mechanisms

Tadashi IMAI
Professor of Law, Utsunomiya University

At the UN General Assembly in 2002, after ten years' Travaux Preparatoires in the UN Commission on Human Rights, a new Optional Protocol to the Convention against Torture and Other Cruel, Inhuman or Degrading Treatment or Punishment was adopted. The purpose of the Protocol is to prevent torture and other ill-treatment. For this purpose the Protocol establishes a two-pillar visiting mechanisms system to places where people are deprived of their liberty. One is an international visiting mechanism, the so-called Subcommittee on Prevention. The other is national visiting mechanisms. This approach is the first and innovative model in the implementation of UN human rights treaties. When once the Optional Protocol enters into force, the very significant function will be expected.

This paper examines the background and drafting history of the new Optional Protocol, and analyzes the contents and features. Consequently, many-faceted meanings of the Optional Protocol are brought to light.

個別研究

精神鑑定と量刑
「著しい」程度に至らない責任能力の減弱

キーワード: 精神鑑定,責任能力,限定責任能力,情状鑑定

滝本シゲ子 龍谷大学 矯正・保護研究センター博士研究員

はじめに

昭和33年10月31日,鹿児島地裁判決[1]では,精神鑑定結果[2]に従って,責任能力の減弱は認められなかっただけでなく,さらには右鑑定結果が死刑判決の根拠とされた。

右判決については本稿において改めて検討するが,ここでは精神鑑定,責任能力判断,そして量刑という一連の過程に関係するだけでなく,右諸問題が相互に関連しあう様相が端的に示されている。この諸問題とは,以下の3点である。

第1に,昭和33年判決にもみられるような「著しい」程度の減弱に至らない,としながらも一定の減弱をみとめられている「責任能力」(本論ではこれを「著しい」程度の減弱に至らない責任能力)という概念について,その本質は如何なるものとして把握されうるか,という問題である。これは限定責任能力の本質論として,これが「罪責問題」か「量刑問題」かということ[3]とも関連しうる。「罪責問題」および「量刑問題」の語義は,犯罪論および政策論的観点から多義的に考察可能なものであろう。本稿では,これを可罰的責任からは切り離して,刑罰権との関係で検討したい。

第2に,これは第1の問題とも関連するが,そもそも人格障害(古くは精神病質)を刑の加重事情として認めることの是非である。これは,「刑罰適応性の存在」と「治療可能性の不在」という2つの決定因子の帰結が極刑に結びつくことだけでなく,責任概念に予防的観点を含めるか否かという従来から議論されてきた問題と,「治療可能性の不在」が精神医学乃至心理学の進歩・発展により解消されうるという未来への展望を(つまり,発展可能性を),現時点でどのような刑事法的理論で捉えるかという議論になろう。「治療可能性の不在」が問題となるのは主に「人格障害」(古くは「精神病質」)である。「人格障害」単独で心神喪失を認められることはなく[4],心神耗弱も,精神薄弱,覚せい剤使用,酩酊,てんかん,および器質的疾患(例えば軽度の脳機能不全)といった要因が複合し,さらに行為の重大性,被害者の属性といった諸要因が心神耗弱を認定するかどうかにかかっており[5],その基準は明確ではない。本稿においては,「著しい」までの減弱に至らない責任能力の問題が,人格障害の問題のみに解消されるものではないことを副次的に示すことになろう。つまり本稿で扱う事案においては,具体的にはクラインフェルター症候群,精神分裂病(現在での呼称は「統合失調症」である),そして精神遅滞であり,その一病相として「人格障害」概念が使用されている。人格障害概念については,反社会性人格障害のように同義反復的な概念には批判が多く,2003年7月10日成立,同月16日公布(平成15年法律第110号)の「心神喪失等の状態で重大な他害行為を行った者の医療及び観察等に関する法律」(以下「心神喪失者法」と略す)でも,「人格障害」は処分の対象とはならないことから,現時点で,「著しい」程度に至らない減弱を,単

に「人格障害者」の「保安処分」の問題にのみ解消することはできないことは、注意を要する。

本研究において右問題は研究の中核とはしないが、ここで現時点での私見を示すと、「人格障害者」の問題は、主に累犯（それも特に性犯罪）の問題であり、人道的な処遇プログラムの充実によって解決の途が追求されるべき問題である。責任概念から切り離した「予防」は、処遇の発展と充実によって二次的に実現しうるものであると考える。

第3に、行為時の責任能力をしるための資料である精神鑑定（および精神鑑定書）が量刑資料として利用されることの是非である。それを認めるとするなら、どのような要件のもとにこれを認めるか、という問題がここにおいて生じる[6]。これは、罪責認定手続と量刑手続が手続上分化していない現行制度下においては、精神鑑定に実質的な公判前調査制度的機能を付与することは議論の余地があろう。

概略ながら、以上のように、広範な実体法的・手続的・政策的問題が複合的に重なり合っている現況の一端は明確になった。本稿の射程となるのは特に第1の問題および、それに関係する範囲で第2の問題についてであり、第3の問題については結論において当面の私見を提示するにとどめる。検討資料は、検索可能な範囲内で、刑法39条の被疑者の犯行時の責任能力が争われながら、結果として「完全責任能力」が認められた判例中、刑法39条第2項の適用は裁判官によって排除されながらも、精神能力の一定の減弱がみとめられ、それが量刑に反映されたことが判決文から明らかな事例とする。

その前提的考察として、日本における責任能力概念の現在を確認する作業から検討したい。

1　責任能力

現行刑法39条は、責任能力に関して、「心神喪失者の行為は罰しない」、さらに「心神耗弱者の行為はその刑を減軽する」、41条において「14歳に満たない者の行為は罰しない」と規定している。

刑法39条は「心神喪失」、「心神耗弱」の意義について明示せず、その語義の解釈は判例・学説に委ねられている。大審院昭和6（1931）年12月3日判決[7]は責任能力について次のように判示した。

> 心神喪失と心神耗弱とは、孰れも精神障礙の態様に属するものなりと雖、其の程度を異にするものにして、即ち、前者は精神の障礙に因り事物の理非善悪を弁識するの能力なく、又は此の弁識に従って行動する能力なき状態を指称し、後者は精神の障礙未だ上叙の能力を缺如する程度に達せざるも其の能力著しく減退せる状態を指称するものなりとす。

つまり、今日、責任能力についてリーディングケースとされる上記大審院判決は、精神の障害（障礙）という生物学的要素と、弁識能力および制御能力という心理学的要素を基礎として責任能力を規定したのである（混合的方法）。

昭和6年の大審院判決の判旨は、その後の判例に受け継がれ、この判例の態度は学説においても今日に至るまで支持されてきた。

それでは、責任能力の本質はどのように理解しうるか。これについては責任の本質の理解に応じて定まるとされる[8]。かつて、道義的責任論から、責任能力は自由な意思決定能力[9]、または「自由の意思」を前提とした有責行為能力であり非難可能性の前提となる人格的適性[10]と解された。

他方で、社会的責任論からは、責任能力は刑罰適応性[11]、もしくは明確に二元主義のもとにおけ

る「刑罰適応性」ないし「刑罰能力」[12]と解されてきた。

　上記両説の間において，宮本英脩は，「規範的責任能力」と「可罰的責任能力」とを区別したうえで，「規範的責任能力」は，主観的違法論のもとで行為を違法たらしめる主観的前提であり，刑法に限定しない「法律上の行為一般」の能力であるとした。さらに規範的責任能力は規範意識能力であり，是非の弁別力とした。これに対し「可罰的責任応力」は，行為者の「具体的意思」を可罰的とするための前提であって受刑能力（刑罰適応性）としていた[13]。

　さらに佐伯千仭は同様に，「規範的責任能力」と「可罰的責任能力」とを区別するが，客観的違法論の立場からこれを展開する点に差異がみられる。責任は法規範の命令機能に対応するものとしたうえ，「規範的責任能力」は，「法の命令規範としての作用を期待できる人間の型に当て嵌ること」であって是非弁別能力とそれに基づく行為能力であるとしたのに対し，「可罰的責任能力」は，「それがさらに一段と発達し，刑罰という強力な対策（それは劇薬にも比すべきものである）に耐えうるものになっていること」として，両者を延長線上にある概念としたうえで，実質的には「刑罰適応性」あるいは「受刑能力」であるとしている[14]。

　近時において，内藤謙は，責任能力を，決定規範の名宛人（対象者）となりうる，適格であるとしたうえで，特別予防・一般予防の観点からみて，刑罰を手段として処罰するに値する程度の「可罰的責任能力」があるかどうかを，「規範的責任能力」の性質と程度を問題とするに際して，「責任を阻却・減軽する方向にむかって考える必要がある」と述べている[15]。

　続いて浅田和茂は，基本的に右の佐伯説および内藤説を支持しながら[16]，右両「可罰的責任能力」が刑罰加重的に作用する可能性を指摘した上で，「可罰的責任」は，「規範的責任」を前提とし，もっぱら後者を制約する方向にのみ機能すべきとして，これを深化させた[17]。しかしながら，可罰的責任が規範的責任を如何なる論拠に基づいて制約しうるものかについては判然としない。

　本稿においては，上記の可罰的責任能力の緒論と同様の起点に立ちながら，この視点からの検討をひとまず留保したうえで，刑罰権と責任能力の関係について次のような試論を提したい。

2　責任原理と刑罰権

　責任原理の意義と内容は極めて多義的であり，これまでも犯罪論と政策論の点から複合的に議論されてきた。しかしながら，本稿では，「近代刑法の成立以降，客観的責任から主観的責任（結果責任）へと，また，団体責任から個人責任へと，そして量刑における刑罰の上限を枠づける原理として発展を続けてきた」[18]側面に焦点をあてたい。ここで，責任主義の前提（もしくは要素）としての責任能力は，どちらと定義されたとしても，刑罰権との関連においては次のように考える上で異同はないと思われる。

　まず法定刑の上限を限界として国家刑罰権が，量的な幅をもって予定されているものならば，刑法39条の心神喪失規定は国家刑罰権の不在を，2項の心神耗弱規定は国家刑罰権の減退（減少）を意味している。これについて，ドイツ刑法第20条において限定責任能力は裁量的減軽であるのに比して，日本においては必要的減軽であることからも，これが積極的に根拠付けられる。

　刑罰権の量定について，零地点である心神喪失から，心神耗弱と完全責任能力の間に，刑罰権の量の幅が見出されるなら，その延長線上，つまり「著しい」程度まで至らない限定責任能力から完全責任能力までの間の刑罰権の量的な幅も見出せ

る。つまり，公判において，刑法39条の責任無能力・限定責任能力が認定されないものは，即座に完全責任能力が認められ，刑罰権が法定刑の枠内で発生するわけではなく，その中間に責任能力の一定の減弱を理由とする裁量的減軽の範囲が予定されるのである。さらには，法定刑上限までの点にまで達する完全責任能力と，「著しい」までの減弱に至らない責任能力は明確に区別されるべきなのである。

そして責任主義を貫徹するならば，その「裁量的減軽」は限りなく「必要的減軽」に近い運用が行われるべきであろう。

このように，責任能力を刑罰権の，いわば「残有量」として理解することからは，「著しい程度までには至らない限定責任能力」が減軽方向に把握されることを意味しており，刑を加重する方向で理解されることを否定するのである。

3　若干の裁判例の検討[19]

鑑定を行わずに，「著しい」程度に至らない限定責任能力を認める判例は，一例を挙げると昭和29年11月11日（酩酊）判決である。鑑定結果にみえる心神耗弱は認めないながらも，鑑定内容とも関係する医療行為の後遺症としての「著しい」程度に至らない限定責任能力を認めたようにみえるものとして，平成5年7月7日および平成7年9月11日判決（いわゆるチングレトミー事件）が存在する。以下，刑法39条の適用が争われ，精神鑑定が行われた事案のうち，「著しい」までの減弱に至らない責任能力が認められたもののなかで，完全責任能力が認められながら，量刑段階で鑑定内容が影響を与えたとおもわれるものについて検討する。

⑤昭和33年9月13日水戸地裁判決[20]

強盗致死，強盗強姦事件において，被告人が軽度の精神薄弱者であるとの鑑定結果にかかわらず心神耗弱の主張を排斥して死刑を言い渡した事例である。事件は白昼，被害者Aに客から預つた品物を「自己の身分を証明する為被害者A方の主要食料購入通帳を変造して」売つたことを「難詰」されたことを契機としてAを殺害，右行為の「発覚を惧れて」直後に近隣のBを，その後夕刻にCを殺害した，とされたものである。さらに司法解剖でAへの強姦も推定されている。その後「右殺害を近隣に匿す為家業の洗濯仕事をなし，或は近隣の婦人に特に挨拶する等して」自首する迄4日間完全に匿し通したこと，「又贓品の質入に付ても，自己の身分を証明する為被害者A方の主要食料購入通帳を変造してその目的を遂げたこと等」

鑑定において，被告は，出生後間もなく罹患した栄養失調から来た脳症により，幼時より精神薄弱はであったとされるが，「青年となつて充分な監督をする者がなくなつてからは独立する能力に欠け，周囲の環境に順応できず，次第にその欠陥を露呈するに至つたものである。」とし，精神薄弱の存在の可能性については裁判所もこれを認めた。

しかしながら，鑑定が責任能力の減弱を示すことに対して，裁判所は，被告人が犯行行為時・行為後に合理的・合目的的な行動をとっていること，また，右鑑定に引用されている三宅鉱一博士の分類基準によって軽症痴愚の判定をした（IQ 74）結果の相対化（他の基準との比較）からして，「鑑定人の精神症状の観察は標準の如何に拘らず被告人の能力を少し低く見過ぎている傾もあるので，被告人の精神症状は少くとも精神薄弱と常人の下限との境界線を下ることはないと認めて相当である」とし，「被告人の道徳感情其他の精神的機能は知能相応の低下が認められるが別個に精神病質の存在を認めねばならぬ程著しい欠陥は存在しない。そして被告人は犯行時多少の感情興奮が

あつた以外は平常の精神状態と変りなかつたと認められるから，当時事理を弁識し又その弁識に従つて行動する能力に著しい障害があつたものと謂えない」と死刑を言渡している。

本判決は，精神遅滞による一定の障害を認めたうえで，極刑を選択したものであり，「著しい」までの減弱に至らない責任能力が，加重的に考慮はされなかったものの，減軽方向での考慮すらなされなかったことが指摘できる。さらに，精神遅滞の判断基準に際して，三宅博士の次の言を引用して，精神遅滞概念の相対化をはかっている。

> 普通人は概念作用，推理，応用の力などが凡て完全に発達すべきものと前提し，その前提の上に及ばざるものを病的の低能とするものであるから，その正常概念は平均規範でなく価値規範であつたと考えられる。(三宅博士著「精神鑑定例」76頁3照) カール，ヤスペルスはウイルマンスの「正常とは軽い精神薄弱である」との言葉を論理的に解明して「知的天賦の規範概念に従えば大多数者は軽く精神薄弱的である。だが平均値というもの，大多数者がもつ特性というものは，健全なるものの標尺でありそれゆえ軽度の精神薄弱は健全である」と述べている(古川復一作成の鑑定書97枚及びヤスペルス著精神病理学総論（岩波版訳本）下巻343頁参照）。

量刑に関しては，併合罪の「上限」も当然のことながら死刑であると考えると，「著しい」までの減弱に至らない責任能力が認識されるならば，その考慮の程度差があれ，死刑の選択は責任主義の観点からやはり問題があるといえる。

①昭和33年10月31日鹿児島地裁判決[21]
いわゆる「接客婦」が絞殺された事件について，心神耗弱を排斥して死刑を言い渡した事例である。とくに鑑定と量刑が密接に関連しているのが特徴である。

被告人は，昭和32年7月3日，秋田刑務所を仮出所後，昭和32年12月16日夕方，絞殺用の腰紐を買求めたうえで，被害者に「強いて」多量の飲酒をさせ，同月18日午前4時頃，この腰紐で頸部を絞めて殺害した。

右事案においては2件の鑑定結果が出されている。

鑑定人A鑑定書，及び証人Aの供述調書の記載の見解は，被告人が本件犯行当時，意識が明瞭であつて，是非善悪の判断も出来て，且つ，この判断に基いて行為し得る能力があつたことを窺知するに十分である。次いでB鑑定人は，「精神病質（先天的自閉性格に由来する病的異常性慾＝虐待淫乱症＝（サヂスムス））」が犯行の原因動機となつている場合は限定責任能力であるという前提に立ち，「被告人は犯行当時判断能力はあつたが，抑制力に欠陥があつた」と結論した。裁判所も，被告人の性格，精神状態が，B鑑定人の結論を支持しながら，「被告人は犯行当時，抑制能力に多少の欠陥はあつたが，それは刑事責任の限定を認めるほど著しいものでなかつたと解するが相当であると思料する」と完全責任能力を認めた。裁判所はB鑑定を参考としながら被告人に極刑を言渡す理由として以下のようなB鑑定人の見解を引用している。

> 裁判官は（云々）第2の犯罪に対し（云々）懲役20年の刑を選ばれたのであるが，その後講和に関して恩赦の令が公布され，法は総ての例に平等に，受刑者の先天的素質などを少しも顧慮することなく実施された結果，本被告人の所定の刑期も予期に反して著しく短縮されることになり，あわれむべき本件被告人は，再びその病的本能の衝動にかられて，この度繰返して恐

るべき同種の反社会的行為をなす機会を持つこととなつたものである。

　上記の鑑定人の意見を積極的に採用し，本判決は，「精神病質」が限定責任能力であるとの見解を採り，被告人に「著しい」までの減弱に至らない責任能力を認める旨の見解を採りながらも再犯可能性を言及する鑑定内容を根拠として被告人に積極的に死刑を言渡したものである。精神鑑定と量刑の関係がみとめられる事件であるが，先に私見として述べた，「著しい」までの減弱に至らない責任能力と刑罰権の関係からみて大きな矛盾があるといえよう。

　②昭和39年12月5日神戸地裁豊岡支部判決[22]
　本事案は殺人，殺人未遂につき，心神耗弱の鑑定結果を採用せずして昭和33年10月31日判決と同様に，死刑を言い渡した事例である。本事案では3つの正式鑑定がおこなわれたが，鑑定人A，Bの共同鑑定が被告人の精神状態をほぼ正常とするほかは，被告人を「精神病質人格者」とする鑑定人CおよびDの各鑑定がいずれも心神耗弱の判断を示している。裁判所は，この3つの鑑定の結果をいずれも採用せず，その理由について，第1に，D鑑定の見解を示して「知能がこの程度低いからといつてそのため被告人の刑事責任能力を左右することはあたらない」こと，第2に「本件犯行当時被告人が刑事責任能力のレベルにおいて正常な精神能力に支障をきたしていたとは言えないとする立場があることを一方では認めながらも，本件各犯行当時被告人が正常な精神能力に支障をきたしていたと結論することを至当と考える」と「著しい」までの減弱に至らない責任能力を認めている。しかしながら，裁判所は「ただし，このばあいその程度はある程度の制限であつて絶対的な制限ではない。すなわち法家のいう心神耗弱の程度以上には出ない性質のものである。」として，完全責任能力を認めたものである。

　裁判所は，犯行時の刑事責任能力を考えるうえで，三過程（(1) 動機の存在，(2) その動機を前提としての犯行の決意，(3) その決意にもとづく犯罪の実行）において，段階的に認められるべきものであるとした。裁判所は「そのおのおのの段階で被告人の異常性格が影響を与えている」としたうえで，心神耗弱を認めたD鑑定について，以下のように述べた。

　被告人の刑事責任能力を考える上においてももつとも肝要なのは右(2)の決意の段階（ただし，実行の直前までを含むものとして考える）における異常性格の影響であつて，異常性格の故に判断を誤り殺害の動機が形成されたという右(1)の段階における異常性格の影響はあまり重視することができず，同鑑定人の前記論述は右(2)の段階における異常性格の影響を考察するにあたり，そのこと自体よりむしろ(1)および(3)の各段階における異常性格への影響に重点をおき，その点を過大に評価しかつそれにとらわれすぎているとの感が深い。ことに犯行結果の徹底性，残虐性を協調し，また被害念慮と無関係な教員を殺害したことをあげて逆に(2)の決意の段階における被告人の性格ないし精神状態の異常性の大きさを説明している点は問題である。なるほど本件犯行の態様がきわめて残酷で徹底性を有しており，それが量刑面において考慮されるべきものであることはのちにも述べるとおりであり，そのことが被告人の異常性格にも影響されていないとはいえないのであるが，被告人が最初の兇行後2度も現場に赴いたのは犯行の痕跡を消すためであり，現場に行つて被害者がまだ生きているようであれば，一家鏖殺を決意しすでにその実行に移つたものとしてさらに

攻撃を加えるということは当然考えられるところであり（全身ところかまわず何十個所も傷をつけたわけでもない），また無関係な教員の殺害も犯罪の発覚を防ぐためのものであつて，これらのことからおして犯行決意当時における被告人の精神状態の異常性を強調するのはあきらかにいき過ぎといわなければならない。

つまり，裁判所は上記のように，異常性を過度に認めるD鑑定を採用しない理由中に，量刑で考慮されるべき犯行の残酷性と，その残酷性の異常性の間の矛盾する法的関係性を指摘したうえで，さらに次のように続け死刑宣告の理由とした。

　　本件各犯行は被告人の平素の人格構造とかけはなれたところで決意され実行されたものではなく，ただ，その平素の人格構造が強度の異常性格に支配されており，かつ不安と悩みのため不安定な精神状態を持続したあげくそのことばかりに沈潜し思いをめぐらせた結果の緊迫した心理状態のもとにおいて犯罪の実行を決意するにいたつたと言い得るにすぎないのである。そのかぎりにおいては是非善悪を判断する能力又はその判断にしたがい正しく行動する能力が通常人のばあいに比して劣つていたことはたしかであるが，刑法はこの程度のことによつて犯人の刑事責任能力を限定することを拒否していると考えるのが相当である。すなわち以上の検討にもとづいて考えるとき，規範上，被告人は右能力を「いちぢるしく」減弱していたとすることはできず，本件犯行当時被告人が心神喪失または心神耗弱の状態にあつたとは言い得ない。

「著しい」までの減弱に至らない責任能力と量刑の判断について，明確にこれが加重方向に解釈された事例である。心神耗弱を認めない理由として正常性を，死刑言い渡しの理由として異常性（精神病質人格者）を採用しているところが，やはり前鑑定と同様に矛盾に満ちているといえよう。特に，心神耗弱を主張する鑑定内容が，逆に刑罰を加重させるものとして積極的に利用されている点もまた問題である。

③昭和49年12月19日福井地裁判決（昭和47年（わ）第41号昭和47年（わ）第58号）[23]

本判決は，被告人の精神障害の程度について裁判所が同一現象の存在（犯行時の幻覚・妄想）を前提とする2つの異なった鑑定について検討したうえで，いずれの結果も採用しなかった事例である。

事実の概要は以下のようなものであった。昭和23年から48年にかけて，10回以上服役した経歴を持つ被告人が昭和46年4月23日から12月4日にかけて計13件（被害総額は1200円から約53万円にわたる）常習累犯窃盗と，昭和46年11月25日中に行ったとされる（イ）殺人未遂，（ロ）住居侵入事件である。（イ）に関しては午前3時30分ごろ被害者の妻の強姦目的で被害者宅に侵入した後，目を覚ました被害者に全治3週間の傷を負わせたことについて，事前に凶器を準備していたこと，そして捜査段階での「当り所が悪ければ死ぬかもしれないと思った」との供述から未必の故意があるとされたもの，さらにその後（ロ）午前4時20分ごろ右殺人未遂事件の直後に企業の女子寮にわいせつ目的で侵入したものである。

ほぼ同日の同時刻（1時間程度の間）の2件の犯行について，2件の鑑定（先に行われた鑑定をA鑑定，後に行われた鑑定をB鑑定とする）について，記述のように同一の妄想・幻覚現象を前提としながら，A鑑定は接枝分裂病（精神薄弱の上に精神分裂病を加重した状態）で，いわゆる心神喪失の状態にある旨が記載されており，B鑑定はA鑑定の結果を参考としながら，さらに「詳細な」

心理テストおよびセルネース投薬等を行ったうえでこれを否定し，犯行時シンナー（副次的にヒロポン）による「器質性精神障害及び中毒性幻覚症を有し，性的誘惑的幻覚等に著しく影響されており，理非善悪を弁別しそれに従って行動する能力を著しく障害されていたとの結果を示した。AとBの両鑑定は責任能力の判断を別にしながらも，前者は心神喪失，後者は心神耗弱を認めるものであった。裁判所は両鑑定（特にB鑑定）を参考としつつ，責任能力については「しかしながら，刑法における責任能力の有無はいうまでもなく法律的規範的判断に属する領域であって，精神医学上又は心理学上の概念ではなく，ときにそれらの専門的知見を判断の資料としつつも，刑法の社会規範的機能の次元から独自に判断されるべき問題である」と通説的見解を示した上で，「人間が犯罪行為に対する衝動と抑制の心理の均衡が保持されている場合においても，あえて犯罪行為を選択したことに責任非難の根拠をもつというべきであるから，犯罪行為に対する衝動が何らかの病的な心理状態のもとに生起したとしても，同時にそれに対する抑制が病的なものによっても損なわれず，適当な均衡を保持している限り，責任能力を限定的に考えることは失当であると考える」として正常な抑制能力の存在をみとめた。

さらに，性犯罪と窃盗の複数回におよぶ前科との関係で，「本件は，その犯罪傾向の延長線上のものとしての色彩を濃厚に持っているものと理解すべきであり，病的なものによって人格の著しい変容を来しているわけではない」とした。こうした論拠から裁判所は「被告人は，犯行当時慢性シンナー中毒性幻覚症に罹患し，それが被告人の行動に影響を与えていたものとしても，行為に対する抑制力までも失われていたものではないから，被告人が行為の理非善悪を弁別し，その弁別に従って行動する能力を多少減弱していたとしても，それを著しく欠いていたものとは，とうてい認め難い」と「著しい」までに至らない責任能力をみとめた。

この事例において問題となるのは，まず裁判所が2つの鑑定による何がしかの精神障害（ここでは特に器質性精神障害及び中毒性幻覚症）という生物学的要素を認めながらも，再度の鑑定なくして独自の「制御能力」の正常性を認定した点である。被告人を心神喪失としたA鑑定をB鑑定で退けながら，心神耗弱としたB鑑定の結論を退けるための根拠が凶器の事前準備と累犯であることとするなど，精神障害による抑制能力の減退の根拠とはなりえても，正常な抑制能力の存在の根拠とはなりえないとしている。

さらに，判決において，精神障害を前提とした被告人の「著しい」程度にまで至らない精神の減弱を認めながら，刑の減軽がなされていない点は問題といえよう。累犯であることが加重的に作用しており，被告人の危険性が刑罰加重的に判断された事例である。

③昭和56年11月10日岡山地裁津山支部判決[24]

これは知能指数が60以下の「軽愚」級の精神薄弱者を被告人とした殺人，窃盗，器物損壊被告事件である。

被告人は，父の経営する建設会社の大工として，請負施行にかかる被害者方の店舗等の修繕改造工事の代金168万円余の未払残金84万円余の回収をめぐって，家庭内の不和に悩み，昭和55年1月28日午後10時すぎころ，自宅で清酒3合位とビール大瓶2本を飲みながら，被害者殺害を決意し，被害者を撲殺した。その直後，被害者所有のアダプター1個及び同人保管のカセットテープ1本（時価合計7,100円相当）を窃取した。さらに昭和55年6月9日，採石現場において，ユンボ2台に投石するなどし，損壊しするなどした合計6件の行

為について起訴された。

ここで昭和55年の殺人事件について，被告人の犯行時の精神状態が争われた。弁護人は証人に対する裁判所の尋問調書，及び精神鑑定書から，「被告人は，知能指数60以下の軽愚級の精神薄弱者であり知能低格者であること」，さらに「犯行時かなりの酩酊状態下にあったことが認められる。」として心神耗弱を主張した。これについて，裁判所は，「被告人が犯行時病的酩酊もしくは複雑酩酊にまでは至っておらず」，「進行性の精神病状態下にもなかった」とする鑑定内容を受けて，「平素の酒量を多少上回る飲酒のため，かなり酩酊して，ある程度抑制力の欠如を来し，それに前記精神薄弱に基因する思慮分別の浅さ，情緒面での未熟さが加わって，事の是非善悪を弁別し，これに従って行動する能力が多少減退していたとしても，それが著しく減退していたものでないことは明らかである」とし，懲役10年とした。

これはここでは「著しい」程度の減弱に至らない責任能力がみとめられているだけでなく，それが「著しい」程度ではないことの論拠に疑問が生じうる。つまり，知能指数が60以下の被告人について，高校を卒業していることと，さらには平常の酒量を基準として「多少上回る」といったことを理由としているものの，終局的には犯行の経過が了解可能であることが主たる理由のように思われる。しかしながら，裁判所が「殺害後その犯行を隠蔽するために障子に火をはなったが，近所への延焼を恐れて直ちに消火するなどその行動は合目的的で不自然さはない」などとした点について，果たして右行動が合目的的かどうかと判断するか否かは疑問である。また，「著しい」程度の減弱に至らない責任能力の減弱をみとめながら，懲役10年という量刑は，やはりこれが刑罰加重的に判断されたと解せる余地を未だ残すものであろう。

④昭和59年4月25日横浜地裁川崎支部判決[25]

いわゆる，川崎市金属バット殺人事件である。右事件は1980（昭和46）年11月29日午前2時30分ごろ，浪人中の被告人（当時20歳）が，その3時間前に父所有のクレジットカードを無断で使用したことを厳しく叱責された後，就寝中の両親を金属バットで殴り殺した事件であった。右事件について，刑事訴訟法第223条以下に規定される捜査機関（検察官）の嘱託に基づく鑑定（以下嘱託鑑定とする）と公判において正式鑑定が行われており，これに加えて専門家2名が証言している。

争点は，被告人が精神病に罹患していたのではないか，更には，犯行当時病的酩酊又は複雑酩酊の状態にあったのではないかということである。

まず嘱託鑑定は精神病を否定したうえで病的酩酊を否定した。次いで正式鑑定では15歳当時の家出と一時的な人格の変化を理由として，15歳前後に「精神分裂病（単一型）の一過性の病相期を経過し，現在は軽度の欠陥状態にある」としたうえで「数年間にわたる浪人生活や両親間の葛藤による心理的ストレスが持続しており，さらに事件直前の両親の叱責など強い情動的刺戟がひきがねとなり，飲酒酩酊による情動の亢進と抑制能力の低下が加重した状態にあった。これらの諸要因の加重の結果，被告人が自己の行為の是非善悪の別を弁識する能力及び右弁識に従って行為を制御する能力は著しく低下していたと判断される。」として心神耗弱であるとの見解が示されている。

さらに弁護側からの申請により，専門家（いずれも医師）の青少年に特有の新型精神病ないし無気力症であることが主張された。

裁判所はまず酩酊について，嘱託鑑定および正式鑑定のいずれも病的酩酊を否定したことを根拠にこれを採用し，単純酩酊と結論した。また，正式鑑定で精神分裂病の欠陥期であることについては，「（家出後の性格が変化した）当時，周囲の者

からは被告人が病気とか異常とか見なされたことはなく，当時の性格変化は単なる思春期における性格の生理的組替えの可能性もある。また，被告人の現在の異常性は，心理テスト等で初めてその存在が証明される程の軽度なものに止まる。」とした同鑑定内容を指摘しながら，診断が疑問視された。ついで，無気力症や新症候群という見解については，これを精神病とすることについて疑問であるとした。

精神障害の疑いを否定した上で，裁判所は被告人の人格の未熟さや浪人中であるという事情，さらには単純酩酊といった事情から「被告人が本件犯行当時是非善悪を弁識する能力及びこの弁識に従って行動する能力を相当減弱していたことは否定できないが，右各能力のいずれをも著しく減弱していたとは到底言い得ないので，被告人は，刑法上の心神喪失はもちろん，心神耗弱の状態にもなかったことが明らかである。」とした。

右判決は，「家庭内暴力」が社会現象とされた当時にエリート一家に起こった事件として大々的に報道され，社会的影響の大きさも特徴的な事例である。

まず，酩酊について，複雑酩酊が認められなかったことが問題であろう。飲酒時点（ウイスキーをラッパ飲みした時点で父親から激しく叱責されている）と犯行時の「時差」を理由として一般的観点から言及されているが，これは飲酒量と当該個人への影響についての個別の検査等行われてしかるべきではなかったかと思われる。病的酩酊か単純酩酊かの判断について，精神鑑定を必要としない判例[26]もあるが，一定の犯罪についてはより精密な鑑定が行われても良いのではないかと思われる。

さらに，心神耗弱については否定し，裁判所が動機・行為の態様・犯行後の行動から独自に判断しているにもかかわらず，他方で「著しい」程度の減弱に至らない責任能力については認めている。諸鑑定の結論部分は採用していないが，鑑定書記載内容が一定の影響を与えたと思われる。ここで特に指摘したいことは，量刑について，懲役18年の求刑に対し懲役13年が言い渡されていることからも「著しい」程度の減弱に至らない責任能力については認めている事例といえよう。

⑧平成10年3月16日名古屋高裁判決[27]

本事案は，被告人が強姦を企図し，自宅から金槌等を持ち出し，男子高校生運転の自転車の後部に女子専門学校生A（当時17歳）が立ち乗りしているのを認め，「欲求不満を解消するため」後方から近づいて同女の背部を所携の金槌で殴打し，Aに全治約7日間を要する背部打撲等の傷害を負わせたという傷害の事案と，下校途中の被害女児B（当時7歳）にわいせつ行為を企て，殺害したものである。特に，Bに対する行為は次のようなものであった。まずBの手を引いて人目につきにくい場所につれて行き，Bに下半身の着衣を膝辺りまで下ろさせ，手指等で同女の陰部を弄び，さらに，「おしっこ飲むから，おしっこしてくれる」などと言って，Bに放尿させ，その尿を手のひらで受けて飲むなどのわいせつ行為をし，その後も同所でBと一緒にいたところ，Bがピアノの練習があるから帰ると言い出したために「独りぼっちになってしまうから同女を帰したくないなどと考えるうち，殺意をもって」，Bを絞殺し，翌日，同所に放置していた同女の死体を一旦自宅の自室に運び込み，施錠してこれを隠匿し，翌々日，前記死体を自室から同女の自宅近くの公園内に運搬し，同所に置き去りにしたという強制わいせつ，殺人，死体遺棄の事案である。

裁判所は，性倒錯の傾向と分裂病型人格障害を内容とする鑑定を採用し「被告人の刑事責任は極めて重大であり，その人格を矯正するには著しい

困難が伴い、再犯のおそれは極めて高い」として、原判決（懲役18年）を破棄し、無期懲役を改めて言渡した。

幼女への性犯罪・殺人事件という極めて加重的に作用しうる因子と分裂病型人格障害であることを積極的に評価して原審を破棄した点、「著しい」までの減弱に至らない責任能力を認めながら、再犯可能性を裁判所独自にみとめ、有期刑を適当としなかった。判示内容においては、仮釈放の運用に関して制限は加えられていないが、「再犯のおそれ」として無期懲役の特別予防的機能を強調している点、責任主義的見地からだけでなく、裁判官の職権の範囲についても疑問が残るものである。[28]

④平成10年7月14日東京高裁判決[29]

これはクラインフェルター症候群に罹患している被告人が犯した常習累犯窃盗、建造物侵入、非現住建造物等放火事件であり、非現住建造物等放火3件、建造物侵入1件のそれぞれに関して、クラインフェルター症候群による「精神分裂病様症状」の発現の「程度」に応じて、個別に責任能力の有無を判断した事例である。ここにおいて簡易鑑定、正式鑑定が異なった見解を示しているが、裁判所は正式鑑定を参考としながらも、心神喪失および心神耗弱のいずれも否定した。

まず、簡易鑑定と正式鑑定の見解の相違については、前者が「精神分裂病を発症していた旨の診断」をしたことは「短時間の問診を前提として行われるという制約」を鑑みても、誤った見解ではなく正式鑑定のクラインフェルター症候群による「精神分裂病様症状」を裏付けるものとしたうえで、正式鑑定の次のような鑑定内容を引いている。「一般に、クラインフェルター症候群に罹患している者に生じ得る精神分裂病様症状は、状況依存的に発現するものである上、それに伴う自我障害は表面的なものに止まり、人格の核心にまでは及んでいないので、その症状が発現した際の、物事の是非善悪を判断し、その判断に従って行動する能力は、症状の進行に伴って人格の核心にまで障害が及び、次第に人格変化をも生じて、恒常的に妄想や幻覚に支配される真正な精神分裂病の場合とは異なり、高度に減弱することはあっても、これを失うに至るものではない」ことから、被告人が、原判示第2、第3及び第5の各犯行時に、「是非善悪を弁別し、その弁別に従って行動する能力を欠く状態、すなわち心神喪失の状態には至っていなかったことは明らかであり、この点、疑念を抱く余地は全くない」としたが、加えて「各犯行の具体的態様や、被告人が右各犯行に及んだ理由として述べるところ」に、正式鑑定を総合して、「被告人は、右各犯行時に、クラインフェルター症候群に起因する精神発達遅滞の状態に加え、精神分裂病様症状が発現していたため、是非善悪を弁別し、その弁別に従って行動する能力が、通常人に比し、著しく減退した状態にあったこと、すなわち、心神耗弱の状態にあったことは、十分に肯認できるのである」と結論付けている。

他方で、原判示第4の犯行に関しては、同犯行の具体的態様や、被告人が同犯行に及んだ理由に関する本人の供述に、正式鑑定を総合して考えると、被告人は、「クラインフェルター症候群に起因する精神発達遅滞が背景にあった上、多少酩酊した状態で軽度の脱抑制状態にあったことから、是非善悪を弁別し、その弁別に従って行動する能力が、ある程度減退した状態にあったことは認められるものの、これを欠く状態にあったものでないことはいうまでもなく、通常人に比し著しく劣った状態に至っていたものとも認められない。すなわち、被告人は、右犯行に際しては、心神耗弱の状態にも至っていなかったものと認められるのである。」とした。

先天性の性染色体異常であるクラインフェルター症候群に真正精神病に似た症状および精神発達遅滞がみとめられることは周知の事実であるが，この「精神分裂病様症状」が「状況依存的」であることと，人格の中核までの障害には至らないことから，心神喪失は退け，心神耗弱の可能性を個別の犯罪類型について検討したものである。ここで興味深いのは，症状の「状況依存性」が総合的に鑑定意見として出された後に，裁判所が個々の犯罪類型について責任能力を個別に検討したところにある。ここで症状の状況依存性に関連して，行為時の「状況」についての説明がなされておらず，学説では否定する大勢にある「一部責任能力」との異同が不分明になっている。

　さらに量刑に関しては，心神耗弱を（一部の類型について）みとめた未決拘留期間の算入方法について特に問題とされている。未決拘留期間は鑑定留置を含め703日に達するのに対し，原判決が刑に算入した未決勾留日数330日であることは，「原裁判所に与えられた裁量の範囲を逸脱するものであって，量刑上不当なものといわざるを得ない。」と，量刑不当については責任能力判断とは切り離して考察している。先天性の染色体異常という被告人の特殊事情とこれを裏付ける鑑定結果よりも，未決算入方法が量刑不当の理由とされることはやはり疑問である。

むすびにかえて

　以上，本稿において，責任能力と刑罰権の関連を出発点として，「著しい」程度に至らない限定責任能力は裁量的減軽となることが責任原則から導かれうることを指摘した上で，実際の裁判例において，この「著しい」程度に至らない責任能力が認められている傾向と，それがむしろ刑を加重する方向でとして運用されていることの矛盾について検討した。その上で，「著しい」程度に至らない責任能力が公判において提示される際の手続である精神鑑定（正式鑑定）について，これが情状資料として使用されることについて，当面の私見を示すことでむすびにかえたい。また，鑑定と量刑についてのさらなる問題については今後の課題としてここに提示する。

　まず，既に精神鑑定（および精神鑑定書）は，被鑑定者の犯行時における責任能力の有無・程度についての裁判官の判断の一資料である。したがって，責任能力が刑罰権を限界づける機能を有するとの前提からは，完全責任能力（未だ「著しい」程度に至らない限定責任能力であることの「合理的疑惑」は存在する）が認定されたとしても，この鑑定書を量刑資料として刑を加重する方向で使用することは原則として認められない。しかしながら，例外的に精神鑑定書を量刑資料として使用する（もしくはその内容の一部を参考とする）場合には，一定の制約が必要であろう。その一例として被告人への事前の告知を必要とする説は肯定的に評価しうる[30]。

　さらに，被告人側において，右鑑定書（全部もしくはその一部）が自らにとって不利益な事情を含むと考えられる場合には，その記載事実について当事者主義的観点から，これを争う権利を有すると考えられる。ここにおいては量刑段階における証拠について，どのレベルの証明が必要とされるかも関係しうる。これについては稿を改めて検討したい。

1　昭和33年（わ）第28号，第1審刑事裁判例集1巻10号1722頁以下。
2　「鑑定」の語義について，三井誠「鑑定（1）」法学教室228号（1999年）では次のように定義される。
　　第1に，特別の学識経験に属する〔経験〕法則またはこの法則を具体的事実に適用して得た意見，判断に関する報告をいう。最も，一般的な用

語である。

　第2に，鑑定人に，特別の知識経験の属する法則またはこれを具体的事実に適用して得た判断を報告させるための証拠調べ手続の全体をいう。刑訴法の「総則第12章」のタイトルである「鑑定」はこの意味である。

　第3に，第1の意味における鑑定の準備として行われる事実的行為（たとえば法168条1項に定める処分等）をいう。具体例は，刑訴法170条，刑訴規則130条にいう「鑑定」の語である。

3　浅田和茂『刑事責任能力の研究　下巻』（成文堂・1999年）4頁。ただし，右研究では主に可罰的責任能力をその検討の対象として，このような問題が提起されたと思われる。

4　この「人格障害」概念のうち，特に反社会的人格障害については，同義反復的な診断として批判が多い。

5　小野田拓夫「刑事責任能力の現状と運用」精神神経学雑誌82巻4号（1980年），193頁～199頁。

6　精神鑑定と量刑について，問題を提起したものとして村井敏邦「情状鑑定」上野正吉＝兼道吉市＝庭山英雄編著『刑事鑑定の理論と実務』（成文堂・1977年）160頁以下。

7　大判昭和6年12月3日刑集10巻682頁。

8　浅田・前掲注（3）80頁。

9　小野清一郎「責任能力の人間学的解明（1）」ジュリスト367号（1967年）89頁。

10　団藤重光『刑法綱要総論　改訂版』（創文社，1979年）253頁。

11　牧野英一「所謂責任能力ノ観念ニ就テ」志林10巻5号（1908年）47頁。

12　木村亀二『刑法総論　増補』（有斐閣・1978年）338頁。

13　宮本英脩『刑法大綱』（弘文堂，1932年）114～116頁。可罰的責任能力についての宮本説，佐伯説，内藤説．および浅田説については，浅田・前掲注（3）81—83頁。

14　佐伯千仭『刑法講義（総論）三訂』（有斐閣・1977年）232頁以下，240頁以下。

15　内藤謙「責任能力（1）」法学教室70号（1985年）46頁以下，50～51頁。

16　浅田和茂『刑事責任能力の研究　上巻』（成文堂，1983年）10頁。

17　浅田・前掲注（3）82頁。「限定責任能力」は，「可罰的責任以前規範的責任(非難可能性)の問題にかかわっている」としている。

18　刑法理論研究会『現代刑法学原論　総論〔第3版〕』（三省堂・1996年）126頁。

19　以下引用した判決文については，特に頁数を明記しない。

20　昭和32年（わ）第167号，第1審刑事裁判例集1巻9号1369頁。

21　昭和33年（わ）第28号，昭和34年（わ）第2号，第1審刑事裁判例集1巻10号1722頁。

22　下級裁判所刑事裁判例集6巻11・12合併号1345頁。

23　判例時報784号127頁。高島学司，龍谷法学8巻2号54頁。

24　昭和55年（わ）第91号，昭和55年（わ）第100号，判例時報1045号145頁。

25　昭和55年（わ）第632号，判例時報1116号49頁。

26　昭和23年12月11日最高裁二小判決（昭和23年（れ）第1230号，最高裁判所刑事判例集2巻13号1735頁裁判集刑6号181頁）。

27　平成9年（う）第239号，高等裁判所刑事裁判速報集平成10年83頁，判時1671号150頁，城下裕二，判評495号52頁（判時1703号230頁）。

28　例えば，大阪地裁平成16年2月14日（平成15年（わ）4520号）では，強盗強姦，強盗殺人等の事件について，無期懲役が言渡されたうえで，裁判所が仮釈放の制限的運用を示唆している。裁判官の職権の範囲が問題とされよう。

29　平成10年（う）第640号，東京高等裁判所判決時報（刑事）49巻1・2・3・4・5・6・7・8・9・10・11・12合併号40頁。

30　村井・前掲注（6）178頁～179頁。

英文要旨
Summary: On diminished responsibility and Reduce Sentences

Key words: criminal responsibility, diminished responsibility, expert witness, expert testimony, psychiatric expert

Shigeko TAKIMOTO
Ryukoku University Corrections and Rehabilitation Research Center Doctoral Fellow

Concerning cases of the mental disordered, diminished responsibility has not been so far comprehended in connection with a quantity balance of power of punishment. From this point of view, if follows that his mental state must not be taken as aggravating circumstances but as mitigating, when his responsibility is diminished but not highly diminished.

個別研究

「被害者意見陳述」制度の運用に関する一考察
犯罪被害者陳述の意義と今後のあり方について

キーワード：被害者意見陳述，被害者陳述，犯罪被害者意見陳述，被害者意見陳述権，犯罪被害者の意見陳述制度，犯罪被害者の意見陳述権，被害者等による意見の陳述，刑訴法292条の2

吉村真性　龍谷大学大学院法学研究科博士課程

1　序論

(1)　はじめに

　いわゆる「犯罪被害者保護二法」である「刑事訴訟法及び検察審査会法の一部を改正する法律」（平成12年法律第74号）及び「犯罪被害者等の保護を図るための刑事手続に付随する措置に関する法律」（平成12年法律第75号）が2000（平成12年）に成立して数年が経過し，徐々に実務上も当該制度が浸透し始めてきた。前者の法律により，①性犯罪の告訴期間の撤廃，②証人尋問の際の証人の負担を軽減するための諸措置の導入，③被害者等による心情その他の意見陳述，④被害者遺族への検察審査会への審査申立権の付与が認められ，後者の法律により，①公判手続の傍聴，②公判記録の閲覧及び謄写，③民事訴訟の争いについての刑事訴訟手続における和解などが認められるに至った。そして現在，世論の動向も被害者への積極的な訴訟参加を支持する形で加速してきている。その中でも，現行法において犯罪被害者が量刑に多大な影響を与えうる犯罪被害者の意見陳述制度[1]について考察したい[2]。

　現行刑事訴訟法上，犯罪被害者は行使し得る参加権を有してはいないが，最も積極的に裁判に関与し得る制度が，刑事訴訟法292条の2の被害者意見陳述制度である。この意見陳述制度によって，被害者は量刑に影響を与えうる立場になったとも言える。そのように考えれば，「準訴訟参加権」的な側面があるといえよう。また今日，意見陳述制度をさらに発展させた形態とも言える「被害者への質問権」の付与も議論され始めてきた[3]。

　そこで，具体的な事例の内容と実際の陳述内容を紹介する形で，実務における意見陳述の構成要素の分析や現状に言及することによって，意見陳述制度の意義を問うと同時に，今後の望ましい運用に対しての一考察を提供することが目的である。今回は一つの裁判例に焦点を当てているが，今後さらに広範な裁判例を集積した上で当該制度の分析がなされ，被害者と刑事司法との関わり方について深く議論されていくことを望む。ちなみに筆者は，現行の被害者意見陳述制度に対して，消極的な立場である[4]。

　なお，本件は「第一審の裁判をした裁判所に対応する検察庁の検察官」（刑事確定訴訟記録法2条1項）の所属する函館地方検察庁において，刑事訴訟法53条及び刑事確定訴訟記録法4条に基づく訴訟の保管記録閲覧の請求を通して，被害者の意見陳述や供述調書などの資料を収集した[5]。

(2)　刑事訴訟法292条の2における被害者等意見陳述制度の概略

　まず，本稿において取扱う刑事訴訟法292条の2における被害者等陳述制度について概略する。

　同条1項にいう被害者が陳述する「被害に関する心情その他の被告事件に関する意見」とは，被害者が実体験した事実に起因する被害感情や被告人に対するその時点での処罰感情等が想定される

が，実際には陳述内容が，そのような「心情・意見」形成の前提となる被害に関する事実，すなわち犯罪事実やいわゆる犯情にも及ぶとされている。具体的には被害者たちが陳述する内容について，「被害に関する心情」とは，被害を受けたことで抱くに至った気持ちをいい，「被告事件に関する意見」とは，「被害に関する心情」を含む被告事件に関連する考えや所見をいうと解されている。被害事実そのものについては，犯罪事実又は犯情の認定のためにこれを中心として陳述することは許されないが，意見を述べる際に必要な範囲でその概要に触れることは許容される。被害感情や処罰感情については，陳述が許されるのは当然であり，量刑についての意見も処罰感情の一種として許される[6]。被害者が犯罪事実の詳細について陳述を始めた場合はもとより，それまで他の証拠の取調べにより明らかにされていない重要な情状事実について陳述を始めた場合等についても，裁判長は陳述を制限すべきであり（同条第5項），必要があれば証人尋問の手続に切り替えて当該事実を証言させるべきである[7]とされている。従って，被害者等の陳述する内容が，事実に及ぶ内容が含まれる場合，犯罪事実の認定に用いることはできない（同条9項）。しかし，被害者の心情・意見そのものは量刑判断の一資料になると解される[8]。このことは，立法当初から当然に想定されていた[9]。裁判所は被害者陳述の内容を単なる意見として斟酌するだけでなく，量刑上の資料の一つとすることは可能であり，判決書の「量刑の理由」欄で被害者等の意見陳述の内容を引用することもできると解されている[10]。例えば，実務上も意見陳述は，本稿で取扱う事案（函館地判平14・9・17〔平成14年（わ）104号〕）の量刑理由中に示されているように，量刑資料として用いられている。

また，同条2項によれば「意見陳述の申出は，あらかじめ，検察官にしなければならない」とされており，この場合，検察官は「意見を付して，これを裁判所に通知するものとする」（同条2項）と規定され，その通知は「書面でしなければならない」（刑事訴訟規則210条の2）と規定されている。

ここで検察官が付する意見とは，どのような意見なのか。検察官が被害者の意見陳述の相当性に関する意見を付することができるのであろうか。そのこと自体の妥当性は別にしても，それを無制限に認めるならば，被害者の率直な意見が表されなくなり，被害者陳述制度の趣旨を没却しかねない。しかし，例えば被害者等に意見陳述させると審理が混乱する事態が想定される場合には，検察官は審理の円滑な進行に協力すべきであるため，相当・不相当の意見も出せるものと解されている。具体的には，検察官が付する意見の内容は，被害者等を証人として近く申請する予定であるか否かなどの立証方針との兼ね合いなどを考慮し，例えば「しかるべく」や「被害者を証人として申請予定であり，その終了後に意見陳述を認められたい。」などの意見を付することが考えられる[11]。本稿の事例では，「意見陳述の申出に関する通知書」と記されており，その内容は，被害者の氏名，住所などの情報と，「被告人〇〇に対する道路交通法違反，危険運転致死被告事件につき，平成〇年〇月〇日次の者から意見の陳述の申出があったので，下記のとおり意見を付して通知します。」と記載されていた。それは被害者から意見陳述の申出があったという旨を通知するものであった。

また，第一回公判期日前に陳述の申出があった場合，もちろんその内容は，予断排除の原則に抵触しないように配慮する必要がある[12]。

2 危険運転致死の事例に見る被害者陳述

(1) 事案の概要

本章においては、函館地裁平成14年（わ）104号の事案の被害者陳述の内容を手がかりにして制度の現状を紹介する[13]。なお、その後本件は控訴され、既に札幌高等裁判所での控訴審において判決が確定している[14]。

まず事案の概要について説明する[15]。本件は、道路交通法違反、及び危険運転致死被告事件である。被告人は、酒気帯び状態で、平成14年5月13日午後10時5分ころ、函館市内の道路において、普通乗用自動車を運転した。最高速度を時速40キロメートルと指定されている左方に湾曲する前記道路において、前記車両を運転して進行するに当たり、その進行を制御することが困難な時速100キロメートルを超える高速度で自車を走行させたことにより、自車を道路の湾曲に応じて進行させることができず、右斜め前方に暴走させ、道路右側の街路灯等に激突させて自車の同乗者（当時22歳）を車外へ放出させ、よって同人を外傷性ショックにより即死させたという事案である。

弁護人は、被告人がカーブにおいて時速100キロメートルを超える速度で走行しようとする意図を有していなかった以上、危険運転行為についての故意が認められないと主張した。しかし、原審は「本件カーブにさしかかったら減速しようと思っていたとしても、高速走行をしていたがゆえに現実には減速できなかったのであり、被告人は、そのような速度調節という進行制御ができないほどの高速度で本件車両を進行させて本件事故を惹起させて」いるとして、弁護人の主張を退けた。また弁護人は、高速走行を助長する被害者の言動に誘発された側面があるとして争った。しかし、原審は「これらの言動をもってして、被害者に幇助行為や幇助の意思があったとか、被害者が身体の安全という保護法益を放棄したと評価することは到底できない」として、いずれの主張も退け、危険運転致死罪（刑法208条の2）の成立を認めて被告人を懲役3年6ヶ月に処した。

その後、弁護人は業務上過失致死罪（刑法211条）が成立するのみであるとして、①法令の適用の誤りを理由に控訴し、危険運転致死罪の故意の成立について争った。また、被害弁償が確実であることを過小評価していること、他の類似事件と比較しても被告人に対する刑が過重なこと、被告人に寛大な刑を求める嘆願書が多く寄せられたことなど考慮していないとして、②量刑不当を主張して控訴した。

控訴審は、控訴理由の①について、原判決が「被告人が本件当時、客観的に進行を制御することが困難な高速度であることを認識していたことは優に認められる」と述べ、本罪の故意を認めたことは十分首肯できる、として弁護側の主張を退けた。しかしながら、控訴理由の②について、控訴審は、原判決後、保険会社を通じて被害者の遺族との間に示談が成立し、治療費のほか、本件による損害賠償金及び搭乗者負傷保険金が支払われることになったこと、被告人の元同僚や知人ら多数の者が嘆願書を作成していること、被告人の実母が当審公判廷において被告人のために供述したこと等の事実が認められ、これらの事実に被告人のために酌むことのできる事情を合わせ考慮すると、原判決の量刑は現時点においては、やや重すぎることになったというべきであるとして原判決を破棄した上で、本件被告人を懲役3年に処した。

(2) 本件における被害者陳述の分析

(a) 内容

本件判決は、意見陳述に示された処罰感情を直接量刑に掲げている点で、特徴的な事例である[16]。一審判決では、「突如として前途のあった生命を奪われた被害者の無念さは想像するに余りあり、

【遺族である母親の書簡内容】

> 私はAの母です。Aは，私の命でした。私が母親として，Aに最後にしてあげられる事は，この法廷で意見陳述をすることと思い，私は今ここにいます。私は6月10日頃の道新の事故の記事を読み始めて知りました。
> 100km以上のスピードが出ていたと書いてありました。
> Aは「殺された」との思い，怒りが込み上げ，何故，何故，何で■■■■なの■■■■と繰り返し繰り返し思いました。二度と私たちのような思いの家族を作ってはならないと思います。
> 私は，Aに会える日を楽しみに，これから生きていきます。最後に，こう言う機会を与えてくださった事に感謝致します。

※補足：これは，法292条の2に基づいて平成14年8月8日に第3回公判において裁判所に提出された母親Bの書簡の内容である。なお，当該書面は，裁判所に提出されたのみで，直接，公判廷でB本人によって読み上げられることはなかったようである。

被害者遺族らの被害感情も，意見陳述の中にも垣間見られるとおり，非常に強いものがある」として，被告人に不利な情状を挙げ，実刑を選択し，被告人を懲役3年6月に処した。そこで，被害者の意見陳述と供述調書のファクターを分析することにより，一事例ではあるが，被害者の意見陳述制度の現状を把握する素材として本件を紹介したい。

本件において被害者の意見は，警察官に対する被害者の父親の供述調書と，被害者の母親によってなされた刑訴法292条の2に基づく書面による意見陳述（同条7項）という形で提出された[17]。

まず，父親Cの警察官に対する供述調書においては，息子がどのような人格であり，親思いの良い息子であったという「被害者の人格的特徴」について述べられていた。さらに，息子を失ったことによる悲しみなど，「被害遺族の受けた衝撃」，「被害感情」，「その処分については，最大の刑を科して」ほしいという「量刑についての意見」についても述べられていた。その供述内容は表1（事件直後の平成14年5月24日（事件発生日は平成14年5月13日）に警察官に対して父親Cが供述した員面調書の内容と，量刑に影響を与える可能性のある供述内容のファクターに関する表）のとおりである。

そして，本件の母親Bによる公判での書面の意見陳述は，事件を知った時の悲しみの様子と心情（「被害感情」）について語られていた。亡くなった息子である被害者が，遺族である母親にとって，どのような存在であったのか，事件を知った時に怒りが込み上げてきたことなど「被害遺族の受けた衝撃」について書簡の形式で記されていた。その陳述内容は，上記のとおりである。

(b) 分析1

以上のように本件においては，「意見陳述書」と「父親の供述調書」という従来までの制度とを並行する形で，被害者の意見が裁判所に提出されている。

そもそも両者の本質的な違いは以下の点であると思われる。法292条の2に基づく意見陳述は，情状証拠としても利用されるが，その制度趣旨が主として被害者遺族のカタルシス効果を狙って実施されていることである。そのため，反対尋問を経ないで量刑資料とすることができる。一方，従来までの供述調書の提出による被害者遺族の供述

調書や情状証言は，犯罪事実に関連する場合を除いては，遺族の被害感情を情状面で立証するための手段として用いられるものである。

　情状証人として証言させる方式を利用するか，供述調書を証拠として提出させる方式を利用するか，法292条の２に基づく被害者陳述制度の方式を利用するかという，被害者の意見を提出する方法は，おそらく立証趣旨や各検察官の判断，被害者からの意見陳述の申立ての有無によるため，いかなる場合にいずれの制度を利用するかを一概に述べることはできない。ただ，意見陳述制度自体は，立法当初の法制審議会においても被害者感情の緩和，さらには国民の信頼確保，被告人の反省・更生に効果を意図して構築され，被害者問題に配慮した政策的な制度であり，意見陳述の実施後も従来どおり情状証人として被害者を証人尋問し得るということを想定していたことからすれば[18]，当該制度が立証のための有益な証拠資料として利用される意義は薄いと言えよう。従って，本件のように意見陳述と供述調書の両方が提出されることもある。

　次に，陳述及び供述調書の内容に含まれているファクターについて言及する。父親Cの供述調書においては，「被害者の人格的特徴」，「被害遺族の受けた衝撃」，「被害感情」，「量刑についての意見」というファクターが含まれており，公判廷での母親の意見陳述書面においては「被害感情」というファクターが含まれていた。供述内容を見る限り，公判廷での母親Bによる意見陳述書の内容より，捜査段階において父親Cが警察官に対して供述した内容の方が，詳細であった。

　では，なぜ意見陳述書よりも供述調書の方が，詳細な内容であるのかをより具体的に考えてみる必要がある。それには，以下のような複数の要因を推定できる。第一に，制度目的との関連が考えられる。つまり，前述したように意見陳述の立法目的が，被害者へのカタルシス効果の付与にあることからすれば，証拠資料としての性質が強い供述調書と，主として被害者の感情表出を目的とした意見陳述制度とでは，供述調書の方が詳細な内容を記載しておく必要性は高い。従って，公益を代表する捜査機関や訴追機関は，詳細な内容を記録した証拠として供述調書を提出する。また，そのことは情状証言についても同様であり，反対尋問を経ている情状証言の方が，反対尋問を経ない意見陳述よりも，客観的で詳細な内容を聞き出すことができると思われる。第二に，被害者側の内心の問題が考えられる。例えば，供述時期の問題である。父親が警察官に対して供述調書の内容は，事件の直後の平成14年5月24日に供述されたものであり，精神的な衝撃の影響が強い時期といえる。一方，母親の公判廷における意見陳述書面は，平成14年8月9日の被告人の最終陳述後になされたものであり，その間に被害者側の心境の変化があったとも考えられるのである。事件から数ヶ月経過していることからすれば，事件当初の混乱した時期に比べて，精神的に落ち着く時間の経過があるといえるのではないだろうか[19]。また，被害者としては，捜査段階における父親の供述調書と重複する部分もあるため，あえて短文にしたとも考えられる。

(c) 分析2

　次に，被害者の意見陳述書と供述調書が，本件の量刑理由においてどのように作用したのかについて検討する。上述したように原審も控訴審も量刑理由において，意見陳述に示された処罰感情を直接掲げていることからも，量刑資料として意見陳述が用いられたことは推測できる。では，原審や控訴審において被害者の意見[20]はどのように裁判官に伝わり，量刑理由で反映されたのであろうか。

表1：供述調書についてのファクター分析表

項目	父親Cの供述内容（員面調書の内容）	陳述内容のファクター
1	（黒塗り部分）	おそらく父親Cの職業や住所などについて述べているものと思われる。
2	それでは，私の二男Aの生前の様子等について話します。	
3	（黒塗り部分）	
4	息子は2か月に1回位自宅に戻って来たり，3日に1回位の割合で電話をくれたり，親の事をよく心配してくれたとても良い息子だったと思います	「被害者の人格的特徴」
5	（黒塗り部分）	
6	息子は，普段から酒をあまり飲まず，たばこも吸わない子で，交通ルールについては，普段からうるさく言っていたのを覚えておりますし，今回息子が交通事故にあったと電話があった際も，息子が運転して，事故を起こしたものではないと確信は持っておりました。	「被害者の人格的特徴」
7	今回，息子が交通事故で亡くなった状況について，当時，警察署で説明を受けましが，頭が真白な状態で，あまり覚えておりません。 　只今，警察の方から事故状況について再度説明を受け，私達夫婦が，当初，フロントガラスをわって飛び出したものと思っていたのですが，そうでない事が今わかりました。 　私達は，時速60キロメートル位でぶつかったのかと思っておりましたが，只今警察の方から事故状況を聞き，私達が想像した以上に速度が出た状態で起きた事故で，息子の遺体も見ましたが，かわいそうで，顔以外の細かな部分のキズ等はとても見れるような状態ではありませんでした。	事件当時の状況と「被害遺族の受けた衝撃」
8	現在の私達の夫婦の心境についてですが，事故当時にくらべて落ち着いては着ております。 　しかし，事故の事を思うと，運転していたDと言う人は，私達と全く面識のない人で，息子の命を奪ったと思うと，絶対許す事はできません。	「被害感情」
9	私が息子に会ったのは，3月の出張の時が最後となり，妻は4月末に会ったのが最後となってしまいました。 　また，電話で話したのは事故，当日5月13日が最後で妻が電話に出て，「母さん，頼みがある。」との事で，妻が「何」と聞くと，「また電話する。」と言って切ったそうです。	亡くなった息子との最後の別れの様子について語った両親の悲しみなど，「被害者遺族の受けた衝撃」
10	最後に，私達夫婦から見た息子についてですが，一言でいうと，「最高の息子」と思います。 　親思いの子で「尊敬する人は」と聞かれ，「父です。」と答えてくれた等と聞くと，とてもうれしく思い，そのような息子を亡くした事は私達夫婦にとって，大きな痛手であることは言うまでもありません。	「被害者の人格的特徴」と「被害遺族の受けた衝撃」
11	今回の事故は，運転していた人が，飲酒運転の上，交通事故を起こしたと聞いており，正直言って許せません。 　その処分については，最大の刑を科してAの事を一生忘れないでほしいと思いますし，一生事故を起こしたと言う事を忘れないでほしいと思っています。 　私達の息子の死を無にしてほしくありません。	「被害感情」と「量刑についての意見」

ここで，注意しておくべきことは，確かに原審においても控訴審においても，被害者の意見は量刑理由で挙げられているため，裁判官の量刑判断に何らかの影響を与えたと考えることができることである。しかし，これらが量刑資料として用いられた比重は，原審・控訴審共に同じ扱いであるように思われる。あくまで控訴審は，弁護側が量刑不当を控訴理由として訴えた結果，原判決後に生じた被告人に有利な事情[21]を新たに斟酌した結果，原判決を破棄して懲役3年の刑を言い渡したのである。従って，被害者の意見に関する量刑判断の比重を変えたわけではない。しかしながら，原審・控訴審の裁判官が，どのように被害者の意見を受け止めたのかを分析することは，被害者の意見と量刑のあり方を考える上で，参考になると思われるので，この点につき量刑理由を手がかりにして検討を加えていきたい。

原審の量刑理由において，被害者の意見を反映したと思われる箇所として「被害者の遺族らの被害感情も，意見陳述の中にも垣間見られるとおり，非常に強いものがある」という部分がある。一方，控訴審の量刑理由中には，「被害者は当時22歳の①前途有望な若者であったが，②無惨な形でその前途を一瞬にして奪われ③被害者の両親らの衝撃の大きさや深い悲しみは察するに余りあるものがあり，その④被害感情が厳しいのも当然である。」[22]と述べている部分がある。この部分につき両者を対比すると，抽象的な表現を用いた原審の量刑理由よりも控訴審の量刑理由の方が，より具体的に被害者の意見を反映した内容になっていることが分かる。従って，以下では控訴審における量刑理由を素材にして分析していく。

控訴審の量刑理由は，意見の中に含まれるファクターの少ない母親による意見陳述書よりも，ファクターの多い父親による供述調書の内容の方が，より反映されているように思われる。量刑理由の被害者感情に関する部分を分析すると，上記の①「前途有望な若者であったが」という部分は，表1の項目4，項目6，項目10において述べられている「被害者の人格的特徴」についての供述を反映したものと思われる。

また②「無残な形で」という部分は，表1の項目7の「私達が想像した以上に速度が出た状態で起きた事故で，息子の遺体も見ましたが，かわいそうで，顔以外の細かな部分のキズ等はとても見れるような状態ではありませんでした」という「被害遺族の受けた衝撃」に関する情報に基づく内容と思われる。

また，③の「被害者の両親らの衝撃の大きさや悲しみ」という部分は，項目9の息子との最後の別れの様子について語った，遺族の悲しみや，項目7の事件当時の心境について語った部分や，項目10の「私たち夫婦にとって，大きな痛手である」といった部分の，いわゆる「被害遺族の受けた衝撃」というファクターに基づいた内容と思われる。また，この部分については事件を知った時の悲しみの様子と心情といった，母親による意見陳述書の「被害感情などの」「被害遺族の受けた衝撃」とも一致するので，意見陳述書の内容も反映されているように思われる。

さらに，④「被害感情が厳しいのも当然である」という部分は，表1の項目8，項目11に記されている「被害感情」が反映されていると思われる。しかしながら，遺族が表1の項目11において「最大の刑を科して」と述べていることからすれば，被害遺族の「量刑についての意見」は必ずしも反映されているとはいえない。つまり，量刑についての遺族の意見が，量刑決定に過度な影響を与えているような分析結果は見られなかった。

この点から少なくとも本件においては，法292条の2に基づく意見陳述よりも，ファクターの多い供述調書の方が裁判官に多くの情報を伝えてい

表2：公判期日に心情その他の意見を陳述した被害者等（意見陳述に代えて意見を記載した書面を提出させることとした被害者等を含む）の実施に関する統計表

司法年度（1月から12月）	全国統計（高裁，地裁，簡易裁での累計）	陳述形態	陳述形態ごとの実施数
平成13年度	290名	口頭による陳述	232名
		書面による陳述	58名
平成14年度	567名	口頭による陳述	457名
		書面による陳述	110名
平成15年度	729名	口頭による陳述	585名
		書面による陳述	144名
累　計	1586名	口頭による陳述	1274名
		書面による陳述	312名

ることが分かる。

3　実務の状況

(1) 統計

　被害者陳述制度は、どのように運用されているのであろうか。最高裁判所広報課によれば、申請件数や陳述内容などに関しては把握していないため、正式な統計的資料が存在しないとのことであった。しかしながら、被害者陳述の実施件数に関しては、最高裁判所の協力を得て情報を入手することができたため、本稿において紹介する。最高裁によれば、公判期日に心情その他の意見を陳述した被害者等（意見陳述に代えて意見を記載した書面を提出させることとした被害者等を含む）の全国的な統計は、上記の表2（最高裁広報課からの情報に基づいて自作成した）のとおりである。

　また、京都地裁総務課によれば、平成13年度は口頭による陳述が18名であり、書面による陳述は5名であった。平成14年度は口頭による陳述が20名であった。書面による陳述は不明であった。平成15年度の口頭による陳述は33名であった。書面による陳述は不明であった。

　このように概観すると、地方のみならず全国的規模で被害者の意見陳述の実施数は、全体的に増加傾向にあると言える。

　また、陳述形態としては、口頭による陳述と、書面による陳述とでは、口頭による陳述の方が圧倒的に多いと言えよう。これは、当該制度自体が、法制審議会においても当初から口頭で行われることを原則として想定されていた[23]ためであると思われる。

(2) 英米における議論からの示唆

　本件を見る限り意見陳述によって職業裁判官が不当な影響を受けたようなデータは見受けられない。また、前節で紹介したように、当該制度の利用数は増加する傾向である。しかしながら、アメリカやイギリスで指摘されているような多くの実務的問題点がそこには内在する。

　例えば、日本における将来的な問題として裁判員制度導入後、意見陳述制度を利用することは裁判員に対して過度な影響を与えかねないという懸念もある。

　これに示唆を与えるものとして、アメリカの連邦最高裁で、死刑事件において被害者衝撃陳述（Victim Impact Statement）を利用することは違

憲ではないかと批判され，その合憲性が問題となったことを挙げる。1987年のブース判決[24]においては，死刑事件の量刑手続にVISを量刑資料として用いることが，残虐且つ異常な刑罰を禁止した合衆国憲法修正八条に違反する，と判示され，量刑資料として被害者の供述が適切であるか否かが議論となった。この事例においてはメリーランド州法に基づいて，VISが提出されたわけであるが，VISは，①陪審の関心を被告人の経歴，前科・前歴及び犯罪の具体的状況に照らして死刑が妥当か否かを決定する任務から逸らせてしまうおそれがあり，②陪審の感情を過度に刺激し，被告人に関連する証拠に基づいて事件を決定するという任務から陪審の関心を逸らしてしまうため，合衆国憲法修正第八条に違反すると判示したのである。しかし，1991年になると，ペイン判決[25]において，修正第八条は死刑事件の公判の量刑段階で被害者の家族の感情的な衝撃，及び被害者の人格的特徴についてのVISを用いることを禁止するものではないと判示され，ブース判例は覆されることになった。

確かに，ペイン判決では，ブース判決を覆し，死刑選択の手続において被害者の特性および犯罪行為が遺族に与えた影響のような被害者衝撃証拠（victim impact evidence）を考慮しても，修正8条違反にはならないと判示した。しかしながら，被告人の量刑に関する遺族の意見（victim opinion statement）については，ペイン判決において提出されなかったため，遺族の感情的な量刑意見を反映することについては判断されず，ブース判決の考え方が維持されたと考えられる[26]。

このようなアメリカでの議論から考えると，日本においても裁判員制度が導入された場合，裁判員たちが被害者の感情に影響を受けて，適切な量刑判断ができない可能性もあるのではないだろうか。例えば，事実認定と量刑決定の手続二分をしていない法制度下で，一般市民が裁判員として関与することに「量刑に関する被害者の意見陳述を認めることは，有罪方向での予断と偏見を生じさせるおそれがある」と懸念し，このこととの関係で手続二分を採用する必要があると指摘する意見もある[27]。

一方，政策的な観点から示唆を加えるものとして，イギリスでは1996年の被害者憲章の下で，Victim Statementの実験が行われた点に注目する[28]。その際の評価研究によれば，VSを提出した被害者のうちで，審理の終結時には後悔する被害者が急増したという結果が得られた[29]。それは，被害者に接した警察官の態度に対する不満であったり，VSについて充分な知識が与えられていなかったことへの不満であったり，量刑に対する被害者の意見が反映されなかったことへの失望というものが原因として挙げられた。

他方で，警察官が，家庭内暴力の事件に思いやりのある態度で接しなかったということや，被害者の述べたことを正確に記録しなかったため，一部の被害者が警察官に不信を抱いたということも報告された。また，被害者が，大いに関連するものであると思う家族の経歴についての情報を，VSを受け取った警察官が独断で関連性がないと判断して，VSに含めないということを被害者に告げたことに，家庭内暴力の被害者は，失望させられたようである[30]。

また，VSの内容には，まだ法廷で明らかになっていない重要な証拠は含まれておらず，裁判官たちは，VSの情報を量刑に反映させることができなかった。VSに含まれている情報は，すべて他の証拠で立証できるものであるため，VSは有益な証拠資料として判断されなかったのである[31]。

このように考えると，イギリスで提起された問題点は日本においても懸念されるべき論点である。被害者が陳述を行った際に満足をしていても，

その後の判決内容に満足せず，逆に失望させられる可能性もある。警察官や検察官の訴追者側が被害者へ理解を示した上で対応すれば，必ずしも被害者の意見が直接に法廷において読み上げられたり，意見陳述書面が直接に提出されなくとも，被害者の満足度は低下しないということも考えられる。むしろ，公益の代表者である検察官が，被害者の利益と公共の利益とを調整する役割を果たす方が望ましいのではないだろうか。

また，本稿で紹介した事案においても同様に，被害者意見陳述に含まれていた情報は，提出された供述調書に含まれている情報であり，まだ明らかになっていない新たな情報は含まれていなかった。むしろ，意見陳述書よりも供述調書の方が，詳細な内容であり，多くの情報を含んでいた。そのことは，VS実験で指摘された問題点と共通する部分である。

本節においては，英米における議論を手がかりに今後の実務的な問題点を指摘した。このように，依然として被害者意見陳述という制度は，運用上も多くの問題点を含んでいるのである。

4　おわりに

(1) 意見陳述制度の意義

本稿において紹介した事例においては，被害者の意見陳述によって職業裁判官の心証が影響を受けたという分析結果は見られなかった。しかし，将来的な問題として裁判員制度導入後に，意見陳述が裁判員の心証に不当な影響を与えることなく，適切な証拠として有益なものになるか否かは不透明である。

確かに現時点で統計上は，表2の資料からも明らかなように，法292条の2に基づく意見陳述制度は広く利用される傾向にあり，また，量刑事由として斟酌されているようである。従って，実務的にも利用頻度の高い制度になりつつあると言えるのかもしれない。

しかしながら，刑事手続内での意見陳述制度の存在意義には疑問がある。本件でも意見陳述書の内容よりも，供述調書の内容の方が詳細であったことや，供述調書の内容の方が量刑理由に反映された部分が多かったことからすれば，必ずしも意見陳述に頼らずとも，情状証言や供述調書によって被害感情を量刑面で斟酌することは可能である。また，イギリスのVS実験で指摘された問題点のように，日本の被害者意見陳述書にも，裁判官が期待する新たな情報というものは含まれておらず，意見陳述に含まれる情報は供述調書に含まれている情報で立証できる内容であった。

これらの点から考えると，現行の法292条の2に基づく意見陳述制度の存在意義に疑問を感じざるを得ない。

また，本件における被害者陳述の内容が書簡の形式であったことから，直接，口頭で感情的に述べる方式よりも，手紙などの書面による陳述方式の方が冷静な内容を伝達しうるように思われる。

(2) 今後の運用に関するあり方

さらに，当該制度への懸念として，以下のような意見が指摘されている。例えば，被害者側の状況を量刑に斟酌する方法として被害者の意見のみが取り入れられることは，不相応な厳罰化が起こる可能性もあるし，量刑が被害者の思い通りにならなかった場合，被害者の失望感が増す可能性もあるというジレンマもあるという意見[32]もある。このような問題は，究極的には被害者の利益と訴訟利益の調和点をどこに見出していくかという点に帰着するであろう。

また，これまでのように量刑において個々の被害感情の強弱を重視するのではなく，被害者側の客観的な被害状況ないし影響を量刑の基礎として取り入れ，被害情状の客観化を図ることにより，

より合理的で公平な量刑を実現することが望ましいとする意見[33]もある。確かに，本稿で紹介した事案で証拠として提出された父親の供述調書の内容も，被害感情の強さを述べることに重点があり，どのような被害状況であるのかという客観性に欠ける内容であった。裁判員制度の導入を視野に入れた場合，感情的な量刑資料は恣意的な判断を助長しかねない。

そもそも職業裁判官によってなされてきた量刑判断は，広範囲の法定刑の下限と上限との間で任意的に選択されるのではなく，経験的に想定される極めて限定された幅の中で具体的な刑が量刑相場として決定されてきたものである[34]。公正な量刑判断をするためにも，客観的な量刑資料のみを心証の形成に用いることが重要である。それに反するような量刑判断は，量刑不当として破棄されるべきである（法381条，411条2号）。特に重大事犯においては，被害者感情が厳しいのは当然である。判断の際に注目するべき内容は，被害者がどのような被害によって，どのような影響を受け，その結果どうしてそのような被害感情を抱くように至ったのか，という点である。つまり，重要なことは，これらの資料を冷静に判断できる客観的な心証形成過程を促進することであると思われる。

(3) 若干のコメント

上述してきたように現行の意見陳述制度のような刑事司法における被害者救済は，被害感情を煽ることはあっても，真の被害者救済になるものではないと思われる。法廷での意見陳述のみが，遺族のカタルシスになるとは思えない。真の被害者救済のためには，刑事手続に参加することのみで考えるのではなく，精神的・社会的・経済的救済を課題として社会全体の援助なども視野に入れた上で，様々な救済を包括的に検討していく必要があるのではないだろうか。適正な裁判がなされることにより，適切な処遇がなされるのである。そのことは，犯罪者の更生を促し，被害者への反省の念を抱くことにもなり得よう。被害者への反省なくして，犯罪者の更生はあり得ず，犯罪者への適切な処遇なくして，真の被害者救済はあり得ない。

法務省の「犯罪被害者のための施策を研究する会」では，刑事手続への被害者等の関与のあり方についても，幅広い議論がなされている。そこでは，被害者が被告人に対して法廷で質問を行うことができる「質問権」についても議論されており，例えば，被告人が黙秘権を行使した場合に被害者が余計に傷つくことにならないか，被告人も被害者に不快な反対尋問を行うなどしてお互いが感情的にならなることもあるという意見，さらには，被告人の悪性が高い場合，否認や黙秘によって被害者の期待した結果が得られなくなり，無意味になってしまうということも指摘されているようである。他にも，検察官と被害者が，主張する訴因において対立した場合など訴因の設定権をどのように位置づけるのか等，様々な議論がなされ，結局，被害者の位置付けをどのようにするのかという問題に議論が及んでいる[35]。本稿で取り扱った意見陳述は，被害者の訴訟参加に近い形態であり，そこに内在する問題点を分析することは，将来の議論との関係において，極めて有益なものであると考える。

1 以下では，文脈に応じて当該制度を，「刑事訴訟法292条の2に基づく意見陳述」という表現や，「被害者陳述」，「意見陳述」という表現等で略称することもある。なお，法292条の2に基づく意見陳述と，供述調書などによって被害者の意見が証拠として提出される場合も含めて，単に「被害者の意見」と総称することもある。
2 以下では，「犯罪被害者」のことを，「被害者」と

略称することもある。また，「犯罪被害」の定義については様々な捉え方があろうが，ここでは便宜上，被害者の遺族なども含めて「被害者」と総称する場合もあるので，あらかじめお断りしておく。
3　日本経済新聞・朝刊2003年8月28日39面，東京読売新聞・夕刊2003年8月1日2面等。
4　拙稿「刑事司法における被害者陳述の研究」龍谷大学大学院　法学研究（2002年）第4号141～159頁参照。
5　事件関係者のプライバシーに充分配慮して論じたいと考える。また，本稿を執筆する上で最高裁判所，京都地方裁判所，函館地方検察庁，法務省などの関係者にご協力いただいた。
6　松尾浩也編著『逐条解説　犯罪被害者保護二法』（有斐閣・2001年）104頁〔酒巻匡＝甲斐行夫＝神村昌通＝飯島泰執筆〕。
7　松尾浩也編著・前掲注（6）108～109頁。
8　松尾浩也編著・前掲注（6）26頁。おそらく，文言上も同条9項を反対解釈すれば，量刑に用いることはできるという解釈になりうるし，特に制限も設けられていないという解釈があるのであろう。また，日本の実務においては量刑判断の資料は自由な証明で足りるとされているため，言いっぱなしの当該制度から得られた陳述内容であっても，量刑資料として用いることを禁止しなかったのであろう。
9　『法制審議会刑事法部会第78回会議議事録』42頁。
10　松尾浩也編著・前掲注（6）26頁。
11　松尾浩也編著・前掲注（6）108頁。
12　松尾浩也編著・前掲注（6）107～108頁。
13　本件は以下でも紹介されている事例である。判例タイムズ1108号297頁掲載，判例時報1818号176頁掲載，水谷規男「最新判例演習室・刑事訴訟法―危険運転致死罪における被害者意見陳述と量刑」法学セミナー2003年48巻1号120頁。
14　平成14年（う）222号。控訴審に関しては，刊行物未掲載。
15　判例タイムズ1108号297頁，判例時報1818号176頁，水谷・前掲注（13）120頁。
16　水谷・前掲注（13）120頁。
17　被害者ご遺族や関係者のプライバシーに充分配慮して，被害者の仮名をAとさせていただき，遺族である母親の仮名をBとし，父親の仮名をCとさせていただく。また，被告人名はDとした。なお，以下では陳述内容や供述調書の内容を紹介するが，資料を閲覧した際に保管検察官によって黒塗りされていた部分は，（黒塗り部分）と表示しておいた。但し，名前など推定できる部分については，仮名を表記しておいた。
18　議事録・前掲注（9）35頁を参考。
19　もちろん，時間の経過があれば精神的な衝撃が必ず和らぐというわけではない。
20　ここで言う「被害者の意見」とは，証拠として提出された被害者側の意見を指しており，法292条の2の意見陳述も，供述調書も含めた意味で用いた。
21　一審判決後に生じた被告人に有利な事情としては，保険会社を通じて被害者の遺族との間に示談が成立し，治療費のほか，本件による損害賠償金及び搭乗者傷害保険金が支払われることになったこと，被告人の元同僚や知人ら多数の者が嘆願書を作成していること，被告人の実母が当審公判廷において被告人のために供述したこと等を控訴審は挙げている。
22　裁判書には番号は記されていなかったが，分かりやすいように筆者が番号を付けた。
23　議事録・前掲注（9）35頁。
24　Booth v. Maryland, 482 U.S.496(1987)
25　Payne v. Tennessee, 501 U.S. 808(1991)
26　なお，VIS, VOS, VSの区別についての説明は，前掲・拙稿「刑事司法における被害者陳述の研究」龍谷大学大学院　法学研究（2002年）第4号142～144頁参照。
27　福島至「犯罪被害者意見陳述制度の検討」刑法雑誌42巻1号（2002年）94頁。
28　このVS実験についての詳細は，前掲・拙稿「刑事司法における被害者陳述の研究」龍谷大学大学院　法学研究 第4号（2002年）146～149頁。
29　C.Hoyle, E.Cape, R.Morgan, A.Sanders, Evaluationn of the 'One Stop Shop' and Victim Statement Pilot Projects, (1998), London, Home

Office Research,Development and Statistics Directorate, p.32.
30　Ibid., pp.30-31.
31　Home Office, Conference Report: The Role of Victims in the Criminal Justice Process (13-15 September 1999, Shrigley Hall Hotel Macclesfield), Liverpool, Home Office Special Conferences Unit, pp.34-36.
32　斉藤豊治「被害者問題と刑事手続」季刊刑事弁護22号（2000年）96頁。
33　判事の経験を有する原田氏は，「激しい被害感情をもっていること自体ではなく，被害を受けたことにより，平素の生活にどのような身体的，精神的，経済的あるいは社会的な支障が生じているかを問題とするべきである」と述べている。原田國男著『量刑判断の実際』（現代法律出版・2003年）145～146頁。
34　松本時夫「量刑の手続」能谷弘・佐々木史朗・松尾浩也・田宮裕編『公判法大系Ⅲ』第3編・公判・裁判（2）（日本評論社・1975年）59頁。
35　法務省「犯罪被害者のための施策を研究する会」第4回議事録10頁，別添3の1～8頁。

英文要旨
Summary: On "Victim Impact Statement" in the criminal procedure of Japan
: What VIS is and what its practice should be

Key words: VIS, Victim Impact Statement, Victim Impact Statements, Victim Statement, Victim Statements, VS

Shinsho YOSHIMURA

Ryukoku University, Doctoral Course

In Japan Victim Impact Statement －VIS: for convenience, I use "VIS" as a general term－ was introduced by enactment that make proposal into criminal procedure law in 2000. VIS was a design for catharsis. This VIS is not the same as understood in some other common law jurisdictions. Indeed, according to statistics by the Supreme Court, practical number of using VIS is increasing at courts in Japan. For too long, victims of crime have not been given the proper support and protection. This condition must be improved. Should victims, however, participate in criminal process?

The purpose of this study is to investigate how VIS put into practice at criminal proceeding and to suggest a view of future. VIS is a sentencing tool as seen in the USA. Primarily, by VIS, Victim can state what physical, financial, and psychological effects the offence had on them or their family.

I analyzed documents on VIS from particular case law. I was found VIS is provided to court by two documents that were VIS and a record made by police officer. But, VIS isn't included appropriate information. Few VIS contained significant material. It was not so much appropriate evidence. In this case, VIS includes victim opinion statement to defendant should receive. I find it dubious that VIS is proper material at sentence. Decision maker should use the appropriate information. Factors of VIS are not objective. That paper made by police officer is detailed than VIS. So far, decision makes have taken into account arbitrary information at sentence rather than objective information for appropriate sentence. I think that sentence material should be objective. But a problem to be solved is how judge or decision maker extract objective information from information for victim.

As a result, it follows from this study that VIS is not appropriate evidence for sentence and defendant rights. And, further study of victim position in criminal procedure should be needed.

研究ノート

布川再審事件について
柴田五郎

神経科学における発展は生命倫理と生命権に影響を及ぼしうるか？
ヨアヒム・R・ヴォルフ
(Joachim R. Wolff)

金尚均+石塚伸一［訳］

Deaths in Custody in Japan: How can we prevent practices and procedures conducive to abuse the power?
Itaru FUKUSHIMA

刑事弁護の原点研究
正木文庫の意義
村井敏邦

刑事施設内の人権救済制度に関する一考察
拷問等禁止条約選択議定書から見る行刑改革会議提言
桑山亜也

「法教育」の展開と課題についての若干の考察
江口勇治

研究ノート
布川再審事件について

キーワード: 再審, 自白

柴田五郎 弁護士

はじめに

(1) 第4回刑事弁護実務研究会

2003（平成15）年12月4日矯正・保護研究センターで開催された第4回刑事弁護実務研究会で布川再審事件を取り上げていただいた。

最初に弁護人の一人である筆者と再審請求人の桜井昌司・杉山卓男の両氏が「布川再審事件の現状と課題」について報告を行い，ついで「再審の重い扉をどうこじ開けるか」について討議が行われた。

報告と討議の中では，下記のような本件の特徴（それは多くの冤罪に共通するものであるが）が明らかにされると共に，裁判官に対する具体的な論証・説得の過不足と改善方法に至るまで熱心に話し合われた。本稿は以上の報告と討議を基にして加筆したものである。

(2) 布川事件の概要

今から37年前の1967（昭和42）年8月30日朝，茨城県北相馬郡利根町大字布川で，一人暮らしのT老人（当時62歳）が自宅で殺され室内が物色されているのが発見された。身元捜査などの結果，犯行時刻は8月28日夜から29日朝と想定された（以下本件という）。捜査は難航したが，同年10月中旬，地元の不良（？）青年だった再審請求人桜井昌司君（以下桜井という）が窃盗・同杉山卓男君（以下杉山という）が暴力行為の別件で逮捕・勾留され，別件に続いて本件を追求され，否認と自白を繰り返した後，同年12月28日起訴された。二人は翌年第一回公判以降一貫して無実を訴えたが，1988（昭和53）年上告棄却，無期懲役が確定した。二人は千葉刑務所で受刑の後，1996（平成8）年に逮捕以来29年ぶりに仮釈放された。

二人は2001（平成13）年に第2次再審を申し立て，現在水戸地方裁判所土浦支部で事実調べが行われている（経過の詳細は後掲220頁資料「布川事件経過表（その1）」を参照）。

(3) 布川事件の特徴

本件も，他の多くの冤罪事件と同じく次のような特徴を持っている。

①物的証拠がない

②唯一の直接証拠は自白調書のみであるが，その任意性も信用性もない。

③いくつかの目撃証言は，目撃したこと自体に疑問があり，あるいは別の日の出来事と混同したもので信用できない。なおこれらは直接証拠ではないのにもかかわらず自白調書の補強証拠，アリバイ排斥の証拠，更には犯行の情況証拠と3つもの役割を負わされている。

(4) 確定審の特徴

①有罪の強い予断と偏見にもとづいている。

②その結果として有罪方向の証拠を盲信・重用し，無罪方向の証拠を徹底的に軽視・無視している。

③証拠構造は極めて弱い。

④判決文は，無罪の主張を排斥するのに汲々とし，有罪の具体的証拠を挙げての論証を放棄している。有罪証拠と無罪証拠の信用性を比較検討するに際してダブルスタンダードを用い，証拠をつまみ食いし，論理的にも前後矛盾するなど，極めて「出来が悪い」。

(5) 再審の現状

周知のように，白鳥・財田川決定は，再審について次の3つの原則を確立した[1]。

一つは新証拠の孤立評価ではなく新・旧両証拠の総合評価を，二つは旧証拠に対する旧心証の引き継ぎではなくて再評価を，三つは「疑わしきは被告人の利益に」という刑事裁判の鉄則の採用である。

しかしながら上記原則は，その後の刑事再審の実務においては，検察庁や裁判所の一部からの相呼応した限定的再評価説の攻撃の前に危うい状態にある[2]。

今や，上記原則にたちかえりこれに依拠して，冤罪の救済という再審制度の本来の機能を取り戻すことは，刑事裁判の実務家・研究者の急務と言えよう。

弁護人らは今次再審において5つの論点（①指紋などの物証，②殺害方法とその順序，③ガラス破損などの偽装工作，④目撃証人とアリバイ，⑤自白調書の任意性と信用性）について新証拠を提出した。

これら新証拠と旧証拠を総合して判断するならば，確定審認定事実に合理的疑いが生じることは明らかと確信している。

1　物証（指紋など）がないのは有罪の証拠か
(1) 現場の状況

事件発覚直後に行われた実況検分の結果によれば，現場からは被害者の死体そのものはもとより，その首に巻かれていたパンツ，口の中に押し込んであったパンツ，指紋・毛髪などなど数十点の物証が採取された。しかしそれらの中に請求人らと犯行を結びつけるものは何一つない（採取された43個の指紋のうち，関係者と一致したもの9個，他の34個は対照不能とされている）。請求人らの身辺に被害者との関連物なども一切存在しない。

(2) 確定審の攻防

弁護人らは，自白調書の記載のように「真夏室内で素手で被害者の首を絞めて殺害し，素手で室内の木製机や金属製ロッカーを物色し，中の紙類かきまわして現金を見つけて盗ったと言うのに，一致指紋が一つも出ない」「便所の窓から飛び降りて逃走したと言うのに，窓下に足跡もない」「これらの事実は常識的に理解できない，無実の証拠だ」と主張した。

これに対し，確定審（以下特に審級に言及した場合を除き三審決定をいう）は，次のように判示する。

「指紋43のうち9を除いては対照不能，被告人以外に犯人がいるのではないかと疑わせるものはない。また指紋により犯人を特定することができないからといって，被告人らの犯行を否定するわけにはいかない」

この確定審の論理は，明らかに「無罪の証拠がないから有罪」と言っているのと同義である。

有罪の立証責任は警察・検察にある。裁判所の役割は，有罪の立証が不充分な時は無罪の判決をして人権を保障することにある。しかるに立証責任を転換して被告人に無罪立証の責任を負わせるなど，許されることではない。はたしてその後に出された鹿児島事件最高裁判決は「犯行現場に被告人の指紋が一つも遺留されないことは常識上理解し難い，このままでは自白の信用性を認めがた

い」として，審理不尽を理由に有罪判決を破棄して差し戻し，差し戻し後の高裁はこれを無罪とした[3]。

(3) 新証拠

今次再審で弁護人らは，社団法人未踏科学研究所荒居茂夫理学博士の指紋再現実験の結果報告書を提出した（新証拠1ないし3）。

現場を再現し，請求人らに自白調書どおりの物色をさせ，指紋を採取・照合をした。結果は照合してみる価値のある桜井の指紋が84個採取され，内11個が桜井と一致した。この新証拠に照らし，現場から一致指紋が一つも出ないということによる犯人性への疑問は，極まったと言う他はない。これはまた，自白調書が客観的事実と決定的に矛盾し，信用できないことを明らかにするものでもある。

ところで弁護人らは今次再審で，36年ぶりに毛髪鑑定書2通を開示させた。

これによれば，現場から採取された8本の毛髪のうち2本は被害者のもの，他の6本は被害者のものでも請求人らのものでもないことが明らかになった。すなわち犯行時・犯行場所に第三者（犯人の可能性が強く推定される）が存在したことが明らかになり，確定審の「被告人以外に犯人がいるのではないかと疑わせるものはない」との判断は維持し得ないことになった。

2 自白調書と客観的事実の食い違い（その1）殺害方法と順序——絞頚か扼頚か

(1) 現場の状況と確定審の判断

被害者の首にはパンツなどが巻かれており，また口のなかにもパンツが押し込まれていた。パンツは首を一巻きはしているものの，一見首に当てただけのようにも見えた。警察は，まず被害者の口封じにパンツを押し込んだもの，次いで首を絞めるにはパンツでは短かすぎて不可能とみて，首にパンツを当てて手で絞めた（扼殺）と想定し，同旨の自白調書を何通も作成した。検事は最後の調書で「首にパンツを当てたのかどうかはっきりしない」と，この点をボカシた。確定審は警察の作成した自白調書を根拠に「口にパンツを詰め，ついで手で首をしめて扼殺した」と認定した。

(2) 新証拠

今次再審で弁護人らは，凶器であるパンツを開示させた。パンツを斜めにして計測してみたら67センチもあった。被害者の首を一巻きして絞めるには十分な長さである。口に押し込んであったパンツも木綿製のゴワゴワしたもので，こんなものを無理やり口に押し込めば，口の中や周囲になんらかの傷がつくであろうことは，即座に納得できた。しかるに被害者の口の中や周囲にはなんの傷もなかった。これは被害者が例えば仮死状態にあったなどの何らかの事情で抵抗力を失った後にパンツが押し込まれたことを意味する（これら絞頚の可能性や死体の口の中やその周辺に傷がなかったことは，もともと確定一審で検察側から提出された秦医師の「鑑定書」に記載してあったものであるが，今まで誰からも問題にされなかった）。

また弁護人らは今次再審で，新証拠として木村康千葉大医学部名誉教授の「殺害方法は絞頚で，口の中の布は仮死状態で詰め込まれた」とする意見書を提出し，同教授の証人尋問を実施させた。

また秦医師作成にかかる死体検案書も36年ぶりに開示された。解剖当日付けで「絞痕あり，死因は絞殺（の疑い）」と書いてあるではないか。

3 自白調書と客観的事実との食い違い（その2）——偽装工作

(1) 現場の状況と自白調書

犯行現場家屋の玄関は施錠されていたが，勝手

口の出入り口の戸は施錠されていなかった。死体のあった8畳間と隣の4畳間の間のガラス戸は2枚とも外れ，1枚は4畳間側に倒れ，1枚は4畳間のミシンに立て掛けられ，両方の何枚かのガラスが割れていた。1枚のガラス戸の枠の一部が壊れていた。また便所の窓の2枚の引き戸の内の1枚が開けっ放しになっており，その外側の木製桟2本が外され窓下に落ちており，窓の下には踏んだような跡があった。実況検分調書には「（勝手口と便所の窓の）いずれが侵入口で逃走口か判別できない」と記載されていた。

警察は，ガラス戸は犯人が故意に外した，ガラスを外そうとして足で蹴った際にガラスが割れた，犯人の一人は便所の窓から逃走した，それらの理由は「誰か他の人間が侵入して犯行に及んだ」と見せかけるための偽装工作と想定して，同趣旨の自白調書を多数作成した。

(2) 確定審の攻防

弁護人らは「ガラス戸外しや便所からの逃走は，偽装工作としての意味をもたないこと，外そうとして蹴ったくらいではガラスは割れないこと，便所の窓は狭くて出入りに困難である上に，侵入を試みた跡としてはともかく，逃走口とは考えられない」ことなどから，自白調書の内容は著しく不自然不合理で，信用できないと主張した。

確定審は「便所窓からの逃走が偽装工作としての有効性をもたないことは指摘のとおりであるが，凶行直後の興奮，狼狽の心理状態の下ではあながち不自然とはいえない」「ガラス戸をはずす状況についての供述内容がガラス戸の倒れている状況，ガラス戸が割れて落ちている状況及び位置関係などの客観的状況に符号することは原判示のとおり」として，自白調書の信用性を認めた。

(3) 新証拠

今次再審で弁護人らは，岐阜高専の新井英明教授の「ガラス障子実験報告書」，東京理科大工学部直井英雄教授・同河合直人助手の「ガラス戸の破損に関する鑑定書」を提出した。また河合直人氏の証人尋問を実施させた。その結果は「ガラス戸を外そうとして蹴ってもガラスは割れない，枠は壊れないこと」「むしろ格闘や立ち回りなどにより身体がガラス戸に倒れかかったりした際に現場と同種の破損が生じる可能性が強いこと」などが明らかとなり，確定審認定の誤りが明らかになった。

4　目撃証人

(1) W証人

「想定犯行時刻（午後9時ころ）の前の午後7時半ころ，バイクで時速30キロで被害者宅前道路を通りかかった際，道路と被害者宅の間の溝を挟んで二人の男が立っていた（往路目撃），犯行時刻の午後9時ころ同じ道を帰って来たが何か不吉な予感がしたので100メートル程手前でバイクを止め被害者宅前の道路を見たところ，大小二人の男がいたが左右に別れて消えていった（帰路目撃）。いずれも請求人らである」と証言したW証人がいる。この証言は，一方においてアリバイ否定の根拠，他方で犯罪の状況証拠，更には自白の補強証拠と，極めて重要な役割を負わされている。

このW証人は「確定一審の第一回公判で請求人らが犯行を否認した後に始めて目撃事実を警察に申告した」といい，又その目撃内容も証人尋問の都度変遷を重ねるなど極めてあやふやなものであった。

(2) 確定審の攻防

確定二審は，弁護人らの申請により現場で目撃状況の再現・検証を実施した（但し往路目撃の再現状況は，弁護人の運転するバイクの荷台に裁判

官の一人が乗って，被害者宅前に立たせた男（検証に同行した地元の男性）の目撃・識別の可否を検証するという，極めて非科学的なものであった）。結果は「往路は目撃・識別可能（バイク荷台に同乗した前記裁判官の弁），帰路は目撃・識別不可能」であった。

弁護人らは「証人の現れ方の不自然性，証言内容があやふやで変遷極まりないこと及び帰路については『客観的に目撃不能の事実を目撃したと言い張り』到底信用性できないこと」などから，往路供述も信用できないと主張した。

確定二審は「帰路に関する証言内容には失念や混乱がありまた何人であるかの識別は不可能と認められるが，だからと言って往路供述まで疑う所論は相当でない」とし，確定三審は「帰路供述部分の全面的採用はしばらく措き，往路供述を十分信用できるとした原認定は合理的なものとして是認しうる」として，いずれも信用性ありとした。

(3) 第1次再審

第一次再審で，8月30日の事件発覚直後犯人不明の時期におけるW証人に対する聞き込みの結果を記載した捜査報告書が2通開示された。事件直後の9月3日及び30日段階ではW証人は「当夜バイクで被害者宅前を往復したが不審者は見なかった」旨供述していたことが，明らかになった。但し9月30日にはW証人は請求人の一人である杉山の名をあげて「彼の仲間を捜査してみたら」とも供述していたという。第一次再審で裁判官はこれを「W証人が請求人らを目撃したことを警察に申告しなかったことの証拠」とし，W証人の信用性を補強するものとした。いやはや恐れ入った論証である。杉山は当時近隣で有名な不良・乱暴者であったから，あいつが怪しいくらいの噂がたったところで，何の不思議もない。

(4) 新証拠

今次再審で弁護人らは，日本大学文理学部心理学研究室厳島行雄教授作成の「目撃証言に関する鑑定書」を提出した。20歳前後のバイク通学の学生75人を被験者としてW証人の往路目撃状況を再現し，道路脇に立っている男性の目撃・識別の可否を実験により確かめたものである。結果は識別出来た者は10％以下（それはこの実験の偶然確率と大差ない）で，90％以上は識別不可能であった。また心理学の知見に照らせば，確定二審の実験・検証の方法は，「被験者を後部座席に同乗させたこと，識別の可否を意図していたこと，1回しか実験をしていないこと」など，実際の目撃状況とは条件に大きな違いがあり，問題点が多いこと，そもそもW証人の目撃条件は，「夜間・短時間・バイク走行時・非意図的など著しく劣悪」でその供述の信用性は低いとの意見が付された[4]。

その他利根川土手に登る石段の道や最寄り駅前，駅のホームなどで請求人らを見かけたとする証人らの供述は，その内容がすべて請求人らの日常の行動に関するものであり，また目撃から40日以上も後になって，請求人らの自白調書の裏付けとして作成されたものなので，もともと信用性の薄いものである。

5 アリバイ

(1) 請求人らの主張

桜井は，本件犯行当夜は午後7時ころ東京の山手線高田馬場駅前の「養老の滝」で飲食し，同8時過ぎころ西武新宿線野方駅近くの兄（桜井賢司）のアパート（以下アパートという）に着き，午後9時ころから野方駅近くにある兄の勤めるバー「ジュン」で約1時間飲み，10時半ころアパートに帰ったところ，杉山が来ていた。

杉山は，当夜午後7時過から西武新宿線新井薬師駅近くの映画館「薬師東映」で「クレージーの

黄金作戦」など3本の映画を見，途中タバコを買うために一度外に出た時小雨が降っていた。午後10時過ぎアパートに戻ったら，しばらくして桜井が酔っ払って帰ってきた。

11時過ころ腹が減ったので二人は相談の上，桜井が窓越しに隣のアパートの2階に忍び込み，缶詰を盗んで来た。

二人のこれらのアリバイ主張の要旨は，自白調書を作成した一時期を除けば，捜査・公判を通じ一貫して述べられていたものである。

(2) 確定審の判断

確定二審は「犯行時刻近く，犯行現場近くで請求人らを見たとする目撃証人らの供述・証言に照らし」「映画の題名に一部くい違いがある」「桜井の兄賢司は桜井がバー「ジュン」に来た時刻につき法廷では10時過というが，検面調書には12時の閉店近いころの11時半ころとの記載があり」「隣のアパートに忍び込んで盗ってきた缶詰の中身があやふや」「アリバイ工作の余地もあった」などを理由にアリバイを認めなかった。確定3審もほぼ同趣旨の理由を上げて，原判断を相当としている（40日前に見た3本立の映画の題名を，誰が正確に覚えているだろうか？）。

(3) 自白調書と新証拠

ところで自白調書によれば「請求人らは犯行後，布佐駅午後9時50分ころ発の上りの電車に乗り，常磐線・山手線・西武新宿線を乗り継いで午後12時近くに野方駅前のアパートに逃げ帰った」とされている。警察官が上記経路を上記時間に実際に乗車してみた結果は，野方駅着午後11時47分であった（沼尻道夫ほか昭和42年12月14日付け捜査報告書）。布佐駅で次の上りの午後10時53分発の電車に乗ったのでは，当夜中に野方駅には着けない。

今次再審で弁護人らは，前記バー「ジュン」のママさんFの供述調書を開示させた。これには「店に桜井が来たのは午後11時半ころ」と明記してある。請求人らがアパートに着いた（在所した）のが，午後10時台であるか否かはともかくとして，少なくとも「午後11時半には桜井は既に野方駅近くのバージュンに在所したこと」が明らかになったのであるから，自白調書及び確定審認定の「請求人桜井が布佐駅午後9時50分発の上りの汽車に乗り，常磐線・山手線・西武新宿線を乗り継いで（午後11時47分過ぎに）野方駅に着いてアパートに逃げ帰った」との事実はこれと時間的に両立せず，自白調書は信用性を失ったばかりか，請求人らのアリバイも証明されたと言うべきである。

6　自白調書の任意性と信用性
(1) 確定審の判断

確定審の各裁判官が，本件について有罪の心証をとった唯一最大の証拠は，自白調書であったろうと思われる。確定三審は任意性について「警察官らは強制，誘導などの取り調べを否定している」「厳しい追及，深夜・長時間の調べがないのに，いちはやく自白した」「勾留質問時も自白」「自白の録音テープもある」「アリバイを尋ねたところ自発的に自白」「極刑も予想される重罪事件について取り調べ開始後きわめて早い時期に自白したことは，その自白が任意になされたことを推認させる有力な事情」などと判示した。また信用性については「犯人が犯行状況の細部についてまでいちいち正確に把握していないということもあり，また故意に虚偽の供述をまじえることもありうるところであり」「奪取金額などに関する変遷の由来は，迎合供述・でまかせ供述・否認のあしがかりにしようとする故意の変転など色々な態様がある。本件は故意による変転である」「（請求人らの）自白内容は，検証調書，実況見聞調書，鑑定書によって認められる現場の客観的状況，死体の状況

に一致しており，それらの間に矛盾がないので，信用出来，相互に補強し合う」と判示した。

(2) 判断方法の誤り

取り調べと自白調書の作成経過は，後掲221頁添資料「布川事件経過表（その2　逮捕から起訴まで）」記載の通りである。要約して言えば請求人らは比較的取り調べがゆるやかな時は否認し，厳しくなれば自白調書の作成に応じていた事が見てとれる。

取り調べに際しての強制や誘導の有無については，取り調べ官と被疑者は対立当事者であり，その言い分が真っ向から食い違うことはむしろ当然のことである。裁判官の役目は，どちらの言い分が正しいか，真実であるかを，当事者の言い分と他の証拠を総合して判断することである。しかるに確定審の裁判官は「警察官が強制も誘導もしたことはないと言うから，強制・誘導はない」と言う。何の論証なくである。

確定審裁判官は，身柄を拘束されて例え一日であれ朝から晩まで取り調べを受ける被疑者の心理状態が全く分かっていない。確定審裁判官たちは勾留時に桜井が自白を維持したことを任意性の根拠にあげながら，杉山は否認したことについては何ら言及せずこれを無視している。同じく「一貫した自白」と言うが，送検直後に請求人らが無実を訴え，これを受けた検察官が否認調書を作成したこと，請求人らの裁判開始から上告棄却までの一貫した否認・無実の訴えをどう聞いたのだろうか。

今次再審申し立ての審理に当たる裁判官たちは，受刑中も仮釈放後もこの37年間一貫して無実を訴える請求人らの声をどう受け止めるのであろうか。

(3) 自白に関する判例と学説

周知のように，自白の信用性の判断方法については判例上A説とB説との二つの流れがあると言われている[5]。A説は自白内容の具体性，詳細性，迫真性などから来る直感的な印象を重視し，変転の状況や食い違いなどは切り捨てる。B説は直感的な印象にとらわれずに，変遷の有無・程度・理由，客観的事実による裏付けの有無など分析的・客観的に検討する。学説の多くはB説を支持し，無罪事例の分析等を通じて，虚偽自白の共通の特徴を指摘する[6]。例えば①変遷する自白，②共犯者相互に変遷，矛盾するもの，③客観的自白と一致しないもの，④詳細と空疎の混在などアンバランスなもの，⑤不自然，不合理なものなどは要注意だと言う。また自白調書中に詳細なあるいは客観的証拠に合致するような記載があっても，それは取り調べ官の知識の反映であるかも知れず，取り調べ官の誘導の産物である疑いを抱かせる場合もあるという。

本件自白調書は，上記の特徴をほとんど備えた代物で全く信用できない。

自白の任意性についても，近時「自白・供述の心理」に関し多くの心理学的研究が進み，その結果が公表され，任意性判断に際して留意すべき事項として下記諸点が指摘されている[7]（これらの多くは，検察官や刑事裁判官が従来ほとんど気がつかなかったか，あるいは無視してきたものと思われる）。

①取り調べの場は常に取り調官が被疑者に加える圧力の場である。

②取り調べ官が主観的に強制や暴力的手段を用いていないと思っていても，被疑者にとっては身柄を押さえられ取り調べの場に引き出され応答を求められること自体に，強度の圧力を感じないわけにはいくまい。

③「任意」であるか否かはあくまで被疑者の心理の問題。

④虚偽自白とは，異常な状況によって惹き起こされる極めて正常な現象。

すなわち捜査官の側に強制や誘導の意図がなくとも，被疑者にとっては身柄拘束下の取り調べそのものが圧力であり，こうした圧力下ではその圧力（強制や誘導）に屈して虚偽の自白をすることこそが正常な現象だということである。

(4) 新証拠

今次再審で弁護人らは，桜井が警察・検察の取り調べから解放された（勿論未決勾留されたままであったが）昭和42年12月下旬から確定一審判決が出された同45年10月初旬までの約3年間，獄中で大学ノートに書いた16冊の日記を新証拠として提出した。

この日記には「死刑の危険を犯して真実を（無実の訴え）述べるべきか，それともここはひとまず犯人を装って自白を維持して死刑を免れ，勤めた（受刑した）上で自らの力で真犯人を捜しだし無実を明らかにすべきか」，いわばハムレットの心情が随所に吐露されている。

この日記を虚心に読んでみれば，自白調書に一片の任意性も信用性もないことが，たちどころに理解できるであろう。

8　再審の扉を押し開けるために
(1) 囚れ人の心象

前記のように，無実の囚れ人が虚偽自白をするのは「異常な状況の下に置かれた人間の正常な反応現象」である[7]。これを理解できるか否かが，自白調書の任意性と信用性を解く鍵である。そこでは，囚れ人の心象に寄り添って事象を判断する精神的柔軟さと豊かな想像力の有無が，事を分けることになる。

国民の多くはこの柔軟さと想像力を共有できるのに対し，堅物をもって特質とする日本の裁判官の多くはこれに乏しい。

(2) 龍谷大学法学部学生たちはどう判断したか

私は，第4回刑事弁護実務研究会に参加した翌日の2003（平成15）年12月5日，龍谷大学法学部1年次生を対象にした刑事法入門の講演会に招かれて「布川再審事件から何を学ぶか」と題して講師を勤めさせて頂いた。そこで私は請求人らと一緒に出席して，「請求人らは何故虚偽の自白調書にサインしたか」をテーマにした本人尋問を試みた。講演の終了後受講生達に対し「第1問，虚偽の自白調書についてあなたならどうしたか」「第2問，この事件についてのあなたの結論はどうか」のアンケート用紙を配り，514名から回答を得た。アンケートの内容と結果については後掲222資料「アンケートと回答の分析」を，講演の内容については龍谷法学37巻1号掲載「日本の冤罪——布川事件——」を，参照いただきたい。

(3) 国民と共に

再審を闘う者にとっては，科学的な実験や鑑定などの新証拠により，確定審認定事実に合理的疑いのあることを論証して裁判官を説得することが大事であることは言うまでもない。しかし再審の扉をこじ開けるためには，同時に取調経過＝自白経過やその時々の囚れ人の心象風景とそうした中で捜査機関により作成され囚れ人がサインした自白調書には任意性も信用性もないことなどを多くの国民に直接訴え，これに共感する国民の声で裁判官を包み込むことが，一見迂遠のようではあるが一番確かな方法のようである。

但，国民に訴え国民と共に裁判を監視・点検して誤判を正すというこのやり方は，裁判の公開，国民の司法参加そのものであるにかかわらず，日本の政府・検察庁・裁判所などにとっては，余りお気に召さないらしい。この事は，今回の刑事訴

訟法の一部を改正する法律の中で「証拠資料の目的外使用を罰則付で一律禁止しよう」とする動きなどに，端的に現れている。

おわりに

水戸地方裁判所土浦支部で本件再審申立審理を担当する裁判官たちは前記5つの論点のうち殺害方法とその順序（絞頸か扼頸か）とガラス戸破損の2つの論点について，事実調べに踏み切り，昨年から今年にかけて弁護側申請2名，検察側申請1名の証人尋問を実施した。現在上記証人尋問の結果の検討と合わせて，残りの3つの論点（指紋，目撃証人とアリバイ，自白の任意性・信用性）についての証人や本人の調べを実施するか否かを検討中である。もし，裁判所がこれらの残された論点に目を閉じ，証拠調べを打ち切り，再審請求を棄却するようなことがあれば，それはみずからの組織の，みずからの判断の誤りに目をつぶり，問題点に蓋をしようとしたものとして，国民世論の厳しい批判を浴びざるを得ない。それは当面裁判所内部の小さな矛盾を回避できたとしても，将来的には国民との間の矛盾をますます大きくし，司法の権威を失う結果をもたらす事にしかならないであろう。

人は誰しも，自分の誤りや先輩の誤りを認めたがらない。この傾向は裁判や司法関係者に顕著である。思うに裁判や司法には絶対の真実・正義が要請され，誤りはない筈だとされていることの裏返しであろう。しかし裁判や司法も人間の営みである以上，時として誤りは避けられない。ただ誤りはない筈とされていることの裏返しとして，再審の為には「新規・明白な証拠」の存在が要件とされているに過ぎない。

個人であれ組織であれ，その価値・権威は，誤りがないことによるのではなく，誤りを素直に認めその原因を探り再発防止の策を講じることにある。昨今は官民を問わず，誤りを指摘された場合には独立の調査機関を設け，誤りの有無・原因を徹底的に調査し，誤りがあれば素直にこれを認め，再発防止策を講じるのが一般である。

こうした自浄作用がなくては，その組織は制度疲労をおこし，早晩その存在意義を問われることになるであろう。

1 白鳥決定・最高裁一小昭50・5・20判例時報776号，財田川決定・最高裁一小昭51・10・12判例時報826号。
2 田崎文夫・最高裁判例解説刑事編昭50年度，名張6次決定・最高裁平14・4・8判例時報1781号，東京高裁平13・10・29判例タイムズ1127号。
3 最高裁一小昭57・1・28刑集36-1-27，福岡高裁昭61・4・28刑月18巻4号294頁。
4 厳島行雄ほか著『目撃証言の心理学』（北大路書房，2003年）。
5 A説として松川事件第一次最高裁判決における田中長官らの反対意見，八海事件第2次最高裁判決多数意見。B説として上記の松川事件第一次最高裁判決の多数意見，上記八海事件第一次判決の多数意見，同第三次判決。
6 渡部保夫著『無罪の発見――自白の信用性の判断基準と注意則』（勁草書房，1998年），守屋克彦『自白の分析と評価――自白調書の信用性の研究』（勁草書房，1993年）。
7 キズリー・グッドジョンソン著＝庭山英雄ほか訳『取り調べ・自白・証言の心理学』（酒井書店，1996年），浜田寿美男著『自白の研究』（三一書房，1996年）。

布川事件経過表（その1）

2003．12．4　於龍谷大学，柴田五郎

1年目	1967	（昭和42）年	8月事件発生，10月別件逮捕
			10月本件五人逮捕，12月誤起訴
		（昭和43）	2月水戸地裁土浦支部誤判　第一回公判
		（昭和44）	
		（昭和45）	10月水戸地裁土浦支部誤判　　無期
		（昭和46）	
5年目	1972	（昭和47）年	
		（昭和48）	12月東京高裁誤判　　控訴棄却
		（昭和49）	
		（昭和50）	
		（昭和51）	
10年目	1977	（昭和52）年	
		（昭和53）	7月裁判誤判　　上告棄却
		（昭和54）	
		（昭和55）	
		（昭和56）	
15年目	1982	（昭和57）年	
		（昭和58）	12月水戸裁判土浦支部再審申立
		（昭和59）	
		（昭和60）	
		（昭和61）	
20年目	1987	（昭和62）年	3月水戸地裁土浦支部誤判　　棄却
		（昭和63）	2月東京高裁誤判　　抗告棄却
		（平成1）	
		（平成2）	
		（平成3）	
25年目	1992	（平成4）年	9月最高裁誤判　　特別抗告棄却
		（平成5）	
		（平成6）	
		（平成7）	
		（平成8）	11月仮釈放
30年目	1997	（平成9）年	
		（平成10）	杉山結婚
		（平成11）	杉山長男誕生
		（平成12）	桜井結婚
		（平成13）	12月　第二次再審申立
35年目	2002	（平成14）年	
	2003	（平成15）	証人調べ始まる　　　　　　　　　　以上

布川事件経過表（その2 逮捕から起訴まで）

2003. 12. 4 於龍谷大学, 柴田五郎

1967（昭和42）年	8.28夜〜29朝	事件発生
	.30 朝	事件発覚
	10.10	桜井別件（窃盗）逮捕,代用監獄,別件調（認）
	.11	別件調べ （認）
	.12	〃 （認）
		本件調べ （否認, アリバイ思い出せず）
	.13	本件調べ （否認）
	.14	〃 （否認）
	.15	〃 （否認），夕方自白
	.16	杉山別件（暴力行為）逮捕,代用監獄,別件調（認）
		本件調,（アリバイ主張，信じてもらえず）
	.17	〃 夕方「自白」
	.18〜11月初	本件自白調書各10余通作成,
		自白テープ録音（各2本）
	11.初旬	警察の捜査終了, 送検
		拘置所移監
		本件否認
	.13	別件起訴勾留
		本件否認調書（有元検事），本件書類上釈放
	12.初旬	代用監獄に逆送
	初〜下	警察・検察による再捜査 否認→「再自白」
		本件自白調書各数通作成
	.28	起訴，勾留尋問，杉山否認，桜井自白
		桜井獄中日記（暗号）で否認
1968（昭和43）年	2.15	第一回公判, 両者否認
	3.	重要証人現る　　　　　　　　　　　　　　以上

アンケートと回答の分析

柴田五郎作成

アンケートの内容	回答数と分析
下記講演会を聞いて私の感想は，以下の通りです。 2003年12月5日　学籍番号 　　　　　　　　氏　　名 【講演会】 　日時　　2003年12月5日（金）10:45～12:15 　場所　　京都市，龍谷大学3号館301号室 　講師　　布川再審事件請求人　桜井昌司　氏 　　　　　布川再審事件請求人　杉山卓男　氏 　　　　　布川再審事件弁護人　柴田五郎　氏 　テーマ　　日本の冤罪――布川事件―― 【感想】下記1，2の質問について，(1) から (5) までの中から 　　　　1つ選んで，○で囲んで下さい。 1．自白調書について，あなたならどうしたと思いますか 　　(1) 自白しないで頑張ったと思う 　　(2) どちらかというと自白しないで頑張ったと思う 　　(3) 分からない 　　(4) どちらかというと自白したと思う 　　(5) 自白したと思う 2．この事件についての，あなたの結論を教えて下さい 　　(1) 有罪 　　(2) どちらかというと，有罪 　　(3) 分からない 　　(4) どちらかというと無罪 　　(5) 無罪 3．その他講演会を聞いての感想がありましたら，書いて下さい。	 　　　　94　　　18% 　　　　96　　　19%　((1)(2)計37%) 　　　152　　　30% 　　　107　　　21% 　　　　63　　　12%　((4)(5)計33%) 無回答　2 合計　514　　100% 　　　　 7　　　 1% 　　　　 6　　　 1%　((1)(2)計2%) 　　　　68　　　13% 　　　120　　　23% 　　　309　　　60%　((4)(5)計83%) 無回答　5　　　 1% 合計　515　　 99% 　　　　但，%は小数点以下は四捨五入 （略）

研究ノート

神経科学における発展は生命倫理と生命権に影響を及ぼしうるか？

キーワード：生命倫理，神経科学，生命権，脳細胞

（講演）ヨアヒム・R・ヴォルフ Joachim R.Wolff ゲッティンゲン大学教授
（翻訳）金　尚均 龍谷大学法学部教授
（監修）石塚伸一 龍谷大学法学部教授

はじめに

生命倫理研究会では，2003年11月21日（金），龍谷大学深草学舎・紫英館6階会議室において，ヨアヒム＝ルドルフ・ヴォルフ教授（Joachim Rudolf Wolff）をお招きして，「神経科学における発展は生命倫理と生命権に影響を及ぼしうるか？」をテーマに講演会を開催した。

同氏は，1935年3月25日，ベルリンに生まれ，1954年にベルリン自由大学医学部に入学し，60年同大学を卒業し，医学博士の学位を取得。卒業後すぐに脳神経科助手に採用され，68年には論文"venia legendi" for Anatomyによって教授資格を取得し，71年まで同大学で講師・教授を勤めた。71年から80年まで，マックス・プランク生化学研究所（ゲッティンゲン）神経生物学神経科主任（Chief of the Neuroanatomy Unit, Dep. of Neurobiology Max-Planck-Institute for Biophysical Chemistry, Göttingen）を務め，1980年から2000年まで，ゲッティンゲン大学神経科・臨床神経・発達神経部門主任（Chief of the Clinical Anatomy and Developmental Neurobiology Unit, Dep. Anatomy, University of Göttingen）の職にあった。

1978年にはスウェーデンのギェーテボルグ大学（University of Göteborg, Sweden），1987年にはハンガリーのアルベルト・セント・ゲオルギー医科大学（Albert-Szent-György Medical University, Szeged, Hungary）から名誉医学博士，1995年にはハンガリー精神科学学会名誉会員の称号を与えられている。

1998年から，ライプニッツ・神経生物学研究所（マグデブルグ）の学術諮問委員会（the scientific advisory board of the Leibnitz-Institut für Neurobiologie, Magdeburg）委員，2000年から，ハンガリー生物研究センター・学術諮問委員会（the advisory board of the Biological Research Center, Szeged, Hungary）委員を務めている。

今回の来日は，プライベートな旅行であったが，本研究会のメンバーでもある伏木信次教授（京都府立医科大学大学院医学研究科・分子病態病理学）にご助言をいただき，脳科学（神経科学）の分野で解剖学を中心に幅広く研究を進めてこられたヴォルフ教授に「再生医療の脳神経疾患への応用にともなう，現状と今後の展望」について是非お話いただきたいとお願いして，講演会が実現した。

通訳および翻訳にあたっては，金尚均教授（龍谷大学法学部）にご尽力いただいた。

以下は，講演の翻訳である。

（文責：石塚）

講演

わたくしは，脳神経学の知見は，どのような形で生命倫理と生命権に影響を及ぼすであろうか，

という問題について論ずることを求められています。わたくしは，自分自身がこの求めに対して複雑な感情をもっていることを感じました。一方で，このテーマは，神経科学の重要な問題であり，将来，その重要性は明らかに高まるでしょう。他方で，わたくし自身もそうなのですが，多くの臨床研究者は，実施可能な実験は，それから得られる知見のいくつか誤用されるかもしれないからといって，つねに回避すべきであるとまでは言えないと考えています。いわゆる「付随的損害（collateral damages）」は，軍事利用を防ぐ場合にのみ，回避すべきでしょう。したがって，科学的知見の影響の不可避な側面については，通常，科学雑誌で議論されることはありません。

このような状況は，小さなミツバチを想起させます。ミツバチは，空を飛んで帰ってくると，ヒマワリ畑に関する報告をする準備をします。そのミツバチは，この情報を他のミツバチたちが利用するために見つけたわけです。ところが，ミツバチは，彼の発見が，どのような形で，将来，農夫がヒマワリを栽培する動機に影響を及ぼすことになるであろうか，と尋ねられたのです。一人の臨床神経学者であるわたくしには，みなさんの質問に適切に答えることはできないかもしれませんが，がんばってお話しようと思います。

私は，脳の機能に関する知見が増大したために生命倫理と生命権に提起された新たな疑問を考察するためにいくつかの例を選んでみました。

脳神経外科という学問の成立前から，脳の自然な観察から，かなりの程度，有機体が生命全体を維持するために脳が本質的な役割を果たしていることが知られていました。このような知見は，社会倫理が個人の行動をどのように動機づけるのかを考察する際に，明らかに影響を与えています。例えば，意識と生命は，一方では，脳との，他方では，脊髄と血液の循環との，物理的連関の持続性にかかっています。このような知見は，死刑の執行方法としての絞殺や斬首が用いられていたという法の実践問題と繋がっています。死が迅速に告知され，しかもほとんど苦痛なく行われるようにするため，立法者は，合法的殺人としてどのような方法を選ぶべきかを議論してきました。苦痛を最小限にするという倫理的基準は，自殺や殺人のようなあらゆるタイプの殺害と法による死刑とを区別することを可能にしています。しかし，何が最善なのか，という問題が依然として残ります。すなわち，合法的殺人における最小限の苦痛という倫理的要請によるのか，それとも，新たな倫理基準の導入が必要なのか，という問題です。

最近の話題としては，神経生物学は，人間の脳の複雑性が人間社会全体のそれと並ぶものであることを明らかにしました。世界の人口はやがて100億人になろうとしていますが，人間の脳細胞もまた，約100億のニューロン（神経細胞）からなっているのです。

すでに確立した知見となっていることですが，ヒト一人当たりのコミュニケーション・チャンネル数の平均は，その人生を通じて，1から10,000までに変化します。これに対応して，それぞれのヒトのニューロンも，およそ1,000対のシナプスの接触を介して，他のニューロンと関連しあっています。これとは対照的に，神経生理学は，神経システムは様々な言語を利用していることを明らかにしました。ヒトのコミュニケーションは，神経系の自然科学的言語を用いているのに対して，人間のコミュニケーションは，主に聴覚的および視覚的な記号を基礎にしています。発信側のニューロンが特定の送信物質を発信すると，受信側のニューロンはそれに対応する受容物質によっ

て送信物質をかぎつけるのです。

　この50年の間，ニューロン内の送信物質，分子受容体そして奏効体の効果を模倣するために，莫大な数の類似物質が化学産業によって製造されてきました。このような物質によって，ニューロンのコミュニケーションの形態を修正することができます。このことから，わたくしたちは，脳の機能がもっぱら内発的メカニズムによって規制されているという考えを捨てなければならなくなりました。むしろ，これらの機能は薬物の管理者によって操作されているのです。したがって，神経薬理学と神経中毒学が，経済の世界の主人公になったのです。数万トンもの向精神薬が製造され，毎年世界中の各地にばらまかれています。このようなプロセスは，その倫理的帰結も含めて，いかにして人間の行動が規制されているのかに関するわたくしたちの考えに影響を与えている，ということは重要です。

　中世においては，一定の行動上の欠損をもつ人々（モノマニア，パラノイア，うつ病による自殺，ハンチントン舞踏病など）は，少なくともヨーロッパ社会からは排除されていました。彼らは，投獄されたり，殺害されたりしたのです。わたくしは，このような精神病に対する対応のほとんどが，当時の「宗教的パラノイア」とキリスト教会の代表者たちによる意図的に誤った解釈に基づいていると確信しています。しかしながら，神経の医療に関する知見が増えるとともに，このような間違った処置や誤った道徳を維持することができなくなりました。誤った解釈は，脳の機能の制御に関する新たな合理的解釈によって取って代わられました。これによって，一般市民は，正気を失い，誤った行動をとる人たちが，実は患者であり，神経科学や精神医学的な病気をわずらった者であることを認めることができるようになったのです。

　近年の神経薬理学や精神薬理学の発展は，再び人々の精神病者に対する態度を変えました。薬理学的治療がより効果的となり，このような患者たちは社会に統合され続けることができるようになったのです。1960年代から90年代の公式的見解によれば，重篤な精神病をわずらっている患者は，公共生活から排除したり，投獄するより，また，閉鎖精神病棟に入れるよりは，精神薬理学的な治療を受けるべきであるとされます。しかし，この薬物療法の法的決定とその倫理的根拠について，少なくともドイツにおいては，いまだ解決されていない新たな問題を引き起こしたのです。

　薬物治療を受けている患者が違法行為をしたときには，原則として，限定責任能力を理由に裁判所で有罪判決を受けることは好ましくないと考えられています。しかし，そのような事案のほとんどすべて世論の議論を巻き起こしています。すなわち，彼らは行為に対する責任を阻却されうるのか，という疑問です。もし，責任が阻却されるとすれば，誰がその結果について責任を負うのか，ということが問題とされます。責任は，有効な治療を提供しているかのように装った製薬会社にあるのでしょうか，それとも，十分な治療を提供しなかった医者にあるのでしょうか。

　同じことですが，裁判所による決定は，違法行為の被害者を十分に保護しているのでしょうか。もし，彼らが健常者であるとすれば，急性または慢性の向精神薬の影響のもとで行った違法行為に対し，行為者は，限定的にであれ，責任を負うことになります。これは，依存症や外因性の中毒症状の場合にも認められます。しかし，この場合には，あまりに行為者に関心が向けられるため，被害者があまりに等閑視されているという非難が一般社会において広まっています。ここでは，明らかに，社会的条件の方が，行為者自身の意思より

も，人の行動を制御する際には，より効果的なのではないかという疑問に倫理的衝突の中心があります。

このような倫理的衝突は，他の国と比べて，ドイツにおいてより激しいのかどうかは分かりません。それは，人の行動を決定する外因的要因に関する知識が高まっていることに対する単なる「抵抗運動」なのかもしれません。あるいは，ヒッピーや過去にサイケデリック・ドラッグを使った「ディスコ世代」の経験に由来しているのかもしれません。いずれにしても，今日の時代精神は，環境的条件や社会的責任よりも私的責任に重点を置く傾向にあります。このことは，社会保障システムの削減や薬物の摂取にも言えることです。

最後に，神経生物学の研究と倫理基準との対立の例を挙げたいと思います。これは，顕微鏡の技術が神経病理学の発展を支えることになった19世紀に始まります。神経生物学は，多発硬化症，パーキンソン病，ハンチントン舞踏病，アルツハイマー病などの神経学上の病気の原因が細胞の欠陥にあることを明らかにしました。これらの発見は，患者の差別に繋がりませんでした。なぜなら，誰も，生きた脳の中の変性したり，退化したニューロンを取り替えることはできなかったからです。しかしながら，医学と神経科学の近年の進歩は，その治療を可能にしています。心臓・腎臓・肝臓など，他者の臓器の移植は今日では優れた技術に基づいて行われています。血液細胞や骨髄細胞など，細胞システムでさえ，他人に輸注及び移植することができるようになりました。最近では，いわゆる「幹細胞」の移植のための基礎研究が発展し，脳細胞に分化する潜在的可能性のある細胞の培養ができるようになっています。それはまだ，変性した脳細胞や退化した脳細胞の交換については単なる理論的なオプションにすぎません。しかし，この選択肢は，技術がいずれ安全で精巧に進められるようになれば，より良いものとなるでしょう。

いまや，わたくしたちは，どのようにして，人間の人格を定義するのか，を明らかにしなければなりません。これは，人類の発展とその結果なのか，ヒトの身体とその部分の問題にすぎないのか，それとも，遺伝子に関する技術が個体を区別することにつながるのでしょうか。ここでは，2つの倫理的観念が，科学的知見によって危機にさらされているといえるでしょう。個体の遺伝子の維持に固執するなら，移植を思いとどまらなければならないでしょう。その際，幹細胞を移植して長生きしようと望む患者はどうすればよいのでしょうか。この議論は，すべての人を巻き込むものですが，その結果は，いまのところ出ていません。

研究ノート
Deaths in Custody in Japan
How can we prevent practices and procedures conducive to abuse the power?[1]

キーワード: death in custody, inquest

Itaru FUKUSHIMA Professor of Law, Ryukoku University

1 Deaths in Nagoya Prison

A couple years ago fearful scandals did happen to be unveiled in Nagoya Prison, Japan. In December 2001, an inmate seemed to be killed by staffs at the prison. A prison officer is alleged to aim water from a high-pressure fire hose at the 43-year-old inmate's bare buttocks. The attack, which took place in a prison segregation unit, was apparently aimed at punishing the inmate for unruly behavior. He suffered serious injuries to his rectum and anus as a result, and he died of an infection in the following afternoon. If the allegation is established as a fact, it should be a real torture.

The second man died in May 2002 after being left in a "protection chamber," or padded cell, in a leather restraining device cinched so tight that his liver was severely damaged. The device so far used in prisons has manacles attached to a leather belt, one hand at the front and the other behind the back. The belt can be cinched so tightly around a prisoner's abdomen that it can cause internal injury. If the first case was properly scrutinized, the second case should not have occurred. These incidents came to light after another inmate suffered serious injuries in September 2002, again as a result of being placed in the restraint.

2 Review on a Series of Deaths

After those cases were exposed, the Judicial Affairs Committee of the Lower House has asked the Justice Ministry for a special probe of prisoner deaths between 1993 and 2002. In reply to this request the ministry publicized records of 1,594 deaths during the ten-year period other than executions. Whenever a convict dies, a doctor or witness must document the circumstances of the death. Death records should be kept at each correctional establishment and date back 10 years, as required under the Prison Enforcement Regulations. According to those records a total of 484 postmortem exams have been conducted over the past decade on prison inmates who died of unknown causes. Among those cases 68 autopsies were conducted.

The Justice Ministry explained that the majority of postmortem examinations revealed the inmates died from illness. But an opposition lawmaker on the Lower House committee claimed that about 100 inmates died of unnatural causes, citing a different postmortem exam figure. The committee has asked the ministry again for more information, including the convicts' medical records. The committee believes that in addition to the sixty-eight autopsy cases, there could be many more suspicious deaths.

During the enquiry process victims have been rarely taken into consideration. The question is the cause of inmates' deaths had not been informed to their families for a long time. The governor of a prison where an inmate died has just a duty to notify his or her family of the death as a simple fact. If his or her family fail to receive the inmate's body quickly, they can only receive the ashes. The prison governor can conceal all other relevant information behind the bar. In Japan, even if a death occurs as a result of misconduct or negligence by a public body, there is no legal procedure open to the victim's family to discover the truth as to how and why their loved one died. The prosecution is reluctant to indict law enforcement officers and prison staffs. The only measure for them is to file a civil suit for the compensation against the government.

I would like to review the present situation of deaths in Japanese prisons in the context of the use and application of the United Nations Declaration of Basic Principles of Justice for Victims of Crime and Abuse of Power. In order to make the ground of the death clear, it should be necessary to introduce a new legal procedure like a coroner's inquest in England and Wales.

3 Coroner's Inquest in England & Wales (CA 1988)

I have ever been in Bristol, England as a visiting professor for one year and a half. During this period I visited about 20 prisons in UK and realized what happened inside establishments there. In just a single year about one hundred inmates died unnaturally. Although most of those causes were supposed to be suicides, victims' family might well be suspicious why prison staff could not prevent the incident. Other day I had a chance to personally watch the coroner's inquest trial on a inmate's death in HMP Bristol. Since then I have been interested in a role of or function of this historic procedure.

The coroner's law in England and Wales has required to hold an inquest in the case of deaths in prison since the thirteenth century. The present Coroners Act 1988 (CA 1988) requires that there must be an inquest into all deaths in prison whatever circumstances may be. According to CA 1988, s8(3)(a), the inquest must be held with a jury. A properly interested person is entitled to examine any witnesses at an inquest either in person or by an authorized advocate. A parent, child, spouse, and any person representative of the deceased are included among a properly interested person. The inquest is an opportunity for the bereaved to hear evidence from all the witnesses that the coroner considers relevant and to have questions asked about the treatment and care of the deceased in order to gain as full as picture as possible of what happened. And a family member has the right to attend or be represented at the postmortem.

According to Prison Service Orders in England and Wales, in the event of a death the prison should provide a factual account of the events leading up to the death. They should also offer the family the opportunity to visit the prison and see where the death occurred.

However, English coroner system is not necessarily satisfactory, victims are allowed to participate in the procedure to confirm what happened in prison.

4 Conclusions

In order to prevent a future abuse of power in prison, we should learn from a past tragedy. As one of the learning measures it should be necessary to establish a procedure finding out why and how the death occurred. The victim's family should be involved in the procedure. Discovery and lawyer should also be indispensable. All the relevant information and evidence be disclosed to the family of the deceased and legal aid be available to them.

Such a procedure could be more suitable to the UN Declaration for Victims in terms of participation of the bereaved. Lawyers and families can have a vital role in ensuring that these deaths are subjected to proper public scrutiny and that systemic failings are highlighted to try and ensure that similar fatalities do not occur in the future.

Note

1 This article was based on the presentation given at the Session 15 of the XI th. International Symposium on Victimology, on 14 July 2003 at the Music Conservatory of the University of Stellenbosch, Stellenbosch, South Africa.

Reference

・Creighton, S. and King, V. (2000) Prisoners and the Law, 2nd. Ed., London: Butterworths.
・Dorries, C. (1999) Coroners' Courts, Chichester: Blackstone Press.
・Fukushima, I. (2003) Hikoukinnsha Sibo ni kannsuru Kensittuduki no Kousou, Horitsujiho vol.75, n.13, pp.298-303.
・Levine, P. and Pyke, J. (1999) Levine on Coroners' Courts, London: Sweet & Maxwell. Mattews, P. (2002) Jervis on the Office and Duties of Coroners, London: Sweet and Maxwell.
・Tarling, R. (1998) Coroner Service Survey, Home Office Research Study 181.
・Thomas, L., Friedman, D. and Christian, L. (2002) Inquests - a practitioner's guide, London: Legal Action Group.

研究ノート

刑事弁護の原点研究
正木文庫の意義

キーワード：正木ひろし，刑事弁護，冤罪，八海事件

村井敏邦　龍谷大学法学部教授

1　正木文庫への道

（1）2000年11月3日，龍谷大学大宮学舎において，法と心理学会の創立大会が開かれた。法と心理学の共同を旗印とする学会創設は，その前年にアイルランドのダブリンで開かれた第1回心理学と法国際大会に触発されたものである。もともと，日本においては，自白や目撃証言などの供述証拠を過信した捜査や裁判が冤罪を生み出しているという認識の下に，弁護士と学者が共同して研究会をもっていた。その研究会を基盤として法と心理学の学会を立ち上げようということになって，この日を迎えていた。冤罪問題を契機として樹立された学会といってよい。

第2回大会は，2001年10月20日に，東京・神田所在の一橋講堂において開かれた。その懇親会の席上，刑事弁護士として令名の高い故正木ひろし氏の訴訟記録や証拠物などを中心とした遺品を寄贈し，刑事司法の研究の用に供したいとの遺族の話が，筆者に伝えられた。

八海事件と松川事件。「戦後の冤罪事件の代表的なものとして二つあげよ」と問われたとき，多くの人がこの二つの事件を思い浮かべるのではなかろうか。この二つの事件を始め，戦後の大冤罪事件のほとんどに関わってきた刑事弁護の「巨人」，故正木ひろし弁護士の遺品の龍谷大学への寄贈の話が持ち上がったのが，奇しくもこの冤罪問題を契機として立ち上げられた学会の懇親会の席上であったのは，故人の導きという以外にない。

（2）筆者は，「お母さん！　まだ，最高裁があ る!!」という悲痛な叫びを上げる被告人の顔のクローズ・アップで有名な映画「真昼の暗黒」で，世の中には冤罪という恐ろしいことがあるのだと知らされた世代に属する。この映画とともに，この映画の原事件が八海事件であり，その弁護人が正木ひろしであるということも知った。その後，首なし事件，三鷹事件，丸正事件などの有名事件がすべて，正木ひろし弁護士とつながっていることを知り，刑事弁護人になりたい，正木弁護士のようになりたいと夢想したのは，筆者だけではないであろう。

それほどに憧れていた人の遺品がいただける，こんな夢のような話はない。直ちに故人の次女正木美樹子氏と連絡をとり，矯正・保護研究センターへの寄贈を懇願した。美樹子氏は，電話でのぶしつけな申し出であるにもかかわらず，「皆さんに活用していただけるならば，父もうれしいに違いありません」と快く承諾され，以後，話はとんとん拍子に進んだ。

（3）寄贈受け入れのための下交渉を数度にわたり行った後，2003年3月，正式に大学長名で正木文庫としての寄贈を依頼する文書を美樹子氏に手渡し，美樹子氏からは寄贈を了承する旨の文書を頂戴した。

同年3月8日，訴訟記録等の訴訟関係資料を中

心とした第一次搬出作業が開始され，よく9日正木氏宅からの搬出，10日紫光館地下への仮搬入を行った。さらに，同年11月16日（日）には，書籍，手紙類など，残りの資料の搬出を行い，翌日の17日，センターへの搬入を完了した。もっとも，その後も美樹子氏からは，引き続き寄贈を受けている。

2　正木文庫研究会の発足

（1）正木氏宅所蔵の遺品類は多岐にわたり，正木弁護士の全体像を中心とした刑事弁護士の活動の総体的研究にとっては，遺品のすべてが研究資料として重要である。正木弁護士の著書類は，すでに近代文学館に収納されている。センターが寄贈を受けたものの中にも，『近きより』や著作全集などのほか，中公新書の『八海裁判』の再版のための校正用に書き込みや記事の貼ってある初版ややはり書き込みのある『告発』など，貴重なものが含まれている。しかし，主体は，著書類以外の事件記録や手紙その他の信書・資料類である。

2003年6月28日の矯正・保護研究センター開設記念シンポジウムの開催に合わせて，センター1階の展示場で，正木文庫のうち，首なし事件，八海事件，丸正事件の一部を展示した。正木文庫の全体は，現在整理中であるので，ここでは，これら3事件を中心として，展示会で展示した資料について説明し，正木文庫の全体像へのイメージ形成に役立てたい。なお，展示は2004年2月はじめまで行ったが，2月16日から4月21日までは，人足寄場展を開催したので，正木文庫の展示は一時中断した。

（2）寄贈を受けた物の中で最も多いのは，事件関係記録であるが，そのほかにも，絵，写真，手紙や非常に幅の広い領域にわたる書籍類など，その量は膨大である。事件関係記録の中には劣化の激しいものもある。膨大な量の資料を整理し，劣化を防ぐための保存措置を考えなければならない。このためには，単に機械的な作業だけではなく，一つ一つの資料の持つ意味も含めて，その価値についての研究が必要である。

そこで，寄贈されたものを一括して「正木文庫」と命名するとともに，この文庫の研究会を発足させることにした。

第1回の正木文庫研究会は，2003年9月6日（土）午後2時にセンター地下会議室において開催された。この第1回は，「正木文庫関係者により正木ひろしを語る」として，正木美樹子，内田雅弘弁護士，熊野勝之弁護士，大深忠延弁護士，平田樹彦（正木弁護士孫）各氏に交々正木弁護士の思い出を語っていただいた。

第2回は，同年12月7日（日）午後2時から開催された。研究会に先立ち，午後12時から映画「首」の上映会を行った。研究会へは，第1回のメンバーに加え，阿藤周平氏，広島修道大学の新谷一幸氏，そして同志社大学の亀谷百合佳氏が参加した。阿藤周平氏は八海事件で主犯とされ，第三次最高裁判決で無罪が確定するまで，冤罪の被害者としての苦痛を味わい続けてきた。その経験とともに，弁護人としての正木ひろし氏の思い出を語ってもらった。また，新谷氏には，正木ひろし氏の支援者として同氏との交流を深めていた浅川広男氏の資料（正木氏からの手紙・はがき類363通，新聞切抜き34冊）の内容紹介を行ってもらった。浅川氏の資料は，センターに寄贈されることになった。正木文庫に含まれる手紙類と浅川氏の資料に含まれる手紙類を重ねると，貴重な往復書簡集が出来上がる。新聞切抜きとあわせて，八海事件とその弁護人正木ひろし（以下，敬称略）に関する研究には，不可欠な資料である。

3　首なし事件と正木文庫

（1）正木ひろしは，1925年，東京帝国大学卒業

と同時に弁護士資格を得て，弁護士業務を開始した。戦前は，もっぱら民事事件の弁護を行っていた。刑事事件の弁護に携わるきっかけとなった事件が，いわゆる「首なし事件」である。

1944年（昭和19年）1月22日未明，茨城県那珂郡大宮警察署の留置場で石炭採掘場現場主任大槻徹（47歳）が死亡した。その前日の夜，大槻は，大宮警察署経済主任の大塚清次巡査部長の取調べを受けて，房に収容された直後のことであった。県警は動脈硬化による脳溢血として処理し（正木文庫『首なし　正木手記等』に編綴の死体検案書参照），遺体を同郡長倉村のはずれにある蒼生寺の墓地に埋葬した。

(2)「当時，現住所のある国電市ヶ谷駅の近くに，正木ひろし法律事務所と大書した柱看板は立ててありましたが，やっていた主たる仕事は，個人雑誌，月刊『近きより』（昭和十二年四月創刊）の執筆と発行でした。毎号の誌上に，戦時日本の軍・官・民の，キチガイじみた生態を記載し，それに加えて，辛辣な批判を（検閲にかからないように）うまく表現して載せ，数千名にのぼる愛読者諸君の期待に答えるとともに，後世に残すことが，個人雑誌をもつ私の義務だと信じていました。」（正木ひろし『首なし事件の記録　挑戦する弁護士』［1973年・現代講談新書］263頁）

当時の正木は，「職名は弁護士」だが，日本帝国の自滅が目前に迫っている時期に，民事訴訟の代理人として報酬を得たり，「もともと国民を人間家畜にするために作られていた治安維持法や国家総動員法の犠牲者を裁く法廷に出て，悪法の根源を突くことはできずに，心にもない弁護論をやって暮らしを立てることなど，私の良心や正義感が，たえられなかった」という状態にあった。そうした正木のところに，『近きより』の印刷所の主から電話があり，親しくしている茨城の採炭場の持ち主が相談に来て，現場主任が留置場で死亡したのだが，殺された疑いがある，どうしたらいいかわからないというので，話を聞いてもらえないかという。話を聞いた正木は調査を開始し（このときの調査メモ［『首なし　正木手記等』に編綴］が，後の裁判で大塚巡査部長有罪の決め手となる），2月2日，ひそかに墓を発掘し，大槻の遺体から首を切断して，その首を東京大学法医学教室の古畑種基教授のところに持ち込んだ。

古畑鑑定（正確には，「仮鑑定書」『首なし　正木手記等』に編綴）は，脳には脳溢血の証跡はなく，むしろ，外力によって引き起こされたと認めるべき異常があり，その異常は致命的たり得るというものであった。この鑑定に基づき，弁護士会や検事局，さらには司法大臣にまで働きかけた結果，同月22日に，外傷の有無を調べるために，胴体の正式の鑑定が行われ，その結果も外傷性障害による死亡，また，別に再度（正確には3度目）行われた脳の鑑定結果も死因は外傷によるというものであった。ここに至って，水戸検事局は，正木に対し正式に告訴並びに告発状を提出するように促し，その提出後，大塚巡査部長は，公務員暴行陵虐致死事件で水戸地方裁判所に起訴された。

なお，この事件は，事件発生の地名を取って「長倉事件」とも被告人名から「大塚事件」とも呼ばれたが，「首なし事件」が一般的である。この呼称は，胴体鑑定の際，掘り出された遺体を見て，村の人々が「おかしな死体だ。首がない，首がない」と不思議がったところに起因するようである。

(3)事件は，その後，予審を経て公判に回されたが，11月18日，水戸地方裁判所は，大塚に無罪を言い渡した。正木は，『近きより』の11月号に，この判決に対する憤りを次のように表している。「長倉事件！

これは昭和一九年の日本の文化を，而して日本国民の生態を，日本の神々に上申する奉白書であり，子孫代々に伝える涙の記録である。

およそ日本の知識階級と称する人々のあるところ，皆，本件を国民生活の休戚に関する最大事件として注目し，ひたすら，至誠公平なる判決が期待されていたであろう。

その判決は昭和十九年十一月十八日，水戸地方裁判所に於て，裁判長牛山毅氏，陪席判事土方一義氏，同萩原直三氏によって下された。

判決に曰く，被告人は無罪。留置場で死んだ大槻徹の死因が，どういう外力に基づいたものか，被告人が暴力を加えたかどうかは確認する証拠がない，と。

天皇の御名により，坑夫大槻の死因は不明であり，下手人も不明であるという烙印が捺された。」

（4）この判決によって，「日本国民の文化そのものの本質に触れたという体験をえた」正木が，「おそらく今日でも考えられない奇跡」と表現する事態が生じた。「岩村検事総長，大森控訴院長，水戸地方検事局が，こぞって本件を無罪に終わらせ，闇から闇に流そうとする意図がありありと見えていたとき，しかも戦時刑事特別法は，控訴制度すら停止させていた時代に，東京控訴院検事局が「検事一体の原則」と称する職場的な慣習を無視して」（『首なし事件の記録』265頁），大審院に上告申立を行った。

かくして，事件は大審院第二刑事部に係属することになった。しかし，1945年の空襲で裁判記録が焼失し，戦後再開された大審院において，記録滅失による原判決破棄，水戸地裁への差戻しと判断された。

1946年1月21日から開始された第一次差戻し審は，同年11月2日，「犯罪の証明がない」として，再び無罪を言い渡した。検事は直ちに控訴し，1948年8月13日，東京控訴院刑事第5部（裁判長谷中繁，判事藤島利郎，同高田義文——判決時，真野英一）は，求刑通り，「懲役3年」の有罪判決を言い渡した。

しかし，被告人の上告を受けた最高裁判所第一小法廷（裁判長澤田竹治郎，裁判官真野毅，同斎藤悠輔，同岩松三郎）は，1952年12月25日，原判決を破棄し，事件を東京高等裁判所に差し戻した（真野裁判官少数意見）。事件は振り出しに戻った。

第2次差戻し審（東京高裁刑事第12部［裁判長坂間孝司，判事鈴木勇，同堀義次］）は，1953年2月27日に開始され，翌54年5月29日，再び有罪判決を言い渡した。

この事件が確定したのは，1955年12月16日，第3次上告審・最高裁第2小法廷（裁判長栗山茂，裁判官小谷勝重，同藤田八郎，同谷村一郎，同池田克）の上告棄却の判決言い渡しによってである。敗戦をはさんで，実に，12年間の時間が経過した。

（5）矯正・保護研究センターには，捜査記録や予審記録を含み，以上の裁判に関する記録のほか，遺体の状況を示す写真類や裁判の進行に伴って正木を激励して送られてきた手紙類も寄贈された。そうした手紙の中には，大川周明や石原莞爾など，歴史上の人物からのものもあり，研究資料としてきわめて貴重なものがある。これらのうち，研究施設竣工記念特別展示において展示した「首なし事件」関係は，以下の5点である。

1）映画「首」の脚本と試写会の招待絵葉書
映画「首」は，正木ひろしの『弁護士　私の人生を変えた首なし事件』（1964年・講談社，1973年に『首なし事件の記録　挑戦する弁護士』と改題して講談社新書として発行）に原作をとり，脚

本橋本忍，監督森谷司郎，主演（正木ひろし役）小林桂樹で東宝映画株式会社が製作したものである。1968年4月に試写会が行われ，6月8日に封切られた。筆者は，試写会に植松正博士一家と行っている。その時のことについて，植松は，次のように記している。

「私は大きな感動をもってこの映画を見た。最後の蛇足を除けば，ほかに大きな欠点はない。伏線も巧みに活用されていて，実に破綻なく出来ている。芸術作品としても高く評価されるものと思う。」（植松正『刑法論評Ⅱ』［1969年・勁草書房］332，333頁）筆者は，見終わって館外に出た時，「あれじゃァ，また，弁護士志望が増えそうですね。」と言ったようである。当時，修習生の八割方が弁護士になる。筆者も弁護士になるつもりで研修所へ行った口である。検察官出身の植松には，そのような傾向はいささか苦々しい感情を禁じえなかったようであるが，「そんな情勢を百も承知の私自身でさえ，『われもし若かりしならば』と思う。やはり弁護士になりたくなる映画である」と記し，続けて，「事実はあのとおりではないとしても，あのモデルとなった正木さんという人はやはり容易に他の追随を許さない人物である。私が弁護士になったとしても，とてもああいうことをやる勇気を出せるという自信はない」と書いている（植松『刑法論評Ⅱ』333，334頁）。

　2）捜査段階調書等
　3）特別暴行陵虐致死被告事件　予審関係資料
　4）昭和23年（1948年）8月13日東京高等裁判所（控訴審）判決（有罪）
　5）昭和29年（1954年）5月29日東京高等裁判所（差戻審）判決（有罪）

4　八海事件

（1）首なし事件は，大塚巡査部長の有罪確定まで3度の上告審を経験している。同様に，3度の上告審の判断を経て裁判が確定している事件に，八海事件がある。世界の刑事裁判史上，同一事件について上告審を3度も経るというのは，異例中の異例であろう。英米においては，事実審の裁判に対する上訴が二重の危険の法理に反するとして問題になる。とりわけ，検察官上訴は二重の危険に直截に抵触し，基本的に禁じられている。

　首なし事件は，事件の性質を抜きにして，形式的に上記の議論を当てはめると大変に問題の審理経過をたどったことになる。しかし，第1に，この事件は旧刑事訴訟法下の事件であり，その下では，覆審構造を採っていたということを忘れてはならない。第一審の判断について上訴審は改めて事実認定をして，判断を覆すことができた。しかも，第2に，当時は，戦時刑事特別法の下，控訴審が停止されていて二審制であった。そして，第3に，首なし事件は，被疑者取調べ中の拷問による死亡か否かが問題になった事件であり，通常の事件とは，彼我の立場が逆転している。

　これに対して，八海事件は，まったく異なる構造を持っている。

（2）山口県の麻郷村字八海で起きた強盗殺人事件に，正木氏が関わったのは，一，二審の有罪判決後である。一審（広島地方裁判所・裁判長藤崎＝いわゆる藤崎判決），控訴審（広島高等裁判所・裁判長伏見＝いわゆる伏見判決）ともに死刑判決を受けた阿藤周平からの切々と冤罪を訴える一通の手紙（1953年12月19日付け，原田香留夫宛）とそれに添えられた阿藤の手記が弁護人原田香留夫から転送されてきたのが，そのきっかけである。その後，1954年1月18日には，直接阿藤から無実を訴える手紙を受け取り，一審と控訴審の判決を検討した結果，正木は，阿藤らの無実を確信し，弁護人となることを決意した。

　上告1954年12月21日，最高裁判所第3小法廷

（垂水克巳，島保，河村又介，小林俊三）。弁論は，大法廷を使って，1956年7月10，12日に行われた。小法廷の事件で大法廷が使われたのは，社会の関心がそれだけ大きかったためである。この前年，正木著の『裁判官』が出版され，八海事件は世に知られる。『裁判官』と中央公論連載中の広瀬和郎の松川裁判批判に対しては，「世間の雑音に耳を傾けるな」という田中耕太郎最高裁長官の訓示や，その頃，『裁判官』を原作にして製作されていた映画『真昼の暗黒』に対する陰に陽にの圧力があったことも，この事件を社会に知らしめることになった。

正木弁護士は，最高裁判所における口頭弁論を前にして，「どうしたら短い時間に裁判官や傍聴者に，この事件のバカらしさを知ってもらえるかと考えた」。その結果，「ナンセンスを認識してもらうには，あまりシカツメラシイ法廷気分ではかえって理解しにくいだろうということから，おとぎ話のように人形芝居でやってみることにした」。まさに，最高裁判所始まって以来の「新機軸」の口頭弁論が開始された。

その結果，最高裁判所は，事件を広島高裁に差し戻した。広島高裁は，無罪判決を下した。この時の陪席裁判官に，藤間判事がいる。判事は故人となっているのが，夫人は鳥取で健在である。夫人の話によると，当時，判事は「事件記録を風呂敷いっぱいかかえて役所と家を往復して」いて，「夜よくうなされていた」ということである。ストレスで円形脱毛症にもなったという。当時の担当裁判官の苦労が偲ばれる。

しかし，検察官はこの無罪判決に上告し，第2次上告審は，今度は有罪方向での破棄差戻し，再度の差戻し審で3度目の有罪判決，結局，1968年10月25日，第3次上告審が有罪判決を破棄自判して，事件発生以来18年にわたる阿藤らの冤罪生活にピリオドが打たれた。

（3）センターの展示会において展示した八海事件関係資料は，次の五つのカテゴリーに分類される。

1)「新機軸」の口頭弁論の模様を伝えるもの

2メートル四方の布に描かれた⑴現場見取り図，⑵現場付近地図。この上に，⑶計36枚の短冊と⑷①八海橋，②中野，久永，吉岡，早川（被害者）などの各家，③被告人達の人形，④大きな時計などの模型群を並べていき，正木弁護人は，阿藤周平ら被告人4人の共犯説の根拠となった「吉岡供述」の矛盾を暴露していった（正木ひろし著『検察官』参照）。

これらの模型群や短冊を見ていると，最高裁判所の裁判官，大法廷を埋め尽くした記者や傍聴人を前に熱弁を振るっている正木弁護人の姿が髣髴と浮かんでくる。

そして，凶器とされている長斧では被害者の頭にあった傷痕と一致しないことを示すために用いられた⑸長斧と包丁の模型，⑹被害者の首（模型）と写真。

2) 映画「真昼の暗黒」関係資料

3) 阿藤周平から正木への手紙類

これは，弁護人となって以後に阿藤から送られてきたものが中心に綴られていたものであって，この中には，正木弁護人誕生の契機となった阿藤の拘置所から発信された手紙や手記は，含まれていない。そうした手紙や手記類は，現在，ほぼ整理されて別に分類されて保管されている。

4) 判決などの訴訟関係書類

⑺判例時報第300号（八海事件再上告審判決 掲載），⑻1956年（昭和31年）6月2日付 毎日新聞（山口版）記事「八海事件の問題点」，⑼八海事件訴訟関係資料。この他に，⑽次に紹介する丸正事件メモと合冊となっている八海事件メモ。

㈤法廷スケッチ，写真集

正木は，弁論の合間に訴訟関係者や傍聴人のスケッチを行っていた。これらのスケッチは，描かれた人の人格をも写し出すほど巧みなものである。展示会においては，(11)八海事件関係の法廷スケッチ以外にも，三鷹事件その他の事件の法廷スケッチ類をできる限り展示した。

また，(12)八海事件写真集Ⅰ・Ⅱは，当時の模様を伝えるものとして貴重なものである。

5　丸正事件

（1）八海事件の新機軸による大弁論の翌年，1957年12月のある日，正木弁護士のところに1人の女性の訪問客があった。この女性は，静岡県三島市の丸正運送店女店主強殺事件の2人の被告人の1人で一審（静岡地裁沼津支部［裁判長村岡武夫，裁判官姉川拾巳，土橋義広］）で懲役15年の有罪判決を受けた被告人の義姉であった。女性は，1審の国選弁護人の添え状を持って，正木に控訴審の弁護を依頼しにきたのである。これが，正木が丸正事件と関わる最初の出来事である。当時の正木は，前述の八海事件のほか，菅生事件，三里塚事件等の公判を抱えて多忙を極めていた。正木は，弁護人となるを断らざるをえない事情を話して，代わりに鈴木忠五弁護士を紹介した。鈴木忠五弁護士は，三鷹事件の第一審裁判長を勤め，1957年に裁判官を辞めて弁護士になった。三鷹事件の弁護人だった正木の熱情と努力を深く信頼し，八海事件について書かれた『裁判官』が発売されると同時に通読し，その内容について正木に電話をかけるなど，鈴木は裁判官時代から正木の弁護士としての手腕と人柄に傾倒していたと言ってよいだろう。そうした間柄の正木の紹介ということで，鈴木は，事件の弁護人を二つ返事で引き受けた。

鈴木弁護人の努力にもかかわらず，1958年12月9日，控訴審東京高裁第六刑事部（裁判長加納駿平，裁判官足立進，山岸薫一）は，控訴棄却の判決を下した。正木は，鈴木に請われて上告審から弁護人に加わった。両弁護人は相談の上，上告趣意補充書において，弁護人等が事件の真犯人と考える被害者の実兄夫婦を名指しすることを決定し，1960年3月28日，両弁護人連名で最高裁判所第三小法廷に補充書を提出した。正木らとしては，これによって検察庁が再捜査を始めるであろうと考えたのだが，最高検察庁の首脳部の一員は，司法記者クラブの2，3の記者に対して，「本件はすでに解決ずみであるから，再調査する意思はない」と洩らした（『告発』43頁）。同年4月4日，両弁護人は，最高裁構内の司法記者クラブで記者会見を行い，上記補充書の内容を添付されている写真7枚とともに公開した。補充書の内容は，新聞，週刊誌を通じて全国に報道された。

同年5月2日，補充書で真犯人と名指しされた実兄夫婦は，鈴木，正木両弁護人を名誉毀損罪で告訴した。

かくして，丸正事件は，本体の強盗殺人事件とともに，その弁護人を被告人とする名誉毀損事件とが並行するという，世にも珍しい展開となった。「当時まで，この事件は裁判所の構内における上告趣意補充書の中だけの問題であったものが，いよいよ告訴されることによって，舞台は公共の広場に出て，対決を迫られることになった。そのため，わたしたちは，受身の立場から，かえって積極的に自由に物が言えるようになったわけである。丁度，そのころから，わたくしの書斎でも，またまた新しい，冤罪の資料がぞくぞく発見され，上告趣意補充書が，その二，その三と，次次に増えて行くことになった。」（『告発』46頁）

（2）既述のように，丸正事件には，強盗殺人事件と正木らに対する名誉毀損事件の2つの事件がある。正木文庫に収納されている資料もこの2つ

の事件関係の訴訟資料・信書・メモ類等多量である。センター管理の事件関係資料は、正木家保有のものであるが、丸正事件関係訴訟資料は、この他に日弁連に保管されている。日弁連保管の資料に関しては、荒木伸怡（立教大学教授）の紹介・分析が三省堂のブックレットに掲載されている。

センターの展示会で展示したものは、丸正事件第一審判決（右）／控訴審判決（左）や正木の筆になる犯行現場略図と丸正事件関係年表のほか、丸正事件メモ、丸正事件現場付近地図、さらには、名誉毀損事件において被害者の顔から流れている血が自白のような殺害態様からはあり得ないことを証明するために作成・提示された丸正事件被害者の首の模型、さらに、模型を使って正木が犯行状況を実演している写真などである。

八海事件において示された「新機軸」は、この丸正事件においてもいかんなく発揮されていることがわかる。検察官の主張する方法と被害者の死体に残された傷痕や血痕が一致しないことを論理的に文章の上から説得するだけではなく、模型を使って視覚に訴えてよりわかりやすくする弁論の技法は、刑事弁護の原点とも言うべきであり、また、正木氏が「日本のペリー・メースン」と言われる理由の一端を示している。日本においても、不完全ながらも刑事裁判に市民の参加が認められようとしている時代の刑事裁判には、正木の弁護手法をこそ見習うべきであろう。

6　その他の事件

（1）正木は、以上の事件のほか、戦後の著名事件のほとんどに直接、または間接に関わっていた。

直接に手がけた事件は、著名なものだけでも、プラカード事件、唐紙事件、三鷹事件、万能殺人事件、白鳥事件、菅生事件、チャタレイ事件、石和殺人事件、観音堂事件、三里塚事件、龍門殺人事件などが数えられる。これらの事件は、そのほとんどが、首なし事件の上告審判決を待つ間の「待機中に依頼された」ものである。

プラカード事件、三鷹事件、白鳥事件、菅生事件、チャタレイ事件以外の事件は、一般にはそれほど知られた事件ではない。しかし、それぞれに特色があり、日本の冤罪の構造を知る上から参考になる点の多いものである。

たとえば、観音堂事件は、長野県茅野市（当時は、諏訪郡茅野町）の寒村で起きた放火事件である。この事件の犯人とされ、無罪を主張したが、1956年6月5日の最高裁判決で懲役2年の有罪確定判決を受けたのは、子供のときの脳膜炎の結果、知的障害を負っていた一青年であった。正木は、上告棄却後、再審の弁護を依頼され、記録を読んだ後、「この判決は科学的な鑑定内容を無視しているので、天の理にそむいているから、弁護を断るわけにはいかないと決意した」（『エン罪の内幕』[1970年・三省堂新書] 69頁）。この事件について、正木は、次のようなコメントをつけている。

「観音堂事件は、一見きわめて微少な刑事裁判であるが、人権史上における価値は限りなく大きい。戦前・戦後を通じ、冤罪で苦しめられた同胞の数は万をもって数えられるほどであろう。しかし一度上告で棄却されたら最後、再審の制度はあっても、現日本の司法官憲は、結束して地獄に突き落としてしまう悪魔の心である。本件は地獄から生還した記録である。信州・八ヶ岳の山麓から、観音の慈光が輝き始めた。"求めよさらば与えられん"」（『エン罪の内幕』47頁）

また、石和事件は、「現代日本の農村の精神的文化の平均に近い水準がかもし出した標本的の冤罪事件」（『エン罪の内幕』98頁）である。山梨県石和町の一老人が、知的障害者である実弟をキセルで額を殴打するなどして死に至らしたという理由で起訴された。観音堂事件では、被告人が知的障害者であったが、この事件では被害者が知的障

害者であった。正木をこの事件に引き込んだのは，「甲州教育界の長老」矢田一法で，この人の息子は，当時朝日新聞社会部の記者で，現在もなぞの多い下山事件の他殺資料を集めて活動した矢田喜美雄であった。そうした因縁だろう，正木は，甲府地裁での審理の途中から弁護人となり，警察が行った法医鑑定に対して再鑑定を行って争った。甲府地裁は，再鑑定の結果を受け入れて，傷害致死罪の成立を否定したが，暴行罪で被告人に懲役2月執行猶予1年の有罪判決を言い渡した。「しみったれなナンセンスというほか」ない判決に対して，被告側は直ちに控訴した結果，控訴審で無罪が確定した。

訴訟関係記録のほか，これらの事件の法廷スケッチが多数存在する。特別展示では，そのうち，三鷹事件の法廷スケッチだけを展示した。

7　正木文庫の意義と課題

正木文庫は，弁護士正木ひろしにとどまらず，第二次世界大戦をはさんで，言論を武器として不当な力と闘い抜いた一代の傑物の全体像を明らかにする資料の詰まった宝庫である。正木文庫を仔細に研究することによって，絵画に一流の腕を持ち，天文学においても正木理論として認められる説を展開した多面的な才能を持つ人の軌跡を明らかにすることができるであろう。その意味では，この文庫は，社会文化史的な人物研究に関心のある人には，最高の資料を提供している。将来的には，そのような研究者が現れて，この文庫を活用することを切望する。

正木の遺志に最も合致する文庫の活用方法としては，上記のことであろうと思う。しかし，矯正・保護研究センターの機能との関係においては，そこまでの活用を望むのは，いささか欲張りというものであろうか。

正木の弁護手法については，とくに丸正事件において真犯人と考える人物を実名入りで指摘し，そのことを上告趣意中に記載したのみならず，記者会見の席上，さらには書籍の中でも明記したことについては，弁護士の中でも批判がある。しかし，自らが名誉毀損に問われ，それによって弁護士生命を失う危険を賭して，被告人の無罪のために闘う弁護人は，刑事弁護人の一つの理想像でもある。弁護士倫理とは何かという問題も含めて，正木の弁護手法の投じた波紋は大きい。正木の弁護手法のもつ意義を考える資料として，最後に二人の元裁判官の言葉を引用して，この文を閉じることにする。

「昨年末（1975〈昭50〉年）亡くなられた正木ひろし先生は，その献身的な弁護生活のために，自らが被告人とされ，名誉毀損ということで有罪にされました。しかし私は，正木先生のように自己の正義感を実践し，そのことで被告人とされてその生涯をとじられたことは，正義を貫いた弁護士としては最高の生き方であり，まことにうらやましくおもっています。ここに心から正木先生のご冥福をお祈りして，私の話の結びとしたいと思います。」（佐々木哲蔵『一裁判官の回想　佐々木哲蔵論文集』〔（株）技術と人間〕1993年31頁）

「この時この事件の弁護にあたった正木弁護士の弁護方針にも感服した。正木ひろし弁護士は海野晋吉弁護士と並ぶ当代の人権擁護派の大御所であり，弁護史上多くの功績を残された点で私の尊敬する方であった。しかしお二人の弁護方針は甚だしく異なり，海野弁護士は地道に証拠に基づいて論陣を張る実証派であった。私は後年正木弁護士が被告人とされた丸正事件名誉毀損裁判の第一審主任弁護人をつとめたが，同氏は科学的証拠ということを強調され，日本の裁判官には科学的知識や能力が欠けていることをつねづね慨嘆しておられた。そうはいいながら反面，鋭い直観力の持ち主で，事件によっては直感によって真相を看破さ

れるという不思議な能力の持ち主でもあった。いわば天才的ともいうべき方で，われわれ凡人にはどうしてもついていかないところがあった。誤解を招いて申し訳ないが，たとえば記録中にどうしても有罪と受けとられるような証拠があった場合，それを無罪論の立場からどう裁判官に説明すべきかと思い惑い，正木先生にその解明を求めたことが時々あった。ところが先生はそんな資料には歯牙もかけず，説明さえしてくれなかったことがあった。強気の先生は弱気のわれわれを笑うがごとく大筋をとらえて直感的天才的雄弁を振るわれるので裁判官もその確信と情熱に呑まれて正木先生の所説に賛同せざるを得なかったというような場面もあった。」（伊達秋雄・同書「あとがき」255－256頁〔八海事件の主任弁護人をした佐々木弁護士について書きながら〕）。

研究ノート

刑事施設内の人権救済制度に関する一考察
拷問等禁止条約選択議定書から見る行刑改革会議提言

キーワード：拷問等禁止条約,人権,刑事施設,行刑改革

桑山亜也　龍谷大学大学院法学研究科博士課程

はじめに

　昨年（2003年）12月に公表された，行刑改革会議の最終提言（以下，提言）において，視察あるいは不服申立の処理を行う第三者性を持った機関の設置が提案された[1]。従来，内部的な救済機関の充実については議論がなされてきたが，今回，「第三者性」あるいは「独立性」を持った機関を設置し，あるいはそうした機関が刑務所等の「視察」を行うという具体的な提言に至ったことは非常に画期的なことであると考えられる。こうした独立した視察機関の設置の必要性については，国内においてこれを求める議論は行われていたが，どちらかというと国際的な要請が大きな契機になったと言えるのではないだろうか。

　たとえば，1998年の国際人権（自由権）規約委員会における日本政府の第4回報告書審査の際に，この点が議論されまた最終見解において触れられたことは，あらゆる拘禁施設内の人権状況の監視および救済機関の設置が具体的な議論にのぼった1つの大きな契機であった。規約委員会による最終見解では，日本の人権救済制度全般についての言及において，「人権侵害を調査し，申立人のための是正措置をとることに役立つような制度的機構〔国内人権機関〕が存在しないこと」に懸念を表明し，「人権侵害に関する苦情申し立てを調査する独立的な機構を締約国が設立すること」を強く勧告した[2]。さらに，今回の行刑改革会議では，ヒアリングや海外視察を通じて，海外の事例とくにイギリスの独立監視委員会やドイツの刑事施設審議会が主に参考とされた。

　しかし，今回の行刑改革会議の議論内容と提言を見る限りでは，「独立した査察機関」の理念や内容に関して，現在国際的にとくに国際人権法の分野における議論が提示している論点についてまだ十分な検討と理解がなされていなかったように思われる。これは，とくに，人権一般に対する救済機関としてのいわゆる「国内人権機関」のあり方については，憲法，行政法あるいは国際人権法の分野において，国際的な議論が紹介され，少しずつ議論が発展してきているが，ことに刑事施設の特殊性に見合った救済機関のあり方については，いまだ十分に検討をされていないことが背景にある。

　本稿は，今後，国内における刑事施設の人権侵害に対する救済機関のあり方が具体的に議論されていくものと考え，そのためのひとつの材料提供を意図する。第三者機関による査察機能を重視した救済機関について規定したはじめての国際的な基準，すなわち，「拷問等禁止条約」の選択議定書[3]（以下，選択議定書。2002年12月国連総会にて採択）を取り上げる。この選択議定書の「国内的防止メカニズム」に関する規定を基点に，行刑改革会議において第三者機関による救済制度をめぐって検討された論点を見直すことにより，今後の検討課題について考察してみたいと思う。

　なお，本稿は，龍谷大学矯正・保護研究センタ

一の研究プロジェクトのひとつである「拷問等禁止条約の国内実施に関する研究会」による共同研究を通じて行われた議論をも参考としている。

1 欧州拷問等防止条約との相違＝「国内防止メカニズム」の重要性

拷問等禁止条約の選択議定書は、①「拷問および他の残虐な、非人道的なまたは品位を傷つける取り扱いまたは刑罰（以下、非人道的取り扱いという）を防止するために」、②「人々が自由を奪われている場所への」③「独立した国際的および国内的な機関によって行われる」④「定期的な訪問制度」を設けることを目的としている。

独立した機関による査察のしくみについては、1989年に発効した欧州拷問等防止条約（以下、欧州条約という）に基づく欧州拷問防止委員会が、欧州の地域間機関としてすでに長年その活動を続けており、選択議定書のしくみと比較される[4]。

まず、欧州条約とのもっとも大きな相違点として、③について、欧州条約が、拷問等防止委員会というひとつの地域間機関のみにより査察機能が担われるのに対し、選択議定書は、国際的および国内的の双方において査察機能を持つ機関を設置することが規定される。また、④について、欧州拷問等防止委員会による拘禁場所の訪問は、定期的なものと、「状況により必要と思われるその他の訪問」すなわちアドホック（臨時的）なものとがあるが、選択議定書においては、定期的な訪問およびそのフォローアップ訪問とされており、アドホック訪問に関しては明確な規定がない。これは、③に言う国内の訪問機能を持った機関との連携を目的とすることからの違いであり、ここでも国内防止メカニズムの重要性が確認される。

①の選択議定書が対象とする人権侵害の範囲は現在のところはっきりしない。欧州条約上には「拷問および非人道的取り扱い」に関する定義はない。これは、欧州拷問防止委員会が、防止を目的とした非司法的機関であり、定義規定に沿ってこれに該当するか否かによって、その違法性を判断することを目的としないためである[5]。刑事施設に関して、欧州拷問防止委員会によって示されている見解においては、被拘禁者と職員との関係性や過剰収容状況等の施設の処遇環境、作業や運動等の処遇内容にまで言及されている[6]。

同様に、国連の選択議定書が規定する国際的防止メカニズムとしての「防止小委員会」および国内的防止メカニズムとしての各国内機関等の活動もまた、「防止的性格を持つ非司法的な手段（前文）」と位置づけられており、本体条約の1条にある定義においてその違反を判断することは、同委員会の活動目的や内容ではない。よって、防止小委員会の活動もまた、1条の定義にかかわらず幅広いものとなると考えられる。

また、欧州拷問防止委員会は司法判断を行わない一方で、欧州人権条約3条の違法性に関する法的判断は欧州人権裁判所が行い、役割分担を行うことが前提となっている[7]。欧州以外のこうした人権侵害行為の責任追及を行う国際的あるいは地域間の司法機関が存在しない国ぐにとっては、国内の司法機関・裁判所が、とくに本体条約あるいは関連諸基準についてどのような態度をとるかがより重要となろう。

このように欧州条約の制度に比較してみると、国連の選択議定書が定める国内的防止メカニズムは、これを締結した当該国内の救済制度や運用のあり方により大きく影響を受ける。さらに、司法、行政およびその他の機関等による国内の人権救済制度全体を論ずるなかで、この選択議定書の定める防止メカニズムを効果的に設定することが必要となる。

日本においては、人権救済制度について、2002年、人権擁護法案が国会に上程され、第三者性を

持った司法機関以外の機関等による人権救済機能のあり方については、やっと具体的な議論の俎上にのぼったところである。第三者性を持った機関等による人権侵害救済制度についていまだ国内的にはその理論・実践ともに蓄積が不十分といわざるをえない。いま、日本は人権救済制度全体の新たな枠組みを問い直す時期に来ている。とくに、刑事施設の人権救済について、選択議定書が規定する日本における国内的防止メカニズムのあり方を検討するにあたっては、そのより高い実効性を目指すために、防止機能の一方で救済機能をもあわせて検討する必要があろう。行刑改革会議において提案された2つの第三者的機関もまた、一方が防止目的をもった査察機関であり、もう一方は（第三者性については前者に比してより議論の余地があるが）救済機関を目指したものであるため、防止と救済の2つの機能をあわせて検討するものとする。

なお、司法救済の場においても、拷問等禁止条約がその保護対象とする人権侵害について、同条約の規定に比較して検討しなければならない点がまだ数多く残されていると考える。たとえば、同条約が要求する、人権侵害「加害者」の刑事責任の追及と処罰、および「被害者」に対する賠償や損害回復などは、現行法のとくに運用面においてその充足如何が問われるものである[8]。しかし、この検討は他の機会に行うものとし、本稿では、第三者性をもった機関による救済および防止機能に絞って以下検討するものとする。

2 日本の刑事施設における「国内的防止メカニズム」～行刑改革会議提案の検討から

(1) 行刑改革会議提言の2機関と国内的防止メカニズム

選択議定書においては、その加盟国に対し、批准後少なくとも1年以内に「拷問防止のための1つ以上の独立した国内的防止メカニズム」を「維持（maintain）、指定（designate）または設置（establish）」することを義務付ける（17条）。すなわち、加盟国は、必ずしも新たな機関等を設置する必要はなく、規定されている内容に見合う機関等がすでに存在すれば、これを議定書上の「国内的防止メカニズム」として維持あるいは指定することができるのである。ここに言う「メカニズム」とは国によって、委員会、公的機関、民間団体あるいは個人の専門家など様々な形態を含んだ広い概念である[9]。

ところで、行刑改革会議の議論のなかでは、「透明性の確保」という枠組みにおいて第三者による視察委員会や内部監査、不服申立制度について議論が行われたが、最終的に同会議の提言では、市民参加による透明性の確保を目的とした「刑事視察委員会（仮称）」（以下、視察委員会）と個別事案の救済を目的とした「刑事施設不服審査会（仮称）」（以下、不服審査会）の2つの機関が提案された[10]。

前者の視察委員会は、「行刑運営の透明性を確保すること」および「適正な行刑施設の運営を援助し、行刑施設と地域社会との連携を深めること」を目的とし、「行刑施設の運営全般の向上に寄与することを目的として」、定期的あるいは臨時の会合において行刑施設の運営全般について協議し、行刑施設の長に対し意見を述べることをその職務とする。協議のために、施設の視察、被収容者との面接、所長との意見交換などを行うことができる。活動内容は、年次報告書としてまとめられ法務大臣に提出されるとともに公表される。委員は、1年の任期で法務大臣の委嘱による。構成は、「地域の市民のほか、弁護士等の法律関係者、医師、地方公共団体の職員等を含めること」が望ましいとされ、「その選任に際しては、公私の団体から推薦を得るなどの方法を検討していくべき

である」とする。

一方，後者の不服審査会については，「公権力による人権侵害等を対象とした独立性を有する人権救済機関が，可及的速やかに設置されるべきである」としながらも，「被収容者の人権侵害に対する救済制度等の整備は喫緊の課題」であるため，これが設置されるまでの間の「暫定的かつ事実上の措置として」設置されるものとする。「行刑施設の長その他の職員による違法又は不当な処分等に係る被収容者の不服を調査審理し，被収容者の人権侵害に対する救済をより適正に図ること」をその目的とするが，不服申立の対象範囲については，行政不服申立制度にならい懲罰や外部交通に関する「処分」を原則とし，職員による暴行を例外的に対象に含むこととする。

また，不服審査会は，法務省内に置くが「矯正に関する事務を担当する部局等から独立」させるものとし，委員は，法務大臣が，法律，矯正行政，医療等に関する優れた識見を有する者のうちから公正を期して選任するものとする。審査会の権限は，本提言によって新たに提案された法務大臣による「再審査の申立」[11]の処理において，大臣が当該申立に理由がないと判断する場合に，これを審議会に付し，当該申立に理由があると考える場合には，「是正措置を執るべき旨の勧告」を行うものとする。

これら2つの機関については，選択議定書が規定する国内的防止メカニズムの一部となる可能性を持つものと期待されるが，今回の提言はあくまで骨子にとどまるものでもあり，これら機関の設置が具体化にあたり詳細な検討がなされなければならない。以下，選択議定書の規定および選択議定書の運用にあたり解釈基準・参照されるべき文書等を参考にしつつ，今後の検討課題となるべき点を指摘する。

(2) 国内的防止メカニズムとしての権限範囲

「国内的防止メカニズム」とは，選択議定書3条にあるように拷問等防止のための「訪問機関」である。19条では，「国内的防止メカニズム」の最低限の権限として，①拘禁場所において自由を奪われている者の取り扱いについての定期的検討（regular examine），②関連機関への勧告，③法律や法案についての提案を行うことを規定する。

この規定によれば，視察委員会の構想はより19条の要件に近い機能を持つものと見ることができる。ただし，その権限範囲については明確化されていない。選択議定書では，定期的な訪問調査のほかに，改善に関する勧告や立法・政策提案をもその最低限の機能として規定しており，視察委員会による勧告や提案にどこまでの意味を持たせるのか，今後の具体化の過程においてその権限の内容や範囲の確定が必要である。また，その権限を実質化するための国側の義務について，選択議定書20条に定めるようなあらゆる情報へのアクセス，訪問の際の施設内のあらゆる場所へのアクセス，被拘禁者や職員との秘密面接および視察委員が面接者を選択する自由の保障などを考慮が必要になると思われる[12]。

(3) 救済機能との関係性

視察委員会については，その最たる目的が「市民参加」と「透明性の確保」とされており，直接的な救済機関として位置づけられていない。「行刑施設の運営全般の向上に寄与することを目的」とする。確かに，選択議定書の「国内的防止メカニズム」は直接的な救済機能を持つことを要求しておらず，一般的な改善勧告や立法政策提言を行う機関としての役割を担うことを規定している。ただし，実際は，すでに訪問機能をもった国内機関を有している各国において，こうした訪問機関は，特定の要求や不服申立に応じて臨時的な訪問

を行うなどの活動を行っているという実態が存在するという[13]。日本の刑事施設においても，たとえば外国人，高齢者，薬物依存者など多様なニーズあるいは問題を抱えた収容者の存在がクローズアップされている。それにともない人権救済のあり方もより個別具体的な対応を迫られることになろう。多様化した申立に対し柔軟性をもった対応をするためにも，訪問機関が具体的な個別事案の救済はしないまでも，より個別具体的なニーズに合わせたかつ迅速な対応ができるよう今後デザインされていく必要がある。

ところで，視察委員会が救済機関ではないとされる一方で，権利救済を担う第三者的機関として不服審査会が位置づけられたが，不服審査会は，上述したように人権侵害事案の申立を被収容者等から直接に受けることはできない。ここで，刑事施設における救済機能の改善は図られるのか，と懸念されている[14]。

選択議定書の「国内的防止メカニズム」自体は直接的な救済機能を要求されていないが，これは本体条約（拷問等禁止条約）においてすでに，直接的な救済措置を規定しておりこの保障が前提となっていることが看過されてはならない。すなわち，本体条約12条においては，拷問等にあたる行為が行われたと信ずるに足りる合理的な理由がある場合に，「権限のある当局（competent authorities）」による「迅速かつ公平な調査を行うこと」を求め，同13条においては，拷問等を受けたと主張する者が「自国の権限のある当局」に「申立を行い迅速かつ公平な検討を求める権利を有することを確保すること」を求めている[15]。

行刑改革会議の議論過程からは，直接的な不服申立制度は，第一次的には，内部的な機関によって行われることが前提とされていることが伺われる。従来，国内の刑事施設における不服申立制度あるいは権利救済制度については，司法による救済と行政自身による内部的救済との大きく2つの類型において考えられてきており，行政の「外部」から直接的に国民の権利を保障するのは，裁判所による司法的統制によるものと考えられている。とはいえ，司法的救済によることは時間・費用等を要することからより簡易迅速な手段によること，あるいは矯正行政等に関するより専門的な知識や経験を有するものによる実質的な権利救済を実現することから行政内部における救済制度の充実が強く要請されてきた[16]。行刑改革会議における審議もまたこの従来的な考え方が前提にされている。

上述した拷問等禁止条約の条文においても「権限のある当局（competent authorities）」がこれら救済機能を担うとされており，必ずしも第三者性をもった機関であることまでを要求していない。しかし，一方で，人権救済一般の問題として，日本における人権保障の実効化の要請が高まるなか，負担の少ない手段によりかつ第三者性を持った機関による権利救済についての要請は，ますます高まっている[17]。多様化する被収容者のニーズや発展する国際人権基準に対応するためにも，より柔軟性を持ち，あるいは多様なバックグラウンドを持った第三者的な救済機関の必要性は今後より高まるのではないか，と考えられる。司法，行政そして，第三者機関のそれぞれによる救済機能をどう位置づけ，どのように協働していくことができるのか，を議論する必要がある。また，この議論を具体化するためには，現行の司法および行政的救済がどのような現状になっているのかを正しく把握し，また救済手段を取る際によるべき基準となる被収容者の人権，法的地位に関する法規定の制定が不可欠である。

(4) 独立性および多元性

選択議定書では，この独立性や多元性の点につ

き，18条において「機能的独立性および人員の独立性」の保障を規定し，ジェンダーバランスやマイノリティの視点を反映させることを規定し，さらにその具体的な基準として，「人権の促進および保護のための国内機関の地位に関する原則」いわゆるパリ原則を十分に考慮に入れることを求めている。このパリ原則は，人権一般についてその伸長と保護（promotion and protection of human rights）を目的とするいわゆる国内人権機関について規定するものであり，必ずしも拘禁場所の査察を行う機関について定めた規定ではないが，第三者性あるいは独立性をどうとらえるべきか，との課題について重要な示唆を与えるものとして参照されている。

パリ原則では，独立性の確保のために，大きく3つの要素が必要であるとされている。すなわち，①法上および運用上の自立，②任命手続と構成，③財政的な独立性である[18]。

①は，あらゆる存在からの介入や妨害を受けることのないよう，国内機関の独立した法的地位を憲法あるいは法律によって定めることをいう。さらに，運用上の独立については，国内機関が自らの起草による手続規則を持ち，規則は外部からの修正を受けないこと，また，国内機関による勧告等は外部の機関等による審査の対象としないことなどを内容としている。②については，国内人権機関の構成員の任命方法，基準，機関，再任，解任，および特権免除といった事項については法定されることをまず定める。構成については，「社会学的および政治的多元主義の程度」を反映していなければならないとし，可能な限り広い社会の多様性を反映した構成が求められるとする。なお，国内人権機関には，助言的資格でのみ参加すべきという前提において政府関係者を含むことが求められおり，また，オンブズマンのように一人で国内機関が構成される場合を同原則は除外しないが，委員会性や複数構成のオンブズマン事務所といった形態が多様性の反映としてより「実効的」なものと理解されているようである。③については，国内人権機関の財源などについてやはり法定することが必要であり，自らの予算編成権や議会提出権といった財政上の自立をいう[19]。

これら独立性・多元性の観点から，視察委員会および不服審査会の具体化において以下の点が検討されるべきであろう。

まず，視察委員会については，その法的地位をどのように定めるのか提言では明確になされていない。各施設に法務大臣の委嘱によって設置されるものとされており，さらに，透明性の確保とともに，「適正な行刑施設の運営を援助し，行刑施設と地域社会との連携を深めること」を目的とした「市民参加」の仕組みであることが強調されていることから，あくまでボランティア，すなわち現在の篤志面接委員のような位置づけがなされることにならないか，が懸念される[20]。

一方，不服審査会については，法務省内に置き「矯正に関する事務を担当する部局等から独立」させるものとして位置づけられ，法務省矯正局の外局としての法的地位が与えられるものと考えられる。その意味では視察委員会に比して権限が法定されるという意味での安定性をもつと言えるだろう。また，法務省内に置くことへの批判を考慮し，不服審査会の独立性について，原案を作成した南委員は，会議録のなかで「作用的」にも「組織的」にも独立させるという意味合いを込めたとの発言をされ，現状の行政組織においてその独立性をできる限り考慮されたものであり，改革会議の議論過程においては，委員の選任について，その公正さを担保するために，より多様な人材を選任するとの考慮が強調された[21]。

しかし，法務省の外局である以上，パリ原則が規定する「運用上の独立」や「財政的な独立」の

観点からは，一定の制約を受けざるを得ない。この制約をどこまで可能な限り乗り越えて独立性を保持させることができるのか，について行政法および憲法，国際人権法などの観点から多面的な検討が必要であろう。

なお，不服審査会は，現在審議が事実上停止された状態の人権擁護法案の制定を見越した暫定的な組織であるとされており，行刑改革会議の最終的な結論としては，同法案にいう人権委員会の設置が待望されているものと思われる。しかし，すでに数多くの議論がなされているように，人権擁護法案については，人権委員会の救済対象，独立性，構成員などの点において問題が指摘されている。とくに，行刑改革会議の審議のなかで，法務省より説明がなされたように同法案においては，刑務所問題，「公権力による虐待」という事案についてこれを扱うことは念頭に置かれていない。むしろ，選択議定書の理念をも取り込んで，刑事施設に特化した第三者性を持つ不服申立機関のあり方を今後も追及していくべきではないかと思われる[22]。

そのほか，選択議定書には，国内防止メカニズムとされた機関等への当該人権侵害に関する情報を提供する者についての保護について，また国内における他の権限ある機関による勧告の検討や対話を行うことについて，さらに，国内防止メカニズムによって作成された報告書の公表と普及についての規定がおかれている。

権利救済あるいは査察機能の実効化のため，そのもっとも基本である人権侵害の「被害者」当事者あるいはこれに類する者による申立を躊躇なくできる環境づくり，制度づくりもまた重要な検討課題であろう。また，上述したように，査察あるいは権利救済機能を担う第三者的な機関が必要であるとは言っても，その機関単独だけで十分な救済を行い，あるいは効果をあげることはできない。従来から存在する権利救済機関，またそれらと新たに設置される査察・救済機関との関係において，また行刑分野を超えた他分野の同種の機関などと連携を図ることが必要である[23]。

さいごに

以上，非常に不十分ではあるが，拷問等禁止条約の選択議定書に示された理念や規定から，行刑改革会議が提案した2つの第三者機関の今後の具体化における課題について検討した。今回の行刑改革会議提言は，非常に画期的であったことを評価しつつも（短期間での議論であったこともありやむをえないとしても），権利救済の「方法論」のみに議論が終始してしまったように思われる。第三者的な機関あるいは査察機能の必要性は，それによって保障・救済する権利内容に大きくかかってくるものと思われる。行刑改革が急務であることは理解しつつも，今後法改正が現実化されるなかで，救済の対象となる被収容者の保障されるべき人権内容その制約原理が明確にされることもまた必要である。

また，日本は，1999年に本体の拷問等禁止条約を批准しているが，条約批准にあたっては，なんらの国内法改正を行なっていない。しかし，同条約は，拷問の「加害者」の適正な手続に基づく処罰，拷問に関する教育の確保，拷問等防止のため尋問・拘束方法に関する再検討，被害者に対する賠償や損害回復措置など多くの実効的措置を規定している。こうした人権侵害事案の事後的な救済措置についても，まだ検討すべき余地は多くあることを再認識し，今後の行刑改革において生かしていく必要があるだろう。

一方で，日本国内の第三者機関による査察あるいは救済制度に関する議論は，こうした国際社会あるいは他国における実践とその効果が，その大

きな契機となってきただけに、今後国内において その必要性・重要性に関するより具体的な実証と 理論の構築がさらに必要であると思われる。今回 の行刑改革会議における審議を通じて、現行救済 制度の具体的な運用状況が明らかにされた。会議 のための一過性のものとはせず、今後も幅広い検 証作業のために、こうした現状に関する情報公開 がいっそう進められることが求められる。それが すなわち、行政内部や第三者機関による査察、ま た、司法・行政そして第三者機関による救済機関 というそれぞれの主体による複合的、多面的な制 度やその運用について冷静かつ建設的な議論がで きるものだと考えるのである。

1 「行刑改革会議提言 〜国民に理解され、支えられる刑務所へ〜」（平成15年12月22日行刑改革会議）27頁以降。ウェブサイトhttp://www.moj.go.jpにおいて入手できる。なお、行刑改革会議の議論は、刑務所を中心とする行刑あるいは矯正施設を対象としたものである。しかし、拷問等禁止条約はおよそ「自由を奪われている場所と人を対象とする。両者の対象範囲の違いについても検討が必要と思われるが、本稿においては主に日本の行刑施設を念頭におきつつ、しかしこれに限定しない趣旨で「刑事施設」という用語を用いた。

2 「〔資料〕規約人権委員会の最終見解」国際人権NGOネットワーク（編）岡本雅享ほか（監修）『ウォッチ！ 規約人権委員会』（日本評論社・1999年）35頁。

3 正式名称「拷問および他の残虐な、非人道的なまたは品位を傷つける取り扱いまたは刑罰に関する条約の選択議定書」。なお、本稿においては、矯正・保護研究センターの共同研究の一環として、著者および宇都宮大学・今井直教授の手により翻訳された同議定書の邦訳を使用するものとする（末尾資料を参照）。また、選択議定書の設立経緯および内容については、本誌今井論文に詳しい。なお、日本政府は1999年に本体の拷問等禁止条約は批准したものの、選択議定書については批准を行っていない。よって、同議定書を参考にすることには異論もあろうが、同議定書の掲げた拷問・非人道的取り扱いの防止システムは、国連加盟国においてその効果が実証されてきた理念および手段を基本に議論された国際的な現時点でのコンセンサスである。日本がこれまでにない独立した査察機関を設置しようという動きにあるなかで、こうした国際的なコンセンサスを参照することには一定の意義があるものと著者は考える。

4 欧州拷問防止委員会との異同については、今井論文参照。また、オーレ・ヴェデル・ラスムセン（Ole Vedel Rasmussen）、海渡雄一・要約、「拘禁施設における国際査察機関の役割、刑務所医療の改革」、自由と正義Vol.55 No.4、61頁では、国連および欧州の両委員会委員によりその違いが解説されている。

5 Rod Morgan and Malcolm Evans, Combating torture in Europe: the work and standards of the European Committee for the Prevention of Torture(CPT), Council of Europe Publishing, 2001, p.59.

6 たとえば、欧州拷問防止委員会一般報告書の「実質的な」部分（1999年11月5日）、日本弁護士連合会「ヨーロッパ拷問等防止委員会資料集 拷問・非人道的・品位を害する処置を如何に防止するか」27頁以降。

7 注(5)書 p.59.

8 イギリスに本拠を置くNGOのREDRESSは、2002年に、30カ国の国内的な拷問禁止の法的枠組みとその実施について調査分析をするThe Audit Projectを行い、日本もその対象国とされた（http://www.redress.org/auditProject.html参照）。国際的な基準から拷問禁止の法的枠組みとその実施について何が実効性を担保すると考えられているかの一端をここで知ることができる。

9 本選択議定書の作成・採択に大きな貢献をした国際的な拷問禁止・防止活動を行うNGOの1つ、Association for the Prevention of Torture (APT)は、選択議定書の国内防止メカニズムに関する解説書"Implementation of the Optional Protocol to the UN Convention against

Torture---- The Establishment and Designation of National Preventive Mechanism"(2nd edition, Nov. 2003)において，人権委員会，オンブズマン，議会内委員会，市民参加の形態，NGOなどが考えられうるとしている。

10　注（1）提言27頁以降。

11　行刑改革会議提言34頁参照。提言によって提案された不服申し立て制度は，監獄法改正により，まずは矯正管区長に審査の申立てをし，これに不服がある場合に，法務大臣に再審査の申立てを行うという手続をとる。審査会が関与するのは，この2段階目の再審査の際である。

12　行刑改革会議の提言には，視察委員会について「行刑施設内にメールボックスを設置したり，委員会の要請があるときは，状況に応じて，職員の立会いなしの面接を認めるなど，被収容者が委員会に対し忌憚なく意見等を述べられる環境を整えるべきである。」との言及がある。視察委員会に対しても被収容者が意見を述べる機会を担保することが意識されたものとして評価することができるが「環境を整える」との言及にとどまるため，これを権限として保障することまでは考慮されていないものと思われる。

13　APT, Implementation of the Optional Protocol to the UN Convention against Torture, p.9.

14　たとえば，自由と正義Vol. 55 No.4，34～35頁。

15　本体条約の条文は，政府訳（http://www.mofa.go.jp/mofaj/gaiko/gomon/zenbun.html）を参照。

16　山下進「不服申立制度」森下忠ほか編『日本行刑の展開』（一粒社・1993年）202頁以下，鴨下守孝「被収容者の権利救済」『改訂・増補新行刑法要論』（東京法令・2002年）296頁以下参照。

17　たとえば，人権救済機関を念頭に置いたものではなく民事司法を中心とした議論ではあるが，司法制度改革審議会の最終提言（2001年6月）（http://www.kantei.go.jp/jp/sihouseido/report/ikensyo/）では，「裁判外の紛争解決手段（ADR）の拡充・活性化」が提案され，「事案の性格や当事者の事情に応じた多様な紛争解決方法」として裁判所外での「行政機関，民間団体，弁護士会などの運営主体による仲裁，調停，あっせん，相談など多様な形態」による紛争解決方法の現在における必要性とその充実が確認された。また，人権擁護推進審議会の最終答申（2001年5月）では，裁判制度や法務省の人権擁護機関あるいは各種ADRなど従来の人権救済制度の限界や問題点から「被害者の視点から，簡易・迅速で利用しやすく，柔軟な救済を可能とする」新たな人権救済制度の必要性を提言した（金子匡良「1　国の人権政策」江橋崇ほか編『人権政策学のすすめ』（学陽書房・2003年）102頁，答申は，法務省ホームページhttp://www.moj.go.jpより）。

18　山崎公士「国内人権保障システムをめぐる国際動向　国連パリ原則を中心に」人権フォーラム21編『世界の国内人権機関　国内人権システム国際比較プロジェクト（NMP）調査報告』（解放出版社・1999年）11～12頁，川村暁雄「国内人権保障システムの機能と実効性　各国の特徴」同29～31頁。

19　以上の解説は，国際人権センター編，山崎公士監修『国内人権機関　人権の伸長と保護のための国内機関づくりの手引書』（解放出版社・1997年）27～32頁を参照。

20　視察委員会の位置づけに関する懸念については，たとえば，村井敏邦「学者の見た行刑改革会議の提言」自由と正義Vol.55 No.4，48頁。

21　行刑改革審議会第2分科会第8回会議議事録より。

22　選択議定書に関するNGOの解説では，複数の国内防止メカニズムの設置を行う際に，地理的な多様性以上にテーマ的な多様性が必要であると勧告されている（APT, p.6）。

23　この点の問題関心については，以下のような指摘が示唆を与えてくれるものと考える。たとえば，査察機関について，土井政和「刑務所のアカウンタビリティー－イギリスの制度を中心にして－」312頁では，刑務所の透明性の確保のための複数の査察形態が「併存し，相互に補完し合う」ことをイギリスでの成果から提案する。従来の人権救済機関について，注（12）金子匡良「1　国の人権政策」111頁では，従来の日本の人権政策に対する批判として，「省庁割拠主義の中で分断化されていたために，横のつながりを欠き，被害者に

十分な救済を与えてこなかった」と述べ，人権行政を担う機関は省庁の縦割りを乗り越えたものであるべきだとする。

資料
拷問および他の残虐な，非人道的なまたは品位を傷つける取扱いまたは刑罰に関する条約の選択議定書（抄訳）

*2002年12月18日国際連合総会第57会期において採択
（総会決議A/RES/57/199）

前文〔略〕

第1部　一般原則

第1条　本議定書の目的は，拷問および他の残虐な，非人道的なまたは品位を傷つける取扱いまたは刑罰を防止するために，人々が自由を奪われている場所への独立した国際的および国内的な機関がその責務を負うところの定期的な訪問制度を設置することである。

第2条　1　拷問禁止委員会の「拷問および他の残虐な，非人道的なまたは品位を傷つける取扱いまたは刑罰の防止に関する小委員会（以下，防止小委員会という）」を設置し，本議定書に定められた職務を遂行する。
2　防止小委員会は，国際連合憲章の枠組みのなかでその作業を遂行し，同憲章の目的や原則，および自由を奪われている者の取扱いに関する国際連合の規範を指針とする。
3　同様に，防止小委員会は，秘密性，公平性，非選択性，普遍性および客観性の原則を指針とする。
4　防止小委員会と締約国は，本議定書の実施について協力する。

第3条　締約国は，国内レベルで，拷問および他の残虐な，非人道的なまたは品位を傷つける取扱いまたは刑罰の防止のための訪問機関（以下，国内的防止メカニズムという）を1つ以上設置し，指定しまたは維持する。

第4条　1　締約国は，本議定書に従い，締約国の管轄下または管理下にある場所であって，公の当局が与える命令によりまたは公の当局による扇動，同意もしくは黙認により，人々が自由を奪われているかまたは奪われていると考えられるすべての場所（以下，拘禁場所という）への，第2条および第3条に規定するメカニズムによる訪問を認める。かかる訪問は，必要な場合，拷問および他の残虐な，非人道的なまたは品位を傷つける取扱いまたは刑罰からこれらの人々を保護することを強化する目的で行われる。
2　本議定書の適用上，自由の剥奪とは，すべての司法，行政またはその他の当局の命令により，その者が自らの意思で離れることを許されていない，公的または私的な拘禁場所におけるあらゆる形態の抑留，拘禁または収容を意味する。

第2部　防止小委員会　第5条～第10条〔略〕

第3部　防止小委員会の任務　第11条～第16条〔略〕

第4部　国内的防止メカニズム

第17条　締約国は，本議定書の効力発生後またはその批准もしくは加入の効力発生後の遅くとも1年以内に，国内レベルで，拷問防止のための一つ以上の独立した国内的防止メカニズムを維持し，指定しまたは設置する。中央以外の機関によって設置されたメカニズムは，本議定書の規定と適合している場合，議定書の適用上国内的防止メカニズムとして指定することができる。

第18条　1　締約国は，国内的防止メカニズムの機能的独立性および構成員の独立性を保証する。
2　締約国は，国内的防止メカニズムの専門家が，要求される能力と専門的知識を有することを確保するために必要な措置をとる。締約国は，ジェンダーバランスをとることおよび国内の民族的集団や少数者集団が十分に代表されることに尽力する。
3　締約国は，国内的防止メカニズムを機能させる

ために必要な資源を利用可能にすることを約束する
4　国内的防止メカニズムを設置する際，締約国は「人権の促進および保護のための国内機関の地位に関する原則」を十分に考慮に入れる。

第19条　国内的防止メカニズムは，最低限，以下のことを行う権限を認められる。
(a) 拷問および他の残虐な，非人道的なまたは品位を傷つける取扱いまたは刑罰からの保護を必要に応じて強化するために，第4条に定義された拘禁場所において自由を奪われている者の取扱いを定期的に検討すること。
(b) 自由を奪われている者の取扱いや状態を改善する目的で，また，拷問および他の残虐な，非人道的なまたは品位を傷つける取扱いまたは刑罰を防止するために，国際連合の関連する規範を考慮に入れて，関係当局に勧告を行うこと。
(c) 既存の立法または立法案に関して，提案および所見を提出すること。

第20条　国内的防止メカニズムがその職務を遂行できるために，この議定書の締約国は，国内防止メカニズムに以下のことを認める責務を負う。
(a) 第4条に定義された拘禁場所において自由を奪われている者の数，拘禁場所の数および位置に関するあらゆる情報へのアクセス
(b) 自由を奪われている者の取扱いおよび拘禁状態に関するあらゆる情報へのアクセス
(c) あらゆる拘禁場所，その施設および設備へのアクセス
(d) 自らだけで，必要であると認められる場合には通訳とともに，自由を奪われている者に対して立会いなしで秘密裡にインタビューを行う機会，および，関連情報を提供することができると国内的防止メカニズムが信ずるその他の者に対して秘密裡にインタビューを行う機会
(e) 訪問を希望する場所およびインタビューを希望する人の選択の自由
(f) 防止小委員会と接触し，情報を送付し，および会合をする権利

第21条　1　いかなる当局もまたはその職員も，国内的防止メカニズムに情報を提供したことを理由に，当該情報が真実であれ虚偽であれ，当該提供者個人または組織に対して制裁を命令し，適用し，許可しまたは容認してはならず，また，当該個人または組織が何らかの他の侵害を受けてはならない。
2　国内的防止メカニズムによって収集された秘密の情報には，特別の扱いがなされる。いかなる個人情報も，当該個人の明示の同意がなければ公表されない。

第22条　関係締約国の権限ある当局は，国内的防止メカニズムの勧告を検討し，および可能な実施措置について国内的防止メカニズムとの対話に入る。

第23条　本議定書の締約国は，国内的防止メカニズムの年次報告書を公表しおよび普及する責務を負う。

第5部　宣言　第24条〔略〕

第6部　財政条項　第25条～第26条〔略〕

第7部　最終条項　第27条～第37条〔略〕

（翻訳：桑山亜也，監訳：今井直）

研究ノート
「法教育」の展開と課題についての若干の考察

キーワード: 法教育, 司法教育, Law-Related Education

江口勇治 筑波大学附属学校教育局教授

はじめに

「子どもたちを対象とした法教育」については，筆者の想像以上に事態が動きつつあり，わが国での法や司法の教育のあり方やその実施について注目されるようになってきた。個人的にもいろいろな機会を通じて「法教育」の基本的なあり方や実施について意見を述べ，わが国の教育課題のひとつに「法や司法に向き合う教育」があることを主張してきた。また実際に法務省をはじめとする法曹専門家や教育・研究に専念する方々に対して，意見を述べる機会をいくつか頂き，「法教育」の形成に関わることが少しくできるようになってきていると実感している。

そこで現時点での近年の動きやその折での筆者の意見や解釈の一部を記録的あるいは概略的に記述することで，標題の観点からの若干の考察を行ってみたい。

1 子どもたちが法や司法の基本を学ぶ必要性について

まず拙文をもとに，筆者の「法教育」に対する端緒とその後の展開の概略を示す。

「社会科・公民科の教育研究に携わっておよそ20年が経つ。その基礎を培ってくれたのは，筑波大学の3人の指導教官である。先生方は，それぞれ憲法教育や公民教育，地理教育や道徳教育，義民伝承研究や歴史教育で成果を世に問い足跡を残され，その信念を学校教育の場で貫かれた。弱きものを守ろうとする屹立とした姿勢と子どもの将来を見据える思想は，翻ってみると，私を法教育に向かわせしめたのであろう。法教育なるものは，社会にあって，法や司法の意義や働きを，将来を担う子どもたちの目線から考える教育である。また現在よりもっと自由で公正な社会を，彼らに作ってほしいという願いから生まれたものである。

法教育なる用語は，アメリカのLaw-Related Educationに類似のものを日本で展開させたいと願い，10年程前に選んだものである。誤訳に近く奇妙で，あまりよいネーミングではないと言われることもある。しかしそこにはひとつの思いがあった。社会科・公民科の核心は，憲法教育と言われて久しいが，教育現場では建前になりすぎていた。そこで何とか改めて着目できるアプローチは何かないかと自問し，「憲」を抜いた教育もあってよいのではないかと直感した。すなわち憲法をもっと広い裾野からとらえ，子どもと法や司法との乖離を埋めることから始めたらどうだろうかと思ったのである。

実際子どもの生活において多くの犯罪や紛争がある以上，解決方法のひとつに法や司法に見られる基本的な見方や考え方を学ぶ機会があってもよい。そのことで子どもたちが，法と社会とを切り結べたら，あるいはみんなで憲法が切り開けるかもしれないと願ったわけである。

幸か不幸か子どもの生活と法や司法が近接する

社会が生まれ，法に関連した認識が社会理解のひとつになってきた。社会の背骨のひとつに法や司法があり，漠たる社会を意義ある社会として認識するために，法理解や法的資質があると多くの人が感じつつある。

今こそ，子どもたちが自分の将来に希望がもてる自由で公正な社会を実現するために，法教育を日本において展開することが大切なのではないだろうか。ただこの教育は，法的に権威あると見なされる人々のみが息巻いても，やれない。多くの人々の良心と経験が結集されて価値ある「かたち」が作りあげられる教育的営みの典型ではないだろうか。」（『法律のひろば』2004年1月，ぎょうせい，43頁より転載）

これは法務省主催の「法教育研究会」の委員連載の「子どもに伝える『法教育』」で書いたものである。この雑感は筆者の「法教育」への諸論の前提にあり，あえて示した。これを利用して，筆者のこれまでの取組み等に少しく触れてみたい。

(1) 憲法教育のために「法教育」を

恩師のひとりの梶哲夫先生は，文部省の公民担当の教科調査官から東京教育大学・筑波大学に赴任された方である。また朝倉龍太郎先生はやはり文部省の地理教育の教科調査官で，昭和33年の「道徳」特設を担当された。さらに横山十四男先生は「義民の歴史研究」で博士の学位を持ち歴史教育が専門であった。この3人から筑波大学で指導を受けるが，いずれの先生方も教育実践に秀でていた。

その中で梶先生は，憲法教育がとにかく大切で「国民がはじめて自分の政治的運命を左右できるようになったのだから，日本国憲法の理念とそこに描かれた人権や統治の規定を日常の生活に根づかさなければならない」と力説された。その影響で公民教育の主要課題は，憲法教育であるという確信めいたものをもった。

ところが大学で社会科・公民科教育法を教えるようになり，教育現場に関係するようになってみると，イデオロギーの違いということを楯にしてか，すでに憲法教育は建前になっていることを直感した。

たとえば学習指導要領「公民科」の「政治・経済」の解説書の作成の協力委員や教科書（帝国書院の中・高等学校の公民関連）の執筆等を経験してきたが，「政治」「経済」を学習すれば「法」はそれらに含まれ自動的に学習されることを前提に，「憲法」さえ扱えばよいという雰囲気がいずれにもあった。

それに対してアメリカの社会科の研究や実践の変化を監視していた筆者には，アメリカでみられるようにどうして学習指導要領の作成や教科書執筆でいわゆる法学者や法曹関係者が関与しないのだろうかという疑問が芽生えた。「法化社会」「法の支配が貫徹する立憲民主主義社会」「法に囲まれた社会」などと教科書等では形容される現代においては，その社会を担う人々の資質に「法や司法」への知見や関心が含まれるはずであるのに，子どもの教育あるいは国民の教育ではそのあたりの教育を対象化したり，教材化する努力を怠っているようにも感じられた。

確かに「政治的教養の教育」（教育基本法8条）の核心は，国民主権の意識を啓発すること，一党一派に偏することなくひとりの主権者として自律的にこの国の運営に関わること，人間の尊厳さをおかすことなく個性を尊重することであり，社会科・公民科の憲法教育は，たえず時代の変化の中で政治的な運命を主体的に担いうる国民たるにふさわしい資質の教育を展開することを目指している。このことは欧米の'Citizenship Education'（公民教育と訳す）の基本にあり，形式的にはわ

が国もその形態をまねている。

ただし憲法教育が主要であっても，それぞれの国はその基本を生かそうとするがゆえに憲法教育の展開でのたえざる改善運動を試みる。そしてそうした取組みに'Law-Related education'，'Human Rights Education'といった様々な教育改善の努力がある。ところがこの単純であるが力強い民主的社会における教育のたえざる動きが，わが国では相対的に停滞しているように思われてならない。教育の素人支配ではなく，政府や専門家の支配が強いせいか，やはり動きに対して硬直的なあり方が公民教育でもみられている。アメリカでは'Education for the Constitution'の補完のために'Law-Related Education'を考案し，法化，政治権力の法を無視した暴走，紛争・犯罪による権利侵害の増加とその司法的予防等に資することで憲法上の権利を守ろうとするが，こうした教育展開がみえにくい国になっている。

ところがようやく公民教育における新しい動きも顕在化しつつあり，これまで「憲法を基本にした法や司法に向き合う」国民でなかったとしても，今後はそうではないのではないかという認識が拡がりつつある。

欧米諸国では「法は市民と共に歩む」といわれることがあるが，それに近い社会が生まれつつある。そしてこの認識を反映して提起されたもののひとつが，今般の司法制度改革の動きであろう。ここでは統治主体である国民のあり方と時代における教育のあり方が少しく描かれており，憲法教育の拡がりのためにも「司法教育」の重要性が指摘されるようになった。先の「法教育」の雑感が，現実味を帯びてきたともいえる。

(2) 動きつつある「法教育」

次は，ある雑誌での拙文の一部とある新聞報道である。

「子どもたちが法や司法に関連する学習機会を学校教育等の場で確保し，自由で公正な法が支配する民主的社会の創造に参加する子どもたちの法的能力や資質の育成を目指す「法教育」の観点から，……論及を行う。「法教育」とはアメリカ等で展開されている'Law-Related Education'に類似の教育を想定したものであるが，これまであまり注目されてこなかった。

しかし2003年には日本弁護士会連合会が「法教育委員会」を創設して弁護士による法教育の活動をより積極的に展開し，あわせて同年法務省が「法教育研究会」を開始したこともあり徐々に新しい教育展開として着目されるようになってきた。なお法務省の「法教育研究会」については議論状況や論点整理が法務省のサイトで随時開示されているので参照願いたい。

1 国民の社会参加に不可欠な法教育の展開

今般の司法制度改革は「法や司法制度は，本来は，法律専門家のみならず国民全体が支えるべきものである」という認識から「学校教育を始めとする様々な場面において，司法の仕組みや働きに関する国民の学習機会の充実を図る」べきとした。

これは子どもたちが法や司法に関連した題材に主体的に向き合う教育の保障につながるという点で画期的である。これまで学校の社会科等で，それなりに憲法や裁判を教えているのだから「法や司法に関して国民はほとんど知っている」とある意味では都合よく擬制し，犯罪や紛争は「良識ある公民」には無縁で，一部の違法行為等は反社会的な個別事例であり，犯罪防止（抑止）や紛争処理は「法や司法に関わる権威に委ねればよい」とみなしていた。

他方，安心や安全の確保のためには事前的には「道徳教育等で犯罪等の芽を予め摘む」ことを想定してきたと思われる。しかしこうした教育対応

は，法化が進行し，法および司法の情報がマスメディア等で氾濫する現在にあっては，むしろ法や司法の公正なあり方に対する国民の理解やアクセスを阻む要因の一つにもなっている。あわせて国民の健全な法意識や法感覚の育成において問題があったのではないかと考える。そのため今後は，憲法原則に基づく公正な法や司法に関する学習機会の充実と，生きた法情報の学校への適切な提供が，より集中的に整備される必要を痛感する。今回の改革は，国民の法や司法への主体的な参加の保障という意味でいわば「教育論的転回」である。すなわち犯罪や紛争が子どもたちの学習対象となりつつあり，その解決や処理における自由で公正な対応を原則とする法教育ないし「司法教育」が学校において必要であることを支持するものである。……」(『法律時報』2004年3月号，日本評論社，60頁より転載)

「国民が刑事裁判に参加する裁判員制度が数年以内に実現することなどを踏まえ，政府は主に中学校での法教育を充実させるため，教材や教師向けの指導例を年内に作成する方針を固めた。法務省に設置されている「法教育研究会」が作成作業に入る。今年夏ごろには，教材を使った模擬授業を実施する予定だ。文部科学省を通じて，全国の学校で広く教材が利用されることを目指すという。……現在の学校教育では，社会や公民科で憲法や裁判制度の概要など，生活科では社会生活上のマナーを守ることの大切さなど，……行われている。しかし……法教育を実践しているのは，一部の意欲的な学校や教師に限られ，不十分との声が強かった」。(毎日新聞，2004年2月7日朝刊より)

以上にみられるように，法曹関係者や教育関係者の一部によって，わが国の「法教育」のあり方の議論と教材化への取組みが目下行われつつある。この過程に筆者も深く関わっており，たとえば教材開発の例として(1)ルール作りとルールに基づく紛争解決，(2)法によって権利・自由が守られ，他者の権利・自由も尊重する認識を深めることができる憲法教育や裁判学習に資するもの，(3)日常生活の問題を題材に，企業活動や消費者保護などの私法上の問題を解決的に学習する教材などでの作業に入っている。

今後は法務省の「論点整理」(2003年12月15日付け)を受けたパブリック・コメントの意見を反映させつつ，「法教育研究会」で議論された知見が，教材作り等で生かされると思われる。なおこうした法務省の動きについては，やはり随時開示されていので参照してほしい。

このように実際の動きは急のようにもみえる。これは司法制度改革の推進計画が2004年11月で終了するといったこと，裁判員制度の導入が間近であること，少年等を巡る紛争や犯罪が増えていることなどいろいろな理由があげられよう。

しかしながら他方筆者らは，これまで若干の地道な取組みも行っており，その努力が少しく時代の動きと切り結びつつあるともいえる。

そこで筆者が関わってきた取組み等を中心に，次頁に略年表で示してみたい。なお年表は，2000年度以降現在(2004年4月)までとし，それ以前は省略した。また筆者の管見の限りであり，大阪弁護士会を中心とした取組み等もあることは承知しているが，手元に確かな資料等がないため割愛した。

以上は筆者が深くコミットしたものに限定しており，実際には憲法教育や人権教育の視点から新しい試みを展開している教師はかなりおり，その一部が法教育と密接な関係にあることは容易に想像できる。

ただここでは「法教育」なる用語をめぐって動いている事項から整理してみた。またその多くは

年　月	出来事	備　考
2000年7月	全国法教育ネットワーク結成　同ネットは活動中	当時の問題状況と動きについては『月刊司法改革』15号・現代人文社・2000年等を参照。「法教育」（日本社会科教育学会偏『社会科教育事典』ぎょうせい，同年10月）で，江口はこの用語を普及させる目的で紹介。
2001年2月	日本弁護士連合会『自由と正義』(Vol.52)で「法教育」を特集	アメリカ，高校での取組み，アメリカの取組みを利用した新しい実践，法実務家の取組みを紹介。
2001年2月	日本司法書士会連合会『学校へ行こう』を刊行	司法書士による「初等中等教育」実施マニュアルであり，消費者教育での法や司法に着目することの意義を示す。
2001年4月	『わたしたちと法』(現代人文社)によりアメリカの例紹介	権威，責任。プライバシー，正義をテーマとした小学校用テキストで，アメリカのCenter for Civic Educationが開発。
2001年6月	『司法制度改革審議会意見書』を提出	「国民的基盤の確立」の取組みのひとつとして「司法教育」の充実を，教育関係者や法曹関係者に求める
2001年7月	同上ネット『法教育の可能性』出版（現代人文社）	現在「法教育」で意見等を積極的に提出する方々の多くが本書に収められている。また諸外国の事例も紹介。
2001年11月	関東弁護士会連合会『子どものための法教育』実施で米調査	10名程度の弁護士の方々とAmerican Bar Association, Center for Civic Education訪問。授業見学。
2002年7月	日本公民教育学会13回大会で「法教育」のシンポ実施	筑波大学で筆者が企画したもので「公民教育の一環として法教育をどう構想・実践するか」を巡って法曹関係者，教師が提言。
2002年9月	関弁連「子どものための法教育　21世紀を生きる子どもたちのために」のシンポ開催	つくば市において，法曹関係者及び茨城県内の教育関係者が参加。なお本会にはCenter for Civic EducationのNorma. D. Wright先生も講演。法教育の拡大のひとつの契機であったと思われる。
2002年9月	関東弁護士会連合会『法教育』（現代人文社）出版	法実務家としての弁護士の視点からの法教育論が展開されており，その後の日弁連の「法教育委員会」の流れのひとつを形成したものと思われる。
2002年11月	日司連『月報・司法書士』で「法教育の新しい取組み」特集	同会・初等中等教育推進委員会が中心として行ったもので，簡易裁判での代理権も追加されたこともあり，新しい教育展開を目指したものと思われる。
2003年6月	日弁連『市民のための法教育』を開催	同会「法教育委員会」が実施。同日は筑波大学附属小学校の子どもたちとともに大阪の石田弁護士が授業。そのスタイルはその後の1モデルともなったと思われる。またABAのMabel C. Mckinney-Browning博士講演。
2003年7月	法務省「法教育研究会」がスタート	「法教育」なる用語の定着では大きな契機となる。委員の多くは上述の出来事のどこかに登場してきた方々である。
2003年10月	中部弁護士会連合会「子どもが学ぶ法の精神」のシンポ開催	愛知県教育委員会・名古屋市教育委員会も後援し，「新しい法教育への挑戦」のテーマで名古屋市立桜山中の子どもたちも参加しディベート中心の授業が紹介。
2003年10月	『世界の法教育』（現代人文社）出版	筆者らによるものであるが，今後の法教育の展開では多様なアプローチがあると考えるため海外の事例を紹介した。
2003年12月	朝日新聞社説「法教育－立ち遅れ十分認識した上で」	いち早く法教育に注目した新聞のひとつであり，豊論説委員はこれまで筆者らの取組みや授業等をその時々にモニターしており，議論形成等に影響を与える。
2004年1月	日司連『月報・司法書士』で「生きる力となる法教育」特集	消費者教育支援センターとの連携も模索されており，新しい消費者教育のあり方等が模索されている。
2004年3月	日司連「『生きる力』となる法教育」のシンポ開催	市民公開シンポジウムとして企画されたもので，教師，弁護士，新聞記者，法務省担当者，研究者が発表。内容は日司連サイトで公開。
2004年4月	ジュリスト「法教育の充実をめざして」を特集	多様な方々の意見や論考が展開されており，差し当たりの再近年の理解では参考になる。
2004年4月	法務省「法教育教材作成部会」をスタート	同省「法教育研究会」の下部組織として設置されたもので，中学校での教材開発に専念する目的から教師中心で構成されている。

筆者自身も参加しており，この教育の意義と限界を考察する上で有効であると思いこのような形式で列記してみた。

「法教育」はまさに今動いているものであり，多くの人々の議論参加があってよりよい型が生まれるのではないだろうか。

2　「法教育」についての私見－授業とのかかわりから

これまであげた出版物等で，筆者なりの近年における「法教育」論は散発的に述べてきている。また社会科教育学関連の論文や報告書でやはり意見を公刊してきた。そのためここではその内の一部を再録し，筆者の今なお堅持している基本的な教育論を示したい。

「翻って日本を考えた場合，果たして法やルールに関連する教育はいらない言えるほど健全な社会なのだろうか。そうではないと直感し，アメリカの法教育から学べる論点を自問している。そこで個人的取組みから今後の展望を若干述べる。「法学と社会科」について次のようなことを記した。「なぜ法学が社会科に必要か。……法と道徳は社会統制の社会規範として社会の構成員に義務を課し，自由の制限を正当化する事由として機能する。同時に正義や徳に反する制限に対しては，国家の主権をも制限し，人権や文化を擁護する機能をもつ。法と道徳は現代においては抽象的規定としても，具体的例証としても提示することは困難であるが，社会科の目標である公民的資質の育成や社会認識の発達に密接に関連する認識方法や認識対象である。そのため法と道徳の役割を区別し，法規範の側面から社会問題の解決を試みようとする法学の知見や営みは，社会科にとっては重要な内容や道具となる」と。

実は法意識や法理念の教育は，これまで憲法教育と道徳教育の二大領域で，ほとんど交流もなく，その間隙を埋めることなく展開された。民主主義規範の憲法と行為規範の道徳を別個に教えれば，主権者の民主的認識と公民的資質は担保できると期待した。だが実態は違うし，人々が法と道徳をともに自ら支える構図でなく，極端な法依存主義や法回避主義の態度をもち続けている。

この状況は，個人的には規範の教育の在り方から一部生じたのではと危惧する。すなわち人権・自由規定や良心の大切さは教えても，その両者の関係や紛争の処理方法などは，自分で考えなさい，国家に任せなさい式になっている。また法体系や法過程は国民が法的主体となり創設したから，みんな知っていると擬制し，法理念と実態が遊離しても，それは国民の努力不足と突き放す。

こうした教育の在り方をまず変えていく必要を感じる。アメリカの憲法を含めた総合的な法関連教育は，わが国でも考慮する時期にきていると主張したい。すなわち「憲法は，たしかに「基本的な」法であるが，「典型的な」法だとは言えない。……憲法中心の法イメージの浸透には手放しでよろこべない面がある。」とする法哲学者の指摘を教育は受け止める時期である。

個人的には，中学校で先述のセンターの「正義・責任・権威」をモデルに授業を試みており，次のようなことを書いた。「法を「守る」から「使う」へ。……社会科に限らず道徳でもそれは社会規範だから，「法・ルールを守れ」と指導するが，法的関係や社会的関係で国家や教師の圧倒的力の強さと，子どもの連帯の意識の欠如の中では，守りなさいでは順法意識を高めることにはならない。権利や利益すなわち法益を，法の支配のもとにおくことの基本的理解がなければ，同意できない単なる一方的規範である。「法だから守れ」ではなく批判精神を伴う感覚が必要であり，「良心に従う高次の法」や「法の法たるゆえん」とい

った観点で反省的にとらえる手続きがいる。自分の権利とみられる個別具体的な権利主張であっても，そこには「法を使う主人」が存在し，それらの主張をめぐって法的対話が始まる。この過程でお互いに「法を知る」必要が生まれ，同時に紛争解決においては「あるべき法」を考えだそうとする。するとそれは「法に内包された道徳を呼び出し」，「法を作る」意識を呼び出し，その能力を育てる。ところでここで「法がふたたび道徳化される危険性」と「法を脱道徳化すること」の意義が問われ，問題や紛争を「法のもとにおく」ことの基本的合意が生まれてくる」と。私は，このような関連の中で子どもの法教育が展開されることを期待する。もちろんわが国の法教育の開発とその実施において，日本弁護士連合会をはじめ法律関係団体や法律学者がもっと関わることが必要である。法やルールは子どもたちとともにあり，彼らの成長がそれらを実質的に支えていることを国民は気づきはじめている。」（拙稿「アメリカの法教育の理論と実践――日本での法教育を展望して」，日本弁護士連合会編『自由と正義』Vol.52，2001年2月，32-33頁。なお本稿では，拙稿「法的理念や法的思考が適用できる教材開発の重要性」（『現代教育科学』No.487，明治図書，1997年の一部を利用しているのであわせて参照のこと）

　以上の内容の多くは，筑波大学附属中学校でのアメリカの教材を使ったささやかな実践の過程で，先の年表以前に筆者が感じたことと今後への期待である。「憲法を守る」，だから「憲法を学ぶ」「憲法を知る」，そして「憲法の理念を日常の生活で生かす」「憲法を使う」，ただし「憲法に込められた人権の意義を思い起こす」といった文脈で一般に授業が行われているが，実態はかなり政治的に扱われ，初期の社会科が目指した国民主権を担う公民の教育の一翼のみが肥大化し，むしろ憲法の価値を阻害している面もあった。

　そこで「正義を実現する」「責任を負担する」「権力を正統化する」とはどうすることなのか，当時アメリカで試みられていた「法教育」のテキストを利用してやってみようとしたわけである。たとえば小・中学校の授業で「相手のプライバシーを守りましょう」といった注意をしながら，高邁な理念や具体的な社会事実を批判的に教えようとするが，筆者には「プライバシーとは何で，どうすることが守ることになるのか，なぜ守らなければならないのか」を学ばなければ，その後の理念や事実は「宙に浮く」と感じられた。その事態は決して憲法の欲するところとは程遠く，「憲」抜きの「法教育」の方が余程，憲法教育に近いのではと考えた。このような直感から「法教育」を考えたし，今もそれを堅持している。

　今後はいろいろなタイプの「法教育」が生まれ，その意義が授業で試されていくと思われるが，その価値を筆者なりの視点で見定めて行きたい。

矯正・保護研究センター　研究員一覧（兼任・客員・博士研究員）　　2004年4月1日現在

兼任研究員

石塚　伸一	龍谷大学法学部教授		鍋島　直樹	龍谷大学法学部教授
岩田　貢	龍谷大学法学部教授		西川　淑子	龍谷大学社会学部講師
大田　利生	龍谷大学文学部教授		浜井　浩一	龍谷大学法学部教授
加藤　博史	龍谷大学短期大学部教授		福島　至	龍谷大学法学部教授
金　尚均	龍谷大学法学部教授		村井　敏邦	龍谷大学法学部教授
豊崎　七絵	龍谷大学法学部助教授			

客員研究員

赤池　一将	龍谷大学法学部教授		長谷川　永	龍谷大学法学部客員教授
浅田　和茂	大阪市立大学大学院法学研究科教授		畠山　晃朗	龍谷大学法学部客員教授
岡田　悦典	南山大学法学部助教授		板東　知之	龍谷大学文学部客員教授
加藤　克佳	愛知大学法学部教授		福井　厚	法政大学法学部教授
金澤　真理	山形大学人文学部助教授		渕野　貴生	静岡大学人文学部助教授
鴨下　守孝	龍谷大学法学部客員教授		正木　祐史	静岡大学人文学部助教授
葛野　尋之	立命館大学法学部教授		松島　恵介	龍谷大学社会学部助教授
後藤　昭	一橋大学大学院法学研究科教授		三島　聡	大阪市立大学法学部助教授
佐々木　光明	神戸学院大学法学部助教授		水谷　規男	大阪大学法学部教授
武内　謙治	九州大学大学院法学研究院助教授		山口　直也	山梨学院大学法学部助教授
土井　政和	九州大学大学院法学研究院教授		山田　充忠	龍谷大学法学部客員教授
中川　孝博	龍谷大学法学部助教授			

博士研究員

古川原　明子	龍谷大学矯正・保護研究センター		滝本　シゲ子	龍谷大学矯正・保護研究センター

矯正・保護研究センター　2003年度研究プロジェクト一覧

部門	研究プロジェクト名	サブ・プロジェクト名	研究主体（代表者）
①	21世紀刑事政策プロジェクト		刑事立法研究会（後藤昭）
	犯罪者の社会復帰プロジェクト	犯罪者の社会復帰ネットワーク・プロジェクト	土井政和
		改正少年法の運用実態とその法解釈論的問題プロジェクト	葛野尋之
		コミュニティ・プリズン・プロジェクト	現代『市民法』論と新しい市民運動研究会（石塚伸一）
	薬物依存・触法精神障害プロジェクト	京都アミティプロジェクト	石塚伸一
		精神医療プロジェクト	石塚伸一
	矯正・保護実務研究プロジェクト	矯正保護実務研究プロジェクト	福島至
		刑事弁護実務研究プロジェクト	刑事弁護実務研究会（福島至）
		行刑改革プロジェクト	福島至
		社会変革における司法の機能プロジェクト	平野哲郎
②	先端技術プロジェクト	生命倫理研究プロジェクト	社研共同研究会「遺伝子工学と生命倫理と法」（石塚伸一）
		検死研究プロジェクト	検死研究会（福島至）
		交通事故事犯の重罰化に関する実態調査と分析プロジェクト	交通法研究会（高山俊吉）
	情報科学プロジェクト	法情報研究プロジェクト	法情報研究会（村井敏邦）
		刑事確定訴訟記録法研究	刑事確定訴訟記録法研究会（福島至）
		刑事法アーカイブ・プロジェクト（正木文庫）	村井敏邦
		刑事法アーカイブ・プロジェクト（団藤文庫）	福島至
	犯罪統計プロジェクト	犯罪統計プロジェクト	浜井浩一
③	法と心理プロジェクト	刑事司法と心理学の活用プロジェクト	刑事司法と心理学の活用研究会（村井敏邦）
		裁判員の判断の心理学的特性プロジェクト	伊東裕司
	被収容者の人権に関する国際準則プロジェクト	拷問等禁止条約の国内実施に関する研究プロジェクト	拷問等禁止条約の国内実施に関する研究会（村井敏邦）
		法執行のグローバル化研究プロジェクト	法執行のグローバル化研究会（小倉利丸）
	矯正講座プロジェクト		矯正・保護課程委員会編集委員会
	広報教材プロジェクト		アミティを学ぶ会（山下英三郎）
	予防教育プロジェクト	市民の犯罪予防教育に資する法関連教育研究プロジェクト	江口勇治

編集後記

　龍谷大学に矯正・保護研究センターが設立されてからはや2年が過ぎた。その間、本センターの各プロジェクトの国内外での活動とその成果は目を見張るものがあり、学会における貢献度は大と言える。このような研究成果をふまえて、この度、本センター独自の研究年報を公刊するはこびとなり、珠玉の研究論文12本、研究ノート6本を掲載することができた。これは偏に、プロジェクトの運営にご尽力いただいている方々のご助力の賜であることに相違はない。

　最後に、本研究年報の編集から各執筆者への連絡に至るあらゆる作業について現代人文社の成澤壽信さん、桑山亜也さん（龍谷大学大学院法学研究科博士課程）がご献身下さった。ここに記して感謝の意を表したい。

金 尚均
（キム・サンギュン）
研究年報編集委員長、矯正・保護研究センター第3部門長

龍谷大学　矯正・保護研究センター研究年報　第1号　2004年
Corrections and Rehabilitation Receach Center (CRRC) Journal No.1　2004

2004年7月1日発行

編集発行者

龍谷大学矯正・保護研究センター
Ryukoku University Corrections and Rehabilitation Research Center

〒612-8577　京都府京都市伏見区深草塚本町67
　　　　　　龍谷大学　至心館内
　　　　Web　http://crrc.ryukoku.ac.jp/
　　　　E-mail　kyosei-afc@rnoc.fks.ryukoku.ac.jp

発行所

株式会社現代人文社（大学図書）

〒160-0016　東京都新宿区信濃町20　佐藤ビル201
　　　　振替　00130-3-52366
　　　　電話　03-5379-0307（代表）
　　　　FAX　03-5379-5388
　　　　Web　http://www.genjin.jp
　　　　E-mail　daihyo@genjin.jp（代表）
　　　　　　　 hanbai@genjin.jp（販売）

表紙デザイン／清水良洋、並河野里子(Push-up)　本文デザイン／佐野佳子(Push-up)